Bisani · Personalführung

Moderne Wirtschaftsbücher
Herausgegeben von Prof. Dr. Eduard Mändle

Prof. Dr. Fritz Bisani

Personalführung

3., neu bearbeitete Auflage

GABLER

Die Deutsche Bibliothek – CIP-Einheitsaufnahme

Bisani, Fritz:
Personalführung / Fritz Bisani. – 3., neu bearb.
Aufl. – Wiesbaden: Gabler, 1985
  (Moderne Wirtschaftsbücher)
  ISBN 3-409-38443-X

1. Auflage 1977
2. Auflage 1981
3. Auflage 1985
Nachdruck 1992

Der Gabler Verlag ist ein Unternehmen der Verlagsgruppe Bertelsmann International.

© Betriebswirtschaftlicher Verlag Dr. Th. Gabler GmbH, Wiesbaden 1985

Das Werk einschließlich aller seiner Teile ist urheberrechtlich geschützt. Jede Verwertung außerhalb der engen Grenzen des Urheberrechtsgesetzes ist ohne Zustimmung des Verlags unzulässig und strafbar. Das gilt insbesondere für Vervielfältigungen, Übersetzungen, Mikroverfilmungen und die Einspeicherung und Verarbeitung in elektronischen Systemen.

Höchste inhaltliche und technische Qualität unserer Produkte ist unser Ziel. Bei der Produktion und Verbreitung unserer Bücher wollen wir die Umwelt schonen: Dieses Buch ist auf säurefreiem und chlorarm gebleichtem Papier gedruckt. Die Einschweißfolie besteht aus Polyäthylen und damit aus organischen Grundstoffen, die weder bei der Herstellung noch bei der Verbrennung Schadstoffe freisetzen.

Die Wiedergabe von Gebrauchsnamen, Handelsnamen, Warenbezeichnungen usw. in diesem Werk berechtigt auch ohne besondere Kennzeichnung nicht zu der Annahme, daß solche Namen im Sinne der Warenzeichen- und Markenschutz-Gesetzgebung als frei zu betrachten wären und daher von jedermann benutzt werden dürften.

Druck und Buchbinderei: Wilhelm & Adam, Heusenstamm
Printed in Germany

ISBN 3-409-38443-X

Vorwort zur dritten Auflage

Während für die dritte Auflage das zweite und dritte Kapitel unverändert übernommen werden konnte, machten es die zwischenzeitlich vorliegenden Zwischenergebnisse eines sechs Jahre laufenden eigenen empirischen Untersuchungsprojektes notwendig, das erste Kapitel grundlegend neu zu gestalten, es anders zu strukturieren und in seinen Aussagen vollständig neu zu überarbeiten.

Zu einigen noch in der zweiten Auflage enthaltenen Aussagen ist eine stärkere Differenzierung getreten. Weiterhin wurden — wie bei Büchern dieser Art selbstverständlich — auch zwischenzeitlich erarbeitete neue Erkenntnisse und Erfahrungen eingearbeitet.

Ich hoffe, daß trotz des dadurch gestiegenen Umfang des Buches die bisherige sehr positive Resonanz von Fachkollegen und Praktikern auch für die dritte Auflage gelten wird und daß das Buch auch weiterhin Standardlektüre für Studierende einschlägiger Fächer bleibt.

Fritz Bisani

Inhalt

Erstes Kapitel: Personalführung

I. Einführung und Leitung als Managementaufgaben 1

A. Führung im Unternehmen 1
   1. Führung, ein unklarer Begriff! 1
   2. Das Unternehmen als eine leistungsorientierte und soziale Organisation 3

B. Arbeitsteilung und Koordination als Bestimmungsgründe der Führung . 4
   1. Wesen der Arbeitsteilung 4
   2. Formen der Arbeitsteilung 5
   3. Notwendigkeit der Koordination im arbeitsteiligen Prozeß . . . 6
   4. Teilbereiche der Koordination 6
   5. Koordinationsbedarfsreduzierende Maßnahmen 10
   6. Verhältnis der verschiedenen Formen der Deckung des Koordinationsbedarfs zueinander 11

C. Interdependenzen zwischen Organisation und Führung 12
   1. Information und Kommunikation als Voraussetzung des Zusammenwirkens der Elemente und der Subsysteme 12
   2. Formale Organisation 17
   3. Informale Organisation 19
   4. Beziehungen zwischen formaler und informaler Organisation . . 20

D. Der Führungsprozeß: Begriffliche Grundlagen 21
   1. Führung als Erfüllung der Koordinationsaufgabe 21
   2. Führen und Leiten 23
   3. Führungsstil, Führungsverhalten und Führungselemente . . . 25
   4. Führungspositionen 28

II. Phasen des Managementprozesses 31

A. Übersicht über die Phasen des Managementprozesses 31

B. Zielsetzung 31
   1. Übersicht 33
   2. Wertsystem 33
   3. Umwelt- und Unternehmensanalyse 33

	4. Unternehmensleitbild und Unternehmenspolitik	37
	5. Unternehmensstrategien	39
	6. Zielsystem	39
C.	Willensbildung	43
	1. Ermittlung der Problemstellung	43
	2. Ermittlung der Handlungsalternativen	46
	3. Beurteilung und Festlegung einer Handlungsalternative	48
D.	Willensdurchsetzung	51
	1. Realisierung der gewählten Handlungsalternative	51
	2. Kontrolle der Handlungsdurchführung	52

III. Formen der Führung 55

A.	Systematisierung der Erklärungsansätze	55
	1. Übersicht	55
	2. Zwang	56
	3. Handlungsbeschränkung	56
	4. Anreizgewährung	57
	5. Akzeptanz	58
	6. Überzeugung	59
	7. Führung als Ausübung sozialer Macht	59
B.	Ergebnisse der Führungsforschung	60
	1. Führungstheoretische Ansätze im Überblick	60
	2. Eigenschafts-, persönlichkeitstheoretische Ansätze	62
	3. Führung als soziale Verhaltensweise	63
	4. Formalorganisatorischer Erklärungsansatz	64
	5. Erklärungsansätze anderer wissenschaftlicher Disziplinen	64
	6. Zusammenfassung	66

IV. Der Mitarbeiter als Individuum 68

A.	Einstellung des Menschen zur Arbeit	68
	1. Psychologische Grundlagen der Motivationslehre	68
	2. Motivation der menschlichen Leistung	75
B.	Arbeitszufriedenheit und Leistung	86
	1. Begriff der Arbeitszufriedenheit	86
	2. Ansätze zur Bestimmung der Arbeitszufriedenheit	86
	3. Zusammenhang zwischen Arbeitszufriedenheit und Leistung	90

V. Der Mitarbeiter als Mitglied der Gruppe 95

A. Begriff und Entstehung von Gruppen 95
    1. Individuelles Handeln und Gruppenhandeln 95
    2. Das Wesensmerkmal einer Gruppe 95
    3. Entstehung und Auflösung von Gruppen 96
    4. Gruppenziele und Gruppennormen 97
    5. Rollenverteilung 97

B. Gruppen im Unternehmen 99
    1. Formale und informale Gruppen 99
    2. Auswirkungen der Gruppenbildungen auf das Arbeitsergebnis . . 100
    3. Führung von Gruppen 100
    4. Führung durch Gruppen 101

C. Betriebs- und Organisationsklima 101
    1. Begriff 101
    2. Auswirkungen des Betriebs- und Organisationsklimas 103
    3. Beeinflussung des Betriebs- und Organisationsklimas 103

VI. Idealtypische Führungsstile 104

A. Das Bild vom Mitarbeiter als Grundlage von Organisationskonzepten
    und Führungstheorien 104
    1. Das Bild vom Mitarbeiter 104
    2. McGregor's X-Y-Theorie 107

B. Führungsverhalten als Ausdruck gesamtgesellschaftlicher Normen . . 110

C. Idealtypische Führungsstile 112
    1. Einteilung nach der Rechtfertigung ihrer Existenz 112
    2. Einteilung nach der Ausübung der Führungsfunktion (autoritärer
       und kooperativer Führungsstil) 113
    3. Kontinuum der Führungsstile 117

D. Ausprägung des Führungsverhaltens 117
    1. Mitarbeiter- und Sachorientierung 117
    2. Verhaltensgitter – managerial-grid 119
    3. Erweiterung des Verhaltensgitters durch Simon und Likert . . . 121
    4. Polaritätenprofil nach Bleicher 123

IX

VII. Führungsmodelle und empfohlenes Führungsverhalten 124

A. Das Dilemma der Führung 124
   1. Personalführung als Lückenbüßer im Koordinationsbedarf 124
   2. Einfluß der Führung auf Leistung und Arbeitsverhalten 124

B. Führungsmodelle 128
   1. Führungsmodelle auf der Grundlage des Delegationsprinzips . . . 128
   2. Führungsmodelle auf der Basis von Zielvorgaben 136
   3. Kombinierte Modelle 141

C. Modelle für situationsbezogenes Führungsverhalten 142
   1. Führungsmodell von Reddin 142
   2. Führungsansatz von Hersey und Blanchard 144
   3. Das Kontingenzmodell von Fiedler 145
   4. Entscheidungsmodell von Vroom und Yetton 152

VIII. Das Problem des idealen Führungsverhaltens 158

A. Das Dilemma der Führungsforschung 158
   1. Die Komplexität des Führungsprozesses 158
   2. Führung als kompromißbestimmtes Handeln zwischen unverzichtbaren Anforderungen 159
   3. Führungsmodelle als Orientierungshilfen für Vorgesetzte 163

B. Kritische Würdigung der Ergebnisse der Führungsforschung 164
   1. Führungsmodelle als atomistische Teilansätze 164
   2. Vermarktungsinteresse von Führungsmodellen 165
   3. Probleme der Erfolgsmessung 166

C. Zusammenfassende Bewertung 168
   1. Grenzen des Modelldenkens 168
   2. Die Unabweichlichkeit, mit der Komplexität zu leben 169

Literatur zum Ersten Kapitel 172

Zweites Kapitel: Lohn und Leistung

I. *Allgemeine Grundsätze* 177

A. Teilgebiete der Arbeitswissenschaft 177

B. Bestimmungsfaktoren der Arbeitsleistung 179
   1. Übersicht über die Determinanten der menschlichen Arbeitsleistung im Betrieb 179
   2. Faktoren des Leistungsangebots 180

C. Grundsätze betrieblicher Lohnpolitik 182
   1. Absolute und relative Lohnhöhe 182
   2. Bedeutung des Entgelts für die Mitarbeiter 183
   3. Formen relativer Lohngerechtigkeit 184

II. *Lohnsatz und Lohnformen* 185

A. Differenzierung des Lohnsatzes (Arbeitsbewertung) 185
   1. Zweck der Arbeitsbewertung 185
   2. Summarische Arbeitsbewertung 186
   3. Analytische Arbeitsbewertung 187

B. Differenzierung der Lohnform 193
   1. Übersicht über die verschiedenen Entlohnungsformen 193
   2. Zeitlohn 193
   3. Akkordlohn 194
   4. Prämienentlohnung 198
   5. Wahl der zweckmäßigen Lohnform 201

C. Zeitwirtschaft und Zeitermittlung 204
   1. Gliederung der Gesamtzeit 204
   2. Methoden der Zeitermittlung 205

III. *Beurteilungs- und Vorschlagswesen* 209

A. Personalbeurteilung 209
   1. Zweck der Beurteilung 209
   2. Forderungen an die Personalbeurteilung 212
   3. Träger der Beurteilung 213
   4. Formen der Leistungsbeurteilung 214
   5. Fehlermöglichkeiten bei der Beurteilung und ihre Vermeidung . 219
   6. Prognose künftiger Leistungen mit Hilfe von „assessment centers" 221
   7. Stellung der Gewerkschaften zur Leistungsbeurteilung 222

B. Betriebliches Vorschlagswesen 223
   1. Wesen und Ziele 223
   2. Organisation des betrieblichen Vorschlagswesens 225
   3. Voraussetzungen für ein erfolgreiches betriebliches Vorschlagswesen 226

IV. Erfolgsbeteiligung 227

A. Abgrenzung der Erfolgsbeteiligung vom Leistungsentgelt 227

B. Ziele der Erfolgsbeteiligung 227

C. Formen der Erfolgsbeteiligung 229
   1. Arten der betrieblichen Erfolgsbeteiligung 229
   2. Arten überbetrieblicher Erfolgsbeteiligungen 232

Literatur zum Zweiten Kapitel 234

Drittes Kapitel: Personalforschung und die Herausforderung der Zukunft

I. Personalforschung als Zukunftsaufgabe 237

A. Ziele der Personalforschung 237

B. Formen der Personalforschung 238

C. Stand der Personalforschung 239

D. Methoden der Personalforschung 240
   1. Beobachtung 240
   2. Befragung 241
   3. Experiment 243
   4. Aufbau und Auswertung der Personalstatistik 244

E. Quellen der Information 245

II. Das Personalwesen, eine Herausforderung der Zukunft 246

Literatur zum Dritten Kapitel 247

Stichwortverzeichnis 249

Erstes Kapitel
Personalführung

I. Führung und Leitung als Managementaufgaben

A. Führung im Unternehmen

1. Führung, ein unklarer Begriff!

Das Phänomen *Führung* hat im Laufe der letzten Jahrzehnte, wie das Anwachsen von einschlägigen Veröffentlichungen zeigt, zunehmende Bedeutung erlangt. Das große Interesse, das man auch in der Betriebswirtschaftslehre und hier insbesondere in der Lehre vom betrieblichen Personalwesen dem Bereich Führung entgegenbringt, ist leicht nachvollziehbar.
Die Führung
(1) ist ein Phänomen, das deutlich erkennbar in allen Bereichen des sozialen Zusammenlebens und hier vor allem in der Leistungsgemeinschaft des Unternehmens anzutreffen ist.
(2) wird von jedem einzelnen Individuum unmittelbar erlebt, sei es aktiv ausübend oder passiv betroffen.
(3) prägt in weitem Maße die persönliche Existenz eines jeden einzelnen Menschen.
(4) hat unmittelbaren Einfluß auf die Stabilität und die Überlebensfähigkeit eines jeden sozialen Systems und damit auch jeden Unternehmens.

Aus dieser umfassenden Bedeutung ergibt sich, daß das Führungsphänomen keineswegs eindeutig beschreibbar ist. Die Vielzahl vorhandener Definitionsversuche zeigt, daß immer nur bestimmte Einzelerscheinungen dieses vielschichtigen Komplexes erfaßt werden können.
So werden als Führung bezeichnet:
− Veranlassen oder Sicherstellen eines vom Führenden gewollten Tuns durch mit Sanktionen verbundenen Anweisungen, Anordnungen usw.
− Legitimierte Beeinflussung des Verhaltens anderer Organisationsmitglieder im Interesse der Verwirklichung vorgegebener Organisationsziele.
− Anleitung von Personen als Leistungsträger zum geordneten Vollzug übertragener Aufgaben.
− Zielgerichtete Verhaltensbeeinflussung zur Verfolgung organisationaler Ziele.

Diese Aufstellung läßt sich noch beliebig fortsetzen. Kennzeichnend für diese Definitionsversuche ist, daß hier Führung im Sinne eines Über- und Unterordnungsverhältnisses von Führendem zum Geführten verstanden wird, ein Verhältnis also, bei dem eine Seite zur Führung berechtigt und die andere zum Gehorsam verpflichtet wird.

Dies führt vielfach zu der Ansicht, daß Personalführung nur bei bestimmten Typen von Organisationen, wie z. B. den Unternehmen in kapitalistischen Wirtschaftssystemen, arttypisch ist. Diese Art der Betrachtung wirft dann natürlich die Frage nach der Legitimität der *Führungsberechtigung* (Kapitalbesitz oder Beauftragung durch die der Führung unterworfenen Organisationsmitglieder oder ähnlichem) auf.

Das mehr philosophische Problem der Legitimität zur *Führungsberechtigung* wird nicht weiter vertieft. Ebenso wird auf den Versuch verzichtet, der Vielzahl der bereits vorhandenen Definitionen noch eine weitere anzufügen, die mit großer Sicherheit ebenso wie die bereits vorliegenden unvollständig wäre. Führung im Sinne der weiteren Ausführungen wird als Ausübung der *Koordinationsfunktion* verstanden, die unabdingbar in jedem zielgerichtetem arbeitsteiligem Prozeß zur Leistungserstellung notwendig ist; dies unabhängig vom Wirtschafts- und Gesellschaftssystem, in dem die Organisation tätig ist, wenn auch die Methoden und Instrumente, deren man sich zur Ausübung dieser Funktion bedient, unterschiedlich sein mögen. Die Behauptung von *Türk* (S. 55), „*Herrschaft* in Arbeitsorganisationen hat ihre Quelle nicht in Koordinationserfordernissen bezüglich organisationaler Stellen oder Instanzen", wurde bisher nicht bewiesen. Im Gegenteil, es gibt keinerlei Anhaltspunkte dafür, daß arbeitsteilige Prozesse zur Erreichung eines gemeinsamen Zieles wegen der notwendigen Koordinationsaufgaben anders als durch eine ranghierarchische Verteilung von Aufgaben und Zuständigkeiten gelöst werden können und dies unabhängig davon, ob und welche Aufgaben als gesellschaftlich wichtig oder weniger wichtig angesehen werden. Insoweit wird man *Mayntz* (S. 20) zustimmen müssen, daß man bei einer sachlich notwendigen Funktionsteilung eine einheitliche Ausrichtung aller Arbeiten auf die Erfüllung der Betriebsaufgabe nur dadurch erreichen könne, wenn die Positionen der formalen Organisation in einem festgelegten Verhältnis der Über- und Unterordnung stehen.

Die bei der Ausübung der *Koordinationsfunktion* angewandten Methoden und eingesetzten Instrumente werden bestimmt durch:
— das Leistungsprogramm
— die bekannten und eingesetzten technischen Hilfsmittel
— die formalen und informalen Organisationsstrukturen, einschließlich der Informations- und Kommunikationsbeziehungen
— die Persönlichkeitsstrukturen von Vorgesetzten, Mitarbeitern, insbesondere ihrem Wissen, Können und Verhalten.

Koordination und Führung sind hier aber nicht als einseitiges Abhängigkeitsverhältnis anzusehen, sondern vielmehr als ein *Interaktionsprozeß*, bei dem gegenseitige Einstellungen, unterschiedliche *Motivationsstrukturen*, verschiedene Erwartungen und Werthaltungen sowie alternative Handlungsmöglichkeiten ebenso von Bedeutung sind wie strukturelle Chancen und ein gegebenes formales *Sanktionssystem* von Belohnungen und Bestrafungen.

2. Das Unternehmen als eine leistungsorientierte und soziale Organisation

Der Begriff *Organisation* ist vielgestaltig. Man versteht darunter einerseits den *Vorgang*, d. h. die Handlung des Organisierens, zum anderen aber auch das *Ergebnis* dieses Vorganges, das entstehende Gebilde, d. h. die Institution und die Mittel (Instrumente), die einer möglichst dauerhaften Lösung der Überlebens- und Entwicklungsprobleme dieser Institution dienen.

Allen Organisationen gemeinsam ist

(1) das Zusammenwirken mehrerer Individuen zur Erreichung eines gemeinsamen Zieles im Rahmen eines arbeitsteiligen Prozesses,

(2) die Gestaltung dieses Zusammenwirkens durch generelle oder fallweise Regelungen.

Diese *Regelungen* können schriftlich festgehalten, durch Normen gesetzt sein oder aber auch auf bloßer Übereinkunft beruhen.

Jeder Mensch gehört in aller Regel gleichzeitig mehreren Organisationen an, z. B. einem Kegelclub, einer Hobbyvereinigung oder einer politischen Partei aufgrund völlig freier Entscheidung, unfreiwillig z. B. durch Geburt dem Staatsverband, durch die Wahl des Wohnsitzes der Gemeinde oder durch die Wahl der Arbeitsstätte einem Unternehmen bzw. einem Betrieb. (Auf die begriffliche Unterscheidung wird verzichtet.)

Von den anderen Organisationen unterscheidet sich der Betrieb nach *Gutenberg* durch folgende *systemindifferente* Merkmale:

(1) den Tatbestand der Faktorkombination zur Leistungserstellung;

(2) die Gültigkeit des Wirtschaftlichkeitsprinzips (ausgedrückt durch die Relation Aufwand–Ertrag);

(3) das Dominanzprinzip des finanziellen Gleichgewichts.

Daneben treten als *systembedingte Merkmale* das Erwerbswirtschaftsprinzip (Streben nach optimaler/maximaler Rendite des eingesetzten Kapitals) und die Prinzipien der Autonomie sowie der Alleinbestimmung (unbeeinflußte Entscheidung und Bestimmung des eigenen Wirtschaftsplanes ohne staatliche Einflüsse).

Da die Existenz eines Unternehmens das Zusammenwirken mehrerer Elemente erfordert, sieht *Ulrich* in der Unternehmung ein produktives soziales System, das folgende Eigenschaften aufweist:

(1) Es ist *offen* und steht mit seiner Umwelt in dauernder Beziehung.

(2) Es ist *dynamisch* und unterliegt durch laufende externe und interne Einflüsse dauernden Zustandsveränderungen.

(3) Es ist *komplex* und besteht aus vielen Subsystemen, die untereinander verschiedene Arten von Beziehungen und Rückkopplungen aufweisen, so daß es nicht vollständig faßbar und beschreibbar ist.

(4) Es ist *stochastisch* bzw. probabilistisch, weil das Zusammenwirken der Elemente nur teilweise fest vorgegeben und determiniert ist.

(5) Es ist nur teilweise *autonom*, weil sein Verhalten auch von anderen Systemen mitbestimmt wird, z. B. Umwelt, Gesetzgeber, Entwicklung sozialer Verhältnisse und es nur innerhalb bestimmter Grenzen selbst entscheiden kann.

(6) Es ist *zielgerichtet* und *zielsuchend*, weil es nur dann existenzfähig ist, wenn die Aktivitäten auf die Erreichung von Zielen gerichtet sind, die aus den Gegebenheiten einer Situation heraus gewählt werden müssen und die es zu konkretisieren gilt.

Eine Unternehmung ist demnach: ein *produktives System,* das Leistungen für Dritte erstellt und seine Existenz durch die Gleichgewichtigkeit von Leistung und Gegenleistung gewährleistet, und gleichzeitig ein *soziales System*, bei dem das Verhalten des Gesamtsystems durch das Verhalten der in ihm tätigen Individuen und sozialen Subsysteme entscheidend mitbestimmt wird.

Ein Unternehmen muß, wenn es existieren will, beiden Systemen und ihren Forderungen gerecht werden.

Im Rahmen eines Wirtschaftssystems, das auf *Arbeitsteilung* aufgebaut ist und bei dem der notwendige Güteraustausch durch *Geldwirtschaft* gesteuert wird, ist ein Unternehmen nur fähig zu existieren, wenn es sein finanzielles Gleichgewicht aufrecht erhält. Reichen die freiwillig gewährten Entgelte über den Preis nicht aus, um die für die für die Leistungserstellung erforderlichen Kosten zu decken, so muß der Ausgleich freiwillig, z. B. wie bei karitativen Organisationen, oder zwangsweise wie etwa über Subventionen durch den Steuerzahler erfolgen. Andernfalls wird das Unternehmen wegen Zahlungsunfähigkeit seine *Existenzfähigkeit* einbüßen.

Gleichzeitig muß aber, wenn physischer Druck wie bei Zwangsarbeit oder psychischer Druck wie bei Sekten und ähnlichen Gemeinschaften als nicht menschengerecht akzeptiert werden, das Unternehmen nicht nur materielle, sondern auch immaterielle Arbeitsbedingungen bieten, damit die einzelnen Individuen freiwillig bereit sind, diesem Unternehmen anzugehören. Ein Unternehmen, bei dem die Mitarbeit nur durch äußeren oder inneren Druck, z. B. Arbeitslager, Drohen mit Verlust der materiellen Existenz u. ä., erbracht wird, hat keine *Existenzberechtigung*.

B. Arbeitsteilung und Koordination als Bestimmungsgründe der Führung

1. Wesen der Arbeitsteilung

Die Menschheitsgeschichte beginnt mit der *Arbeitsteilung*, d. h. mit der Einsicht, daß das Zusammenwirken mehrerer Individuen die Erreichung eines gemeinsamen angestrebten Zieles erleichtert. In vielen Fällen, wenn Fähigkeiten und Möglichkeiten des einzelnen Individuums überfordert werden, wird dadurch die Zielerreichung überhaupt erst ermöglicht. Hierzu ist eine Fähigkeit erforderlich diese Einsicht auch handelnd zu realisieren.

So unterscheiden sich die leistungsstarken Industriegesellschaften von den Schwellen- oder den Entwicklungsländern vor allem durch den Grad der innerbetrieblichen und zwischenbetrieblichen Arbeitsteilung.

Jede Arbeitsteilung erzeugt aber auch gleichzeitig die Notwendigkeit zur *Koordination*. Nur dann, wenn sich Einzelleistungen möglichst effektiv unter Gewinnung von sogenannten „*Synergie-Effekten*" zu einer Gesamtleistung ergänzen, ist der arbeits-

teilige Prozeß vorteilhaft. Art und Form dieser Koordinationstätigkeit bestimmen den Erfolg des arbeitsteiligen Zusammenwirkens. Dies zeigt sich gesamtwirtschaftlich z. B. im Vergleich von dezentralen, mehr marktwirtschaftlich strukturierten Wirtschaftssystemen im Verhältnis zu mehr zentralistisch, planwirtschaftlich gesteuerten Wirtschaftsformen sozialistischer Staaten.
Die Betrachtungsweise läßt sich auch auf die Ebene der Unternehmen übertragen. Praktische Erfahrungen zeigen, daß sich leistungsstarke Unternehmen von den leistungsschwächeren der gleichen Branche in der Regel dadurch unterscheiden, daß bei den leistungsstärkeren Unternehmen der Leistungserstellungsprozeß besser aufgegliedert ist, die zu erbringenden Teilleistungen stärker spezialisiert sind und das Zusammenwirken zu einer Gesamtleistung besser und wirkungsvoller koordiniert wird. Daß *Spezialisierung* die Arbeitsleistung steigert und die *Leistungseffizienz* verbessert, läßt sich auf einige Verursachungsgesetze zurückführen:
— Gesetze der begrenzten geistigen Fähigkeiten des Menschen
— Gesetz des begrenzten körperlichen Leistungsvermögens des Menschen
— Gesetz der steigenden Beherrschung einer Arbeitsaufgabe durch quantitative und qualitative Begrenzung der Arbeitsaufgaben

Die „Gültigkeit" dieser Gesetze ist leicht nachvollziehbar. Niemand kann alles wissen, dazu ist die Summe des Wissens zu umfangreich geworden. Das körperliche Leistungsvermögen stößt rasch an die Grenze physischer Leistungskapazität. Wer im Sport überdurchschnittliche Leistungen erbringen will, muß sich spezialisieren, dies gilt auch für die einzelnen Berufe. Ein guter Steuerfachmann wird in der Regel nicht auch gleichzeitig ein effizienter Kenner des Patentrechtes sein.
In der Frühzeit der wirtschaftlichen Entwicklung hat die zunehmende Spezialisierung durch die Herausbildung von Berufen zu einer Verbesserung des Verhältnisses von *Ausbildungsdauer* und effektiver Berufsausübung geführt. Mit der Industrialisierung wurden damit gleichzeitig die Voraussetzungen geschaffen, daß in weiten Bereichen menschliche Arbeitsleistungen durch sachliche Arbeitsmittel ersetzt werden konnten.

2. *Formen der Arbeitsteilung*

Es lassen sich zwei grundsätzliche Arten der Arbeitsteilung unterscheiden:
— *vertikale Arbeitsteilung*, d. h. die Aufgaben werden entsprechend ihrer „Wertigkeit" oder der von ihnen gestellten Anforderungen hinsichtlich Wissen, Können oder Erfahrung unterteilt.
— *Horizontale Arbeitsteilung*, hier werden gleichwertige Aufgaben zur besseren Spezialisierung in kleinere, leichter erlernbare und leichter beherrschbare Teilaufgaben untergliedert.

Die *vertikale Arbeitsteilung* war die Voraussetzung für die Durchsetzung des Industrialisierungsprozesses. Nur durch diese Form war es möglich, Tätigkeiten mit hohen Anforderungen auf die geringe Anzahl der beim damaligen Bildungssystem vorhandenen Fachkräfte zu konzentrieren, während die einfacheren Arbeiten von den aus Handwerk und Landwirtschaft in die Industrie abwandernden Arbeitskräfte übernommen werden konnten (vgl. hierzu Bisani: Personalwesen, Abschnitt: Die Einstellung zum arbeitenden Menschen).

Die horizontale Arbeitsteilung reicht von ihren Anfangsformen der *Berufsspezialisierung* über die *Funktionsspezialisierung* bis zu den verschiedenen Formen der *Arbeitszerlegung*.

Die Zunahme technischer Möglichkeiten und differenzierten Anforderungen führte zu einer Aufspaltung einer ehemals übersehbaren kleinen Anzahl von Grundberufen. Aus einigen Dutzend Ausbildungsberufen während des Zunftwesens sind heute mehrere hundert anerkannte und mit staatlich genehmigten Prüfungsordnungen ausgestattete Ausbildungs- und Anlernberufe getreten. Bei der *Funktionsspezialisierung* treten anstelle früher einheitlicher und zusammengehörender Funktionen immer weitere Teilfunktionen (vgl. hierzu Bisani: Personalwesen, Abschnitt: Fortschreitende Institutionalisierung des Personalwesens).

Bei der *Arbeitszerlegung* handelt es sich um eine Aufgliederung in leicht erlernbare und leicht beherrschbare Teilaufgaben. Typisch hierfür sind z. B. die Aufgliederung der Arbeiten bei der Montage eines Autos im Rahmen einer Fließfertigung.

3. Notwendigkeit der Koordination im arbeitsteiligen Prozeß

Aus der Art und dem Umfang der Arbeitsteilung ergibt sich die Notwendigkeit, die durch Spezialisierung entstandenen Teilleistungen wieder zu einer Gesamtleistung zusammenzufassen.

Je größer, d. h. je differenzierter der Grad der Arbeitsteilung, um so größer sind in der Regel (bis zur Erreichung eines bestimmten Optimums — vgl. hierzu Abschnitt VI. A. 2) die *Spezialisierungsvorteile*, um so größer werden aber auch die Interdependenzen zwischen den verschiedenen Organisationsuntereinheiten, die in diesem arbeitsteilig strukturierten Prozeß zusammenwirken müssen. Bei einem Maßschneider, der allein arbeitet, treten keinerlei Koordinationsprobleme auf, die er nicht intrapersonell (d. h. mit sich selbst) lösen könnte. Anders hingegen ist es bereits bei einer kleinen Kleiderfabrik, bei der der Einkauf, die Produktionsplanung, der Zuschnitt, die verschiedenen Arbeitsvorgänge des Nähens usw. auf eine größere Anzahl von Arbeitskräften und Arbeitsplätzen verteilt sind. Je größer nun diese Interdependenzen, um so höher wird der Koordinationsbedarf.

Die hier notwendige Koordination herzustellen, ist die unmittelbare Führungsaufgabe, die Kernaufgabe des Managements. Ohne die Ausrichtung aller Beteiligten auf ein Ziel lassen sich arbeitsteilige Prozesse nicht sinnvoll organisieren.

4. Teilbereiche der Koordination

Die Führung als Koordinationsaufgabe umfaßt zwei große Teilbereiche:
— *Systemgestaltung* (Gestaltung von Struktur und Aufbau der Organisation).

— *Systemsteuerung* (unmittelbare und laufende Beeinflussung der Abläufe und der handelnden Personen innerhalb der Organisation).

Soziale Organisationen, in denen Menschen als Individuen in arbeitsteiligen Prozes-

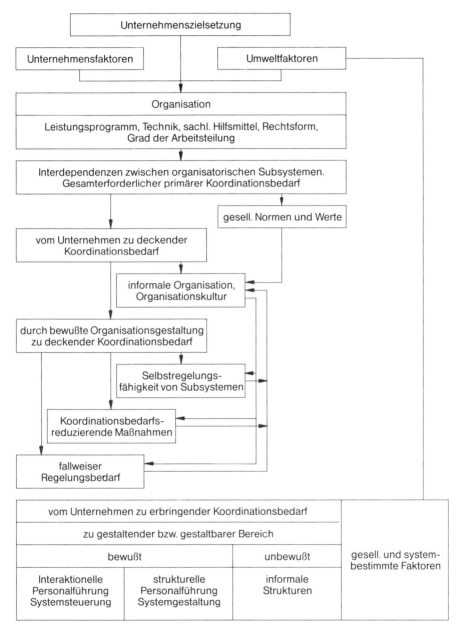

Schaubild 1: Beziehungen zwischen Arbeitsteilung und Koordinations-(Führungs-)bedarf

sen zusammenwirken – wie Unternehmen –, sind nicht naturvorgegeben, sondern sie sind das Ergebnis des menschlichen Handelns. Sie setzen für ihre Entstehung einen menschlichen Gestaltungsakt voraus, in dem die für den Arbeitsvollzug notwendigen Voraussetzungen sachlicher, technischer und organisatorischer Art geschaffen werden. (Vgl. Schaubild 1).

Durch menschliche Handlungen entsteht

a) aus der unternehmerischen Zielsetzung (einer Einzelperson oder einer Gruppe von Individuen)

b) in den Grenzen, die durch die
 - externen Umweltfaktoren einerseits (Wirtschafts-, Rechts- und Gesellschaftssystem, Konjunkturlage, Konkurrenzsituation usw.) und durch die
 - internen Unternehmensbedingungen andererseits (Finanzkraft, vorhandene materielle und immaterielle Ausstattung, personelle Ressourcen usw.)

gezogen werden, eine Organisation, mit der ein bestimmtes Leistungsprogramm erstellt werden soll.

Diese Organisation weist in Abhängigkeit von
- Unternehmenszielsetzung
- Leistungsprogramm
- bekannten und anwendbaren Technologien
- Wissens- und Ausbildungsstand der Organisationsmitglieder
- Normen, Werthaltungen und Einstellungen aller Betroffenen eine mehr oder weniger starke hierarchisch geprägte Aufbau- und Ablaufstruktur (vgl. Bisani: Personalwesen, Abschnitt: Strukturbestimmende Personalplanung) auf.

Aus dieser Struktur ergeben sich mit dem Grad und der Form der Arbeitsteilung auch die den primären *Koordinationsbedarf* bestimmenden Interdependenzen zwischen den einzelnen organisatorischen Teileinheiten.

Ein Teil dieses Koordinationsbedarfes wird durch gesellschaftliche Normen und Wertvorstellungen, die sich im Rahmen eines vor- und außerberuflichen *Sozialisationsprozesses* entwickeln, gedeckt.

Hierher gehören z. B. *Berufsethos* und die häufig als „*bürgerliche Tugenden*" beschriebenen Einstellungen zu Werten der Arbeitswelt, wie Pünktlichkeit, Einsatzbereitschaft usw. Deutlich wird die Bedeutung dieser Frage, wenn man die Bedingungen bei Industrieneugründungen in industrialisierten Ländern mit solchen in Entwicklungsländern vergleicht. Hier kommt es in den Entwicklungsländern nicht darauf an, Arbeitskräften nur die notwendigen Handgriffe zur Erfüllung ihrer Arbeitsaufgabe zu vermitteln, sondern vor allem auch ihre Einstellung zu Arbeitszeit, Disziplin und ähnlichem mehr, also vor allem die Eigenschaften, die in einem vorindustriellen Wirtschaftssystem unbedeutend waren, zu vermitteln, die aber für den arbeitsteiligen Prozeß unverzichtbar sind, wenn dieser wirtschaftlich sein soll.

Deutlich wird dies auch bei einem Vergleich der strukturellen Arbeits- und Führungsbedingungen zwischen Ländern mit unterschiedlich geprägten Wertsystemen, wie z. B. Deutschland, England, Japan, Großbritannien und den Vereinigten Staaten von Amerika.

Aus der Differenz zwischen dem primären Koordinationsbedarf und dem bereits durch die gesellschaftlichen Normen und Wertsysteme gedeckten Anforderungen ergibt sich ein von der Unternehmung zu deckender Koordinationsbedarf. Hier wird ein Teil durch die unternehmensspezifische *Organisationskultur* und durch die diese Kultur tragenden informalen Beziehungen gedeckt.

Wo und in welcher Form auch immer Individuen zur Erreichung eines gemeinsamen Zieles sich zusammenfinden, entwickeln sich, auch ohne daß dies bewußt geplant oder dem einzelnen bewußt wird, bestimmte Formen und Strukturen des Zusammenwirkens. Diese Fähigkeit, die dem einzelnen im Zusammensein mit anderen Menschen Verhaltenssicherheit gewährt, hat sich im Laufe des Evolutionsprozesses der stammesgeschichtlichen Entwicklung der Menschheit herausgebildet und hat der Menschheit das Überleben gesichert.

Dieser Prozeß ist auch im Unternehmen wirksam. Er verdichtet sich bei einzelnen zu einer Einstellung und in der Gesamtheit zu einer Art unternehmensspezifischem *Organisationsklima*, das es von anderen Unternehmen unterscheidet. Diese spezifische unternehmensindividuelle Form einer „*Sozialverfassung*" wird mit allen Normen und Regeln während der Einarbeitungszeit in einem Betrieb erlernt. Die hier entstehende informale Organisation enthält auch gleichzeitig Spielregeln und Formen für den interindividuellen Kontakt und deckt damit einen Teil des Koordinationsbedarfs des Unternehmens (Bisani 1984).

Der verbleibende, durch bewußte Organisationsgestaltung zu erbringende Koordinationsbedarf kann durch entsprechende Systemgestaltung gedeckt werden, indem einzelnen Subsystemen bzw. organisatorischen Teileinheiten in einem bestimmten begrenzten Umfang die Möglichkeit zur *Selbstregulierung* zugewiesen wird (z. B. im Rahmen autonomer Arbeitsgruppen, der Führung durch Zielvorgabe usw.).

Der noch verbleibende Koordinationsbedarf wird mit Hilfe *technokratischer, struktureller* und *personeller Koordinationsmaßnahmen* weiter eingeengt. Die „Restgröße" ist dann der Bereich, für den weder mittel- noch langfristige Festlegungen getroffen werden können und der jeweils fallweise sporadisch zu regeln ist. Dies ist dann der Bereich, der durch unmittelbare Interaktion von Führungskräften gedeckt werden muß.

Zum Bereich der Systemsteuerung gehören die Deckung dieses fallweisen Regelungsbedarfes und die Festlegung der längerfristig geltenden generellen Regelungen durch koordinationsbedarfsreduzierende Maßnahmen, ferner die Durchführung der „sozialen Kontrolle", damit diese generellen Regelungen durch die Organisationsmitglieder eingehalten und bei auftretenden Veränderungen den neuen Verhältnissen angepaßt werden.

Die Systemgestaltung umfaßt damit neben der Schaffung der Gesamtstruktur des Organisationsaufbaues und damit neben der Festlegung der einzelnen Subsysteme vor allem auch die Gestaltung der längerfristig wirksamen, generell regelbaren koordinationsbedarfsreduzierenden Maßnahmen.

5. Koordinationsbedarfsreduzierende Maßnahmen

Hierher gehören alle Maßnahmen, die den Koordinationsbedarf einschränken, indem sie zielgerichtetes, dem Organisationssystem konformes Verhalten begün-

Koordinations-(führungs)bedarfsreduzierende Maßnahmen			
im strukturellen Bereich	**im technokratischen Bereich**		**im personellen Bereich**
	technologisch	**organisatorisch**	
bestimmen die:	bestimmen die:	bestimmen den:	bestimmen die:
Handlungsspielräume der Betroffenen	Art der Leistungserstellung	Rahmen der Leistungserstellung	Zusammmensetzung der Mitarbeiter und der Personalstruktur
hierarchische Struktur und dem personellen Zusammenhang	Arbeitstechnik und die Arbeitsmittel	Arbeitsvollzug durch Formalisierung und Standardisierung	Methoden und Instrumente zur Erfassung der fachlichen Kompetenz (Fähigkeiten, Erfahrung, Ausbildung, Wissen usw.) sozialen Kompetenz (Anpassungsbereitschaft und Kooperationsfähigkeit)
Art und Funktionsweise der Koordinationsorgane			
Festlegung von Aufgabeninhalten und Tätigkeitsfeldern	Arbeitsmethode und die Arbeitsgeschwindigkeit	Umfang der Arbeitsergebnisse durch Planung und Budgetvorgabe	
Begrenzung des Handlungsspielraumes durch Standardisierung und Differenzierung	räumlichen Bewegungen und den Arbeitsvollzug	Grad an berufsspezifischer Qualifikation	Methoden und Kriterien der Personalauswahl bei Einstellung Beförderung
Stellenbildung unter Berücksichtigung von Anforderungsklassen, wie Anpassungsbereitschaft, Risikofreude, Loyalität usw.	Repetivität und Eindeutigkeit der Arbeitsaufgabe	Grad der Kontrollierbarkeit von Arbeitsergebnissen und Arbeitsverhalten	Möglichkeiten zur Gestaltung der betrieblichen Sozialisation bei der Einführung neuer Mitarbeiter Beförderung Entwicklung (Fort- und Weiterbildung) den Grad der Formalisierung von Anreizsystemen
		Spielraum positiver und negativer Sanktionsmaßnahmen	

Schaubild 2: Übersicht über die Koordinations-(Führungs-)bedarfsreduzierenden Möglichkeiten

stigen / oder davon abweichendes Verhalten verhindern oder zumindest erschweren. Maßnahmen im strukturellen Bereich bestimmen den Handlungsspielraum der betroffenen Organisationsmitglieder. Hier zeigt sich, daß die Differenzierung und die Spezialisierung die Notwendigkeit des Koordinationsbedarfes schaffen, aber auch gleichzeitig als *Koordinationsinstrumente* dienen können. Durch die Bündelung und Zusammenfassung individueller Abstimmungsprozesse und durch die Delegation von Aufgaben, Verantwortung und Kompetenzen lassen sich die Koordinationsnotwendigkeiten in Abhängigkeit von der gegebenen Personalstruktur beeinflussen. Damit kommt dem hierarchischen Aufbau, der Art und der Funktionsweise der Koordinationsorgane besondere Bedeutung zu. Durch die Begrenzung der *Handlungsspielräume* auf den einzelnen Ebenen des Organisationsaufbaues, der vorgegebenen formalen Regelungen und der Standardisierung des Arbeitsablaufes kann der Handlungsspielraum bestimmt werden. Die Stellenbildung unter besonderer Berücksichtigung der Anforderungsstrukturen erleichtert nicht nur die Maßnahmen der Personalbeschaffung und -entwicklung, sondern begünstigt auch zielkonformes Verhalten der Betroffenen.

Der technokratische Bereich zerfällt in zwei Hauptgruppen:
— Der technologische Bereich bestimmt die Art der Leistungserstellung. Durch die Vorbestimmung von Arbeitstechnik, -mittel, -methoden, -geschwindigkeit usw. wie z. B. bei der Gestaltung von Fließarbeitsplätzen, läßt sich das mögliche Verhalten der Betroffenen weitgehend vorbestimmen und zielabweichendes Verhalten, weitgehend verhindern.
— Im organisatorischen Bereich bestimmen *Formalisierung* und *Standardisierung* die Art der Leistungserstellung. Planwerte und Budget-Vorgaben zwingen betroffene Organisationsmitglieder zu einer weitgehenden Eigenkontrolle des Leistungsverhaltens. Die Kontrollierbarkeit von Arbeitsergebnissen und Arbeitsverhalten erleichtert die Feststellung abweichenden Verhaltens und ermöglicht somit den Einsatz von positiven (das Verhalten bestärkenden) oder negativen (abschreckenden) Sanktionsmaßnahmen.

Da die Erfüllung der Koordinationsaufgabe nicht nur ein einseitiger Prozeß ist im Sinne eines Abhängigkeitsverhältnisses des Geführten vom Führenden, sondern auch ein sich gegenseitig beeinflussender Interaktionsprozeß, kommt der Zusammensetzung des Personalbestandes besondere Bedeutung zu.

Die Koordinations-(Führungs-)aufgaben sind um so leichter zu bewältigen, je fachlich qualifizierter die Mitarbeiter zur Ausübung der von ihnen zu erbringenden Teilleistungen sind und je höher die soziale Kompetenz ist, d. h. die Fähigkeit und Bereitschaft, sich in die soziale Leistungsgemeinschaft des Unternehmens einzugliedern und sich mit seinen Zielen zu identifizieren. Damit kommen den Methoden und Instrumenten zur Erfassung der fachlichen und sozialen Kompetenz für die Personalselektion und der Beförderungspolitik eine besondere Bedeutung zu.

Steigende Identifikation der Mitarbeiter mit dem Unternehmen und seinen Zielen verringert den Führungsbedarf. Deshalb ist die *betriebliche Sozialisation*, die die soziale Kompetenz und die Identifikationen entscheidend beeinflußt, besonders wichtig. Ferner spielt die Einführung neuer Mitarbeiter in ihren Arbeitsplatz eine wichtige Rolle.

6. Verhältnis der verschiedenen Formen der Deckung des Koordinationsbedarfes zueinander

Die verschiedenen Möglichkeiten zur Deckung des gesamten primären Koordinationsbedarfes führen zwangsläufig zu der Frage, wie sich die verschiedenen Arten der Deckung zueinander verhalten und wie sich das Verhältnis im Zeitablauf entwickelt und zukünftig entwickeln wird.

Es liegen zwar keine fundierten Untersuchungen darüber vor, wohl aber lassen sich aufgrund von Betriebserfahrungen einige Tendenzaussagen machen.

Je mehr ein allgemeiner Konsens über gesellschaftliche Normen und Werthaltungen verloren geht, je mehr die *„bürgerlichen Tugenden"* in der Leistungsgesellschaft, wie dies verschiedene Untersuchungen (*Allensbacher Institut* u. a.) nachweisen, verloren gehen, um so größer wird zwangsläufig der vom Unternehmen zu deckende Koordinationsbedarf sein. Was nicht durch allgemein anerkannten Werthaltungen im außerbetrieblichen *Sozialisationsprozeß* in die Unternehmung eingebracht wird, muß, wenn weiterhin ein zielgerichtetes Zusammenwirken stattfinden soll, vom Unternehmen selbst geleistet werden. Mit zunehmendem Wachstum der Unternehmen wird den formalen Strukturen und der *Organisationskultur* wachsende Bedeutung zukommen.

Die *Selbstregulierungsfähigkeit* wird immer von der Überschaubarkeit von Teilleistungen sowie von der notwendigen Verkettung mit anderen Teilleistungen abhängig sein. Je unabhängiger einzelne Bereiche von den Teilleistungen vor- oder nachgelagerter Stellen sind oder je flexibler sie auf wechselnde Anforderungen oder eintretende Störgrößen reagieren können, um so größer kann der Grad der Selbstregulierungsfähigkeit sein.

Mit wachsenden Betriebsgrößen, zunehmender Formalisierung der Arbeitsabläufe, verstärktem Einsatz technischer Hilfsmittel in allen Bereichen der Organisation sowie mit weiterer Funktionsspezialisierung in den einzelnen Teilbereichen gewinnen strukturelle koordinationsbedarfsreduzierende Maßnahmen an Bedeutung. Damit wird dieser Bereich immer größer, und um so geringer, aber auch um so schwieriger zu handhaben, wird der Bereich der fallweisen Regelungen und der *interaktionellen Personalführung*.

C. Interdependenzen zwischen Organisation und Führung

1. *Information und Kommunikation als Voraussetzung des Zusammenwirkens der Elemente und der Subsysteme*

Zielgerichtetes, zukünftiges menschliches Handeln kann nur auf der Grundlage von durch Erfahrung gewonnenem Wissen sinnvoll gesteuert werden. Je größer das Wissen ist, d. h. je mehr unterschiedliche Bedingungen und Alternativen bekannt sind, um so besser können Tätigkeiten vorbereitet und koordiniert werden. Um so größer ist dann auch die Wahrscheinlichkeit des Erfolges. Nicht jedes Wissen schlechthin ist erforderlich, sondern das Wissen, das der Zielerreichung dient.

Zielgerichtetes Handeln mehrerer Individuen innerhalb des Rahmens eines Systems wie einer Unternehmung ist nur möglich, wenn

(1) Übereinstimmung und Klarheit über das Ziel besteht, das von allen Beteiligten angestrebt und dessen Erreichung zumindest von allen Beteiligten toleriert wird. (Eine Organisation oder, weitergefaßt, ein System zerfällt, wenn es kein Ziel mehr gibt. Ein typischer Fall ist hier z. B. der Bedeutungsverlust der Flüchtlings- und Vertriebenenverbände usw.),

(2) die Möglichkeit für die einzelnen Individuen besteht, das vorhandene Wissen in Form von Informationen auszutauschen, damit diese in der Lage sind,

(3) ihre Handlungen im Interesse der Zielerreichung zu koordinieren und soweit als möglich auf das Verhalten anderer einzuwirken.

Das Kommunikationssystem als Grundlage des Informationsaustausches verbindet nicht nur Individuen, die bei der Erfüllung einer gemeinsamen Aufgabe zusammenwirken, sondern ermöglicht auch die Konflikthandhabung zwischen ihnen, wenn sie durch die Verfolgung unterschiedlicher Ziele miteinander in Konflikt geraten. Zur *Informationsübertragung* sind erforderlich:

(1) mindestens zwei Individuen, und zwar je ein Informationsgeber (*Sender*) und ein Informationsnehmer (*Empfänger*),

(2) ein *Kommunikationskanal* (z. B. die Luft beim gesprochenen Wort, die Telefonleitung beim Ferngespräch usw.),

(3) ein *Zeichenvorrat* mit einer bei Sender und Empfänger gleichen Sprache, d. h. mit einem gleichen Code.

Ein Unternehmen läßt sich in diesem Sinne als ein *Netz von Kommunikationsbeziehungen* auffassen. Die Leistungsfähigkeit eines Unternehmens hängt entscheidend davon ab, ob dieses Kommunikationsnetz ausreichend dicht geknüpft ist und weitgehend störungsfrei arbeitet.

Die *Leistungsfähigkeit* eines Kommunikationsnetzes hängt einerseits von der eingesetzten *Technik*, d. h. von der Art des verwandten Kommunikationsmittels ab. Zu unterscheiden sind: unmittelbare Kommunikation, persönliches Gespräch, Telefongespräch usw. und mittelbare Kommunikation nach Umsetzung der Information auf einen anderen Informationsträger, wie z. B. einen Brief, ein Fernschreiben, einen Tonträger usw. Zum anderen setzt der Vorgang der Kommunikation auch das Vorhandensein einer *Sprache* voraus. Eine Sprache besteht aus einem Vorrat von Zeichen (Sinntypen oder Symbole) und aus einem System von Regeln, nach denen diese Zeichen zu bestimmten Bedeutungen zusammengesetzt werden können. Die Sprache ist entstanden durch die Institutionalisierung eines Wortschatzes von allgemeiner Bedeutung für bestimmte Sinntypen. Von diesen Sinntypen (Symbolen) kann dann in einer bestimmten Situation selektiv Gebrauch gemacht werden. Durch die für alle Sprachen gleiche Struktur der Differenzierung von allgemeinen und damit rasch erlernbaren Bedeutungen und von ihrem konkreten Gebrauch in immer wieder anderen Zusammensetzungen (die beim Erlernen der Sprache nicht vorausgewußt werden müssen) erreicht der Mensch ein sehr beträchtliches Potential an Verständigungsmöglichkeiten.

Um die Übertragungssicherheit von Informationen zu erhöhen, enthält jede Sprache in einem gewissen Umfang *Redundanz*, d. h. einen bestimmten Grad von Weitschweifigkeit. Die Redundanz erhöht die *Übertragungssicherheit* einer Information, verringert aber die *Leistungsfähigkeit* der Informationsübermittlung. Das Wesen der Redundanz ist u. a. darstellbar im Vergleich zwischen einem Kompendium und einem Lehrbuch. Das Kompendium enthält eine möglichst redundanzfreie Darstellung eines Sachverhaltes. Wenn ein Teil nicht verstanden wird, fehlt meist auch die Voraussetzung für das Verständnis der anderen Teile. Ein Lehrbuch hingegen bringt den gleichen Tatbestand ausführlicher, anschaulicher, betrachtet den gleichen Sachverhalt von mehreren Seiten. Es enthält demnach mehr Redundanz. Der Sinn wird auch dann meist noch verstanden, wenn vielleicht der eine oder andere Abschnitt unklar geblieben ist.

Das Bemühen um *Leistungssteigerung* führt in vielen Bereichen zur Bildung von *Sondersprachen* wie Fachsprachen, betrieblichen Ausdrucksgewohnheiten usw. Diese häufig redundanzarmen Sprachen sind meist nur einem begrenzten Kreis von Insidern voll verständlich, ermöglichen aber diesem Kreis eine raschere und präzisere Verständigung.

Der Kommunikationsprozeß in einem Unternehmen ist nur dann gesichert, wenn auch alle Beteiligten sich des gleichen Codes und der gleichen Sprache bedienen.

Ursache unklarer Anweisungen, unverstandener Mitteilungen usw. ist es häufig, daß sie in einer Sprache abgefaßt wurden, die vom Empfänger nicht oder nur unvollständig verstanden wird, d. h. daß Begriffe verwandt werden, die er nicht kennt oder mit denen er einen anderen Sinngehalt verbindet. (Vgl. Schaubild 3).

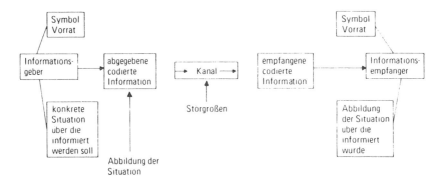

Schaubild 3: Vereinfachte Darstellung des Kommunikationsprozesses

Für eine konkrete Situation, über die der Sender informieren will, wählt er aus dem zu seiner Sprache gehörenden Symbolvorrat die Zeichen aus, die die Situation beschreiben. Die abgegebenen codierten Informationen treffen über den Kanal (als gesprochenes Wort, als Brief oder sonstige Mitteilung) beim Empfänger ein, der aus seinem Symbolvorrat die Bedeutung für die empfangene Situation übernimmt. Dadurch erhält er eine Darstellung dessen, worüber er informiert werden soll. Ist der Symbolvorrat bei Sender und Empfänger nicht gleich, so kommt entweder keine Kommunikation zustande oder aber der Kommunikationsinhalt wird verfälscht. Dies gilt auch, wenn die codiert abgegebene Information durch Störgrößen verändert wurde.

Die *Informationstheorie* umfaßt drei Teilgebiete:

(1) Der *semantische Teil* erforscht die Regeln, durch die festgelegt wird, welche Gegenstände, Eigenschaften und Beziehungen durch die verschiedenen Zeichen einer Sprache beschrieben werden.

(2) Der *syntaktische Teil* erforscht die formalen Regeln über die Bildung zusammengesetzter Ausdrücke aus den Zeichen eines Alphabets.

(3) Der *pragmatische Teil* befaßt sich mit den Beziehungen zwischen den Sprachen und ihren Benutzern, d. h. zwischen den Informationssendern und Informationsempfängern.

Im Kommunikationsprozeß eines Systems und damit auch einer Unternehmung ist zu unterscheiden zwischen freier Kommunikation und gebundener Kommunikation. Bei *freier Kommunikation* können die Beteiligten frei nach eigenem Ermessen mit anderen in Verbindung treten. Theoretisch wäre durch diese Art der Kommunikation erreichbar, daß alle im Unternehmen den gleichen Informationsstand haben. Dies würde aber von allen Beteiligten voraussetzen, daß sie jederzeit dazu motiviert sind, miteinander in Verbindung zu treten. Bei der hohen Belastung, die dieser Kommunikationsaufwand bei den Teilnehmern mit sich bringen würde, wäre schnell der Zustand erreicht, bei dem der für die Aufgabenerfüllung notwendige Informationsstand nicht immer zur rechten Zeit gesichert wäre. Dies würde zwangsläufig zur Funktionsunfähigkeit eines jeden Systems führen.

Jedes System, das überleben will, und damit jedes Unternehmen kann nicht darauf verzichten, die *Freiheit*, daß jeder mit jedem in Verbindung treten kann, sowie die Freiheit, daß jeder selbständig darüber entscheidet, welche Informationen er weitergibt oder empfängt und welche nicht, *erheblich einzuschränken.*

Deshalb muß in jedem System die Kommunikation *Regelungen* unterworfen werden, die

(1) verhindern, daß Informationen das Kommunikationsnetz durchlaufen, die vom Empfänger nicht benötigt werden;

(2) gewährleisten, daß jeder Stelleninhaber die Informationen erhält, die er benötigt, um den Beitrag zur gemeinsamen Arbeit leisten zu können, und zwar
  — objektiv zur Erledigung seiner Aufgaben,
  — subjektiv, um die Sicherheit seiner Position und Rolle im Betrieb zu gewährleisten;

(3) festlegen, welche
  — Informationen nach Umfang und Inhalt jeweils weiterzugeben sind,
  — Übertragungstechnik und Übertragungsform zu wählen sind,
  — Sprache verwendet werden muß.

Weiterhin ist Vorkehrung dagegen zu treffen, daß bei der Weitergabe von Informationen über mehrere Stufen des Kommunikationsprozesses eine *Filterung* durch Weglassen wesentlicher, eine Verfälschung durch Hinzufügung neuer oder Abänderung von bestehenden Informationen aufgrund persönlicher Interessen und Einstellungen der Beteiligten eintritt. Ebenso ist der Informationsprozeß gegen die immer wieder zu beobachtende *Ungewißheitsabsorption* abzusichern, bei der nicht mehr nur die beobachteten Tatbestände weitergegeben, sondern daraus bereits Schlüsse auf entscheidungsrelevante Sachverhalte gezogen werden.

Bei der Festlegung von Regeln für den Kommunikationsprozeß hat man bisher meist einseitig den *objektiv-sachlichen Gesichtspunkt* in den Vordergrund gestellt, daß, aus welchen Gründen auch immer (Kosten des Kommunikationsprozesses oder Verhinderung von Eigenmächtigkeiten der Mitarbeiter usw.), nur die Informationen weitergegeben werden sollen bzw. dürfen, die der einzelne objektiv zur Erledigung seiner Aufgabe benötigt. Der *psychologische Aspekt* und seine Auswirkungen auf die Leistungsfähigkeit und Leistungsbereitschaft der Mitarbeiter wurden hingegen kaum berücksichtigt. Der Besitz von Informationen gewährt Sicherheit und erhöht das Selbstwertgefühl. Wo Informationen, die für den einzelnen zwar nicht unmittelbar zu seiner Aufgabe gehören, die aber sein persönliches Interesse betreffen, wie die Sicherheit seines Arbeitsplatzes, die wirtschaftliche Lage des Unternehmens, die Gewährung von Vergünstigungen, geplante Investitions- und Verbesserungsmaßnahmen, nicht gegeben werden, entstehen neben den formalen Kommunikationswegen informale Nachrichtenverbindungen, über die „aufgeschnappt richtige", unverstandene und verfälschte Informationen oder sogar Gerüchte weitergegeben werden.

Deshalb kommt der *informalen Information* große Bedeutung zu. Ihr Entstehen kann auch bei Berücksichtigung der persönlichen Interessen der Mitarbeiter in einem Unternehmen nicht verhindert werden. Sie ist gewissermaßen Bestandteil eines jeden Kommunikationsnetzes und neigt im positiven Sinne dazu, Lücken im formalen Kommunikationsprozeß zu schließen; so gesehen ist sie das Ergebnis der Einsatzbereitschaft und des Leistungswillens der einzelnen, die sich bemühen, sich die Information, die sie zur Erledigung ihrer Aufgaben benötigen, zu beschaffen sowie notwendige Informationen in Form von Hinweisen usw. weiterzugeben, ohne daß dies im Organisationsplan ausdrücklich vorgesehen ist.

Negative Auswirkungen zeigt die informale Kommunikation überall dort, wo sie, um ein subjektives, psychologisches Informationsbedürfnis zu befriedigen, anstelle des formalen Informationsnetzes tritt und dieses überlagert.

Zu unterscheiden ist ferner zwischen *einseitigen Kommunikationswegen*, bei denen der Informationsweg nur von einem Sender zu einem Empfänger geht, wie z. B. beim Befehlsempfang usw., und *mehrseitigen Kommunikationswegen*, bei denen beide Partner sowohl Sender als auch Empfänger sind, wie z. B. bei einem Gedankenaustausch oder einer Konferenz. Im Kommunikationsprozeß ist zu unterscheiden zwischen

(1) Meta-Informationen, die angeben, wie man Informationen zu beurteilen hat und wofür sie verwendbar sind,

(2) prognostischen Informationen, die sich auf die Beurteilung künftiger Entwicklungen beziehen,

(3) normativen Informationen, die Werturteile und Zielvorstellungen weitergeben und

(4) konjunktiven Informationen, die über Handlungsmöglichkeiten informieren.

Nach ihrer Stellung im Kommunikationsprozeß ist zu unterscheiden:

(1) entscheidungsorientierte Kommunikation. Sie umfaßt die für implizite und explizite Verhaltensnormen, Planung und Entscheidung erforderlichen Daten.

(2) einwirkungsorientierte Kommunikation. Ihr Ziel ist es, auf das Verhalten einer oder mehrerer Personen so einzuwirken, daß Ziele durch gemeinschaftliches Handeln erreicht werden. Wesentliche Formen sind hier Anweisen, Anordnen, Überzeugen, Einweisen, Unterweisen, Motivieren, Manipulieren usw.

(3) kontrollbezogene Kommunikation. Sie ist ein wesentlicher Bestandteil des Führungsprozesses und notwendig, den Prozeß der Zielerreichung sicherzustellen.

Ein mehrseitiger Kommunikationsweg ist als Modell eines geschlossenen Kreises darstellbar. (Vgl. Schaubild 4).

Über das *Feedback* kann der Kommunikationssender die Wirkung seiner kommunikativen Bemühungen erfahren. Dieses bildet die Voraussetzung für die Durchführung von Kontrollen und die Einleitung korrektiver Maßnahmen.

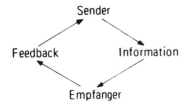

Schaubild 4: Modell eines Kommunikationskreises

2. Formale Organisation

Als System beruht ein Unternehmen auf dem *sinnvollen Zusammenwirken* von Menschen (Arbeitssubjekten) und sachlichen Hilfsmitteln zur Produktion von Gütern und Dienstleistungen. Das Zusammenwirken mehrerer Individuen zur Erreichung eines *gemeinsamen Zieles* kann nur innerhalb eines von den Beteiligten anerkannten *Ordnungsrahmens* und innerhalb der von ihnen akzeptierten *Spielregeln* erfolgen.

In diesem Zusammenhang ist die formale Organisation die aufgrund von technischen, wirtschaftlichen und sozialen Überlegungen bewußt geschaffene und planmäßig gestaltete Arbeits- und Betriebsorganisation. Sie legt für jedes Betriebsmitglied die Rechte und Pflichten fest und schreibt die Formen seiner Beziehungen zu den anderen Betriebsmitgliedern vor.

Der *hierarchische Aufbau* der Unternehmen gründet sich hierbei, wie verschiedene Forschungsergebnisse beweisen, nicht auf überholte autoritäre Vorstellungen, sondern ergibt sich zwangsläufig aus der *Notwendigkeit der Einheit der Willensbildung*. Er stellt damit ein Grundprinzip jedes zielorientiert handlungsfähigen Systems dar. Dies zeigt sich auch darin, daß ein organisierter Arbeitsablauf effizienter im Sinne der Erreichung eines gemeinsamen Zieles ist als ein unorganisierter.

Die *formale Organisation* umfaßt Regeln zur zielgerichteten Aufgabenerfüllung als Dauerregelungen, die generalisierend vorausschauend allgemeine Gültigkeit haben, sowie Regelungen nach Bedarf. (Vgl. Schaubild 5).

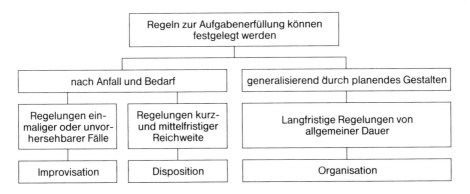

Schaubild 5: Abgrenzung von Improvisation, Disposition, Organisation

Die Organisationsliteratur unterscheidet zwischen Aufbauorganisation und Ablauforganisation. Die *Aufbauorganisation* ist das Ergebnis der *Aufgabensynthese* mit der Bildung von Stellen, Instanzen, Abteilungen sowie das Ergebnis der Herstellung von Arbeitsbeziehungen zwischen diesen Stellen. (Vgl. Bisani, Personalwesen, Moderne Wirtschaftsbücher). Für den Aufbau formaler Organisationen werden in der Literatur eine Reihe von *Organisationsgrundsätzen* aufgestellt und teils als Bedingungen, teils auch als Handlungsanweisungen formuliert.
Als Grundsätze gelten u. a.:
(1) Grundsatz der Wirtschaftlichkeit (günstiges Verhältnis zwischen Kosten und Leistung),
(2) Grundsatz der Erhaltung der Organisation.
Der Grundsatz der *Erhaltung der Organisation* beinhaltet die Prinzipien von Stabilität und Elastizität, Flexibilität sowie der Kontinuität. Die Forderung nach *Stabilität* soll ein bestimmtes Beharrungsvermögen der Organisation sicherstellen. Andererseits muß aber jede Organisation auch *elastisch* genug sein, um sich an interne und auch externe, nicht vorhersehbare Änderungen anpassen zu können. Das Prinzip der *Kontinuität* verlangt ebenso wie der Grundsatz der Stabilität, daß einmal getroffene Maßnahmen in gleicher Form über einen möglichst langen Zeitraum beibehalten werden. Der *Aussagewert* dieser Grundsätze ist für den in der Praxis tätigen Organisator aber *sehr gering*, weil sich aus ihnen keine brauchbaren Handlungsanweisungen ableiten lassen. Sie stellen zu stark die objektiv-sachlichen Momente in den Vordergrund und vernachlässigen dabei den in die Organisation eingegliederten Menschen mit seinen Fähigkeiten, Eigenschaften und Bedürfnissen. So erweist es sich häufig als schwierig, Mitarbeiter zu finden, die genau die Anforderungen einer Stellenbeschreibung erfüllen, mit der Folge eines zwangsläufigen Auseinanderfallens zwischen der geplanten Organisation und den Möglichkeiten der Mitarbeiter, die sie realisieren sollen. Selbst dort, wo es gelingt, einen für eine Stelle idealen Mitarbeiter zu finden, ist das Problem langfristig nur unvollkommen gelöst; denn jeder Mitarbeiter entwickelt sich weiter mit seinen Wünschen, Fähigkeiten und Erfahrungen, ebenso wie andererseits die Stellenanforderungen durch äußere oder innere Einflüsse einem laufenden Wandel unterliegen.
Die Realisierung der Organisationsgrundsätze, insbesondere der Wirtschaftlichkeit, im Rahmen der Ablauforganisation führt zwangsläufig zu einer *straffen Reglementierung* des Arbeitsablaufes durch eine Zunahme genereller Regelungen mit engen Grenzen für die einzelnen Mitarbeiter, so daß deren Kenntnisse und Fähigkeiten nur annähernd ausgeschöpft werden und eine Anreizwirkung weitgehend verschwindet. Die Überforderung durch Unterforderung ist hier kein Schlagwort, sondern bildet vielmehr die Grundlage für viele berechtigte Ansprüche an eine humanere Arbeitswelt.
Die Erfahrungen der Organisationspraxis beweisen, daß es für jede zu lösende Aufgabe in einer Organisation ein *Optimum* zwischen freier und gebundener Form *der Aufgabenerfüllung* gibt.

3. Informale Organisation

Die praktische Erfahrung zeigt, daß weder Aufbau noch Abläufe in sozialen Systemen vollkommen der geplanten formalen Organisationsstruktur entsprechen.
Immer wieder wird deutlich, daß Instanzen Entscheidungsbefugnisse wahrnehmen, die ihnen laut Organisationsplan nicht zustehen, von Mitarbeitern ein Einfluß ausgeübt wird, der ihnen kraft Stellenbeschreibung nicht gestattet ist, oder formal legitimierte Vorgesetzte weder die persönliche noch die fachliche Autorität besitzen, die ihnen aufgrund ihrer hierarchischen Eingliederung institutionell zustehen würde.
Neben dem formal geplanten Beziehungssystem besteht ein ganzes Netz persönlicher und sozialer Beziehungen zwischen den Mitgliedern eines Unternehmens; Beziehungen, die sich zu gemeinsam getragenen Werthaltungen verdichten, die ihren Ausdruck im *Organisations-/* bzw. *Betriebsklima* finden.
Die Gesamtheit dieser nichtgeplanten sozialen Beziehungen wird als *„informale Organisation"* bezeichnet.
Mayntz weist darauf hin, daß die Unterscheidung zwischen formalen und informalen Organisationen ausgesprochen analytischer Natur ist und daß beide Aspekte in der Wirklichkeit fast immer zu einer Erfahrungseinheit verschmelzen, die wir *soziale Organisation* nennen.
Nun gibt es in der betrieblichen Praxis zweifellos Bedingungen, die das Entstehen formaler Strukturen begünstigen oder ihr Entstehen sogar provozieren, so etwa Lücken in der formalen Organisation, die durch informale Beziehungen geschlossen werden. Gleiches gilt wenn Teile der formalen Organisation nicht mehr den praktischen Notwendigkeiten entsprechen oder von einem Teil der Mitarbeiter nicht akzeptiert werden.
Aus der Existenz informaler Organisationsbestandteile ergibt sich zwangsläufig auch die Möglichkeit der Existenz von informalen Führern. *Formaler Führer* in einer Organisation ist der mit hierarchischen Vollmachten ausgestattete Vorgesetzte. Abgesehen von der Möglichkeit, Zwang und Druck im Rahmen der übertragenen Vollmachten auszuüben, ist der *Führungserfolg* im wesentlichen aber auch davon abhängig, daß die *Führerrolle* durch die Mitarbeiter akzeptiert wird. Wird der formale Vorgesetzte den Ansprüchen seiner Mitarbeiter nach Berücksichtigung ihrer sozialen Belange sowie nach fachlicher und persönlicher Autorität nicht gerecht, so wird in der Regel nach kurzer Zeit ein anderes Organisationsmitglied von den Mitarbeitern mit entsprechender persönlicher und fachlicher Autorität eine *informale Führerrolle* übernehmen.
Führungsduale, d. h. das Vorhandensein eines formalen Vorgesetzten und eines informalen Führers, sind nicht unausweichlich. Sie treten nur dort auf, wo der formale Vorgesetzte seinen beiden Funktionen nicht gerecht wird. Es gilt als eine gesicherte Erkenntnis der Sozialpsychologie, daß jede Führung einer Gruppe zwei zentrale Funktionen aufweist: den Anspruch zur Erreichung des Gruppenzieles und die Berücksichtigung der persönlichen Belange der Mitarbeiter. Wenn beide Funktionen vom formalen Vorgesetzten nicht erfüllt werden, tritt der Fall ein, daß Spannungen und Frustrationen, die durch eine einseitige Leistungsorientierung des formalen Vorgesetzten hervorgerufen werden, ihren Ausweg in der Schaffung eines

informalen Führers suchen, der durch ein ausgleichendes sozialorientiertes Verhalten mithilft, diese Spannungen abzubauen. Der informale Führer kann den formalen Vorgesetzten sinnvoll dann ergänzen, wenn sich der Vorgesetzte bei entsprechender fachlicher Autorität um die Leistung der Gruppe kümmert, während sich der informale Führer um die sozialen Belange und damit für den Gruppenzusammenhalt einsetzt. Der informale Führer kann aber auch zum unmittelbaren Konkurrenten des formalen Vorgesetzten werden. Wird diese Konkurrenz vom Vorgesetzten akzeptiert, so verliert er zusehends an der ihm aufgrund der hierarchischen Ordnung zustehenden Macht und ebenso an persönlicher Autorität. Wehrt er sich dagegen, so sind Spannungen und Konflikte unausweichlich.

4. Beziehungen zwischen formaler und informaler Organisation

Bezeichnet man die formale Organisation als die Organisationsstruktur und die informale Organisation mit allen ihr zugrunde liegenden Werthaltungen, Normen und Regeln als eine gewachsene im Zeitablauf entstandene *Organisationskultur*, dann läßt sich ihr Verhältnis zueinander mit einem im Wasser schwimmenden Eisberg vergleichen. Der über der Wasseroberfläche schwimmende Teil ist die formal gestaltete Organisationsstruktur. Diese ist für jeden als bewußt geschaffene und schriftlich fixierte Aufbau- und Ablauforganisation erkennbar.
Unter der Wasseroberfläche ist der Teil der informalen Organisation mit den unbewußt und ungeplant im Zeitablauf entstandenen Einstellungen, Werthaltungen und

Schaubild 6: Verhältnis formaler zu informaler Organisation (Organisationsstruktur versus Organisationskultur)

Erwartungen der Organisationsmitglieder und mit den nicht schriftlich fixierten, sondern auf Tradition und stillschweigender Übereinkunft beruhenden Normen und Regeln. (Vgl. Schaubild 6).

So wie sich beim Eisberg immer ein Teil unter Wasser befindet, so gibt es keine formale Organisation, die nicht von einer Art *Organisationskultur* getragen wird und bei der nicht formale Organisationsmuster durch ein parallel laufendes ungeplant entstandenes Netz zwischenmenschlicher Beziehungen ergänzt wird.

Dieses Netz informaler Regelungen schließt die Lücken im formalen System und gibt dem einzelnen die notwendige Sicherheit.

Formale und *informale Organisation* können sich wie folgt gegenüberstehen:

(1) Sie *stören einander nicht*, sondern ergänzen sich. Dies ist der Fall, wo die formale Organisation unvollständig ist und Lücken aufweist. Diese Lücken werden dann durch informale Regelungen geschlossen. Ähnliches gilt, wenn Organisationsvorschriften die arbeitsmäßig notwendigen Bestimmungen regeln und soziale Beziehungen durch informale Regelungen Berücksichtigung finden.

(2) Formale und informale Organisation stehen sich in einer *Konfliktsituation* gegenüber, weil sie entweder ganz oder teilweise unvereinbar sind.

Möglich sind folgende Alternativen:
- Die formale Struktur behauptet sich gegenüber der informalen durch Einsatz führungsmäßiger Machtmittel. Die Organisationsstruktur entspricht dann zwar den geplanten Vorstellungen, jedoch sind das Betriebsklima und die Leistungsbereitschaft meist sehr schlecht, weil berechtigte persönliche Interessen und Bedürfnisse der Mitarbeiter nur ungenügend berücksichtigt werden.
- Die informale Struktur setzt sich durch, so daß die realisierte Organisation wesentlich von der geplanten *formalen* Sollstruktur abweicht.
- Der Konflikt zwischen beiden Strukturformen ist ungelöst, was zu ständigen Spannungen und Reibereien führt.

Diese *Konfliktsituationen* sind *vermeidbar*, wenn

(1) die formale Organisationsstruktur nicht nur die objektiven Belange der Leistungserstellung, sondern auch die subjektiven sozialen Bedürfnisse der Mitarbeiter berücksichtigt;

(2) Vorgesetzte nicht nur rein aufgabenorientiert denken und handeln, sondern auch auf den Gruppenzusammenhalt achten;

(3) Vorgesetzte nicht nur nach der fachlichen, sondern auch nach der persönlichen Autorität ausgewählt werden.

D. Der Führungsprozeß: Begriffliche Grundlagen

1. Führung als Erfüllung der Koordinationsaufgabe

Zweckgerichtetes arbeitsteiliges Handeln mehrerer Individuen zur Erreichung eines *gemeinsamen* Zieles setzt nicht nur die Möglichkeit zur *Kommunikation* und einen

Ordnungsrahmen für generelle und fallweise Regelungen voraus, sondern auch eine *Instanz*, die den Prozeß zur Zielerreichung koordiniert und dafür sorgt, daß die einzelnen Teilleistungen zu einer Gesamtleistung kombiniert werden.

Damit ist Koordination in diesem Sinne die bewußte Gestaltung, Abstimmung und Ausrichtung dezentraler arbeitsteiliger Handlungen und Entscheidungen von einzelnen Individuen oder organisatorischen Teileinheiten im Hinblick auf die Erreichung von einheitlichen bzw. gemeinsam angestrebten Organisationszielen unter Anwendung koordinationsbedarfsreduzierender Maßnahmen.

Die Notwendigkeit zur Koordination ist nicht nur auf dem Bereich der Unternehmen beschränkt, sondern findet sich naturgemäß überall dort, wo Menschen in Gruppen zur Erreichung gemeinsamer Ziele zusammenwirken, also auch in Kirchen, Schulen, beim Militär und bei allen anderen ähnlich organisierten Systemen.

Mit zunehmender Größe von Organisationen kommt es dann zwangsläufig auch immer zu einer Arbeitsteilung zwischen den mit Ausführungsgaben betrauten Organisationsmitgliedern und denen, wie die Koordinationsfunktion wahrnehmen. Eine Tätigkeit, die als Führung bezeichnet wird.

Aufgabe der Führung ist es in erster Linie, das Ziel bzw. die Ziele festzulegen, die Organisation zu gestalten, d. h. die Voraussetzungen zur Zielerreichung zu schaffen und das Verhalten der Mitglieder (Mitarbeiter) zielorientiert zu steuern. Deshalb ist Führung nur bei Zielen möglich, die auch von den Mitarbeitern freiwillig akzeptiert werden oder aufgrund gegebener Umstände von ihnen akzeptiert werden müssen.

Die Führung umfaßt demnach folgende Teilaufgaben:

(1) Zielbildung und Setzung von Prioritäten;
(2) Erkennen von auftretenden Problemen und Ergreifen der Initiative zur Problemlösung;
(3) Bewertung der gegenwärtigen und Prognose der künftigen Entwicklung;
(4) Entwurf alternativer Handlungsprogramme zur Problemlösung;
(5) Bewertung der einzelnen Handlungsprogramme und Entscheidung;
(6) Durchsetzung und Kontrolle.

Diese Teilaufgaben zeigen deutlich, daß die Notwendigkeit der Führung durch die *personelle Trennung von Entscheidung und Realisierung* entsteht. Führen bedeutet:

(1) Ausfüllung von Entscheidungsspielräumen, die bei verschiedenen Möglichkeiten der Zielerreichung bestehen;
(2) Reduzierung dieser Entscheidungsspielräume durch Setzung genereller Regelungen;
(3) Veranlassung und Überwachung der Durchführung.

Damit hat das Führungsproblem grundsätzlich zwei Dimensionen:

(1) Sachliche Güte und Qualität der Entscheidungen;
(2) Leistungsmotivierung bei der Durchführung dieser Entscheidungen

Führung besteht damit unter diesen Gesichtspunkten aus zwei unterschiedlichen *Teilfunktionen:*

(1) Lokomotionsfunktion: Streben nach Zielerreichung durch gemeinsame Arbeit der Gruppenmitglieder;
(2) Kohäsionsfunktion: Sicherung von Zusammenhalt und Aktionsfähigkeit der Gruppe.

Der Prozeß der Führung kann nur insoweit erfolgreich sein, als die Mitarbeiter willens sind, zur Zielerreichung die Notwendigkeit einer gewissen *Subordination* anzuerkennen. Damit ist der *Führungserfolg* im wesentlichen von den Machtbefugnissen, der Anerkennung der Führerrolle durch die Mitarbeiter sowie der fachlichen und persönlichen Autorität des Vorgesetzten abhängig.

Die *Basis der Machtbefugnisse* kann vielfältig sein. Hier wird unterschieden zwischen

(1) Belohnungsmacht: Der Mitarbeiter weiß, daß ihm der Vorgesetzte eine Belohnung (Gehaltserhöhung, bessere Arbeit usw.) erteilen oder auch versagen kann.

(2) Bestrafungsmacht: Der Mitarbeiter weiß, daß der Vorgesetzte bei Nichtbefolgen von Anordnungen in der Lage ist, Sanktionen zu erteilen, gegebenenfalls in Form von Negativbeurteilung und damit Behinderung des Fortkommens oder sogar Entlassung.

(3) Referenzmacht: Hier identifiziert sich der Mitarbeiter mit dem Vorgesetzten und mit den Zielen des Unternehmens.

(4) Expertenmacht: Hier erkennt der Mitarbeiter das höhere Fachwissen des Vorgesetzten an und weiß, daß er ohne dessen Anweisungen seine Aufgaben nicht lösen kann.

(5) Legitimationsmacht: Hier akzeptiert der Mitarbeiter aufgrund eigener Einstellungen oder sozialer Normen das Recht des Vorgesetzten, sein Verhalten zu bestimmen.

Wie diese Macht im einzelnen vom Vorgesetzten ausgeübt wird und wie stark der Entscheidungsspielraum bzw. die Eigeninitiative der Untergebenen in konkreten Situationen eingeschränkt wird, ist Ausdruck des Führungsverhaltens.

Das *Führungsverhalten*, das von sehr vielen Einflußfaktoren wie der Struktur des Unternehmens, der Zusammensetzung und Einstellung der Mitarbeiter, der konkreten Arbeitsaufgabe und Entscheidungssituation und darüber hinaus auch von der Persönlichkeitsstruktur der jeweiligen Vorgesetzten abhängt, hat entscheidenden und nachhaltigen Einfluß auf den Erfolg der Organisation und damit auf die Zielerreichung.

2. Führen und Leiten

Die jahrzehntelange Vernachlässigung der Führungsproblematik in der betriebswirtschaftlichen Forschung und der unternehmerischen Praxis ist im wesentlichen auf die geringe Bedeutung zurückzuführen, die das Personalwesen bisher gehabt hat. Solange die Durchsetzung von Entscheidungen durch betriebliche Machtmittel, wozu vor allem die Drohung mit Entlassung und der damit verbundenen Gefährdung der wirtschaftlichen Existenz des Mitarbeiters gehörte, sichergestellt werden konnte, bestand keine praktische Notwendigkeit, sich mit den Führungsproblemen und der Motivation der Mitarbeiter zu zielgerichtetem Einsatz auseinanderzusetzen.

So findet sich z. B. in der von *N. Szyperski* zusammengestellten Übersicht über die Lehrsysteme der Betriebswirtschaftslehre kein Platz für den Bereich Personal- und

Menschenführung. Eindeutig steht hier eine rein objektiv-sachmittelhafte Betrachtung im Vordergrund. (Vgl. Schaubild 7).
Sachmittel, wie Material und Maschinen, werden nicht geführt, sondern behandelt,

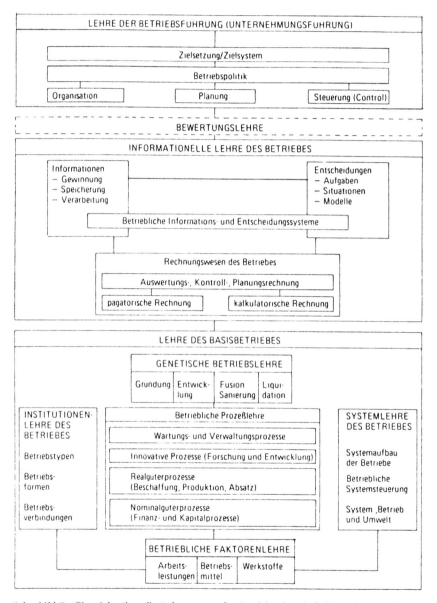

Schaubild 7: Übersicht über die Lehrsysteme der Betriebswirtschaftslehre, (Szyperski, Norbert: Unternehmungsführung als Objekt der Betriebswirtschaftslehre, in: Unternehmungsführung, herausgegeben von Jürgen Wild, Berlin 1974, S. 12).

bearbeitet, transportiert, aufgestellt und in Gang gesetzt. Führung aber ist immer Menschenführung, ist Personalführung.

Mit der verbesserten sozialen Absicherung der Arbeitskräfte, mit der Veränderung auf dem Arbeitsmarkt und nicht zuletzt auch mit dem gestiegenen Bildungsniveau der breiten Massen trat eine Veränderung ein. Der wirtschaftliche Druck, verbunden mit der Drohung des Arbeitsplatzverlustes allein reicht nicht mehr aus, ein zielorientiertes Leistungsverhalten der Mitarbeiter sicherzustellen. Die Probleme der Personalführung treten damit immer stärker in den Mittelpunkt des Interesses.

Der Gegenstandsbereich und die spezifische Fragestellung einer *betriebswirtschaftlichen Führungslehre* lassen sich deshalb — so auch Wild — nur dadurch gewinnen, daß zwischen verschiedenen Problemschichten und Betrachtungsweisen des Unternehmensgeschehens unterschieden wird, und zwar zwischen einer *materiellen* — (sachbezogenen) — und einer *personellen* (verhaltensbezogenen) *Sichtweise*.

Steuern und *Leiten* umfaßt die Entscheidungsfunktionen, die sich auf Sachen (Betriebsmittel, Werkstoffe usw.) oder Verfahren, wie z. B. ein bestimmtes Produktionsprogramm und/oder eine Arbeitsmethode, die Produktgestaltung, die Preispolitik, die Finanzplanung usw., beziehen.

Führen umfaßt die personenbezogenen Funktionen und damit den Gesamtbereich der Menschenführung, der immer mehr zum Hauptproblem der Unternehmensführung geworden ist.

Sachbezogene Leitungsaufgaben sind deshalb hauptsächlich auf systematisch-sachliche Problemlösungen ausgerichtet. Sie bedienen sich vorwiegend formaler Methoden. Die personenbezogenen Führungsaufgaben sind dagegen im wesentlichen psychologisch-soziologischer Natur. Sie basieren vor allem auf den Kenntnissen über die Struktur des menschlichen Verhaltens.

3. Führungsstil, Führungsverhalten und Führungselemente

Wenn Führung als ein *Prozeß der Beeinflussung* der Handlungen von einem Individuum oder von Gruppen im Hinblick auf ihr Bemühen, ein Ziel zu erreichen, verstanden werden soll, so gibt dies den Sachverhalt nur unvollständig wieder.

Führung ist nicht ein einseitiger Akt, bei dem ein Individuum widerspruchslos einen Einfluß ausgesetzt ist. Mitarbeiter sind nicht willenlose Roboter und Maschinen, die nur auf „Knopfdruck" reagieren. Sie haben auch einen eigenen Willen und eigene Vorstellungen, die sie in diesen Prozeß einbringen. Damit ist Führung keine Sache des Status innerhalb der Betriebshierarchie oder das Ergebnis einer Kombination von bestimmten Eigenschaften. Vielmehr handelt es sich um einen Prozeß des Zusammenwirkens zwischen dem Führer (Vorgesetzten) und den Mitarbeitern. Führen berührt damit alle Formen der Bildung, Durchsetzung und Sicherung eines Willens, wobei das *Phänomen Führen* immer die personelle *Trennung zwischen Willensbildung und Willensdurchführung* voraussetzt.

Bei der Durchführung dieser Führungsfunktion lassen sich Führungsstil und Führungsverhalten unterscheiden.

Unter *Führungsstil* versteht man das Ergebnis einer bestimmten Grundeinstellung, die sich aus einer ganz bestimmten Philosophie der Unternehmungsführung sowie der Grundeinstellung zum Menschen ableitet. Den Führungsstil kennzeichnet damit ein einheitliches situationsunabhängiges Verhaltensmuster. Dies wird deutlich bei der neueren Diskussion um ein der gesellschaftlichen und wirtschaftlichen Entwicklung angepaßtes Führungsverhalten und in der Auseinandersetzung zwischen demokratisch-kooperativem und autoritärem Führungsstil.

Während es sich bei einem *Führungsstil* um eine *ideal-typische Ausprägung handelt*, ist das *Führungsverhalten* oder die Führungsform die jeweilige *situations-aufgabenbezogene Ausübung* der Führungsfunktion durch einen Vorgesetzten. Das Führungsverhalten wird nicht nur durch die jeweilige Situation und die Aufgabe bestimmt, sondern auch durch die Orientierungen an einem bestimmten Führungsstil und durch die *Persönlichkeitsstrukturen* der Beteiligten. Beide, Führungsstil und Führungsverhalten, sind (in der Idealvorstellung bzw. in der Realität) durch unterschiedliche Ausprägungen verschiedener Führungselemente gekennzeichnet.

Bleicher unterscheidet zwei Arten von Führungselementen, organisatorische und sozial-psychologische.

a) Organisatorische Führungselemente

(1) Organisationsgrad (Verhältnis zwischen Organisation und Disposition bzw. zwischen generellen und fallweisen Regelungen):
Der Organisationsgrad ist hoch, wenn der jeweils größte Teil des betrieblichen Geschehens durch generelle Regelungen vorherbestimmt wird. Er ist niedrig, wenn nur die Ziele vorgegeben, die Realisierung dieser Ziele weitgehend im freien Ermessen der Organisationsmitglieder verbleibt. Der Organisationsgrad wird damit bestimmt durch die Enge der organisatorischen Regelungen und den dispositiven Freiheitsgrad der Organisationsmitglieder.

(2) Formalisierungsgrad (Verhältnis zwischen formaler und informaler Organisation):
Formale Regelungen sind nach objektiven Gesichtspunkten ausgerichtet. Sie schränken den Handlungs- und Gestaltungsspielraum des einzelnen ein. Lücken und Unzulänglichkeiten im System formaler Regelungen werden durch informale Strukturen geschlossen. Dies bildet zusätzliche Möglichkeiten, Arbeitsabläufe und Arbeitsvollzüge verstärkt individuellen Vorstellungen und Bedingungen anzupassen.

(3) Verteilung von Entscheidungsaufgaben (Verhältnis von Zentralisierung und Dezentralisierung der Entscheidungsfindung):
Die Entscheidungen können sehr stark in den hierarchisch-höheren Ebenen zentralisiert sein, so daß Mitarbeiter lediglich Ausführungsorgane sind. Sie können aber auch sehr stark dezentralisiert sein und damit den Mitarbeitern eine Mitwirkung am Entscheidungsprozeß ermöglichen. Zwischen den beiden Extremen gibt es eine ganze Reihe von Zwischenformen. Im Zusammenhang mit der Forderung nach einem kooperativen Führungsverhalten wird eine Form propagiert,

bei der im Rahmen von Zielvorgaben der Prozeß der Entscheidungsfindung im vorgegebenen Umfang weitgehend dezentralisiert ist.

(4) *Art der Willensbildung* (Verhältnis von Einzel- u. Gruppenentscheidungen):
Die Willensbildung kann individuell nur an der Firmenspitze oder kollegial durch Mitwirkung der Betroffenen im Rahmen von Gruppenentscheidungen erfolgen. Für individuelle Willensbildung spricht der raschere Willensbildungsprozeß. Für die Gruppenentscheidung sprechen die Vorteile der Vermeidung der Abkapselung von Spezialisten, die Erleichterung der Koordination, die Sicherung der Kontinuität und vor allem die Identifizierung der Gruppenmitglieder mit der getroffenen Entscheidung.

(5) *Art der Willensdurchsetzung* (Verhältnis bilateraler und multilateraler Arbeitsbeziehungen):
Die Arbeitsbeziehungen zwischen Vorgesetzten und Mitarbeitern können personen- oder gruppenspezifisch strukturiert sein. Bei personenspezifischer Ausprägung verkehrt der Vorgesetzte mit dem einzelnen Mitarbeiter individuell und isoliert. Im anderen Fall verkehrt er mit der Gruppe. Bei der gruppenspezifischen Form der Arbeitsbeziehungen werden weitgehend kollegiale Arbeitsformen begünstigt, die in der Regel eine größere Berücksichtigung psychologischer Aspekte ermöglichen und das Betriebs- bzw. Gruppenklima günstig beeinflussen.

(6) *Informationsfluß* (Verhältnis von bilateralen und multilateralen Informationsbeziehungen):
Bei autoritären Führungskonzepten ist der Informationsfluß weitgehend bilateral geregelt. Unter Einhaltung des Dienstweges geht der Informationsfluß von unten nach oben, während in umgekehrter Richtung die Anordnungen und Befehle und das arbeitsnotwendige Minimum an Ausführungsinformationen fließen. Den Gegensatz bilden multilaterale Informationsbeziehungen, bei denen keine Begrenzung der Information auf das arbeitsnotwendige Minimum erfolgt, sondern auch gegebenenfalls durch Aktivierung des Informationsaustausches eine Anreicherung der Informationsmenge stattfindet.

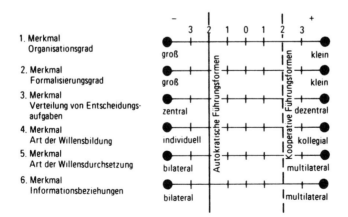

Schaubild 8: Polaritätenprofil, unterschiedliche Ausprägung der Führungselemente

b) Sozialpsychologische Führungselemente

(1) Grundeinstellung des Vorgesetzten zu den Mitmenschen und speziell zu den Mitarbeitern.
(2) Formen der Motivation und Verhaltenssteuerung.
Je nach der Ausprägung der einzelnen organisatorischen und in analoger Form der sozialpsychologischen Führungselemente lassen sich in Form eines *Polaritätenprofils mehr autorkatische oder mehr kooperative Führungsformen* unterscheiden (vgl. Schaubild 8).

4. Führungspositionen

Da in einem Unternehmen jeder Führungsaufgaben wahrnimmt, der andere Personen zu einem bestimmten Handeln oder Verhalten zum Zwecke der Erreichung eines bestimmten Zieles veranlassen kann, sind alle Personen als *Führungskräfte* zu bezeichnen, denen mindestens eine Ebene von Positionsinhabern nachgeordnet ist. Damit fallen unter die Definition *Führungskräfte* sowohl Vorarbeiter und Gruppenführer als auch Meister, Betriebsleiter und Vorstandsmitglieder.
Für die Behandlung der Führungsproblematik werden vereinfacht drei Gruppen von Führungskräften unterschieden.
(1) Untere Führungskräfte; ihnen unterstehen die Mitarbeiter auf der operativen Ebene, denen selbst keine weiteren Mitarbeiter mehr unterstellt sind.
(2) Mittlere Führungskräfte; Sie sind oberen Führungskräften unterstellt. Ihre Mitarbeiter sind aber ihrerseits wieder Vorgesetzte anderer Mitarbeitergruppen.
(3) Obere (Oberste) Führungskräfte; Ihre Mitarbeiter sind mittlere Führungskräfte, sie selbst haben keine weiteren Vorgesetzte über sich. Sie haben sich nur den Kontrollorganen der Kapitaleigner gegenüber zu verantworten.
Daraus ergibt sich, daß die Aufgaben, die die einzelnen Führungsebenen wahrzunehmen haben, sich mit der Positionshöhe in Art, Struktur und Zusammensetzung verschieben. Meist wird vereinfachend unterstellt, daß auf den unteren Ebenen die Ausführungsaufgaben vorherrschen und daß diese mit zunehmender Positionshöhe abnehmen, während gleichzeitig die Führungsaufgaben zunehmen.
Eigene noch unveröffentlichte Untersuchungen zeigen, daß dies nur bedingt zutrifft. Unterteilt man die gesamten Managementaufgaben in sachbezogene Leitungsaufgaben und personenbezogene (Personal-)Führungsaufgaben und rechnet man zu den Ausführungsaufgaben auf den oberen Führungsebenen u. a. die notwendige Kontaktpflege zu Kapitalgebern, Kunden usw. sowie die sonstigen vermeidlichen Repräsentationsaufgaben, so ergibt sich die in Schaubild 9 dargestellte Verteilung.

Auf den obersten Führungsebenen nehmen die *Ausführungsaufgaben* einen breiten Raum neben den Leitungsaufgaben der sachbezogenen Planung und Steuerung ein. *Personalführungsaufgaben,* d. h. die unmittelbare Mitarbeiterbeeinflussung haben auf dieser Ebene, da die Leitungsspanne meist sehr gering ist und die unterstellten Mitarbeiter selbst Führungskräfte sind, nur sehr geringe Bedeutung.

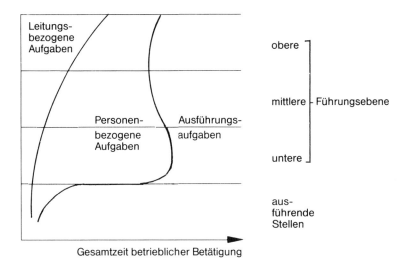

Schaubild 9: Verteilung der Aufgaben auf den verschiedenen hierarchischen Ebenen eines Unternehmens

Auf den mittleren Führungsebenen nehmen die leitungsbezogenen Aufgaben stark ab, dafür nehmen die interaktionellen Personalführungsaufgaben sehr stark zu. Besonders auf der untersten Führungsebene der Meister, Abteilungsleiter und Vorarbeiter besteht ein erheblicher Teil der Aufgaben in Personalführungsaufgaben. Ausführungsaufgaben nehmen hier ebenso wie die *Leitungsaufgaben* sehr stark ab.

Zu den *Ausführungsaufgaben* auf diesen Ebenen gehören die Erledigung der Schreib-, Kontroll- und Überwachungsarbeiten, d. h. das Erstellen von Berichten und Meldungen usw. Die leitungsbezogenen Aufgaben sind hier in der Regel in der Disposition, der Zeit- und Materialeinteilung usw. zu sehen. Bei den ausführenden Ebenen dominieren die Durchführungsaufgaben, während Leitungs- und personenbezogene Führungsaufgaben einen kaum wahrnehmbaren Raum einnehmen.

Die Vorgesetzten mittlerer Ebenen haben eine Doppelrolle. Auf der einen Seite sind sie Vorgesetzte und müssen ihre untergebenen Mitarbeiter zu Leistungen motivieren. Auf der anderen Seite sind sie wieder als Mitarbeiter höherer Führungsebenen unterstellt. Diese Doppelrolle kann im Einzelfall stark belasten und führt zu der häufig beklagten Verunsicherung der mittleren Führungsschichten. Die Diskussion um die Sprecherausschüsse im Rahmen der Belegschaftsvertretung und um den Zusammenschluß zu Interessenverbänden wie der ULA (Union der Leitenden Angestellten) usw. weist auf das sich hier immer stärker entwickelnde Konfliktpotential in großen Unternehmen hin und zeigt die Notwendigkeit auf, daß mitarbeiterorientiertes Führungsverhalten nicht nur bei den mittleren Führungsschichten, sondern mehr noch bei den höheren Führungsebenen erforderlich ist.

Bisher vorliegende Untersuchungen haben sich überwiegend mit den Auswirkungen unterschiedlichen Führungsverhaltens der unteren Führungskräfte auf Arbeitsproduktivität, Arbeitszufriedenheit und auf andere Faktoren (wie Fehlzeiten usw.) der ihnen unterstellten Mitarbeiter befaßt.

Untersuchungen über das Führungsverhalten auf oberen Führungsebenen und seine Auswirkungen auf die Motivation und Leistungsbereitschaft der mittleren Führungsebenen liegen bisher, soweit bekannt, noch nicht vor.

Die Problematik für Führungskräfte der mittleren Führungsebenen ergibt sich vor allem daraus, daß sie bei ihrem Führungsverhaltens nicht nur von einer Vielzahl von individuellen sozialen und betrieblichen Einflußgrößen abhängig sind, sondern daß sie auch der Vorbildwirkung des Führungsverhaltens ihrer Vorgesetzten auf den oberen Ebenen ausgesetzt sind. Dies erklärt auch, daß in der Regel ein vom Topmanagement praktiziertes Führungsverhalten sich mit unterschiedlichen Ausprägungen bis auf die unteren Ebenen durchsetzt. Die Einführung eines neuen Führungssystems mit einem anderen Führungsverhalten wird deshalb auch nur dann erfolgreich sein, wenn sich auch die oberen Führungskräfte den geänderten Anforderungen anpassen.

II. Phasen des Managementprozesses

A. Übersicht über die Phasen des Managementprozesses

Das *traditionelle Idealbild* des betrieblichen Führungs- und Entscheidungsprozesses ging lange Zeit von der Individualentscheidung aus und setzte Führung und Entscheidung weitgehend gleich.
Die *Entscheidung* wurde als eine *zeitlich punktuelle Handlung* angesehen. Eine Arbeitsteilung wurde nur insoweit als Problem erkannt, als es darum ging, Entscheidungsbefugnisse und Führungsaufgaben in sorgfältiger Kompetenzabgrenzung hierarchisch sinnvoll zu verteilen. Nach den vorherrschenden allgemeinen Organisationsgrundsätzen ging es vor allem darum, die Zuständigkeit und Kompetenz eindeutig dem Aufgabenbereich einer Person zuzuordnen, die nicht nur die entsprechenden Entscheidungen zu fällen, sondern den Mitarbeitern auch die sich daraus ergebenden Anweisungen zu erteilen hat. Damit verharrte die Betrachtungsweise einseitig in den *Strukturproblemen der Aufbauorganisation*. Im Vordergrund wissenschaftlicher Untersuchungen und Veröffentlichungen standen die Fragen nach den Trägern unternehmerischer Willensbildung sowie die Probleme von echten und unechten Führungsentscheidungen.
Solange die klassische Betriebswirtschaftslehre bei der Betrachtung der Führungsprobleme von den Prämissen ausging:
(1) die *Willensbildung* in Unternehmen erfolgt ausschließlich durch eine Person,
   d. h. durch den Unternehmer oder durch die von ihm beauftragten Personen;
(2) der Unternehmer verfolgt nur ein Ziel, nämlich die *Gewinnmaximierung;*
war der prozessuale Ansatz der Führungsaufgabe nicht deutlich genug, um auch als relevantes Problem verstanden zu werden. Diese beiden Prämissen sind nach heutiger Auffassung, gestützt auf empirische Untersuchungen, nicht mehr haltbar. Man sieht in der Unternehmensführung einen geistigen Arbeitsprozeß, bei dem Leitungs- und Führungsfunktionen verschmelzen. (Vgl. Schaubild 10). Um diesen Zusammenhang von Führung und Leitung mit seinen engen wechselseitigen Beziehungen und die gegenseitigen Beeinflussungsmöglichkeiten aufzuzeigen, wird zuerst der Gesamtkomplex der Unternehmensführung dargestellt.

B. Zielsetzung

Im Gegensatz zu einer vollständig zentral gelenkten *Planwirtschaft*, bei der plandeterminierte Betriebe ohne die Möglichkeit zu eigener Zielbestimmung ausschließlich die von der Planungsbehörde vorgegebenen Zielvorgaben anzustreben haben, sind im Rahmen einer *marktwirtschaftlich organisierten*, auf Privateigentum aufgebauten Wirtschafts- und Gesellschaftsordnung die Unternehmen in der Lage, ihre

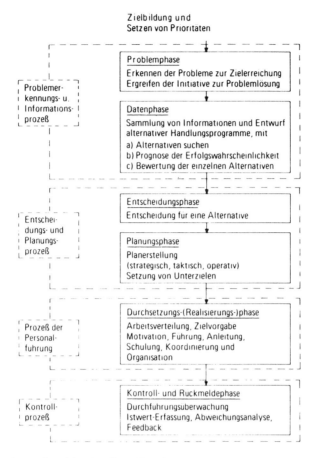

Schaubild 10: Übersicht über die Teilbereiche des Führungsprozesses

Ziele selbst zu setzen und durch zweckentsprechende zielkonforme Maßnahmen zu erreichen.

Praktische Erfahrungen zeigen, daß Gewinnmaximierung in der Regel nicht das letzte, oberste und ausschließliche Ziel einer Unternehmung ist. Viele Unternehmungsleitungen geben sich mit einem als angemessen angesehenen Gewinn zufrieden und berücksichtigen daneben noch andere Absichten in ihren Zielentscheidungen.

Daß die Betriebswirtschaftslehre trotzdem so lange und sehr zu ihrem Schaden an der überholten *Prämisse der Gewinnmaximierung* festgehalten hat, hat mehrere Ursachen. Einmal ist nicht von der Hand zu weisen, daß das *Gewinnmotiv* als Mittel zum Zweck einen Anreiz zum unternehmerischen Handeln darstellt und zum anderen ermöglicht die Annahme der Gewinnmaximierung als einzigem Unternehmensziel das *Aufstellen einfacher Modelle* und die Anwendung quantitativer Methoden zur Bestimmung eines (angeblichen) Unternehmerverhaltens.

Der *Zielsetzungsprozeß* in einem Unternehmen ist jedoch wesentlich vielschichtiger, als daß er nur auf die eine Größe zurückgeführt werden kann. Zielbestimmungen, auch wenn sie unvollkommen und lückenhaft sind, haben den Charakter von *Wahlentscheidungen* zwischen verschiedenen alternativen Verhaltensmöglichkeiten.

1. Übersicht

Im Rahmen des Zielbildungsprozesses werden die möglichen Alternativen begrenzt durch die Bedingungen der Umwelt, vor allem aber des Marktes, sowie durch die Stärken und die Schwächen und damit die Möglichkeiten des eigenen Unternehmens. (Vgl. Schaubild 11).

2. Wertsystem

Grundlage eines jeden unternehmerischen Zielbildungs- und Entscheidungsvorganges sind die in einem Unternehmen vertretenen und verkörperten Wertvorstellungen, die sich in der Einstellung der leitenden und meinungsbildenden Personen ausdrücken. Schaubild 12 zeigt nach *Ulrich* die Determinanten und ihre verschiedenen Ausprägungsformen.
Das Unternehmensleitbild ergibt sich dem Zusammenwirken von
a) dem System der Wertvorstellungen
b) den Ergebnissen der Umweltanalyse, welche die Chancen und Risiken der Umweltentwicklung bestimmen
c) dem Stärken- und Schwächeprofil durch die Unternehmensanalyse

3. Umwelt- und Unternehmensanalyse

Die *Umweltanalyse* erstreckt sich auf die gesamtwirtschaftlichen Einflußgrößen, die unmittelbar auf das System Unternehmen einwirken. Einflußgrößen die in allen Bereichen auftreten können mit denen das Unternehmen in Verbindung steht. *Ulrich* unterscheidet hier vier Bereiche:
— *ökologische Sphäre* der Umwelt mit den natürlichen Rohstoffen und der Begrenzung der Ressourcen, Umweltschutz usw.
— *technologische Sphäre*, naturwissenschaftlich/technische Forschungsergebnisse und die wirtschaftliche Umsetzbarkeit, der Markt für Investitionsgüter und technisches know how usw.
— *ökonomische Sphäre* der Beschaffungs- und Absatzmärkte einschließlich der Kapitalmärkte, der Nachfrageverhältnisse, die Konkurrenzsituation und die Entwicklung im volkswirtschaftlichen und zwischenstaatlichen Wirtschaftsverkehr usw.
— *soziale Sphäre:* Sie wird meist als eine Art Restgröße bezeichnet wird. Sie umfaßt die Bereiche, die nicht einer der drei bereits beschriebenen Sphären zugeord-

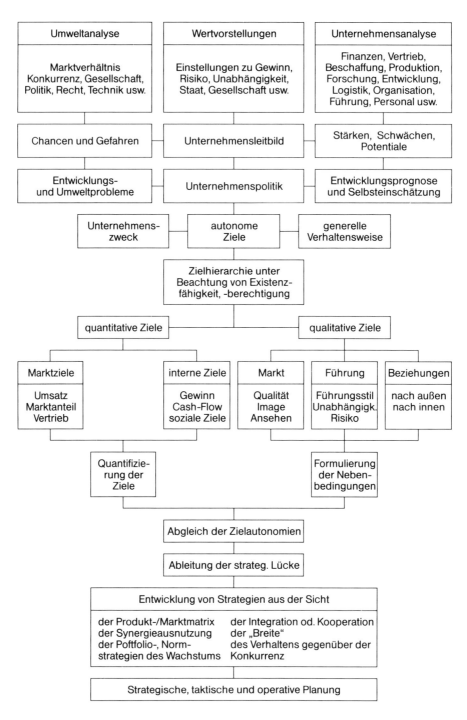

Schaubild 11: Der Zielbildungsprozeß (in Anlehnung an Aurich/Schröder)

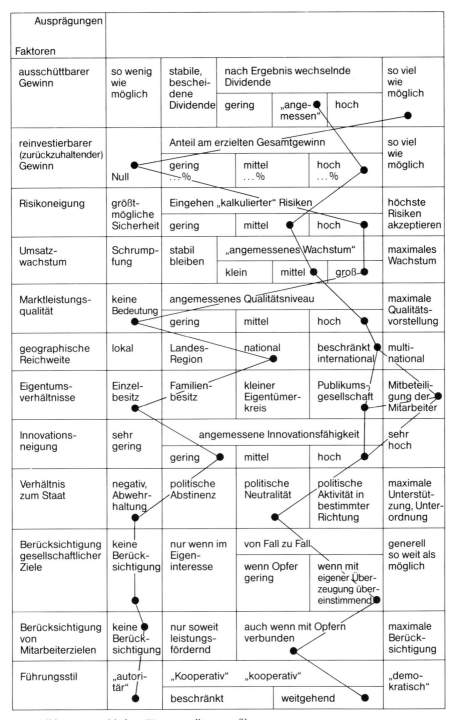

Schaubild 12: Verschiedene Wertvorstellungsprofile

net werden können. Hierher gehören die sehr große Anzahl menschlicher Bestrebungen und sozialer Beziehungen, die zwar zum Teil im Wirtschaftsgeschehen ihren Ausdruck finden, die aber in ihrer Bedeutung nicht allein durch wirtschaftliche Größen erfaßbar sind. Hierher gehören sowohl die Bevölkerungsentwicklung als auch die Änderung gesamtgesellschaftlicher sozialer Wertsysteme, das Bildungswesen, staatliche Aktivitäten und politische Machtverhältnisse usw.

Veränderungen einzelner Umweltfaktoren sind in einer dynamischen Wirtschaft unvermeidlich. Sie bieten dem Unternehmen, das sich diesen Veränderungen stellt und sie nutzbar macht, die Chancen einer wirtschaftlichen Nutzung, beinhalten aber auch gleichzeitig damit verbundene Risiken von Fehlschlägen.

Die *Unternehmensanalyse* erstreckt sich auf den Istzustand und auf die bisherige Entwicklung der Leitungs- und Führungsbereiche.

Zu den *Leitungsbereichen* gehören:

(1) Monetärer Kreislauf
- Umsatzentwicklung und Umsatzstruktur,
- Preisentwicklung,
- Kostenentwicklung, absolut und relativ zu den einzelnen Kostenarten,
- Investitionsentwicklung, Höhe der Nettoinvestitionen im Verhältnis zu den Abschreibungen.

Hieraus errechnet sich die Entwicklung des Gewinnes, des Cash-flow's sowie die Finanzierung des Kapitalbedarfs.

(2) Vertriebssystem
- Sortimentsanalyse (Besetzung des Marktfeldes, Lebenszyklen der Produktgruppe und Altersstruktur des Sortiments),
- Kundenstruktur und Vertriebssystem,
- Verkaufsförderung.

(3) Einkauf
- Lieferantenstruktur (Anzahl und Größe der Lieferanten, ihre Leistungsfähigkeit usw.),
- Beschaffungsstruktur, Qualität, Preisbereich, Bedarfsmenge, Lagerhaltung, Relation Fremdbezug/Eigenherstellung.

(4) Produktion
- maschinelle Situation (Qualität des Maschinenparkes, Altersstruktur und Leistungsentwicklung der Anlagen, vorhandene Hilfsabteilungen usw.),
- personelle Situation im Produktionsbereich (Altersaufbau der Belegschaft, Qualifikation der Mitarbeiter, Fluktuation usw.),
- sonstige Produktionsbedingungen wie gesetzliche Vorschriften, Standort, Möglichkeiten der Energieversorgung usw.

(5) Forschung und Entwicklung
- Kapazität der Forschung,
- Forschungspolitik,
- Verhältnis von Grundlagenforschung zu Produkt- und Verfahrensforschung.

(6) Personal
- Entwicklung der Belegschaft,
- Altersaufbau,

- Qualifikation,
- Fluktuation.

(7) Verwaltung
- Dienstleistungsformen der Verwaltung.

Zu den *Führungsbereichen* gehören:

(1) Planung, (Aufbau, Struktur des Planungsprozesses, Abweichungskontrolle),
(2) Information, Regelung des Informationsflusses,
(3) Organisation (Struktur der Aufbau- und Ablauforganisation),
(4) Regelungen des Entscheidungsprozesses.

Aus den Ergebnissen der Unternehmungsanalyse läßt sich ein Profil von Stärken und Schwächen der einzelnen Teilbereiche ableiten.

4. Unternehmensleitbild und Unternehmensprofil

Das *Unternehmensleitbild* umfaßt die wesentlichen Merkmale, die ein Unternehmen künftig auszeichnen sollen. Es ist ein Idealbild, das unter der Berücksichtigung der gegebenen Stärken und Schwächen des Unternehmens und der Rahmenbedingungen der Umwelt Realitätsbezug erhält. Naturgemäß wird das Leitbild von dem gegenwärtigen Unternehmenszustand abweichen. Dies muß es, soll es Ziele enthalten, die es anzustreben gilt. Hierbei wird sich das Leitbild auf das Wesentliche konzentrieren müssen. Da das Unternehmen in erster Linie ein produktives System ist, wird seine Hauptfunktion naturgemäß im Erstellen und Verteilen von materiellen Gütern und Dienstleistungen bestehen. Leitbilder, die sich zu stark auf außerwirtschaftliche, also auf gesellschaftliche oder soziale Funktionen beziehen, werden naturgemäß dem Hauptzweck eines Unternehmens nicht gerecht. Jedoch gehören zum Unternehmensleitbild aus gesamtwirtschaftlicher Sicht nicht nur ökonomische Zweck- und Zielvorstellungen, sondern auch Aussagen über die Verhaltensweisen des Unternehmens auf den Märkten, die Präzisierung von Grundsätzen und Regeln, wie man gegenüber Konkurrenten, aber auch gegenüber von Lieferanten und Abnehmern erscheinen will.

Das *Unternehmensleitbild* bildet zusammen mit der *Entwicklungsprognose* der unternehmensinternen Stärken und Schwächen, verbunden mit der Selbsteinschätzung der Unternehmensleitung und ihrer Beurteilung der Entwicklung der Umweltbedingungen, die Grundlage der *Unternehmenspolitik*.

Diese kann schriftlich fixiert werden; es kann sich aber auch um einen bloßen mündlichen überlieferten Konsens von Beteiligten handeln. Die Unternehmungspolitik ist jedoch das Ergebnis eines originären Entscheides, der nicht aus höherwertigeren Entscheidungen abgeleitet ist. Die Unternehmenspolitik umfaßt als Basis für langfristige Festlegungen vor allem die Beschreibung langfristig geltender Unternehmensziele, die Bestimmung der Leistungspotentiale (hier vor allem der Finanzmittel usw.), die zur Erreichung dieser Ziele eingesetzt werden, und die Bestimmung der grundlegenden Strategien, die man zur Zielerreichung einsetzen will.

Aus den grundsätzlichen Festlegungen der Unternehmenspolitik leiten sich der Unternehmenszweck, die autonom anzustrebenden Ziele und die generellen Verhaltensweisen ab, die die Grundlage für die Bestimmung der anzustrebenden Zielvorstellungen sind, die unter Beachtung der übergeordneten Gesichtspunkte von *Existenzfähigkeit* und *Existenzberechtigung* die Grundlage für die Erstellung einer Zielhierarchie sind.

Der *Unternehmungszweck* bestimmt sich durch
a) die Art und die Eigenschaft der zu erstellenden Leistungen
b) die Abgrenzung der angesprochenen Zielgruppen
c) die räumliche und sachliche Begrenzung des Tätigkeitsfeldes

Zu den *autonomen Zielen* gehören diejenigen, die das Unternehmen im Rahmen der gegebenen Voraussetzungen und Rahmenbedingungen unabhängig von anderen externen Einflüssen anstreben kann, so z. B.
a) *Quantitative Ziele*
   – Umsatzhöhe und Marktanteil
   – Sicherheit und Unabhängigkeit von Vorlieferanten, Banken usw.
   – angemessener oder möglichst hoher Gewinn bzw. sichere Rendite
b) *Qualitative Ziele*
   – Qualitätsstandard der Leistung
   – Ruf und Ansehen des Unternehmens
c) *Soziale Ziele*
   – Arbeitsplatzsicherheit
   – Mitarbeiterbeteiligung am Erfolg bzw. Kapital des Unternehmens (wie z. B. von den rund 170 meist mittelständischen Unternehmen praktiziert wird, die zur Zeit Mitglied der Arbeitsgemeinschaft zur Förderung der Partnerschaft in der Wirtschaft sind).

Generelle Verhaltensweisen sind die grundsätzliche Einstellung, mit der das Unternehmen jenen Gruppen gegenübertritt, die in irgendeiner Form mit dem Unternehmen verbunden sind, so z. B.
a) den Mitarbeitern (Lohn-, Gehaltspolitik, Personalpolitik, Führungsgrundsätze, Gewinnbeteiligung usw.)
b) den Kapitalgebern (Ausschüttungs- und Informationspolitik usw.)
c) den Konkurrenten (agressiver Wettbewerb, Kooperation usw.)
d) der Öffentlichkeit (Gemeinschaftsaufgaben, Stiftungen, Sozialleistung, Umweltschutz usw.)
e) den Abnehmern (Preispolitik, Qualität der Leistung, Service, Kundendienst, Kulanz usw.)
f) Lieferanten (Bezugstreue, Auftreten als Nachfrage usw.)

Aus der Zielhierarchie ergeben sich dann *quantitative Ziele* als Sollvorgaben und *qualitative Ziele* als Rahmenbedingungen (bzw. Sach- und Formalziele) (vgl. *Bisani*, Personalwesen, Abschnitt: Ziele des betrieblichen Personalwesens). Aus diesen beiden Zielarten sowie aus den Werten der Umwelt- und Unternehmensanalyse lassen sich die strategischen Lücken ableiten. Unter *strategischer Lücke* versteht man die Differenz zwischen dem anzustrebenden Sollzustand aufgrund der Zielfestlegung und dem Zustand, der sich aufgrund der Prognosen ergeben würde, wenn das Unternehmen selbst keine Strategien entwickelt und keine aktive Maßnahmen ergreift.

5. *Unternehmensstrategien*

Die verschiedenen möglichen Strategien können in Anlehnung an *Pümpin* eingeteilt werden in
(a) aus der Sicht der Produkt-/Markt-Matrix-Marktdurchdringung
  − Marktentwicklungsstrategien
  − Produktentwicklungsstrategien
  − Diversifikationsstrategien
(b) aus der Sicht der Synergieausnützung
  − werkstofforientierte Strategien
  − technologieorientierte Strategien
  − marktorientierte Strategien
(c) aus der Sicht der Portfolio-Normstrategien:
  − Desinvestitionsstrategien
  − Abschöpfungs-(Melk-)Strategien
  − Investitionsstrategien
  − Segmentationsstrategien
(d) aus der Sicht des Wachstums:
  − Expansionsstrategien
  − Haltestrategien
  − Konsolidierungsstrategien
  − Kontraktionsstrategien
(e) aus der Sicht der Integration:
  − Vorwärtsintegrationsstrategien
  − Rückwärtsintegrationsstrategien
(f) aus der Sicht der Kooperation − Unabhängigkeit:
  − Kooperationsstrategien
  − Beteiligungsstrategien
  − Akquisitionsstrategien
(g) aus der Sicht der „Breite":
  − Konzentrationsstrategien
  − Breitenstrategien
(h) aus der Sicht des Verhaltens gegenüber der Konkurrenz:
  − Aggressionsstrategien
  − Defensivstrategien
  − Unabhängigkeit:
  − Kooperationsstrategien.

6. *Zielsystem*

Die klassische Betriebswirtschaftslehre ging weitgehend von einer einzigen, die Grundsätze der Unternehmenspolitik bestimmenden Institution aus. Dies trifft nur noch bedingt zu. Der Einzelunternehmer hat in vielen Bereichen den Kapitalgesellschaften weichen müssen. Seine Funktion als Kapitalgeber und als alleiniger Entscheidungsträger hat sich aufgespalten. In der institutionalisierten Unternehmensführung sind vor allem angestellte Manager tätig; die Arbeitnehmervertreter haben im Rahmen der Mitbestimmungsrechte (vgl. Bisani, Personalwesen, Abschnitt: Der rechtliche Gestaltungsrahmen der betrieblichen Personalarbeit) Einfluß auf unternehmenspolitische Grundsatzentscheidungen bzw. deren weitere Verfolgung und Realisierung. Diese verschiedenen Interessengruppen legen im Rahmen ihres Einflusses unterschiedliche Schwerpunkte bei der Betonung einzelner Teilziele im Rahmen der grundsätzlichen Ziele von *Existenzfähigkeit* und *Existenzberechtigung*.

Versucht man in Anlehnung an *Seiwert* diese Ziele systematisch aufzuzeigen und in ein Beziehungssystem zu bringen, so ergibt sich folgendes Bild.

— Ziele der Kapitalgeber
    K 1 = Sicherheit, vor allem der Kapitalanlage
    K 2 = Erwerbsinteresse (Kapitalertrag, Kapitalzuwachs)
    K 3 = wirtschaftliche Macht (Einfluß auf die Unternehmensführung, auf weitere Entscheidungsprozesse, evtl. verbunden mit politischer Macht)

— Ziele der Unternehmensleitung (als Institution)
    U 1 = Sicherheit für das Unternehmen als Institution (Überleben des Unternehmens unter sich wandelnden Bedingungen, damit Erhaltung und Sicherung der Liquidität)
    U 2 = Erfolgsziele (Gewinn, Substanzerhaltung usw.)
    U 3 = Expansionsziele (Umsatz, Marktanteil, Wachstum, Innovation, technischer Fortschritt usw.)
    U 4 = Image- und Machtziele, z. B. Gestaltungswille, Prestigestreben, Unabhängigkeit, Einfluß usw.

— Persönliche Ziele angestellter Manager
    M 1 = Einkommensinteresse, hohe bzw. sichere Einkünfte, Gehalt als Statussymbol usw.
    M 2 = Einflußinteresse (beruflicher Aufstieg, persönlicher Erfolg, wirtschaftliche Macht und Einfluß im und außerhalb des Unternehmens)

— Ziele der Mitarbeiter
    A 1 = Existenzsicherung (materielle Sicherung, Erhaltung des Arbeitsplatzes, soziale Sicherung gegen Risiken des Arbeitslebens)
    A 2 = Einkommens- und Vermögensinteresse (hohe bzw. leistungsgerechte Entlohnung, Erfolgs- und Kapitalbeteiligung)
    A 3 = Betriebsklima/soziale Sicherung (gutes Verhältnis zu Kollegen und Vorgesetzten, Anerkennung, Verantwortung usw.)
    A 4 = Mitbestimmung und Entfaltung am Arbeitsplatz (Aufstiegsmöglichkeiten, interessante Tätigkeit, Erweiterung von Handlungs- und Entfaltungsspielräumen)
    A 5 = Arbeitsbedingung (Arbeitszeit, Arbeitsplatzgestaltung, Arbeitssicherheit)

Die verschiedenen Ziele können unterschiedlich strukturiert sein und in einem unterschiedlichen Verhältnis zueinander stehen, und zwar:

(1) dimensional oder dichotomisch. Ein *dimensionales Ziel* kann in unterschiedlichem Ausmaß erreicht oder auch überschritten werden, z. B. eine Umsatzgröße. Bei *dichotomischen Zielen* gibt es nur ein Entweder-Oder, das Ziel kann entweder ganz oder gar nicht erreicht werden. Eine Zwischenabstufung gibt es nicht, z. B. Fertigstellung des Prototyps eines neuen Produkts.

(2) harmonisch, neutral oder antinomisch. Harmonie liegt vor, wenn die Verfolgung eines Teilzieles auch zur Erreichung eines anderen Teilzieles beiträgt, z. B. Umsatzsteigerung begünstigt bei gleichbleibender Preispolitik die Gewinnentwicklung. Bei Zielen, zwischen denen eine *neutrale* Beziehung besteht, werden andere Ziele durch die Förderung eines Zieles weder beeinträchtigt noch begünstigt. Eine *Antinomie* liegt vor, wenn ein Ziel nur auf Kosten eines anderen erreicht werden kann; z. B. schließen sich hohe Lieferbereitschaft und niedrigere Kapitalbindung im Lager ebenso aus wie kurzfristige Gewinnmaximierung und freiwillige soziale Leistungen.

Das Verhältnis, in dem die einzelnen Teilziele zueinanderstehen, zeigt das nachstehende *Venn-Diagramm* (Schaubild 13).

Die Schnittmenge der drei Kreise zeigt *Zielharmonie* zwischen den am Zielprozeß beteiligten Gruppen.

Die Restmengen bei allen drei Beteiligten bedeutet, daß diese Ziele zu den anderen Zielen höchstwahrscheinlich in einem antinomischen Verhältnis stehen.

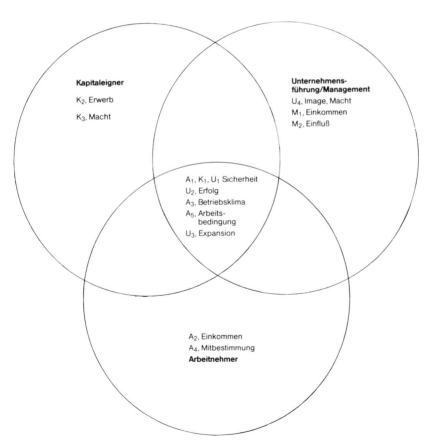

Schaubild 13: Beziehungen im Zielsystem eines Unternehmens

Da jedes Unternehmen nur ein *einheitliches Zielsystem* anstreben kann, ist es gezwungen, Zielantinomien zu beseitigen. Es kann gleichzeitig nur solche Ziele verfolgen, die auch gleichzeitig zu realisieren sind. Da die meisten Zielsetzungen dimensionaler Art sind, d. h. sie können in einem höheren oder geringeren Ausmaß angestrebt werden, wird nicht versucht, ein Ziel vollständig und die anderen gar nicht zu realisieren, sondern vielmehr angestrebt, zwischen den einzelnen Zielen zu einem Ausgleich zu gelangen, ein Verhalten, mit dem sich die sogenannte „*Theorie des Anspruchsniveaus*" beschäftigt.

Verschiedene dimensionale Zielsetzungen werden durch unterschiedliche Anspruchsniveaus in in der Weise begrenzt, daß eventuelle Zielantinomien ausgeschaltet werden. Dichotomische Ziele können, wenn sie sich gegenüber den anderen Zielen neutral oder harmonisch verhalten, als Bedingungen aufgenommen werden. Sind sie jedoch nicht gleichzeitig neben anderen Zielen erreichbar, so müssen sie unberücksichtigt bleiben. Um die einzelnen Anspruchsniveaus bei der Bildung eines Zielsystems festzulegen, sind offensichtlich differenzierte Entscheidungskriterien notwendig. Trotz zahlreicher Untersuchungen, die *Motive unternehmerischen Handelns* festzustellen und eine bestimmte *Rangordnung der Motive* zu erarbeiten, ist es bisher nicht gelungen, ein umfassendes System der spezifischen unternehmerischen Teilziele aufzustellen und eine allgemein gültige Rangordnung festzulegen. So sieht etwa *Ulrich* (S. 194) das Zielsystem der Unternehmung in Form einer hierarchischen Struktur aufgebaut, bei der von oben nach unten allgemeine Wertvorstellungen sukzessive in konkretere, schließlich operationale Ziele und Teilziele aufgegliedert werden.

Danach werden logischerweise die Unternehmer zuerst versuchen, die festen und dauerhaften Gegebenheiten zu erkennen, die die Grenzen ihrer Entscheidungsfreiheit festlegen. Sie bilden die Grundlage der *Basisziele*. Diese sind die langfristig unveränderlichen *Fixpunkte*, die teils durch die Anforderungen der Umwelt bestimmt, teils durch verschiedene Instanzen des Unternehmens festgelegt werden. Zu den *Basiszielen* gehören naturgemäß jene Anforderungen, deren Nichterfüllung zu nachhaltigen Sanktionen für das Unternehmen führt. Hierbei erscheint die Annahme vernünftig, daß zuerst versucht wird, ein Mindestniveau zu bestimmen, das unbedingt erreicht werden muß, um Sanktionen, die als nicht mehr tragbar erachtet werden, zu vermeiden. Hierher gehören die Ziele nach Aufrechterhaltung einer dauernden und ausreichenden Zahlungsbereitschaft sowie eines angemessenen Gewinns, um das „Überleben" sicherzustellen.

Ab einer gewissen Höhe verzichtet ein Unternehmer auf einen möglichen höheren Gewinn, um andere Ziele zu erreichen. Solche meist als nicht ökonomisch angesehenen Ziele beruhen letzten Endes auf den *sozialen Normen* der Umwelt und der Motivation der Menschen im Entscheidungsprozeß. Nun ist die Rangfolge solcher Motivationen und die Dinglichkeit, mit der die Erfüllung der angesprochenen Ziele angestrebt wird, nicht nur abhängig von den handelnden Personen und den Einflüssen der Umwelt, sondern auch vom Ausmaß der Zielerfüllung. Bei Annahme eines *abnehmenden Grenznutzens* — was bei dimensionalen Zielen gerechtfertigt erscheint — wird bei zunehmender Zielerreichung der Antrieb zu weiteren Zielerfüllungen zurückgehen, und andere Ziele werden vordringlicher.

Aufgrund dieses vielschichtigen Prozesses erscheint es verständlich, daß ein klares und eindeutiges Zielsystem, frei von allen Zielkonflikten, unerreichbar ist. Verbleibende Zielantinomien führen zu Unzulänglichkeiten bei der Konkretisierung und zu Reibungsflächen im Führungs- und Entscheidungsprozeß.

C. Willensbildung

1. Ermittlung der Problemstellung

Das Lösen von Problemen in einem Unternehmen vollzieht sich in einem arbeitsteiligen Prozeß, der das Zusammenwirken mehrerer Personen erfordert und der nach festen Regeln organisiert werden muß.
Ausgangspunkt jeder Problemlösung ist ein Zustand der Unzufriedenheit mit der gegenwärtigen Situation und der erwarteten Entwicklung. Zwischen dem angestrebten Ziel und der bestehenden Wirklichkeit — also zwischen dem geplanten Soll und dem realisierten Ist — ist eine Diskrepanz vorhanden. *Problemlösung* bedeutet *zielorientiertes Handeln*, um diese Diskrepanz zu beseitigen.
Da in unserer Wirtschafts- und Gesellschaftsordnung die Unternehmung eine relative Autonomie hat, ihre Ziele selbst zu bestimmen und zu verändern, bedeutet dies, daß sie keine vorgegebenen Probleme zu lösen hat, sondern ihre Probleme selbst erkennen muß und in der Wahl der Lösungsalternativen frei ist.
Der Problemlösungsprozeß läuft in mehreren Stufen ab. (Vgl. Schaubild 14).
Der gegenwärtige Zustand und die Zielvorstellungen werden durch die *Gegebenheiten* der erwarteten künftigen *Ereignisse*, die individuellen *Restriktionen*, die *Fixierungen* sowie das *Anspruchsniveau* bestimmt. *Gegebenheiten* sind hier die nicht zu verändernden Bedingungen der Umwelt, wie zum Beispiel gesetzliche Bestimmungen, aber auch Standortfaktoren des Unternehmens. Ereignisse sind künftige Veränderungen der Umwelt oder der Unternehmung selbst, soweit sie aufgrund von Prognosen erwartet werden. Das *Anspruchsniveau*, das die Zielvorstellungen im wesentlichen beeinflußt, ergibt sich im Rahmen eines mehrschichtigen Zielsystems aus der Überlegung, was man aufgrund der persönlichen Grundeinstellung als angemessen ansieht und was man im Hinblick auf die Selbsteinschätzung der eigenen Fähigkeiten glaubt, erreichen zu können. Das unterschiedliche Anspruchsniveau verschiedener Teilziele ist das Ergebnis der sogenannten *„Fixierungen"*, die die Verhaltensmöglichkeiten einschränken. Wenn etwa aufgrund unternehmenspolitischer Entscheidungen festgelegt wird, für die nächsten Jahre den Großhandel als Absatzweg nicht auszuschalten oder im Zeichen der Rezession kein Personal abzubauen bzw. bei ansteigender Konjunktur in Befürchtung eines kurzfristigen Rückschlages den Maschinenpark nicht zu vergrößern, so werden durch diese Festlegungen mögliche Strategien ausgeschlossen. Es ist eine wesentliche Funktion der Unternehmungspolitik, solche Fixierungen bewußt und auf lange Sicht ausgerichtet zu entwickeln (Ulrich 1970, S. 142).

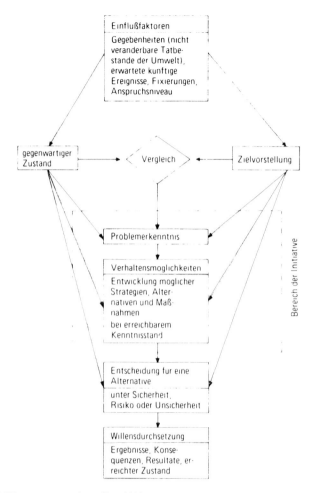

Schaubild 14: Prozeß der Willensbildung

Fixierungen dienen auch als Fixpunkte für die Problemerkennung und für künftige Problemlösungsmaßnahmen. Das Erkennen eines Problems ist ein unternehmensinterner Vorgang, bei dem es darauf ankommt, daß ein Anregungsimpuls, der von außen kommt (zum Beispiel Veränderungen auf dem Arbeitsmarkt) oder der innerhalb der Unternehmung seinen Ursprung haben kann (zum Beispiel Überschreiten einer bestimmten Schwelle im Rahmen der Kostenentwicklung), von einem Mitarbeiter des Unternehmens erkannt wird. Das Erkennen des Problems allein genügt nicht. Erforderlich ist weiterhin, daß die *Initiative* ergriffen wird, das Problem weiterzuverfolgen und Maßnahmen zu seiner Lösung einzuleiten.

Da der Erfolg des Unternehmens entscheidend davon abhängt, wie rasch Probleme erkannt und wie effizient hierauf reagiert wird, kommt es in der Führungspraxis darauf an, Regelungen zu entwickeln, die den Prozeß der *Problemerkennung*, die Initiative zur Problemlösung fördern und gleichzeitig Bedingungen schaffen, die vermeiden, daß diese Initiativen im Kommunikationsprozeß der Unternehmungshierarchie untergehen. Durch geeignete Maßnahmen muß weiterhin versucht werden zu verhindern, daß Probleme deshalb nicht erkannt werden, weil sich niemand dafür zuständig fühlt, oder daß fachlich kompetente Stellen nicht tätig werden, weil ihnen die notwendigen Informationen fehlen.

Die traditionelle Organisationsliteratur, die sich bisher überwiegend an Problemen der Aufbauorganisation orientierte, sah die Initiative zum Erkennen von Problemen und zur Einleitung von Maßnahmen zu ihrer Lösung als eine der *Hauptfunktionen der Unternehmungsleitung* an. Verschiedene Autoren sehen deshalb in der Fähigkeit zur Problemerkennung eine notwendige Eigenschaft leitender Persönlichkeiten.

So fordert etwa *Höhn* im Rahmen des Harzburger Modells, daß die Übertragung von Initiative im Rahmen der Problemerkennung und Problemlösung Bestandteil jeder Stellenbeschreibung sein muß. Konsequent wird hier zwischen einem Initiativrecht und einer Initiativpflicht unterschieden.

Das *Initiativrecht* besteht darin, die Ziele der Unternehmung zu formulieren und zu verändern. Es fällt ausschließlich (ungeachtet kooperativer Mitwirkung der Mitarbeiter) in den Bereich der Unternehmungsleitung. Anders gestaltet ist die Initiativfunktion der mittleren und unteren Führungskräfte. Soweit sie mit der Sammlung, Aufbereitung und Analyse von Daten beauftragt sind, haben sie die Pflicht, die Initiative zu ergreifen, wenn sich die von ihnen beobachteten Daten ändern. Der Umfang dieser Pflicht kann begrenzt werden durch die Vorgabe von Schwellenwerten, wie zum Beispiel Limits für Kostenüberschreitungen, Untergrenze für Umsatzentwicklungen usw.

Die *Initiativpflicht* kann sich nicht nur auf die Problemerkennung beschränken, sondern muß auch die Forderung umfassen, Alternativen zu Problemlösungen zu entwickeln. Soweit mittlere und untere Führungskräfte im Bereich der Personalführung tätig sind, erstreckt sich ihre Initiativpflicht insbesondere auf die Überwachung und Motivation der Mitarbeiter. Die Organisationsliteratur unterscheidet in diesem Zusammenhang zwischen Eigeninitiative und Fremdinitiative. *Eigeninitiative* liegt vor, wenn der Initiator auch die Entschlußkompetenz für den betreffenden Bereich hat. *Nordsieck* nennt diese Initiative auch selbständige, entscheidende Initiative, für die der Stelleninhaber auch die Verantwortung trägt. Bei der *Fremdinitiative* oder vorschlagenden Initiative werden Informationen in einem arbeitsteiligen Kommunikationsprozeß abgegeben. Ein typischer Fall der Fremdinitiative ist die Beteiligung am betrieblichen Vorschlagswesen. Während bei der Eigeninitiative der Initiator auch gleichzeitig den Entschluß zur Problemlösung fassen kann, sind bei der Fremdinitiative zumindest immer zwei Stellen beteiligt, der *Initiator* und die *Entschlußinstanz*. Bestehen zwischen Initiator und Entschlußinstanz noch weitere betriebliche Instanzen, dann entsteht das Risiko des sog. *Filtereffekts*.

Negative Auswirkungen können sich ergeben, wenn die Initiative ignoriert oder unterschlagen wird, da eine Stelle mit der Initiative nicht einverstanden ist oder glaubt, daß diese gegen ihr Interesse verstößt. Sie kann verfälscht, mit unzutreffenden weiteren Informationen versehen oder okkupiert werden. Im letzteren Fall gibt die filternde Stelle die Idee als ihre eigene aus, ohne daß sich der tatsächliche Initiator dagegen wehren kann. Mit der Folge, das wissenswerte und notwendige

Initiativen künftig unterbleiben. Der Filtereffekt kann aber auch positive Auswirkungen haben, wenn mehrere gleichartige Initiativen zusammengefaßt werden, eine Befreiung von Redundanz und unrichtigen Angaben erfolgt oder der Vorschlag durch zusätzliche Informationen ergänzt wird.

Problemerkennung und Entwicklung von *Problemlösungsalternativen* sind nicht nur eine Frage der Stellenbeschreibung mit Rechten und Pflichten zu Initiativen, sondern ein *Personalführungsproblem*. Ausführende Tätigkeiten lassen sich anordnen und in ihrer Durchführung überwachen. Ferner läßt sich der Grad ihrer Aufgabenerfüllung feststellen. Die *Entwicklung von Initiativen* im Bereich der Problemerkennung und Problemlösung hingegen ist in weit stärkerem Ausmaß abhängig von der Motivation der Mitarbeiter, ihrer Einstellung zu dem Betrieb und dem Grad der Identifikation mit den Unternehmungszielen.

Hieraus ergibt sich, daß kein Unternehmen auf die Dauer bestehen kann, das nicht in seiner Zielhierarchie auch berechtigte Interessen und Zielvorstellungen der Mitarbeiter (wie zum Beispiel Streben nach Weiterentwicklung, beruflichem Aufstieg und wirtschaftlicher Sicherheit usw.) mitberücksichtigt.

2. Ermittlung der Handlungsalternativen

Die Entwicklung von Initiativen im Bereich der Problemlösung setzt einen *Handlungsspielraum*, d. h. die Möglichkeit zur Wahl zwischen verschiedenen Alternativen voraus. In der wirtschaftlichen Realität gibt es meist eine Vielzahl von Gestaltungsmöglichkeiten, deren praktische Anwendung durch den Grad ihrer Relevanz begrenzt wird.

Das Ausmaß der Relevanz, d. h. der *Relevanzgrad*, ist abhängig von der jeweiligen Struktur der Zielhierarchie und wird jeweils durch Fixierungen oder fallweise Festlegungen bestimmt. Zu unterscheiden ist zwischen irrelevanten Alternativen und solchen mit geringer, mittlerer oder hoher Relevanz. Eine Alternative ist *irrelevant*, wenn sie außerhalb des durch das Zielsystem gesetzten Entscheidungsspielraums liegt. Um den Grad der Relevanz zu beurteilen, ist es notwendig zu klären, mit welcher Dimension die Relevanz gemessen und welches Anspruchsniveau innerhalb dieser Dimension angestrebt werden soll.

Zur Ermittlung und Auswahl verschiedener Alternativen gibt es zwei Formen:
(1) naive Methoden des Versuchs und Irrtums,
(2) wissenschaftliche Methoden der Theoriebildung und Anwendung.

Die *Versuch-Irrtum-Methode* wird dann angewandt, wenn die Einflußgrößen und die Auswirkungen der verschiedenen Handlungen nicht genau zu überblicken sind und wenn man auf keine Erfahrungen bei der Lösung eines bestimmten Problems zurückblicken kann. Man versucht hier eine Lösung nach irgendeinem bekannten, als aussichtsreich erachteten Verfahren zu finden. Befriedigt das Ergebnis nicht, so wiederholt man den Vorgang so oft, bis man ein zufriedenstellendes Ergebnis erreicht oder die Versuche ergebnislos abbricht. Hierbei findet ein *Lernprozeß* statt, indem sich verschiedene Versuche als aussichtsreicher als andere erweisen, und damit wird der Erfahrungsschatz erweitert. Dieser Methode liegt ein Verfahren zugrunde, daß der Volksmund mit dem Sprichwort *„Probieren geht über Studieren"* umschreibt. Bei dieser Sammlung von Erfahrungen steht das „gewußt wie" (*know how*) gegenüber dem „gewußt warum" (*know why*) im Vordergrund. Das Erfahrungspotential schlägt sich dann in Faustregeln nieder, die bei gleichartigen Problemen in Zukunft zur Anwendung gelangen können. Problematisch ist bei diesen Verfahren, daß Faustregeln Verallgemeinerungen darstellen, die in der Regel nicht auf einer logischen Problemanalyse beruhen, so daß für die scheinbar gleiche Situation nicht selten einander widersprechende Faustregeln zur Verfügung stehen.

Diese Methode weist eine Reihe weiterer Nachteile auf, und zwar:

(1) Erfahrungswissen ist personenabhängig und nur mit Einschränkungen auf andere übertragbar;

(2) die Übertragung gefundener, erfolgreicher Lösungsmöglichkeiten ist nur beschränkt möglich, so daß der Lernprozeß zumindest in Teilbereichen immer wieder neu beginnen muß;

(3) eine Optimierung bei verschiedenen Lösungsalternativen ist nur selten möglich;

(4) das Verfahren ist zeitraubend, kostspielig und umständlich.

Im Rahmen zunehmender Möglichkeiten des Computer-Einsatzes gewinnt die Methode Versuch/Irrtum durch die *„heuristische Programmierung"* wieder an Bedeutung. Hierbei wird der menschliche Lernprozeß aufgrund der Versuch-Irrtum-Methode im Computer simuliert. Großes und sicheres Gedächtnis des Computers und vor allem logische und unvorstellbare rasche Verarbeitung lassen hier bessere Problemlösungen erwarten. Die heuristische Programmierung bietet dort Vorteile, wo aufgrund der fehlenden Quantifizierbarkeit der einzelnen Faktoren bei hochkomplexen Problemen das Streben nach einer „perfekten Lösung" wenig erfolgversprechend ist und wo man statt dessen am „naiven" menschlichen Vorgang des Lernens durch Versuch und Irrtum und durch Sammlung von Erfahrungen anknüpft und dieses Verfahren durch die Leistungsfähigkeit moderner EDV-Anlagen zu verbessern sucht.

Ausgangspunkt der *wissenschaftlichen Methode* ist das Entwickeln *kausaltheoretischer Erklärungen*, die es erlauben, aus den Wirkungszusammenhängen bestimmter Ursachen Erscheinungen der Wirklichkeit zu erklären und die es deshalb ermöglichen, bei gegebenen Ursachen und Konstellationen Aussagen über das Eintreten bestimmter Wirkungen zu machen. Diese Art des Vorgehens erfordert eine gewisse Abstraktionsfähigkeit durch das Loslösen von den realen Gegebenheiten. Zu unterscheiden sind hier nach dem Abstraktionsgrad *reale Modelle* (wie zum Beispiel Laborversuche, Versuchsanlagen usw.) und *Gedankenmodelle*. Erlaubt es die Komplexität nicht, ein umfassendes aussagefähiges Modell zu bilden, hilft oft die „Problemaufgliederung", d. h. die Zerlegung eines komplexen, in seiner Gesamtheit unlösbar erscheinenden Problems in eine größere Anzahl zusammenhängender, überblickbarer Teilprobleme, die man versucht, nacheinander zu lösen.

3. Beurteilung und Festlegung einer Handlungsalternative

Der *Willensbildungsprozeß*, der als eine Art Reifeprozeß mit der Ermittlung von Problemstellungen beginnt und die Erarbeitung verschiedener alternativer Problemlösungsmöglichkeiten einschließt, wird mit der Beurteilung der einzelnen Möglichkeiten und durch einen Willensakt (Entscheidung) als verbindliche Festlegung der zu realisierenden Alternative beendet.

Die Auswahl dieser Alternative setzt Auswahl- bzw. *Entscheidungskriterien* voraus. Diese Kriterien sind Ausdruck der Prioritäten im Rahmen der Zielhierarchie. Im sozialwissenschaftlichen Sinne werden sie auch als Standards oder Normen bezeichnet. Sie sind Ausdruck des Verhaltens, das die Gesellschaft von dem einzelnen erwartet.

Dieser Beurteilungs- und Auswahlprozeß wird durch zwei Einflußgrößen bestimmt:
(1) Grad der Determiniertheit,
(2) Umfang der Komplexität.

Der *Grad der Determiniertheit* bestimmt, inwieweit die Entscheidung für eine der Alternativen bereits durch die Zielstruktur, die Erwartung, die Kenntnis der möglichen Alternativen und auch durch die Regeln, nach denen die Auswahl zu treffen ist, vorbestimmt wird. Die Entscheidung für eine Alternative ist *voll determiniert*, wenn eine exakte Kenntnis aller möglichen Alternativen und ein darauf zugeschnittenes eindeutiges Kriteriensystem in der Form vorliegt, daß sich für die einzelnen Teilentscheidungen eine lückenlose Kette logischer Verknüpfungen ergibt. Eine voll determinierte Entscheidung wird auch als *programmierbare Entscheidung* bezeichnet, die auf EDV-Anlagen übertragen werden kann. Eine völlig *undeterminierte Entscheidung*, die nicht zumindest durch gesellschaftliche Normen oder Standards sowie durch vorgegebene Teilziele eingeschränkt ist, gibt es nicht. Bei gegebener Anzahl möglicher Alternativen wird deshalb im Entscheidungsprozeß diese Anzahl durch Anlegung zusätzlicher Kriterien iterativ solange verkleinert, bis nur noch eine einzige Handlungsmöglichkeit allen angelegten Kriterien entspricht.

Der Umfang der *Komplexität* bemißt sich nach der Anzahl der geistigen Operationen, die bis zur endgültigen Festlegung der gewählten Alternative zu durchlaufen sind.

Der Auswahlvorgang wird abgeschlossen durch einen *Willensakt*, der die verbindliche Festlegung der zu realisierenden Alternative darstellt. Dieser Willensakt ist der letzte in einer Kette mehrerer Entscheidungen. Bereits die Formulierung eines Problems mit dem Ziel, dieses einer Lösung zuzuführen, bedarf eines Willensaktes, damit ein Problemlösungsprozeß einsetzt und eine Verdrängung vermieden wird. Da es bei der Komplexität wirtschaftlicher Tatbestände in der Regel unmöglich ist, alle möglichen Alternativen zu erfassen, wird die Informationsphase zur Suche nach neuen Alternativen bei einem Informationsstand durch einen Willensakt abgebrochen, der dem Anspruchsniveau des Entscheidenden entspricht.

Je nach dem Grad des Informationsstandes ist zu unterscheiden zwischen Entscheidung unter:
(1) Sicherheit,
(2) Risiko,
(3) Unsicherheit.

Eine Entscheidung *unter Sicherheit* liegt vor, wenn eine bestimmte Maßnahme zu einem eindeutigen, vorher bestimmbaren Ergebnis führt. Bei der Entscheidung *unter Risiko* hingegen ist aufgrund unvollständiger Information und nicht erfaßbarer Einflußgrößen das Ergebnis einer Maßnahme nicht eindeutig vorher bestimmbar, so daß mehrere unterschiedliche Ergebnisse möglich sind, bei denen aber meist die Wahrscheinlichkeit des Eintretens in etwa abgeschätzt werden kann. Bei einer Entscheidung *unter Unsicherheit* hängt das Ergebnis je nach Situation von Faktoren ab, deren Eintreffen oder Nichteintreffen nicht vorher bestimmt werden kann. Da eine objektive Wahrscheinlichkeit für das Eintreten möglicher Ereignisse nicht vorhanden ist, bauen diese Entscheidungen in der Regel auf subjektiven Wahrscheinlichkeiten auf.

In der Praxis ist die sogenannte *Kepner/Tregoe-Methode* in verschiedenen Ausprägungen weit verbreitet.

Ihr Ziel ist es, durch systematisches Vorgehen, durch eine ausgefeilte Fragetechnik in Verbindung mit einem ausgeklügelten Formularsystem analytisch die einzelnen Problembereiche zu erschließen und die einzelnen alternativen Lösungsmöglichkeiten objektiv zu bewerten. Mit diesem Vorgehen wird angestrebt, zu emotionsfreien und sachlich begründeteren Entscheidungen zu gelangen.

Die Methode baut auf vier Grundschritten auf:
(a) Situationsanalyse
(b) Problemanalyse
(c) Entscheidungsanalyse
(d) Analyse potentieller Probleme

Die einzelnen Grundschritte umfassen mehrere Teilschritte

(1) Situationsanalyse
a) Die Gesamtbedingungen und Merkmale der Situation sind zu erfassen und detailliert zu beschreiben.
b) Komplexe Situationsbereiche sind in überschaubare und erfaßbare Teilsituationen aufzugliedern.
c) Teilsituationen sind zu definieren, die Prioritäten festzulegen und die sich aus den Teilsituationen ergebenden notwendigen weiteren Schritte (Problemanalyse, Entscheidungsanalyse oder Analyse potentieller Probleme) festzulegen.

(2) Problemanalyse
a) Genaue Definition des Problems mit Darstellung der Sollvorgaben und der Istwerte
b) Detaillierte Beschreibung der Soll-/Istabweichungen an Hand eines systematischen Fragekatalogs nach „Ist/Ist-Nicht"-Abweichungen entsprechend der Fragestellungen „was, wo, wann, wie (Ausmaß)"
c) Ermittlung der Besonderheiten der Abweichung analog der Beschreibung der „Ist/Ist-Nicht" Abweichungen
d) Ermittlung der Veränderungen, die sich aus den festgestellten Besonderheiten zwischen den vorliegenden Soll-/Ist-Abweichungen ergeben
e) Zusammenstellung der möglichen Ursachen und Einengung durch Plausibilitätsüberlegungen auf die wahrscheinlichste Ursache

f) Ermittlung der (wahrscheinlichen) tatsächlichen Ursache durch Beweise, Indiezien, Experimente usw.

(3) Entscheidungsanalyse

a) Definition des Entscheidungsbereiches im Hinblick auf Entscheidungszweck sowie auf das Niveau, d. h. hinsichtlich der Tragweite der Entscheidungen und der entscheidungsbefähigten hierarchischen Ebene.

b) Formulierung der Zielsetzung, insbesondere im Hinblick auf Mußziele, die unter allen Umständen erreicht werden müssen, und Wunschziele, die als Bedingungen oder Kennwerte anzusehen sind, die maximal oder minimal eintreten sollen

c) Gewichtung der Wunschziele im Hinblick auf ihre relative Dringlichkeit.

d) Ermittlung der möglichen oder denkbaren Alternativen.

e) Bewertung der Alternativen nach vorgegebenem Bewertungsschema. Alternativen, die die Mußziele nicht erfüllen, werden ausgeschieden; bei Wunschzielen wird der Grad der Erfüllung mit dem Gewichtungsfaktor entsprechend der relativen Dringlichkeit bewertet.

f) Vorläufige Entscheidung für die Alternative mit der höchsten Wertziffer.

(4) Analyse potentieller Probleme

a) Erstellung eines Aktionsplanes mit den notwendigen Aktivitäten und Zeitfolgen

b) Abschätzung potentieller Probleme bei der Realisierung mit dem Ziel, kritische Bereiche der Planung und Entscheidung zu erkennen. Hierher gehören:
   − Mögliche Probleme definieren
   − Risikofaktoren ermitteln
   − Rangordnung der möglichen Probleme bilden
   − Wahrscheinliche Ursachen der wichtigsten Probleme ergründen
   − Wahrscheinlichkeit des Eintritts dieser Ursachen ermitteln
   − Alternativen erarbeiten und Festlegung von Gegenmaßnahmen, um dem Eintritt vorzubeugen

c) Gegebenenfalls vorläufige Entscheidung unter Berücksichtigung der potentiellen Probleme überarbeiten

d) Endgültigen Aktionsplan festlegen

e) Informationswege bestimmen und notwendige Meldungen für den Vollzug festlegen

Von verschiedener Seite wird dieser Methode wegen ihres stark formalisierten Vorgehens Bürokratisierung und Vernachlässigung organisatorischer Zusammenhänge vorgeworfen. Dieser Vorwurf besteht aber nach durchgeführten Untersuchungen zu Unrecht. Eine intensive Schulung mit der Methode führt bei den Führungskräften meist auch zu einer anderen Denkgewohnheit und zu anderen Verhaltensweisen. Erfahrungsgemäß zeigt sich, daß später in der Praxis nur noch ein Teil des ganzen Analyseprozesses formal und schriftlich durchgeführt wird, während der größere Teil im Kopf abläuft.

D. Willensdurchsetzung

1. Realisierung der gewählten Handlungsalternative

Eine Entscheidung für eine noch so richtige Handlungsalternative ist wertlos, wenn sie nicht durchgesetzt und zur Realisierung gebracht wird. Deshalb kann auch das Führungsproblem nicht nur auf den reinen Entscheidungsprozeß reduziert werden. Um das für die Zielerreichung vorausgedachte, ausgewählte und gewollte Handeln auch zur Realisierung zu bringen, müssen die Voraussetzungen für eine geordnete Durchführung geschaffen und ein zielgerichtetes Zusammenwirken aller Arbeitsleistungen erreicht werden. Dieser Prozeß der *Willensdurchsetzung* beginnt mit der

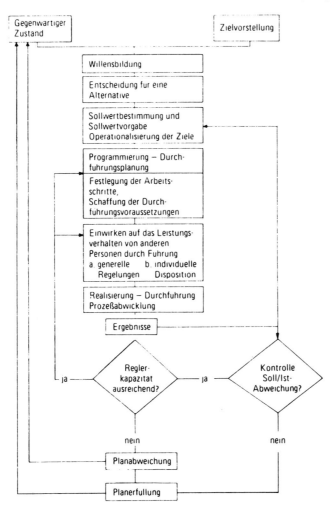

Schaubild 15: Prozeß der Willensdurchsetzung

Umsetzung der Entscheidungsergebnisse in Soll-Werte und operationale Zielvorgaben sowie die Weiterleitung der Entscheidung an die ausführenden Organe. (Vgl. Schaubild 15).

An die *Realisationsphase* schließt sich die *Kontrollphase* an. Willensbildung wie auch Willensdurchsetzung bilden ein kybernetisches System, bei dem sich Entscheidung und Realisierung nicht immer deutlich trennen lassen.

Ein vollständig zielorientiert handelndes System einer Unternehmung liegt erst dann vor, wenn sich jede Handlung immer im Rahmen des Unternehmensgeschehens auch logisch und widerspruchsfrei aus dem Zielsystem ableiten läßt. Die Realisierung – im Schaubild als ein einfaches Rechteck angegeben – kann aus einer Vielzahl von ineinandergreifenden vielstufigen Teilprozessen bestehen.

Da es sich hier um einen Vorgang in einem arbeitsteilig organisierten, hierarchisch-strukturierten System handelt, spielen für die Abwicklung der Prozesse die Fragen der Menschenführung eine ausschlaggebende Rolle. Unter den Prämissen des Modelltyps vom Unternehmer als homo oeconomicus und der technisch-instrumentalen Beurteilung der in den betrieblichen Leistungsprozeß integrierten Menschen hat die traditionelle Betriebswirtschaftslehre diese Probleme kaum erkannt und demnach auch nur ungenügend behandelt. Die neuere interdisziplinäre Organisationstheorie dagegen stellt den Menschen und sein Verhalten in den Mittelpunkt ihrer Betrachtung.

2. *Kontrolle der Handlungsdurchführung*

Die Überwachung des betrieblichen Prozesses der Leistungserstellung und die Kontrolle der geplanten Leistungsergebnisse ist die logische Schlußphase des Führungsprozesses; denn eine zielgerichtete Ausrichtung aller betrieblichen Aktivitäten ist nur möglich, wenn festgestellt wird:

(1) in welchem Umfang das angestrebte Ziel erreicht wurde;
(2) in welchen Bereichen das tatsächlich Erreichte vom Gewollten abweicht und
(3) in welchem Ausmaß aus den festgestellten Abweichungen entweder Regelungsvorgänge resultieren oder Steuerungsmaßnahmen eingeleitet werden.

In diesem Sinne ist *Kontrolle* ein Vergleichen zwischen den angestrebten Sollwerten und den tatsächlich erreichten Ergebnissen.

Im Rahmen des Führungsprozesses hat die Kontrolle *zwei Komponenten:* eine sachliche und eine personelle; eine *sachliche Komponente*, in dem geprüft wird, ob und in welchem Umfang die durch Zielsetzung und Planung erwarteten Ergebnisse auch eingetreten sind oder durch das geplante Vorgehen erzielt wurden; eine personelle dadurch, daß alle Leistungen in einem Unternehmen in der Regel durch Menschen in einem kooperativen Prozeß erbracht werden. Deshalb beinhalten die Kontrolle des Leistungsergebnisses und die Ermittlung von Soll-Ist-Abweichungen in der Regel auch eine Bewertung der Arbeitsleistung, des Arbeitseinsatzes und des Leistungsverhaltens der mit der Zielerreichung betrauten Personen. Die sachlichen und die personellen Komponenten lassen sich deshalb in der Regel kaum trennen. Gerade die personellen Aspekte sind es, die die Kontrolle trotz ihrer von allen anerkannten Notwendigkeit für die Zielerreichung so unpopulär machen.

Nach *dem Objekt der Kontrolle* ist zu unterscheiden:
(1) Ergebniskontrolle: Man stellt fest, ob und/oder in welchem Umfang ein geplantes Ergebnis auch eingetreten ist.
(2) Verfahrenskontrolle: Sie dient dem Vergleich zwischen dem tatsächlich angewandten Verfahren und der geplanten bzw. vorgegebenen Arbeitsmethode.

Die Verfahrenskontrolle hat besondere Bedeutung in vielen Bereichen der öffentlichen Verwaltung, bei denen die vorgesetzten Behörden nicht in erster Linie nach dem erzielten Ergebnis fragen können, sondern vielmehr darauf achten, ob ein durch Gesetz, Verordnungen, Richtlinien oder sonstige Normen vorgesehenes Verfahren auch eingehalten wird.

Als *Träger der Kontrolle* unterscheidet man zwischen:
(1) Selbstkontrolle, bei der jeder einzelne selbst kritisch darüber wacht, ob seine Tätigkeit mit dem Streben zur Erfüllung des Betriebszweckes in Einklang steht.
(2) Fremdkontrolle, bei der die Kontrolle durch außenstehende Personen oder Einrichtungen erfolgt.

Die *Selbstkontrolle* kommt den persönlichen Neigungen der Betroffenen in der Regel stärker entgegen. Sie erlaubt eine raschere und wirksamere Einleitung der Kontrollmaßnahmen, setzt allerdings verantwortungsbewußte Mitarbeiter und die Gewährung eines bestimmten Verantwortungsspielraums voraus. Die *Fremdkontrolle* vermeidet Selbsttäuschung und dient der Objektivierung der Urteile über erbrachte Leistungen. Die Fremdkontrolle kann durchgeführt werden *objektiv – anonym –* durch Einsatz von Kontrollgeräten, wie z. B. Kostenkontrolle durch Aufschreibungen, oder *subjektiv – persönlich –* bei der Verhaltensbeobachtung durch den Vorgesetzten.

Die *Ablehnung der Kontrolle* trotz bestehender Einsicht und Notwendigkeit beruht häufig auf folgenden Unzulänglichkeiten:
(1) Unvernünftige Zielsetzung: Unrealistische und nicht erreichbare Ziele führen zur Resignation, verbunden mit einer starken Ablehnung durch die Betroffenen.
(2) Fehlendes Vertrauen in die Objektivität der Vergleichswerte: Wenn dem Betroffenen nicht einsichtig ist, wie die Vergleichsweise ermittelt wurden (was häufig bei Kostenkontrollen der Fall ist).
(3) Furcht vor Konsequenzen: Aus dem natürlichen Streben heraus, unangenehmen Dingen aus dem Weg zu gehen, werden Kontrollen abgelehnt, wenn das Risiko unerwünschter Konsequenzen besteht. Da Furcht und Angst bei den einzelnen Menschen subjektiv und damit unterschiedlich erlebt werden, ist auch die Bereitschaft, Kontrollen zu ertragen, personell unterschiedlich.
(4) Ablehnung der Kontrollperson: Nicht jeder Person gesteht der einzelne die Fremdkontrolle zu. Voraussetzung für eine Zustimmung ist z. B., daß die entsprechende Person auch mit der erforderlichen fachlichen und persönlichen Autorität ausgestattet ist.

Um die gegen die notwendigen Kontrollen bestehenden Widerstände abzubauen und eine positive Einstellung der Mitarbeiter zu Kontrollen zu erreichen, müssen in der Regel folgende Voraussetzungen geschaffen werden:
(1) Gemeinsame *kooperative Festlegung* der Zielwerte und der Zielstandards. Dadurch kann sichergestellt werden, daß vorgegebene Ziele nicht unbekannt, un-

klar, unverständlich oder zum Teil auch widersprüchlich bleiben. Weiterhin ist dadurch die Gewähr gegeben, daß die vorgesehenen Leistungen von Mitarbeitern auch entsprechend akzeptiert werden.

(2) Objektivierung der Kontrollwerte. Die Kontrollwerte sollen der Messung des Leistungsergebnisses und der Grundlagen der Leistungserstellung dienen und bilden kein Urteil über eine Person. Deshalb dürfen sich die Kontrollwerte nur auf das Leistungsergebnis selbst oder den Prozeß der Leistungserstellung erstrekken, nicht aber auf die Person. Damit Kontrollwerte auch akzeptiert werden, muß der Weg zu ihrer Gewinnung den Betroffenen verständlich, klar und einleuchtend sein.

(3) Kooperative und sachliche Klärung der Soll/Ist-Abweichung. Bei der Ermittlung der Soll/Ist-Abweichungen und der Analyse der Gründe für die Abweichung dürfen keine persönlichen Gesichtspunkte ins Spiel gebracht werden. Vielmehr sind die sachlichen Probleme in den Vordergrund zu stellen. Besonders bei der Analyse der Ursachen von Soll- und Ist-Abweichungen bei gemeinsam festgelegten Leistungsstandards ist eine kooperative Zusammenarbeit notwendig.

III. Formen der Führung

Es gibt eine Reihe von Möglichkeiten, andere Individuen zu einem ganz bestimmten Verhalten zu veranlassen. Welche der möglichen denkbaren Formen der Verhaltensbeeinflussung als Führung angesehen werden, ist weniger eine Frage einer systematischen Analyse als vielmehr der jeweils gültigen kulturellen Normen der Gesellschaftsordnung.

A. Systematisierung der Erklärungsansätze

1. Übersicht

Im Schaubild 16 wurde versucht, die verschiedensten Erklärungsansätze zur Verhaltensbeeinflussung systematisch zusammenzustellen.

Form	Zwang	Handlungs-beschränkung	Anreiz-gewährung	Akzeptanz	Überzeugung
Arten	physisch wirtschaftl. sozial psychisch	Information Umwelt	materielle immaterielle	Autorität – formal – funktional	Identifikation mit Idee und Person
Lage der Geführten	Angst	Begrenzung des Handlungsspielraumes	Hedonismus	Einsicht	Identifikation
Machtbasis	Strafmacht (coercive power)	Informations-macht (informational power)	Belohnungs-macht (reward power) Gestaltungs-macht	zweckmäßige Macht (legitimale power) Sachverstän-digenmacht (expert power)	Bezugsmacht u. Macht einer Idee (referent power)

Schaubild 16 Formen der *Verhaltensbeeinflussung*

Der Doppelstrich zwischen den Formen Anreizgewährung und Akzeptanz bedeutet, daß bei den links stehenden Formen der Vorgang durch den Einflußnehmenden bestimmt wird, während sie bei den anderen beiden Formen mehr von Seiten der Beeinflußten ausgehen. Jede einzelne Form zeigt sich in verschiedenen Arten und Ausprägungen, wobei in der Praxis sich verschiedene Formen überschneiden oder ergänzen können.

2. Zwang

Hier wird der Geführte durch *unmittelbare* Ausübung eines *Zwanges* zu einem bestimmten Verhalten veranlaßt. Hierbei kann es sich z. B. um physischen Zwang handeln, mit dem die körperliche Unversehrtheit bzw. die Freiheit einer Person oder ihr nahestehenden Personen bedroht wird (z. B. Sklavenhaltergesellschaften). Bei der Ausübung *wirtschaftlichen Zwanges* wird die wirtschaftliche Existenzgrundlage wie z. B. durch Verlust des Arbeitsplatzes o. ä. bedroht.
Im Falle des *sozialen Zwanges* werden Statussymbole, die die Rolle innerhalb einer Gruppe bestimmen, bedroht (z. B. Gefahr einer Degradierung). Bei *psychischem Zwang* wird ein Druck oder ein Einfluß auf die innere persönliche Überzeugung ausgeübt z. B. bei gewissen Sekten oder bei ideologischen Vereinigungen.
Die Grundlage für die Verhaltensbeeinflussung ist hier in jedem Fall die Angst des Geführten vor der Zwangsausübung, wobei es in der Regel nicht notwendig ist, daß ein Zwang selbst unmittelbar eingesetzt wird. In der Regel genügt es bereits zu wissen, daß Zwangsmittel eingesetzt werden können, um ein bestimmtes Verhalten herbeizuführen.

3. Handlungsbeschränkung

Das Wesen einer jeden *Handlungsbeschränkung* liegt darin, Bedingungen zu schaffen, die die freie unbeeinflußte Entscheidung des Betroffenen ausschließen. Dies kann durch *Kontrolle über Informationen* oder durch die unmittelbare Beeinflussung der Umwelt des Betroffenen erfolgen (*ökologische Kontrolle*).
Voraussetzung hierfür ist, daß derjenige, der beeinflussen will, entweder die Macht hat, den zu Beeinflussenden von bestimmten Informationen fernzuhalten bzw. ihm nur bestimmte Informationen gezielt zukommen zu lassen, oder die Macht besitzt, unmittelbar die Umwelt zu gestalten und zu beeinflussen.
Gemeinsam ist beiden Formen, daß mit ihnen der Handlungsspielraum des Beeinflußten auf erwünschte Verhaltensweisen beschränkt wird.

a. Beeinflussung durch Informationsgestaltung

Grundlage dieser Führungsart ist die Kontrolle über Informationen, die dem Geführten zugänglich gemacht werden und die seine Wahrnehmung und über seine Kenntnisse sein Verhalten bestimmen. Hierbei ist unter Information jedes zweckorientierte Wissen für betriebliche Dispositionen zu verstehen. Wenn der Führende bestimmen kann, welche Informationen einem Geführten zugänglich gemacht werden sollen und welche nicht bzw. in welcher Form dies geschehen soll, dann bedarf es keines weiteren Systems von Belohnungen oder Bestrafungen, um einen Geführten zu einem ganz bestimmten Verhalten zu veranlassen. Ihm sind ja bereits durch die Informationsbeschränkung nur bestimmte Alternativen bekannt.
Auf dieser Informationskontrolle beruht zu einem großen Teil auch der Einfluß von Stabsabteilungen auf das Entscheidungsverhalten in Unternehmen. Insgesamt ist

diese Strategie des sozialen Einflusses erheblich stärker, als gemeinhin angenommen wird.

Vor allem in großen Organisationen mit stark arbeitsteilig strukturierten Entscheidungsprozessen, wie z. B. großen internationalen Konzernen, Regierungen, Parlamenten usw., sammeln Stabsabteilungen mehr Informationen und erarbeiten mehr Alternativen, als die zur Entscheidung Befugten überhaupt überblicken und verarbeiten können. Damit wird die Entscheidung bereits durch die zugänglich gemachte Teilmenge der insgesamt vorliegenden Informationen und die Art, wie mögliche Alternativen ausgewählt und begründet werden, vorherbestimmt.

Partizipative Formen der Führung, die anstelle von Anordnung und Befehl verstärkt auf Information als Überzeugungsmittel setzen, um damit eine positive Einstellung gegenüber den Organisationszielen und eine stärkere Identifikation mit diesen, verbunden mit einer Leistungssteigerung, zu erreichen, sehen sich damit dem Vorwurf ausgesetzt, die Mitarbeiter zu manipulieren. Bei Führung durch Information mag die Grenze zwischen Überzeugung und Manipulation nicht immer eindeutig sein. Von Überzeugung wird man sprechen, wenn eine Person aus den ihr zugeleiteten Informationen die gewünschte bzw. angestrebten Schlußfolgerungen freiwillig ohne Zwang und Drohung und mit voller Kenntnis möglicher Alternativen zieht. Im Gegensatz zur Überzeugung wird es bei der Manipulation dem Beeinflußten meistens nicht bewußt, daß und in welcher Form er beeinflußt wird. Da hier der Beeinflussende seine eigenen Absichten und Ziele nicht offenlegt und dementsprechend die Informationsinhalte gestaltet, kann von einer freiwilligen Übernahme der Entscheidungsprämissen nur mit Vorbehalt gesprochen werden.

b. Beeinflussung der Umwelt

Hier nimmt der Führende indirekt Einfluß auf den Geführten, in dem er die Umwelt in der Weise verändert, daß bestimmte Handlungsalternativen ausgeschlossen und dafür nur bestimmte Alternativen zugelassen werden.

Ein typischer Fall sind hier Fließbänder und Fördereinrichtungen im Fertigungsfluß, die nur ganz bestimmte Verhaltensweisen und Arbeitsgänge erlauben. In ähnlicher Form arbeiten Sicherheitseinrichtungen wie z. B. Zwei-Hand-Bedienungsvorrichtungen, aber auch alle systematischen Verkehrsanlagen, die den Verkehrsstrom in ganz bestimmte Richtungen zwingen.

4. Anreizgewährung

Die Anreizgewährung steht im Mittelpunkt der *„Anreiz-Beitragstheorie"*. Die zentralen Elemente dieser Theorie lassen sich in folgende Thesen zusammenfassen:

(1) Im Unternehmen — wie in jeder sozialen Organisation — wirken Mitglieder bzw. Teilnehmer in voneinander abhängigen Handlungen zur Erreichung gemeinsamer Ziele zusammen.

(2) Zur Erreichung dieser Ziele erbringen die Mitglieder bestimmte Beiträge (Arbeitsleistung, Kapitalhingabe usw.).

(3) Die Unternehmung transformiert diese Beiträge in Leistungen um, die sie wirtschaftlich verwertet.
(4) Aus dem Entgelt der Leistungen empfangen Mitglieder oder Teilnehmer gewisse Anreize in Form von Arbeitsentgelten, Zinsen, Anerkennung, Statussymbolen usw.
(5) Mitgliedschaft und Teilnahme an der Unternehmung werden nur solange aufrecht erhalten, als der Nutzen der ihnen gewährten Anreize, subjektiv im Licht der aktualisierten Bedürfnisse bewertet, dem geleisteten Beitrag entspricht.

Entscheidend für die Ausübung der Führungsmacht ist damit die Fähigkeit, Anreize zu gewähren oder sie entsprechend zu versagen. Gegebenenfalls kann an Stelle der Gewährung von Anreizen auch eine negative Sanktionsgewalt (Degradierung, Entlassung usw.) treten.

5. Akzeptanz

Die Bereitschaft, eine Verhaltensbeeinflussung zu akzeptieren, setzt die Unterstellungsbereitschaft voraus. Wird der Machtanspruch des Führenden als ungerechtfertigt empfunden, wie z. B. die Einsicht, daß ja ein Widerstand gegen einen weitaus Überlegenen sinnlos ist, so wird man eher von Zwang sprechen müssen. Akzeptanz setzt voraus, daß der Anspruch vom Betroffenen als rechtmäßig empfunden wird. Als Grundlagen für ein als gerechtfertigt angesehene Autorität lassen sich drei Gruppen unterscheiden:

– *Formale oder institutionelle Autorität*
  Sie entspringt dem Strukturaufbau einer Organisation. Diese hieraus abgeleitete formale Autorität von Stelleninhabern verleiht dem Aufbau der Organisation eine gewisse Beständigkeit und gewährt dem der Autorität Unterworfenen *Verhaltenssicherheit*. Typisch ist hier die Befehlsgewalt bei Organisationen, wie Armeen, Kirchen usw., die von den Rangabzeichen, vom Ornat usw. und nicht von der Person abhängig ist.

– *Fachliche oder funktionale Autorität*
  Ihre Akzeptanz stützt sich nicht auf eine formale Machtzuweisung, sondern auf die Bereitschaft, Weisungen von Vorgesetzten deshalb anzunehmen, weil man ihn aufgrund seiner Kenntnisse und Fähigkeiten für geeignet hält, die Aufgabe kompetent wahrzunehmen. Diese Art der Autorität ergibt sich aus der Anerkennung des Sachverstandes des Vorgesetzten. Der Mitarbeiter erkennt, daß der Vorgesetzte sein Sachgebiet beherrscht und daß er die Fähigkeit besitzt, die Leistungsbeiträge der Untergebenen zu leiten und zu koordinieren.

– *Persönliche Autorität*
  Sie ist in diesem Zusammenhang mit zu nennen, obwohl sie eher zur Form der Überzeugung gehört und dort mit abgehandelt wird. Bestimmend für diese Form der Verhaltensbeeinflussung ist die freiwillige Einsicht und die als gerechtfertigt angesehene „*Herrschaftsausübung*".

Ihre Grundlage haben die beiden Formen der formalen und fachlichen Autorität in der Rechtsordnung, in den betriebsinternen Normen und informalen Regelungen, im akzeptierten Sachverstand des Vorgesetzten und in seinen Führungsfähigkeiten sowie in den gesellschaftlichen Normen und Werthaltungen.

Max Weber hat betont, daß zu allen Zeiten diejenigen, die Macht und Einfluß, aus welchem Grund auch immer, ausüben konnten, bestrebt waren, für diesen Vorgang den Eindruck der Rechtmäßigkeit bei den Betroffenen zu wecken. Er unterscheidet hier drei reine Typen der „legitimen Herrschaft".

– *Legale Herrschaft*
  Sie geht von der Rechtmäßigkeit der gesetzten Ordnung aus und akzeptiert die Anweisungsmacht der institutionell zur Ausübung der Herrschaft Berufenen.
– *Traditionelle Herrschaft*
  Sie hat ihre Grundlage im Alltagsglauben an die Rechtmäßigkeit von seit jeher geltenden Traditionen.
– *Charismatische Herrschaft*
  Sie hat ihre Grundlage in der Überzeugung der Herrschaftsberechtigung auf Grund der prägenden Kraft einer Person, Sache oder Idee.

6. Überzeugung

Auf diese Form trifft der dritte Typ der legitimen Herrschaft von *Weber*, der *charismatischen* zu. Diese entspringt der besonderen persönlichen, nicht alltäglichen Hingabe an die Vorbildlichkeit einer Person oder Sache. Die Wurzeln hierfür sind schwer zu fassen. Die Bereitschaft, sich mit einer Person und ihren Wertvorstellungen zu identifizieren, kann ihre Grundlage in der persönlichen Ausstrahlungskraft, in dem Führungswillen einer Persönlichkeit und der damit verbundenen Vorbildwirkung haben.

Dieses kann zu einer Emotionalisierung der Beziehungen führen mit der Folge, daß der Führende zunehmend mit charismatischen Zügen ausgestattet wird. Beispiele zeigen sich hier in Sekten, Religionsgemeinschaften, aber auch in politischen Parteien o. ä. Anstelle einer Person kann auch die prägende Kraft einer Idee treten.

7. Führung als Ausübung sozialer Macht

Die dargestellten Formen der Führung betrachten das Phänomen der Verhaltensbeeinflussung überwiegend von einem Blickpunkt aus; bei Zwang, Handlungsbeschränkung und Anreizgewährung mehr vom Standpunkt des Beeinflussenden, der in der Lage ist, dem zu Beeinflussenden seinen Willen aufzuzwingen. Die Formen der Akzeptanz und der Überzeugung gehen vom Beeinflußten aus. Auf Grund des Identifikationsstreben mit einer überragenden Person oder Sache bzw. aus der Einsicht und im Vertrauen auf die Rationalität erkennt er die Notwendigkeit der Autorität bzw. der Legitimität formaler oder fachlicher Autoritäten an.

Tatsächlich wird man aber den Führungsprozeß multidimensional als eine Art sozialer Interaktion zwischen zwei oder mehreren Personen verstehen müssen, bei dem einzelne Personen auf Handlungen oder das Verhalten anderer Einfluß nehmen können.

Das Ergebnis dieser Einflußnahme hängt hier von folgenden Größen ab:
(1) persönliche Eigenschaften des Beeinflussenden (Führers),

(2) persönliche Eigenschaften des/der Beeinflußten (Geführten),
(3) Struktureigenschaften des sozialen Systems (in dem der Prozeß abläuft),
(4) besondere Bedingungen der unmittelbaren Situation.

Nicht immer setzt sich der Einfluß des Führenden durch: Es kann sein, daß der Führungseinfluß durch den Geführten aufgefangen wird und lediglich zu einer erhöhten *Konfliktspannung* führt, ohne daß eine Handlung erfolgt; so zum Beispiel bei einem Mitarbeiter, der einen ihm erteilten Auftrag nicht oder nicht in der angeführten Weise ausführt, weil er ihn für falsch und unzweckmäßig oder mit seinen eigenen Wertvorstellungen nicht für vertretbar hält. Das gleiche gilt auch für den Verkäufer, der mit den modernen Methoden der Kundenbehandlung vertraut gemacht wurde, der aber sein Verhalten trotz Einsicht und motivierendem Unterricht nicht ändert, weil er glaubt, sich nicht ändern zu können. Hier ändert der Führungseinfluß das Verhalten nicht, sondern erhöht nur die psychische Spannung, da dem Betroffenen immer wieder die Konsequenz zwischen seinem tatsächlichen Handeln und dem, was er eigentlich tun sollte, vor Augen geführt wird.

Es kann auch vorkommen, daß der Führungseinfluß zwar zu einer Handlung führt, daß diese Handlung jedoch durch die Einflüsse der eigenen Motive und Abneigungen sich nicht in der erwarteten Richtung durchsetzt. In diesem Zusammenhang ist es durchaus möglich, daß hierarchisch nachgeordnete Mitarbeiter einen Einfluß auf das Führungsverhalten ihrer Vorgesetzten ausüben, der ihnen nach ihrer offiziellen Positionshöhe gar nicht zusteht, z. B.

(1) wenn die betreffenden Mitarbeiter im Gegensatz zum Vorgesetzten Zugang zu Personen, Informationen und Mitteln haben,
(2) wenn die Mitarbeiter Fachkenntnisse besitzen, die der Vorgesetzte nicht hat,
(3) wenn ein Mitarbeiter schwer zu ersetzen ist,
(4) wenn die Vorgesetzten wenig Ehrgeiz und Interesse an der Arbeit haben.

Soziale Einflußkräfte, wie sie die Führung darstellt, können beim Geführten nur insoweit wirksam werden, als sie in der Lage sind, Gegenkräfte bei ihm zu überwinden und soweit sie nicht durch diese Gegenkräfte von der erwarteten Einflußrichtung abgedrängt werden.

Führung wird damit zu einem Spezialfall des *sozialen Einflusses* und der *sozialen Macht. Max Weber* (S. 38) hat diese Macht als die Chance definiert, innerhalb einer sozialen Beziehung den eigenen Willen auch gegen Widerstreben durchzusetzen, gleichviel worauf diese Chance beruht. Er sah in der Macht ein allgemeines Phänomen der Gesellschaft auf allen Stufen der Entwicklung und betrachtet sie als eine Voraussetzung für ein geregeltes gesellschaftliches Zusammenleben.

B. Ergebnisse der Führungsforschung

1. *Führungstheoretische Ansätze im Überblick*

Zum Problem der Führung liegt eine Vielzahl von empirischen Untersuchungsansätzen und theoretischen Erklärungsmodellen vor, ohne daß es bisher gelungen ist, zu einem geschlossenen System zu gelangen.

Nicht übereinstimmende Ergebnisse lassen sich hier auf unterschiedliche Ansätze zurückführen, so wird z. B. Führung verstanden entweder als
— Eigenschaften und Merkmale einer Person oder Gruppe
— Verhaltenskategorien von Individuen, also von Vorgesetzten und Mitarbeitern.
Bestritten ist auch, ob man
(1) den Vorgesetzten im Rahmen einer formalen Organisation als Führer bezeichnen kann oder ob nur
(2) den informalen, von einer Gruppe akzeptierten Sprecher als Führer anzusehen hat.

Die anglo-amerikanische Führungsforschung unterscheidet hier zwischen *leadership*, einer Form, die von dem Betroffenen freiwillig gewählt wird und die ihre Autoritätsbasis in der Anerkennung durch die Gruppe findet, und *headship*, der eingesetzten Führung einer formalen Organisation. *Neuberger* (1984, S. 148 f.) hat im wesentlichen elf führungstheoretische Ansätze aufgelistet. Versucht man diese nach ihren Zielsetzungen und ihrem Ansatz zu gruppieren, so ergibt sich nachstehende Übersicht (Schaubild 17).

Ziel	empirische Ansätze	theoretische Ableitungen
Erklärung	Eigenschafts- und Persönlichkeitstheorien Gruppendynamische Ansätze Formalorganisatorischer Ansatz	Rollentheoretische Ansätze Motivationstheoretische Ansätze Systemtheoretische Ansätze Kybernetische Ansätze
Handlungs-empfehlung	Fiedler'sches Kontingenzmodell	Verhaltensgitter Blake/Mouton) Situative Ansätze (Reddin; Hersey/Blanchard;) Entscheidungstheoretische Ansätze (Vroom/Yetton)

Schaubild 17: Schematischer Überblick über führungstheoretische Ansätze

Empirische Ansätze versuchen nachzuweisen, daß bestimmte Formen von Verhalten bei erfolgreichen Führungskräften anders als bei erfolglosen ausgeprägt sind.

Theoretische Ableitungen (die sich teilweise auch auf empirische Ergebnisse stützen können) hingegen versuchen, die bestimmenden Tatbestände und Merkmale für erfolgreiches Führungsverhalten mit Modellen oder theoretischen Konzeptionen zu erklären.

Erklärende Formen versuchen das Wesen der Führung, ihre Einflußfaktoren und das Zustandekommen ihrer Resultate nachzuweisen oder offenkundig zu machen. *Handlungsempfehlungen* hingegen wollen Ratschläge für erfolgreichere Führung geben.

Die Handlungsempfehlungen werden wie, die motivationstheoretischen, kybernetischen und systemtheoretischen Erklärungsansätze in Einzelkapiteln näher erläutert.

Als erklärende Ansätze über Führungsverhalten werden auch Theorieansätze anderer Wissenschaftsgebiete herangezogen, so z. B. die *Lerntheorie*, die *Attributionstheorie* (*Neuberger*) oder *psycho-analytische Ansätze* (*Wunderer*).

2. Eigenschafts-, persönlichkeitstheoretische Ansätze

Diese Ansätze standen in der Vergangenheit lange Zeit im Mittelpunkt der Führungsforschung. Ziel dieser Untersuchungen ist es, die Persönlichkeitsmerkmale oder die Bündel von Eigenschaften zu ermitteln, die in ihrer Kombination die „Qualität" eines Führers ausmachen und die bestimmend für die erfolgreiche Wahrnehmung der Führungsfunktion in einer Gruppe sind.

Diese Ansätze sind bereits sehr alt; schon *Aristoteles* hatte die Meinung vertreten, daß bestimmte Menschen von Natur aus zum Befehlen besser geeignet seien als andere.

Die Versuchsanordnungen waren in der Regel immer die gleichen. Nach bestimmten Kriterien als erfolgreich anzusehende Führer wurden mit Hilfe psycho-diagnostischer Verfahren auf ihre Persönlichkeitsmerkmale hin untersucht. In einem ausführlichen Sammelreferat hat *Stogdill* (1948) die bis dahin vorliegenden Untersuchungen kommentierend zusammengestellt. Es zeigte sich hier, daß bestimmte Eigenschaften wie z. B. Intelligenz, Initiative, Selbstsicherheit, Dominanzstreben usw. in höheren Führungspositionen stärker ausgeprägt sind als in nachgeordneten. Diese Ergebnisse lassen sich jedoch bei den vorliegenden Streubreiten nicht generalisieren. So stellt Stogdill z. B. bei fünfzehn unterschiedlichen Studien zwischen Führungserfolg und Intelligenz eine Korrelation von 0.26 fest bei einer Spannbreite, die von 0.9 bis −0.18 reicht; ein Wert, der sich nicht wesentlich vom Zusammenhang zwischen Führungserfolg und Körpergröße unterscheidet.

Die häufig anzutreffende grundsätzliche Ablehnung der *Eigenschaftstheorie* führt sicher zu weit. Es dürfte zutreffend sein, daß es im Einzelfall schwierig sein wird, mit Hilfe psycho-diagnostischer Verfahren den „besten Anwärter" für eine Führungsposition zu ermitteln, ohne zugleich auch die Struktur der Arbeitsgruppe und die Besonderheiten der zu lösenden Aufgabe mit zu berücksichtigen.

Als Ergebnis der Vielzahl der Untersuchungen, die „Persönlichkeit" erfolgreicher Führungskräfte zu erfassen, läßt sich feststellen, daß es keine typische Persönlichkeitsstruktur gibt, die einem Individuum immer und unter allen Umständen den Führungserfolg garantiert. Es ist aber eine ganze Reihe von Eigenschaften, die zum Führungserfolg prädestinieren, zwar nicht generell, aber doch jeweils in bestimmten situativen Zusammenhängen. In keinem Fall wird man deshalb bei einer Analyse und Beurteilung von Führungsprozessen die Persönlichkeit der handelnden Personen außer acht lassen dürfen. Weiterhin wird man bei der Beurteilung der *Eigenschaftstheorie* zu berücksichtigen haben, daß sowohl die Grundlagen einer Theorie der Persönlichkeit als auch die methodischen Instrumente zur Messung ihrer bestimmenden Merkmale bis heute noch ungenügend sind.

Geänderte Fragestellungen könnten hier vielleicht zu neuen Ergebnissen führen, wie z. B.

(1) die Gegenüberstellung unterschiedlicher Merkmale von erfolgreichen und erfolglosen Vorgesetzten in bestimmten klar definierten Situationen;

(2) die Differenzierung der Eigenschaften, die den Aufstieg in Führungspositionen ermöglichen, von jenen, die nach erfolgtem Aufstieg für den Führungserfolg prädestinieren.

3. Führung als soziale Verhaltensweise

Führen ist ein sozialer Interaktionsprozeß, der sich in der Gruppe in einer ganz spezifischen Situation zwischen Führer und Geführtem sowie zwischen den Geführten abspielt. Entscheidende Determinanten sind die gruppendynamischen Einflüsse und die konkrete Situation.

a) Gruppendynamischer Erklärungsansatz

Dieser Ansatz erklärt die Führerrolle aus der Gruppe heraus. Die sich in der Gruppe herausbildende *Rollendifferenzierung* bestimmt, wer die tatsächliche Führung ausübt. Ein Vorgesetzter kann nur so gut führen, wie es ihm die Gruppe erlaubt. Es ist ein gesichertes Ergebnis der Kleingruppenforschung, daß es keine Gruppe gibt, in der sich nicht nach einer kurzen Zeit Führungspersonen (Personen mit relativ höherem Einfluß) herausbilden. Voraussetzung ist die Entwicklung von Gruppenaktivitäten zur Erreichung sinnvoller Gruppenziele. Die Gruppenziele können *Negativziele* des Abwehrschutzes oder auch *Positivziele* sein, wenn die Gruppenmitglieder, die die Gruppenziele bestimmen, die Beziehungen zwischen ihren persönlichen Zielen und den Gruppenzielen anerkennen und wenn sie damit in ihrer Tätigkeit Sinn und Befriedigung finden. Führungsperson wird in jedem Fall diejenige Person, von der sich die einzelnen Gruppenmitglieder am ehesten die Erfüllung ihrer Bedürfnisse versprechen. Dabei wird in der Regel derjenige von den Untergebenen als Führungskraft unterstützt, der ihre Interessen bei den übergeordneten Rängen zur Zufriedenheit vertritt. Auf Dauer wird dann derjenige seinen Führungsstatus behaupten, der positive interpersonelle Beziehungen zu den einzelnen Mitgliedern unterhält.

b) Situative Erklärungsansätze

Führung vollzieht sich in einem Prozeß der Interaktion zwischen Vorgesetzten und Mitarbeitern in einer ganz bestimmten Situation. Aufgrund der Vielfältigkeit der unterschiedlichen Situationen kann es deshalb kein Führungsverhalten geben, das in allen Situationen zum Erfolg führt. Die Anforderungen an die Person des Führenden und sein Verhalten ergeben sich aus den Herausforderungen einer Situation. Hierbei wird die Situation nicht nur von den agierenden Personen und der *Aufgabenstruktur* bestimmt, sondern auch von der Organisation, in der dieses Handeln erfolgt, und von den bestimmenden *Umwelteinflüssen* durch Gesellschaft, Staat und Wirtschaftssystem.
Aus diesem Grund kann sich auch die zweckmäßige Besetzung der Führerrolle entsprechend der Situation ändern. Führer ist, wer einen Ausweg aus einer Problemsituation weist und mehr als andere zum Erreichen der Gruppenziele beiträgt. So werden z. B. andere Verhaltensweisen erforderlich sein, wenn es gilt ein Betriebsfest erfolgreich zu gestalten, als wenn es darum geht, eine Gruppe zu gesteigerter Leistung zu führen. Hier wird also Führung nicht mehr von der Person, sondern primär von der Funktion her gesehen. Betont wird der Rollencharakter der Führung.

4. Formalorganisatorischer Erklärungsansatz

Wenn die verhaltenswissenschaftlichen Ansätze das Prinzip der Führung umschreiben und Erklärungsansätze für das Entstehen informaler Führer bieten, so darf man doch nicht übersehen, daß im formalen Organisationsplan eines Unternehmens im Regelfall Führungspositionen vorgesehen sind, die auch von vorab bestimmten Personen wahrgenommen werden. Auf das Verhalten eines Vorgesetzten nimmt nicht nur die Gruppe Einfluß, vielmehr wird sein Verhalten auch durch seine Rolle im Rahmen der Hierarchie wie auch durch das Verhalten seiner Vorgesetzten beeinflußt.

Das Führungsverhalten eines Vorgesetzten ist damit nicht nur das Resultat eigener Einsicht und wird nicht nur durch die Reaktion auf korrespondierendes Verhalten der Mitarbeiter bestimmt, sondern wird auch beeinflußt durch das Verhalten der Kollegen gleicher hierarchischer Ebene und vor allem auch durch die Vorbildwirkung der übergeordneten Führungskräfte. Damit gleichen sich in einem Unternehmen Verhaltensweisen von Führungskräften auf den verschiedenen hierarchischen Ebenen einander an. Sollen der generelle Führungsstil und die ihn tragenden Führungsverhaltensweisen in einem Unternehmen geändert werden, so muß man in dem geplanten Veränderungsprozeß auch die oberen Führungskräfte mit einbeziehen.

Im Rahmen unserer Gesellschafts- und Rechtsordnung ist das einem Vorgesetzten zugewiesene Potential an *Belohnungs- und Sanktionsmaßnahmen* stark beschränkt, einmal aufgrund der verschiedenen Mitbestimmungsrechte der Arbeitnehmervertretungen z. B. durch das Betriebsverfassungsgesetz, und zum anderen aber werden im Interesse einer einheitlichen Organisationsstruktur die Möglichkeiten für Sanktionen und Belohnungen durch detaillierte Einzelvorschriften im Rahmen von *koordinationsbedarfsreduzierenden Maßnahmen* festgelegt.

Deshalb reicht in der Regel die verliehene formale Autorität nicht aus, um eine optimale Wirksamkeit zu erreichen. Allenfalls ist, wie Beispiele zeigen, ein minimaler Standard an Wirkung zu erzielen. Will ein Vorgesetzter mehr Einfluß gewinnen, muß er versuchen, zusätzlich informale Anerkennung durch fachliche und persönliche Autorität zu erlangen. Dabei ist die Art und Weise, wie er dies versucht, ein wesentliches Charakteristikum seines *Führungsverhaltens*. Die Gesamtheit des Verhaltens der Führungskräfte prägt wesentlich die *Organisationskultur* eines Unternehmens.

5. Erklärungsgrundsätze anderer wissenschaftlicher Disziplinen

Neuberger weist (1984) darauf hin, daß auch die Forschungsergebnisse einer Reihe von anderen Wissenschaftszweigen geeignet sind, das Führungsphänomen in seinen Ausprägungen zu erklären. Er betont hier besonders die *Attributionstheorie*, ein Teilgebiet der kognitiven Sozialpsychologie, und auch die *Lerntheorie*.

Wenn das Führungsverhalten eines Vorgesetzten gegenüber einem Mitarbeiter im wesentlichen auch von dessen Verhalten in einem wechselseitigen Prozeß mit beeinflußt wird, dann ist hier nicht das objektive Verhalten des Mitarbeiters entscheidend, sondern es ist vielmehr entscheidend, wie dieses Verhalten vom Vorgesetzten wahrgenommen und subjektiv beurteilt wird und welchen Ursachen dieses Verhalten zugeschrieben wird (*Kausalattributation*). Gleiches gilt auch im Verhältnis vom Mitarbeiter zum Vorgesetzten.

Für die Urteilsbildung spielt eine Reihe von Gesetzmäßigkeiten sozialer Wahrnehmungen eine erhebliche Rolle. Damit wird Führung nicht als ein Ding „an sich" angesehen, sondern vielmehr als ein *Wahrnehmungsphänomen*. In Anlehnung an *Calder*, der den umgangssprachlichen Begriff „Führung" wissenschaftlich für nicht exakt genug hält und ihn als unklar, vielgestaltig und widersprüchlich bezeichnet, beschreibt *Neuberger* (1984) den Prozeß der *Attribution* von Führung in vier Stufen.

Ausgangspunkt ist ein allgemeines Vorverständnis von möglichen und notwendigen Führungsqualitäten bei bestimmten Personen oder Gruppen, die bei den Betroffenen noch nicht erkennbar sind, die sich aber in den Erwartungen, welche die Beteiligten aneinander stellen ausdrücken:

1. Stufe: Beobachtung von Handlungen oder Wirkungen, die mit Führung im Zusammenhang gebracht werden können.

2. Stufe: Erwartungsentsprechung. Da nicht alles beachtet werden kann, wird das nicht beobachtete oder beobachtbare Verhalten aufgrund des Vorverständnisses erschlossen und mit den Anforderungen, die an eine Führungsperson gestellt werden, verglichen. (Stärke der Ausprägung, der Beständigkeit und der sozialen Erwünschbarkeit).

3. Stufe: Informationsbewertung durch Analyse von möglichen Verhaltensalternativen, die der Handelnde noch gehabt hätte.

4. Stufe: Individuelle Verzerrung durch Wertung des Beurteilenden, insbesondere durch seine persönliche Betroffenheit und die Vereinbarkeit mit seinen Zielen.

Die Attribution von Führung als persönliche Disposition zeigt, daß hier kein sachlich-neutraler Prüfprozeß vorliegt, sondern daß die persönliche Betroffenheit und auch die Voreingenommenheit die eine entscheidende Rolle spielen.

Positiv wird bewertet, was den eigenen Vorstellungen und dem persönlichen Vorteil entspricht, negativ werden alle anderen Aspekte bezeichnet.

Die *Lerntheorie*, insbesondere die von *Skinner* geprägte Theorie des *„operanden Lernen"*, sieht Verhaltensweisen als Antwort auf Umweltzustände (Reize in Form von Ausgangs- und Auslösebedingungen sowie Verhaltensmöglichkeiten und Verhaltenskonsequenzen) an. Dauernde positive Verstärkung wird zu einer Bekräftigung des Verhaltens führen. Ohne ausdrücklich darauf Bezug zu nehmen, beruhen die Annahmen von *McGregor's X-Y-Theorie* auf diesen lerntheoretischen Erkenntnissen, ebenso *McClelland's Theorie, der „gelernten Bedürfnisse"*.

Gestützt auf eine größere Anzahl von Quellen weisen *Wunderer/Grunwald* (S. 161) darauf hin, daß „psychoanalytische Theorien in einem größeren Umfang Führungsphänomene erklären können, als bisher vermutet wurde." So sind z. B. die Formen der Verhaltensbeeinflussung durch Identifikation oder die verschiedenen psychischen Abwehrmechanismen usw. nur durch *psychoanalytisches Vorgehen* zu erklären. Hier ist vor allem die Tatsache wichtig, daß der Interaktionsprozeß zwischen Führendem und Geführten keineswegs nur von sachrationalen Handlungen bestimmt ist, sondern vielmehr auch von Emotionen, unbewußten Ängsten und Erwartungen beeinflußt wird.

6. Zusammenfassung

Die Führungsforschung hat mit einer Reihe von Ansätzen verschiedene Teilaspekte des Führungsphänomens zu erklären versucht. Jeder dieser Erklärungsansätze ist jedoch für sich allein genommen ungenügend und unvollständig, weil zu einseitig nur ein Teilbereich betrachtet wird (Vgl. Schaubild 18).

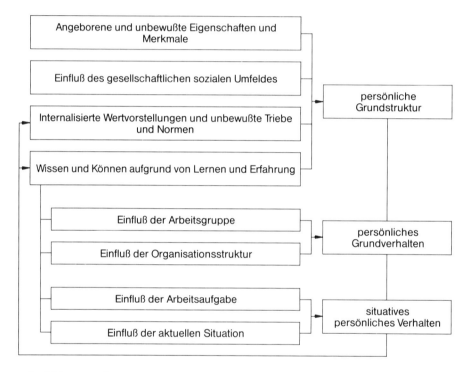

Schaubild 18: Einfluß der verschiedenen Teilaspekte auf das jeweilige persönliche Verhalten

Das Leistungsergebnis einer jeden Organisation ist das Ergebnis des situativen persönlichen Verhaltens aller Beteiligten in Abhängigkeit von den gegebenen technischen und organisatorischen Hilfsmitteln und den Umweltbedingungen.
Das subjektive persönliche Verhalten eines Individuums, sei er nun ein Vorgesetzter oder ein Mitarbeiter, hat seine Basis in der *persönlichen Grundstruktur*. Diese wird bestimmt durch angeborene Eigenschaften und Merkmale wie Intelligenz, Gedächtnisstärke, physische Leistungsfähigkeit, Streßstabilität, Dominanz- und Machtstreben usw. Verhaltenswirksam werden diese Eigenschaften nur im Rahmen der Grenzen des gesellschaftlichen Umfeldes sowie der internalisierten Wertvorstellungen

und Normen und im Rahmen des durch Lernen und Erfahrung erworbenen Wissens und Könnens.

Diese Grundstruktur wird durch die Einflüsse der Arbeitsgruppe sowie durch die Organisationsstruktur (Art der Organisation, Führungsverhalten, Einflüsse von Kollegen, Vorgesetzten und Mitarbeitern usw.) überformt.

Das jeweilige situative Verhalten ergibt sich durch die Einflüsse der Arbeitsaufgabe (*Strukturierungsgrad*), der individuellen Arbeitsorganisation und der Besonderheiten der aktuellen Situation auf das *persönliche Grundverhalten*.

Aus dieser Darstellung läßt sich ableiten, daß *Eigenschaft- und Persönlichkeittheorien* sowie die *Motivationstheorien* überwiegend auf der Ebene der Grundstruktur ansetzen, *gruppendynamische und rollentheoretische Ansätze* auf der Ebene des Grundverhaltens. Systemtheorien gehen von der Verflechtung mit der Umwelt aus, während *kybernetische Ansätze* mehr den Prozeßcharakter der Führung betonen.

IV. Der Mitarbeiter als Individuum

A. Einstellung des Menschen zur Arbeit

1. Psychologische Grundlagen der Motivationslehre

a) Motiv und Motivationsprozeß

Das Verhalten von Menschen ist kein Produkt des Zufalls. Es wird vielmehr bestimmt durch die in der Psyche der Menschen ruhenden Ziele und Motive sowie durch die Reize der Umwelt. Ein *Motiv* ist der isolierte, noch nicht aktualisierte Beweggrund menschlichen Verhaltens, wie z. B. Durst, Hunger, das Bedürfnis nach Macht, Anerkennung, Dominanz usw.

Ein Motiv wird als *Mangelzustand* erlebt. Damit es zum Handeln führt, sind erforderlich: das *Wissen*, daß ein bestimmtes *Verhalten* den Mangelzustand beseitigen kann, und die subjektive Wahrscheinlichkeit, mit der dieses Verhalten bei den gegebenen Anreizbedingungen der Umwelt zur Beseitigung des Mangelzustandes führt. Das Zusammenwirken dieser Elemente läßt sich an folgendem Kreislauf aufzeigen: Ein bestimmtes Bedürfnis führt nur dann zu einem bestimmten Verhalten, wenn der Betreffende weiß oder annehmen kann, daß nur dieses Verhalten geeignet ist, dem Mangelzustand abzuhelfen, und wenn durch die Umwelt ein bestimmter Reiz auf ihn ausgeübt wird. Die Handlung wird erst dann vorgenommen, wenn durch Abschätzung der gegebenen äußeren Bedingungen für den Betreffenden die subjektive

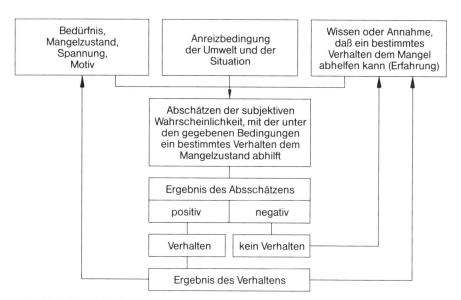

Schaubild 19: Motivationsprozeß

Wahrscheinlichkeit besteht, daß das Verhalten auch die Gewähr für den Erfolg bietet. Die Endhandlung kann nun zu einer Befriedigung des Bedürfnisses führen oder auch nicht. In jedem Fall wird durch den Erfolg der Handlung das Wissen um den möglichen Erfolg künftigen Verhaltens verbessert. Gleichzeitig wirkt das Ergebnis auf die Entwicklung künftiger Motive ein. (Vgl. Schaubild 19).

Diesen Zusammenhang faßt *Atkinson* in folgender Form zusammen: Das Handeln des Menschen wird von der Erwartung eines Erfolges (e) oder von dem Versuch, Mißerfolge (m) zu vermeiden, bestimmt.

Die Leistungsmotivation (T) ist das Produkt aus Leistungsmotiv (M), der Wahrscheinlichkeit des Erfolges oder Mißerfolges (W) sowie der Stärke des Anreizes (A).
$T = Te - Tm$ d. h. $(Me \times Ae \times We) - (Mm \times Am \times Wm)$

Die Erfahrung leitet sich somit aus dem Ergebnis des Verhaltens ab. Die Summe der Erfahrungen in den einzelnen Bereichen verdichten sich zu einer positiven oder negativen Einstellung.

Die Intensität eines Motivs bleibt im Zeitablauf nicht konstant, sondern schwankt in der Regel zwischen Mangelzustand und Sättigung hin und her. Bedürfnisse werden erst dann bewußt, wenn der Mangelzustand eine bestimmte Stärke und damit die *Bewußtseinsschwelle* erreicht hat. Mit der Befriedigung des Bedürfnisses tritt eine Sättigung ein. (Vgl. Schaubild 20).

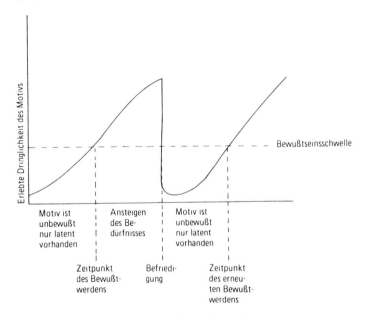

Schaubild 20: Motiv zwischen Sättigung und Mangelzustand

Motive, die die Bewußtseinsschwelle nicht erreichen, sind zwar latent vorhanden, werden aber nicht bewußt wahrgenommen und sind deshalb auch noch nicht handlungsbestimmend. *Latent vorhandene*, nicht befriedigte Bedürfnisse können durch äußere Anreize (z. B. Werbung) aktiviert werden. Ein Teil der Bedürfnisse ergibt sich aus der Natur des Menschen, so das Bedürfnis, Hunger zu stillen, aber auch alle die Bedürfnisse, die sich aus der Eigenart des Menschen als ein soziales Wesen ergeben. Sie sind ursprüngliche, primäre oder angeborene Bedürfnisse. Die abgeleiteten Bedürfnisse werden durch die soziale Struktur der Gesellschaft bestimmt.

Die gesellschaftliche Umwelt wirkt auf die angeborenen Bedürfnisse in zweifacher Hinsicht:

(1) Bestehende unspezifizierte, angeborene Motive werden durch unterschiedliche Umgebungseinflüsse differenziert. Ob sich das *angeborene Motiv* Durst in einem Bedürfnis nach Bier, Wein oder Wasser äußert, ist abhängig von dem Kulturkreis und der sozialen Schicht, in der die entsprechenden Erfahrungen gesammelt wurden.

(2) *Abgeleitete Motive* können entstehen. Das Bedürfnis nach Geld ist sicher nicht angeboren. In einer Gesellschaftsordnung, in der Geld als Mittel zum Zweck der Befriedigung anderer Bedürfnisse benötigt wird, kann der Wunsch nach Geld zum Selbstzweck (beim Geizigen) werden.

Aus diesen Erfahrungsprozessen ergibt sich, daß die Mehrzahl der menschlichen Motive durch die Umwelt bestimmt oder zumindest überformt wird. Das Erleben einer bestimmten Motivbefriedigung führt zu einer *positiven Einstellung* gegenüber dem Verhalten und den Umständen, die zu dieser Motivbefriedigung geführt haben. Wird jedoch die Motivbefriedigung verhindert, so wird eine entsprechend *negative Einstellung* die Folge sein. Einstellungen sind das Ergebnis eines *Lernprozesses*, die, wenn sie erst einmal entwickelt sind, verhältnismäßig stabil bleiben und nicht wie die Intensität der Motive je nach der Bedürfnislage hin und her schwanken. Die Einstellung ist durch Erfahrungen fundiert. Sie ist notwendig, um dem Menschen die Orientierung in seiner Umwelt zu erleichtern. Die *Summe der Einstellungen* aller Mitarbeiter zu ihrem Unternehmen bestimmt wesentlich das *Betriebsklima*.

b) Motivstärke und Leistungseffizienz

Je stärker ein Bedürfnis empfunden wird, um so größer ist der Antrieb (Motivation), durch entsprechendes Verhalten diesem Mangel abzuhelfen. Ob jedoch das Verhalten zum Erfolg führt, hängt nicht nur von der Stärke der *Motivation* ab, sondern auch von den *Fähigkeiten* und *Fertigkeiten*, die zur Lösung der Aufgabe notwendig sind. Das erreichbare *Leistungsniveau* ist damit das Produkt aus Motivation und Leistungsvermögen (Fähigkeiten und Fertigkeiten). Ein unzureichendes Leistungsniveau eines Mitarbeiters kann deshalb auf zwei Ursachen zurückzuführen sein. Entweder ist die Motivation zu schwach, oder aber die Fähigkeiten und Fertigkeiten wurden überfordert (vorausgesetzt, daß äußere Umstände eine befriedigende Erledigung der Arbeit überhaupt zulassen). Maßnahmen zur Verbesserung des Leistungsniveaus sollten deshalb immer bei der schwächeren der beiden Einflußgrößen ansetzen. (Vgl. Schaubild 21).

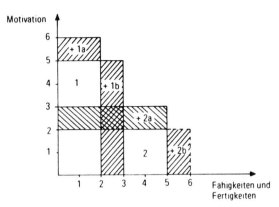

Schaubild 21: Veränderung des Leistungsniveaus durch Erhöhung der Leistungsmotivation und Verbesserung der Fähigkeiten und Fertigkeiten bei unterschiedlicher Ausgangslage

Empirische Untersuchungen und praktische Erfahrungen haben aber auch gezeigt, daß der Erhöhung des Leistungsniveaus durch Steigerung der Motivation Grenzen gesetzt sind und daß die Motivation nicht unabhängig von den Situationsgegebenheiten gesehen werden kann. Ein Übermaß an Motivation kann in dem Bestreben, das Ziel unter allen Umständen erreichen zu wollen, zu Unsicherheiten führen, die ängstlich und nervös machen und damit störend wirken. Geringe Leistung bei vorhandenen Fähigkeiten und hoher Motivation zeigt sich in hektischen Aktivitäten, hohem Interesse und der Neigung zu Fehlern und Fehlentscheidungen. Je komplexer die zu lösenden Aufgaben sind, um so mehr schadet überhöhte Motivation. Die Auswirkung des Motivationsprozesses versucht die *Zweifaktoren-Theorie* zu klären. Hiernach hat die Motivationsstruktur zwei Ausprägungen, *,,Zuwendungsmotiv"*, d. h. Lust und Befriedigung zu suchen, und das *,,Abwendungsmotiv"*, d. h. Unlust zu vermeiden. Diese beiden Motive sind Hoffnung auf Erfolg und Furcht vor Mißerfolg. Eine Erklärung für das sich aus unterschiedlichen Motivationsstrukturen abzuleitende Verhalten sucht die Attribuierungstheorie zu geben. Hierbei wird der Handlungsablauf in 3 Phasen zerlegt (vgl. Schaubild 22).

Schaubild 22: Abfolge in Wahrnehmung und Verhalten in einem Attribuierungsmodell des Leistungsverhaltens (vgl. Hoyos, S. 198)

Die Theorie der Leistungsmotivation führt unter Zuhilfenahme der *Attribuierungstheorie* zu folgenden Schlußfolgerungen:
Hochmotivierte engagieren sich eher in Leistungen als Geringmotivierte. Die Ursachen für den Erfolg sehen sie bevorzugt in ihren Fähigkeiten und in ihren eigenen Bemühungen. Erfolge werden mit Stolz erlebt, was die Tendenz, auch künftig Leistungen zu vollbringen, verstärkt. Mißerfolge werden durch Mangel an Anstrengung

erklärt. Sie sind deshalb auch nach Mißerfolgen eher bereit, ihre Erfolgserwartung aufrecht zu erhalten.

Geringmotivierte sehen ihre Mißerfolge meist in einem Mangel an Befähigung begründet. Bei einem Mißerfolg sinkt ihre subjektive Erfolgserwartung und damit die Leistungsbereitschaft.

Daraus ergibt sich folgende Kausalkette:

Hochmotivierte	*Niedrigmotivierte*
Hohes Bedürfnis nach Leistung	Geringe Leistungsmotivation
Erfolg wird als Ergebnis von Befähigung und Anstrengung angesehen	Versagen wird dem Mangel an Befähigung zugeschrieben
Bei Erfolg Befriedigung	Vermehrte Wahrscheinlichkeit von Versagen bei künftigen Aufgaben
Vermehrte Wahrscheinlichkeit erhöhten Leistungsverhaltens	Verminderte Wahrscheinlichkeit künftigen Leistungsverhaltens

c) Motivkonflikte

Das Verhalten einer Person wird in den seltensten Fällen von einem einzigen Motiv bestimmt.

Es entspricht dem komplexen Wesen der menschlichen Natur, daß immer mehrere, verschiedenartige Motive gleichzeitig das jeweilige Verhalten beeinflussen. Man spricht in diesem Fall von einem *Motivbündel*. Verschiedenartige Motive können *komplementär* sein, wenn sie durch das gleiche zielgerichtete Verhalten befriedigt werden können. In diesem Fall summiert sich ihre Stärke. Es können aber verschiedene gleichzeitig auftretende Motive zueinander in Widerspruch (*konkurrierende Motive*) stehen. Deshalb ist das Individuum gezwungen, sich für das eine oder andere Ziel zu entscheiden. Die Motivationspsychologie unterscheidet in diesem Zusammenhang vor allem drei Konfliktarten:

(1) *Appetenz-Appetenz-Konflikt:* Er fordert eine Entscheidung zwischen zwei Alternativen, die mit der Befriedigung unterschiedlicher Motive verbunden sind. Bei der Entscheidung für eine Alternative bleibt das andere Motiv unbefriedigt, z. B. die Entscheidung zwischen zwei Stellenangeboten, von denen jedes Vor- und Nachteile gegenüber dem anderen hat.

(2) *Appetenz-Aversions-Konflikt:* Ein derartiger Konflikt ist dadurch gekennzeichnet, daß es eine Handlungsalternative gibt, auf die aber zwei oder mehrere gegensätzliche Motive einwirken. Ein solcher Konflikt erfordert die Entscheidung, ob diese Alternative gewählt werden soll oder nicht. Beispiel wäre die Weiterbildung in der Freizeit. Auf der einen Seite steht das Aufstiegsmotiv, in eine interessante, besser bezahlte Stelle zu kommen, auf der anderen Seite aber stehen gleichzeitig auch die Anstrengung und der Verlust an Freizeit. Den eine positive Entscheidung fordernden Motiven stehen gleichzeitig hemmende Motive entgegen.

(3) *Aversions-Aversions-Konflikt:* Hier ist eine Entscheidung zwischen zwei Alternativen notwendig, die beide unangenehm sind. Beispiel wäre der Student, der vor der Alternative steht, entweder mehr zu arbeiten oder das Examen nicht zu bestehen. Beide Alternativen sind unangenehm. Dem hier entstehenden Konflikt wird häufig versucht, durch Ausweichen, z. B. in Vergnügung und Zerstreuung, zu entfliehen.

Welches Motiv sich bei Konflikten durchsetzt, ergibt sich aus der Stärke der einzelnen Motive und aus ihrem Rang, d. h. das stärkere Motiv wird sich gegenüber dem schwächeren und das niedrigere Bedürfnis gegenüber dem höheren durchsetzen.

d) Frustration, Streß und Abwehrmechanismen

Frustration ist die Folge von Enttäuschungen. Wird das Bemühen, Motive durch eigenes Handeln zu befriedigen, durch äußere Hindernisse vereitelt, so werden je nach Motivationsstärke zuerst neue Möglichkeiten der Bedürfnisbefriedigung erprobt. Führen auch diese neuen Verhaltensalternativen zu keinem Erfolg, so häufen sich die inneren Spannungen, bis die *Frustrationsschwelle* erreicht wird. Hierunter ist der Zustand zu verstehen, bei dem bei bestehender Bedürfnisspannung eine Zielerreichung mit den zur Verfügung stehenden Mitteln nicht möglich ist. Hält dieser Zustand längere Zeit an, so wird nicht nur die Aufgabenerfüllung beeinträchtigt, sondern es stehen auch die Wahrung der Selbsteinschätzung und die Sicherung der persönlichen Identität auf dem Spiel mit der Folge, daß die *Streß-Schwelle* überschritten wird. Zielbezogenes und rationelles Problemlösungsverhalten tritt hinter die Tendenz der Selbstsicherung und das Entstehen von *Abwehrmechanismen* zurück. Die Formen der Abwehrmechanismen sind vielfältig und nicht immer zu erkennen. Zu ihnen gehören:

(1) *Kompensation:* Der Buchhalter, der in der Firma nicht die entsprechende Selbstbestätigung und den erhofften Aufstieg findet, wird zum engagierten Vorsitzenden des Kegelklubs mit erstaunlichem Organisationsgeschick.

(2) *Konversion:* Ein Mitarbeiter, der mit seinem Vorgesetzten Krach hatte, fehlt am nächsten Tag wegen starker Kopfschmerzen im Betrieb (psychosomatische Erkrankungen).

(3) *Verschiebung:* Aufgestaute Emotionen werden an Dritte, Nicht-Beteiligte abgeleitet, z. B. der Mitarbeiter, der wegen Familienstreitigkeiten mit den Kollegen Krach anfängt.

(4) *Identifikation:* Erhöhung des Selbstwertgefühls, indem man das Verhalten nach dem anderer Personen ausrichtet, um damit an den Erfolgen oder dem Status des anderen, z. B. des Chefs oder eines anderen Vorbildes, teilzuhaben.

(5) *Rationalisierung:* Fehlschläge sowie inkonsequente und unerwünschte Verhaltensweisen werden durch vorgeschobene „rationale" Erklärungen bemäntelt. Eine „*süße Zitrone*"-*Rationalisierung*, wenn man dem Mißerfolg positive Seiten abgewinnt, (wie z. B. die Aussage des Meisters: „Es ist ganz gut, daß das Soll letzten Monat nicht erreicht wurde, so daß wir jetzt die Möglichkeit haben, Überstunden zu machen") oder „*saure Weintrauben*"-*Rationalisierung*, wenn ein nicht erreichtes Ziel als nicht erstrebenswert hingestellt wird.

(6) *Regression:* Hier fällt eine Person in Verhaltensformen früherer Entwicklungsstufen zurück, z. B. wenn ein Vorgesetzter mit irgendeinem wichtigen Vorhaben gescheitert ist, vergräbt er sich in Büroarbeit und Kleinkram, die besser von Mitarbeitern ausgeführt werden könnten.

(7) Verdrängung: Wissen, Erfahrung und Gefühle werden jeweils aus dem Bewußtsein ausgeschlossen, um Angstgedanken oder Schuldgefühle zu vermeiden; so der Mitarbeiter, der völlig vergißt, seinem Chef über eine unangenehme Situation zu berichten.

(8) Resignation, (Apathie, Desinteresse): Hier wird der Kontakt mit der Umwelt abgebrochen und jedes persönliche Engagement aufgegeben. Der Mitarbeiter, der für seine Arbeit nie Beachtung gefunden hat, erledigt seine Arbeit achtlos und unbeteiligt.

(9) Flucht: Rückzug aus dem Bereich, in dem die Person Frustrationen erfahren mußte. So der Mitarbeiter, der bei Kontaktversuchen gescheitert ist, sich nun völlig abkapselt und zum Einzelgänger entwickelt.

(10) Aggression: Hier rächt sich die Person für eine erlittene oder empfundene Niederlage, indem sie wütend reagiert oder andere unterdrückt, beherrscht oder schädigt. Im Falle von Zerstörungswut oder Sabotage kann sich die Aggression auch gegen Sachen richten, z. B. ein Mechaniker schlägt gegen ein empfindliches Gerät, weil er eine Schraube nicht lösen kann.

Diese Abwehrmechanismen können in vielfältiger Zusammensetzung auftreten und bestimmen in weiten Bereichen auch das Zusammenwirken in leistungsorientierten Organisationen.

Sie sind mit sachrationalen Überlegungen nicht zu erklären, sondern vielmehr Ausdruck von den unterbewußt angelegten Strukturen von Urängsten und Unsicherheiten, die nur psychoanalytisch zu erklären sind.

e) Motivanalyse

Da Motive selten einzeln, sondern meist als *Motivbündel* auftreten, sind einzelne Motive schwer zu erkennen. Will man sie erfassen, so ist hierfür eine Befragung der Betroffenen nur bedingt geeignet.

Menschliche Motive werden in der Gesellschaft unterschiedlich bewertet. Sparsamkeit ist erstrebenswert, Geiz jedoch verwerflich. Da hinter jedem Verhalten mehrere Motive unterschiedlicher Stärke stehen, werden in der Regel diejenigen genannt, mit denen man Achtung zu erringen hofft, und andere verschwiegen. Dies gilt vor allem bei Befragungen über das Betriebsklima, Kündigungsverhalten usw.

Methodisch kann es zur Erfassung der Motive drei Wege geben:

(1) Introspektion (Innenschau): Hier beobachtet der einzelne sich selbst und versucht, die Motive für sein Handeln zu erforschen. Der Vorteil der Unmittelbarkeit wird jedoch dadurch eingeschränkt, daß die Ergebnisse der Introspektion stets nur indirekt anderen zugänglich sind, indem der motiviert Handelnde seine beobachteten Motive anderen mitteilt. Obwohl der einzelne sicher die Motive für sein Handeln am besten kennen müßte, ist seine Verfälschung durch Selbsttäuschung oder durch Ich-Abwehrmechanismen, wie Verdrängung oder Rationalisierung, nicht nur möglich, sondern vielmehr sogar wahrscheinlich.

(2) Fremdbeobachtung: Man geht von der Beobachtung des äußeren Verhaltens aus und versucht, aus den festgestellten menschlichen Verhaltensweisen auf die dahinter stehenden Motive zu schließen. Groß ist hierbei die Gefahr, von den

vermutlich eigenen Motiven in ähnlichen Situationen auf die anderer Personen zu schließen und damit die eigenen Überlegungen und Motive in unzulässiger Art zu verallgemeinern.

(3) *Analyse der Verhaltensergebnisse:* Man versucht, die Ergebnisse bestimmten Verhaltens zu erfassen und daraus zu schließen, wie das zugrundeliegende Verhalten motiviert war. Verhaltensergebnisse können alle Produkte menschlicher Tätigkeit sein, so z. B. das Werk eines Künstlers, jede Art von Arbeitsergebnissen, handschriftliche Aufzeichnungen usw. Auf diesem Verfahren beruhen viele der psychologischen Testverfahren. Schwierigkeiten entstehen hier, weil das Ergebnis eines Verhaltens nicht nur durch die zugrunde liegende Motivation, sondern auch durch die jeweilige Situation bedingt ist. Die Deutung der Verhaltensergebnisse ohne gleichzeitige Berücksichtigung der situativen Gegebenheiten kann zu groben Fehlschlüssen führen.

2. *Motivation der menschlichen Leistung*

a) Warum arbeiten Menschen?

Arbeit ist menschliches Verhalten und damit genau wie jedes andere menschliche Verhalten von Motiven abhängig. Die Frage, warum Menschen arbeiten, ist in der psychologischen Forschung erst sehr spät gestellt worden. Man sah Arbeit als so selbstverständlich an, daß man darin gar kein Problem erblickte, über das nachzudenken sich noch lohnte. *Arbeit* ist in unserem Kulturkreis zu einer selbstverständlichen *natürlichen Norm* geworden. Man arbeitet, weil alle arbeiten. Wer nicht arbeitet (Beispiele finden sich in der Hippie-Bewegung, dem Gammlertum usw.), zieht sich den Unwillen der Mitmenschen zu, man mißtraut und verachtet ihn. Wer sich gegen diese, von der überwiegenden Mehrheit akzeptierten Norm verhält, wer gegen diese Norm verstößt, sondert sich von der kulturellen Gemeinschaft ab und wird zum Außenseiter. Verstärktes Auftreten von Außenseitern kann zur Bildung von Subkulturen führen.

Nicht beantwortet ist damit allerdings die Frage, warum Arbeit gerade in unserer Kultur zur gesellschaftlichen Norm wurde im Gegensatz zur Antike oder zu anderen Kulturkreisen. Die häufige Antwort, Geld verdienen zu müssen, um leben zu können, befriedigt nicht; denn es zeigt sich, daß z. B. auch Lottogewinner oder Personen, die durch Erbschaft oder sonstwie materiell für ihr Leben gesichert sind, trotzdem einer Arbeit nachgehen (von gesellschaftlich mehr oder weniger akzeptierten Minderheiten der „Jet-Set-Society" abgesehen). Daraus ergibt sich, daß die Arbeit offensichtlich auch andere Bedürfnisse befriedigt, die nicht mit dem Motiv Gelderwerb gleichzusetzen sind.

Im Zusammenhang mit der Motivation zur menschlichen Arbeit sind zwei Motivgruppen zu unterscheiden:

(1) *Extrinsische Motive* sind Streben nach Sicherheit, gesellschaftlicher Anerkennung, Einfluß etc. Hier ist die Arbeit nicht Selbstzweck, sondern Mittel zum Zweck. Man arbeitet, um die Voraussetzungen zu schaffen, andere Bedürfnisse

zu befriedigen. In dieser Form ist auch das Motiv Einkommenserwerb weitgehend ein extrinsisches Motiv.

(2) *Intrinsische Motive* hingegen sind die Motive, die unmittelbar durch die Tätigkeit befriedigt werden; so z. B. der Wunsch nach Energieabfuhr (menschliches Untätigsein ist in der Regel genau so unangenehm wie Überbelastung), weiterhin das natürliche Leistungsstreben, aber auch das Machtstreben und der Wunsch nach Sinngebung des Lebens und nach Selbstverwirklichung.

Welche Art von Motiven vorherrschend ist, ist persönlichkeits- aber auch situationsbedingt. Aus dem unterschiedlichen Vorherrschen von extrinsischen und intrinsischen Motiven erklärt sich, weshalb die einen Freude an der Arbeit haben und die anderen nicht.

b) Humanistische Theorien der Arbeitsmotivation

Unter diesem Begriff sind alle Ansätze zusammengefaßt, die das Verhalten von Menschen in einer Organisation, vor allem unter dem Blickwinkel der *Selbstverwirklichung* und Entfaltung der menschlichen Persönlichkeit sehen.

aa) *Bedürfnishierarchie Maslows*

Von allen Modellen sind in der wissenschaftlichen Fachliteratur die Gedankengänge der „Maslow-Pyramide" am populärsten geworden. Dies ist insofern erstaunlich, als *Maslow* klinischer Psychologe war, der sich mit wirtschaftlichen Fragen nur am Rande beschäftigte. Sein zentrales Thema war die „Selbstverwirklichung". Er gehört mit zu den Begründern der sog. *„humanistischen Psychologie"*. Grundlegend für seine Überlegungen ist die Annahme, daß zwei Hauptarten von Bedürfnissen das menschliche Dasein beeinflussen, und zwar Defizit-(Mangel-)Bedürfnisse und Wachstums-Bedürfnisse. (Vgl. Schaubild 23).

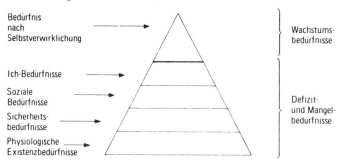

Schaubild 23: Pyramide der Bedürfnisse nach Maslow

Merkmale der *Defizitbedürfnisse* sind:
(1) vollständige Nichterfüllung vernichtet die Existenz,
(2) teilweise Nichterfüllung ruft Krankheit körperlicher und/oder seelischer Art hervor,
(3) Erfüllung dieser Bedürfnisse vermeidet, Wiedererfüllung dieser Bedürfnisse heilt diese Krankheiten.

Entsprechend der Dringlichkeit für die menschliche Existenzsicherung unterteilt er diese Bedürfnisse in:

(1) physiologische Bedürfnisse (Essen, Trinken, Atmen, Schlafen usw.),

(2) Sicherheitsbedürfnisse (Daseinssicherung, Schutz, Zukunftsvorsorge, d. h. die Befriedigung der physiologischen Grundbedürfnisse auch für die Zukunft sicherzustellen),

(3) soziale Bedürfnisse nach Kontakt, Liebe, Zugehörigkeit usw.,

(4) Bedürfnis nach Achtung, Anerkennung, Prestige usw.

Wendet man auf die Grundüberlegung *Maslows* die aus der Volkswirtschaftslehre bekannten *Grenznutzen-Gesetze* von *Gossen* des abnehmenden Grenznutzens und des Grenznutzenausgleichs an, so ergibt sich, daß die einzelnen Bedürfnisschichten nicht so streng getrennt sind, sondern daß sie sich weitgehend überlagern (vgl. Schaubild 24).

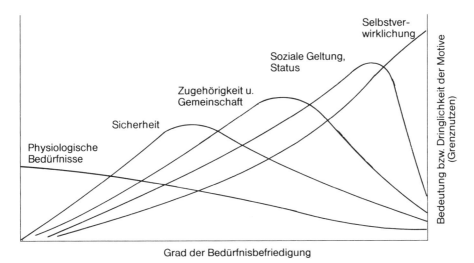

Schaubild 24: Bedürfnisstruktur nach Maslow unter Berücksichtigung der Gossen'schen Grenznutzenlehre

Maslow hat der detaillierten Beschreibung der Defizitbedürfnisse, der Erfassung ihrer Dringlichkeit sowie ihrer genauen Abgrenzung in der hierarchischen Ordnung keine allzu große Aufmerksamkeit geschenkt.

Sein Hauptanliegen war die Überformung der Defizitbedürfnisse durch die „*Wachstumsbedürfnisse*" der Selbstverwirklichung. Wachstumsbedürfnisse sind Grundbedürfnisse, die latent vorhanden sind, aber erst aktiviert werden, wenn vorher die Defizitbedürfnisse weitgehend befriedigt sind. Hier geht Maslow davon aus, daß Wachstum (Selbstverwirklichung) nur bei psychischer und physischer Gesundheit möglich ist.

Maslows Ideen wurden sehr populär, da seine Gedankengänge einleuchtend und logisch erschienen und weil er auf Probleme hinwies, die von der wissenschaftlichen Psychologie bisher vernachlässigt worden waren. Kritiker weisen jedoch darauf hin, daß er mit seiner Darstellung mehr auf Probleme hingewiesen als Lösungen aufgezeigt habe.

Der Begriff *„Selbstverwirklichung"* ist eine Leerformel ohne Inhalt, nicht definiert und wohl auch kaum zu definieren, in die jeder das hineinpacken kann, was er in irgendeiner Form für positiv erachtet. *Maslows* Gedanken sind Erklärungshinweise für viele Erscheinungsformen. Sie lassen sich nicht in klare Handlungsanweisungen mit einer „Wenn-Dann-Komponente" umsetzen, solange

(1) die einzelnen Motive nicht klar und eindeutig beschrieben sind,

(2) keine präzisen Meßmethoden entwickelt worden sind, die es erlauben, die einzelnen Motive aus einem Motivbündel zu trennen und ihre Stärke exakt zu bestimmen.

Aus diesem Grund mußten auch alle Versuche, die Richtigkeit der *Maslow'schen* Thesen durch empirische Untersuchungen zu überprüfen, scheitern.

bb) Weiterentwicklung der Theorie von Maslow

Eine Weiterentwicklung der Theorie von *Maslow* stellt die *ERG-Theorie* von *Alderfer* dar. Dieser unterscheidet zwischen drei Bedürfnisklassen:

E − Existence (Existenz), d. h. physiologische Bedürfnisse, Sicherheit usw.
R − Relatedness (sozialer Bezug), d. h. Fachkontakt zu anderen, Ansehen usw.
G − Growth (Wachstum), d. h. Entfaltung, Selbstverwirklichung usw.

Diese Darstellung ist jedoch nicht nur eine Verkürzung der Liste von *Maslow*, die an sich theoretisch nicht zu begründen wäre, sondern stellt die Beziehungen dar, die zwischen den einzelnen Bedürfnisklassen bestehen (vgl. Schaubild 25):

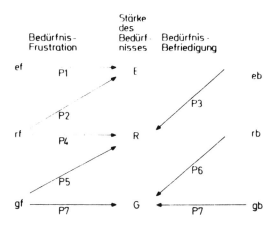

P1 Je weniger E Bedürfnisse befriedigt werden, desto stärker werden sie.
P2 Je weniger R Bedürfnisse befriedigt werden, desto stärker werden E Bedürfnisse.
P3 Je stärker E Bedürfnisse befriedigt werden, desto stärker werden R Bedürfnisse.
P4 Je weniger R Bedürfnisse befriedigt werden, desto stärker werden sie.
P5 Je weniger G Bedürfnisse befriedigt werden, desto stärker werden die R Bedürfnisse.
P6 Je mehr R Bedürfnisse befriedigt werden, desto stärker werden G Bedürfnisse.
P7 Je weniger und je stärker G Bedürfnisse befriedigt werden, desto größer werden sie.

Schaubild 25: ERG-Theorie von Alderfer

(1) Klassische Frustrationshypothese − ein nicht befriedigtes Bedürfnis gewinnt an Dringlichkeit und drängt alle anderen Bedürfnisse zurück;

(2) Frustrations-/Regressions-Hypothese − wird ein Bedürfnis nicht befriedigt, so fällt es auf eine andere, „niedrigere" Verhaltensstufe zurück (Regression);

(3) Befriedigung-Progressions-Hypothese − mit der Befriedigung eines Bedürfnisses verliert dieses seine motivierende Wirkung und aktiert ein anderes, höheres Bedürfnis;

(4) Frustrations-Progressions-Hypothese — auch Scheitern und Mißerfolge sind Erfahrungen und können zu Wachstum und Verwirklichung der Persönlichkeit beitragen.

Alderfer hat aufgrund verschiedener empirischer Untersuchungen seine Theorie mehrmals modifiziert und hierbei die Hauptaussagen 3 und 5 als nicht nachgewiesen gestrichen und die Aussagen 2, 4, 6 und 7 geringfügig abgeändert.

Ungeachtet der Schwierigkeiten wegen der nicht lösbaren Operationalisierungsprobleme, die *ERG-Theorie* von *Alderfer* empirisch zu bestätigen, bleibt ihr Erklärungsansatz für die Veränderungen in der menschlichen Bedürfnisstruktur zumindest für die Bedingungen unseres Kulturkreises unbestritten.

cc) Motivations-Maintenance-Theorie von Herzberg

Die auf den *Hawthorne Experimenten* aufbauende *Human-Relations-Bewegung* ging von der als Selbstverständlichkeit angesehenen Annahme aus, daß Arbeitszufriedenheit leistungsfördernd wirkt. Zufriedenheit und Unzufriedenheit wurden als zwei Extrempunkte eines Kontinums angesehen. Diese Theorie der eindimensionalen Zufriedenheit baut auf der Annahme auf, daß eine Verbesserung von Bezahlung, Aufstiegsmöglichkeiten usw. die Zufriedenheit erhöht, während eine Verschlechterung dieser Bedingungen zu einer Zunahme der Unzufriedenheit führt. (Vgl. Schaubild 26)

Zunehmende Zufriedenheit	Indifferenz	Zunehmende Unzufriedenheit
gute Entlohnung		schlechte Entlohnung
günstige Aufstiegsmöglichkeiten		geringe Aufstiegsmöglichkeiten
Mitbestimmung am Arbeitsplatz		keine Mitbestimmung
mitarbeiterorientierte Vorgesetzte		autoritäre Vorgesetzte ohne Mitarbeiterorientierung
Einfluß auf Arbeitsmethoden und Arbeitsgestaltung		mangelnder Einfluß und ausschließliche Fremdbestimmung
abwechslungs- und inhaltsreiche interessante Arbeit		eintönige, uninteressante Arbeit
usw.		usw.

Schaubild 26: Theorie der eindimensionalen Zufriedenheit

In der sog. *Pittsburgh-Studie* versucht *Herzberg*, diese Theorie weiter zu untermauern (vgl. Schaubild 27).
Er erkannte aber, daß es zwei Arten von Einflußgruppen geben muß:
(1) Hygienefaktoren, deren Fehlen Unzufriedenheit hervorruft. Ihr Vorhandensein hebt zwar die Unzufriedenheit auf, wird jedoch in kurzer Zeit zur Selbstverständlichkeit, und Selbstverständliches besitzt keine motivierende Wirkung.
(2) Motivatoren, deren Vorhandensein die Zufriedenheit erhöht, deren Fehlen jedoch die Zufriedenheit verhindert, ohne gleichzeitig Unzufriedenheit hervorzurufen. (Vgl. Schaubild 28).

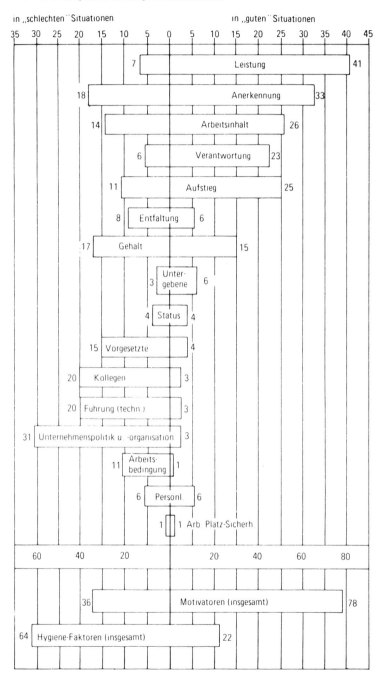

Schaubild 27: Ergebnis der Pittsburgh-Studie von Herzberg

keine Zufriedenheit, bedingt durch	Zufriedenheit, bedingt durch	
unzureichende Leistung, keine Anerkennung, langweiliger Arbeitsinhalt ohne Verantwortung, keine Aufstiegsmöglichkeiten	erbrachte Leistung, erteilte Anerkennung, interessanter Arbeitsinhalt mit Selbstverantwortung, erfolgter Aufstieg	Motivatoren
Unzufriedenheit, bedingt durch	keine Unzufriedenheit, bedingt durch	
schlechte Unternehmenspolitik schlechte Personalführung schlechter zwischenmenschlicher Kontakt schlechtes Arbeitsumfeld mit schlechten Arbeitsbedingungen	gute Unternehmenspolitik gute Personalführung gute soziale Beziehungen gutes Arbeitsumfeld mit guten Arbeitsbedingungen	Hygienefaktoren

Schaubild 28: Zweifaktorentheorie der Zufriedenheit

Als Konsequenz aus dieser Theorie ergibt sich, daß Unzufriedenheit im Betrieb und damit schlechtes Betriebsklima durch fehlende Hygienefaktoren bedingt sind. Eine Verbesserung ist nur durch eine Umgestaltung dieser Faktoren zu erreichen. Motivatoren können fehlende Hygienefaktoren teilweise ersetzen, z. B. wird ein Mitarbeiter, der eine interessante Arbeit hat, weniger über schlechte Arbeitsbedingungen klagen als jemand, der eine langweilige, uninteressante Tätigkeit verrichtet. Hygienefaktoren hingegen können kein Klima der Zufriedenheit erzeugen und an Stelle der Motivatoren treten.

Herzbergs Forschungsergebnisse haben die Diskussion in Wissenschaft und Praxis sehr beeinflußt und starke Resonanz gefunden. Die Ursachen mögen wohl darin liegen, daß seine Thesen auf einfachen Grundannahmen, mit leicht nachvollziehbaren Methoden beruhen und daß seine Schlußfolgerungen unmittelbar einsichtig sind; weiterhin, daß er ein Ordnungssystem in das Chaos der bisher unzähligen widersprüchlichen Forschungsergebnisse und Vermutungen gebracht hat (*Neuberger*). Mit einer größeren Anzahl von weiteren Untersuchungen wurde versucht, die Thesen *Herzbergs* zu untermauern oder zu widerlegen. Hierbei ergibt sich die Tendenz, daß *Herzbergs Ergebnisse* in der Regel immer dann bestätigt wurden, wenn auch seine Methode (des kritischen Falles) Verwendung fand. Der Einsatz anderer sozialempirischer Untersuchungsmethoden führte zu anderen Ergebnissen. Dieser Vorwurf der *Methodengebundenheit* kann zwar nicht unbedingt überzeugen, da letztlich alle sozialwissenschaftlichen Forschungsergebnisse mehr oder weniger methodenabhängig sind. Schwerwiegender sind jedoch die Vorwürfe logischer Fehler. Bei der Interpretation der Ergebnisse werden zwei unterschiedliche Einflußgrößen vermengt. Einmal sind es *Ereignisse* (die Freude über die vollbrachte Leistung, eine Gehaltserhöhung, eine Anerkennung usw.), zum andern sind es „*Täter*" (der Vorgesetzte, der Berichtende selbst, die Personalführung usw.), die für das Ergebnis verantwortlich sind. Es fällt auf, daß bei den Hygienefaktoren überwiegend Verursacher genannt werden, während die Motivatoren aus Ereignissen bestehen. Möglicherweise besteht hier die Neigung der Befragten, Gründe für die Zufriedenheit in der eigenen Leistung und im Erfolg der eigenen Arbeit zu sehen, während auf der anderen Seite Ursachen für Unzufriedenheit nicht in der eigenen Person gesucht, sondern auf unbeeinflußbare Mängel der Arbeitsumwelt abgeschoben werden. Weiter wird gegen den *Anspruch der Allgemeingültigkeit* der Untersuchungsergebnisse von Herzberg eingewandt, daß die jeweilige Situation unberücksichtigt bleibt. In Zeiten rückläufiger Konjunktur wird sicher manchem ein sicherer Arbeitsplatz oder eine Gehaltserhöhung für die Motivation wichtiger sein als die Anerkennung durch den Vorgesetzten. Diese Einwände sprechen aber nicht gegen die Zweifaktorentheorie, sondern weisen vielmehr darauf hin, daß etwas, was als selbstverständlich angesehen wird, auch seltener genannt wird. Erst dann, wenn Selbstverständlichkeiten bedroht werden, rücken sie wieder in das Bewußtsein. In dieser Form berücksichtigt diese Theorie nicht das ganze Spektrum möglicher Motive und läßt die unterschiedlichen Situationseinflüsse außer acht.

Sicher ist mit den Forschungsarbeiten von *Herzberg* das Problem der Motivation zur menschlichen Arbeitsleistung noch nicht abschließend geklärt. Seine Ideen regen aber wie kaum ein anderer wissenschaftlicher Ansatz zu weiterer Forschung an.

c) Erwartungs-Valenz-Theorien

Die *Erwartungs-Valenz-Theorien* gehen von der Überlegung aus, daß die Handlungstendenz um so größer ist, je höher der Wert der Produkte aus Erwartung und Valenz ist. Diese theoretischen Ansätze (z. B. von Vroom u. a.) bauen auf zwei Prämissen auf:

(1) Die Menschen schätzen die Ergebnisse unterschiedlicher Handlungsformen in ihrem Wert subjektiv verschieden ein und setzen daher Präferenzen bezüglich der erwarteten Ergebnisse.

(2) Um ihr Verhalten zu erklären, sind zwei Punkte zu berücksichtigen:
  – die Ziele, welche die einzelnen Individuen anstreben,
  – der Grad der Überzeugung (subjektive Wahrscheinlichkeit), Ergebnisse, die sie bevorzugen, durch ihre Tätigkeit auch zu erreichen.

Hieraus ergeben sich zwei theoretische Ansätze:

(1) Valenzmodell: Von verschiedenen alternativen Handlungsmöglichkeiten wird eine Person die wählen, die für sie den größten subjektiven Wert (Valenz) hat. Die Valenz selbst wird bestimmt durch die Bedürfnisstruktur und die Wertvorstellungen des einzelnen.

$$V_j = f \sum_{k=1}^{n} (V_k I_{jk})$$

V = Valenz, d. h. die positive oder negative subjektive Wertung eines Ergebnisses oder Mittels
V_j = Valenz des Mittels j
V_k = Valenz des Zieles k
I = Instrumentalität (Zusammenhang zwischen zwei Ergebnissen). *Vroom* unterscheidet zwei Arten von Ergebnissen, und zwar Ergebnisse, die um ihrer selbstwillen gewünscht werden, und solche, die nur Mittel zum Zweck sind, z. B. Endziel ist die finanzielle Sicherheit, Mittel zum Zweck ist Geldverdienen.

I_{jk} = Instrumentalität des Mittels j für das Endziel k
n = die Anzahl der Endziele.

(2) *Kraftmodell:* Die Energie, die eine Person zur Erreichung eines Zieles einsetzt, hängt ab von der Valenz und der Wahrscheinlichkeit, mit der die Handlung zum gewünschten Ergebnis führt.

$$K_i = \sum_{j=1}^{n} (E_{ij} V_j)$$

K_i = die Kraft, die auf das Individuum wirkt, die Handlung i auszuführen.
E_{ij} = die Stärke der Erwartung (Wahrscheinlichkeit), mit der die Handlung i zum Ergebnis j führt. Sie kann schwanken zwischen 0 (völlig unmöglich) und 1 (völlig sicher).

Die Zusammenhänge dieser Theorie lassen sich wie in Schaubild 29 dargestellt zusammenstellen.

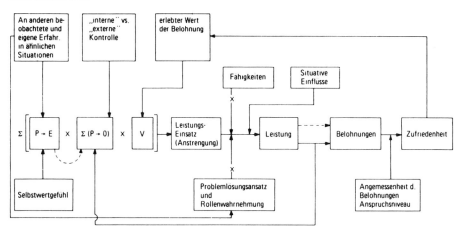

Schaubild 29: Das Erwartungs-Valenz-Modell von Porter und Lawler (in abgewandelter Form nach Neuberger, Theorien, S. 88)

P—E bedeutet die Erwartung einer Person, eine bestimmte Leistung zu erbringen. Hierbei hängt die Höhe der Leistung, die sie glaubt erbringen zu können, von ihrem Anspruchsniveau ab, das sich aus den bisherigen Erfahrungen und Beobachtungen ergibt sowie aus dem eigenen Selbstwertgefühl. Die Größe P—O bedeutet die subjektiv eingeschätzte Wahrscheinlichkeit, daß ein bestimmtes Verhalten auch tatsächlich zu einem bestimmten Ergebnis führt. Die Erfolgswahrscheinlichkeit kann wie jede Wahrscheinlichkeit zwischen 0 und 1 variieren. Sie hängt letztlich von zwei Einflußgrößen ab: Von der Persönlichkeitseinstellung des Einzelnen, d. h. seiner eigenen Überzeugung, die Konsequenzen seines Handelns selbst (interne Kontrolle) bestimmen zu können oder in seinem Handeln durch äußere Umstände oder die Umwelt bestimmt zu werden (externe Kontrolle). Zum anderen wird der Wert P—O auch durch die Erfahrungen und die Lerngeschichte der handelnden Person und damit vom erlebten Leistungs-Beurteilungs-Zusammenhang beeinflußt. V bedeutet die Valenz, d. h. den subjektiven Wert, den man einem künftig eintretenden Ergebnis beimißt.

Die Leistungsbereitschaft einer Person, d. h. die Stärke ihrer Motivation, entscheidet nicht allein über die Leistung. Diese hängt auch noch vom Können (Fähigkeiten und Fertigkeiten) sowie von dem Problemlösungsansatz (dem Wissen, wie man in einer konkreten Situation die Fähigkeiten zum Einsatz bringen kann) ab. Aus der Leistung ergibt sich die Belohnung, die dann zur Zufriedenheit führt, wenn sie als angemessen, d. h. dem Anspruchsniveau angepaßt, empfunden wird. Bei den beiden Pfeilen zwischen Leistung und Belohnung steht die ausgezogene Linie für extremistische und die gepunktete Linie für intrinsische Motivation. Da intrinsisch motivierte Mitarbeiter ihre Belohnung als unmittelbar aus der Arbeit resultierend empfinden, erhalten sie die Belohnung sicherer und unmittelbarer als extrinsisch motivierte, die für ihre Leistung von Dritten belohnt werden. Der gestrichelte Pfeil zwischen P−E und P−O bedeutet, daß es sich bei intrinsisch Motivierten nicht um zwei voneinander unabhängige Variable handelt, sondern daß P−E die Höhe von P−O beeinflußt. Hierbei werden die Erkenntnisse aus der Leistungsmotivations-Theorie von Atkinson mit berücksichtigt. Diese Theorie baut auf der Überlegung auf, daß jedes Individuum, ein Motiv hat, sowohl Erfolg anzustreben als auch Mißerfolg zu vermeiden. Bei hoch leistungsmotivierten Individuen wirken sehr hohe oder sehr niedrige Erfolgswahrscheinlichkeiten wenig motivierend. Bei niedriger Erfolgswahrscheinlichkeit ist der Zusammenhang zwischen eigener Leistung und dem Erfolg gering und nicht klar ersichtlich. Bei zu hoher Erfolgswahrscheinlichkeit ist der Erfolg den Einsatz nicht wert. Auf Hoch-Leistungsmotivierte wirken die Situationen am anregendsten, bei denen eine Erfolgswahrscheinlichkeit von 50 : 50 besteht, bei Niedrig-Leistungsmotivierten hingegen sehr hohe oder sehr niedrige Erfolgswahrscheinlichkeiten.

Eine Belohnung allein ruft nicht automatisch Zufriedenheit hervor. Vielmehr muß sie im Verhältnis zur erbrachten Leistung stehen und, gemessen an der *subjektiven Wertvorstellung*, als fair empfunden werden.

Das Modell zeigt eine Reihe praktischer Möglichkeiten für empirische Untersuchungen auf, die sich nicht nur auf den Bereich der Zufriedenheit (Herzberg) beziehen, sondern auch die P−E und die P−O Wahrscheinlichkeiten und deren Einfluß auf die Leistungsmotivation in den Betrieben mit einbeziehen sollten. Für die Gestaltung von Arbeitsplätzen mit attraktiven und vor allem herausfordernden Arbeitsaufgaben ergeben sich hier Ansatzpunkte.

d) Gleichheitstheorie

Die *Gleichheitstheorie* basiert auf der Annahme, daß jede Person darauf bedacht ist, in einer sozialen Beziehung für ihren „Einsatz" eine faire Gegenleistung zu bekommen. Was als fair angesehen wird, bemißt sich nach der Überlegung des *„sozialen Vergleichs"*. Hier erwartet jede Person, mit einer anderen, mit der sie sich als gleich fühlt, auch gleich behandelt zu werden. In den Vergleich gehen zwei Größen ein: *Input*, d. h. jedes Merkmal, das eine Person für den Tauschprozeß als wesentlich erachtet und für das sie eine Gegenleistung erwartet (Alter, Ausbildung, Kenntnisse, Arbeitsleistung usw.), *Outcome*, d. h. alles, was eine Person erhält. Hierher gehören nicht nur die materielle Entlohnung, sondern auch alle immateriellen Werte. Da es keinen objektiven Maßstab gibt, vergleicht jede Person ihr I/O-(Input-Outcome)-Verhältnis laufend mit dem anderer Personen, mit denen sie sich gleich fühlt. Durch diesen Vergleich bildet sich im Laufe der Zeit eine *soziale Norm* heraus. Arbeitszufriedenheit wird nur dann eintreten, wenn das eigene subjektiv erlebte I/O-Verhältnis sich, gemessen an der sozialen Norm, im Gleichgewicht befindet. Voraussetzung ist, daß Einsatz und Ertrag jeweils meßbar und vergleichbar sind und in jedem Fall ein Einsatz-Ertrags-Vergleich möglich ist. Weiterhin wird man auch zukünftig zu erwartende Aufwands- und Ertragsverhältnisse mit in die Betrachtung einbeziehen müssen, wie z. B. bei einem Studenten, der während des Studiums ein schlechtes I/O-Verhältnis gegenüber einem Berufstätigen im Hinblick auf erwartete künftige Vorteile in Kauf nimmt.

Ungleichgewicht erzeugt Spannung, die als unangenehm empfunden wird und die das Individuum veranlaßt, nach Alternativen zu suchen, um diese Spannungen abzubauen.

Mit in den Bereich der Gleichheitstheorien gehört die *Anreiz-Beitrags-Theorie*. Hiernach bewerten Mitarbeiter in einem Unternehmen die erhaltenen Anreize im Licht der Beiträge, die sie für diese Organisation leisten. Jeder Arbeitnehmer wird das Arbeitsverhältnis solange aufrecht erhalten, wie der Anreiz den geleisteten Beiträgen entspricht oder diese übersteigt. Im Transformationsprozeß des Unternehmens werden die Beiträge in Leistungen umgewandelt, die dann teilweise als Anreize für die Mitarbeiter verwendet werden können. Ein Unternehmen befindet sich dann in einem *Gleichgewichtszustand*, wenn den Arbeitnehmern, die zur Fortführung des Betriebes benötigt werden, soviele Beiträge gewährt werden können, daß sie bereit sind, ihr Arbeitsverhältnis fortzusetzen.

Die äußerste Form des *Spannungsabbaus* ist das Ausscheiden aus dem als unbefriedigend empfundenen Bereich durch Versetzung, Fehlzeiten oder Kündigung. Die Kündigung wird dann in Frage kommen, wenn die Ungleichheit zu groß ist und nicht durch andere Mittel reduziert werden kann. Eine andere Möglichkeit besteht in der Anpassung von eigenem Input an die als ungenügend empfundene Situation. Die hier bestehende Alternative zeigt folgendes Experiment (Adams/Rosenbaum):

In einem Unternehmen wurden Aushilfskräfte zum Korrekturlesen kurzfristig eingestellt. Über die Höhe der Entlohnung bestanden keine Anhaltspunkte, auch keine betrieblichen Normen. Es wurden zwei Gruppen gebildet. Einer Gruppe wurde mitgeteilt, daß sie durch ein Versehen der Buchhaltung zu hoch eingestuft worden sei, daß man aber die versprochene Entlohnung nicht wieder rückgängig machen wolle. Kurz, sie hätte eben Glück gehabt. Der anderen Gruppe wurde durch ein „Gerücht" zugetragen, daß die Entlohnung, die sie bekomme, an der unteren Grenze des in der Branche Üblichen liege. Das Experiment ergab:

	Gruppe 1 mit der Einstellung, irrtümlich zu hoch bezahlt zu werden.	Gruppe 2 mit dem Gefühl, zu niedrig bezahlt zu werden.
Zeitlohn, fester Satz pro Arbeitszeiteinheit ohne Rücksicht auf die Mengenleistung.	Hohe Mengenleistung, man versucht, dadurch den als „hoch" angesehenen Lohn zu rechtfertigen.	Niedrige Mengenleistung, man versucht die eigene Leistung der als zu gering angesehenen Bezahlung anzupassen.
Stücklohn, fester Satz pro Leistungseinheit ohne Rücksicht auf die benötigte Zeit.	Geringere Mengenleistung, die jedoch von hoher Qualität ist, d. h. es werden weniger Fehler gemacht. Die Beteiligten verzichten auf einen Teil des möglichen Verdienstes und versuchen, den „hohen" Lohnsatz durch besondere Qualität zu rechtfertigen.	Hohe Mengenleistung, es werden jedoch viele Fehler gemacht. Durch hohe Leistung bei geringer Qualität wird versucht, die zu niedrig empfundene Entlohnung zu erhöhen.

Wo keine Möglichkeit besteht, die Spannungen auf einem dieser Wege abzubauen oder aus dem Spannungsfeld auszuscheiden, kommt es zu Abwehrmechanismen.

B. Arbeitszufriedenheit und Leistung

1. Begriff der Arbeitszufriedenheit

Innerhalb der motivationstheoretischen Ansätze nimmt das Thema der *Arbeitszufriedenheit* einen breiten Raum ein. *Weinert* gibt die Anzahl der im Laufe der letzten vier Jahrzehnte veröffentlichten Forschungsarbeiten auf diesem Gebiet mit vier- bis fünf Tausend an. Trotz dieses großen Aufwandes besteht noch immer keine allgemein akzeptierte Definition des Begriffes. Aufgrund der engen Beziehungen zwischen den verschiedenen motivationstheoretischen Ansätzen lassen sich hier vier Klassen bilden.

— *Bedürfnisorientierte Konzeptionen:*
Hier wird die Zufriedenheit als ein Zustand erfüllter Bedürfnisse angesehen. Eine vereitelte Bedürfnisbefriedigung verursacht einen Zustand einer inneren Spannung, die als Unzufriedenheit angesehen wird. Umgekehrt gilt der Zustand der Befriedigung eines Bedürfnisses als Zufriedenheit. Nach der Schichtenlehre der *Maslow'schen Bedürfnispyramide* und der *ERG-Theorie von Alderfer* wird auf den unteren Ebenen der menschlichen Bedürfnisse keine Zufriedenheit eintreten, da die Befriedigung einer jeden Bedürfnisschicht gleichzeitig Bedürfnisse der nächst höheren Schicht aktiviert.

— *Humanistische Ansätze*
Sie gehen von normativen Vorstellungen aus, wonach der einzelne nicht abhängig von autonom wirkenden Bedürfnissen ist, sondern davon, daß er selbst für seine Lebensführung verantwortlich die Aufgabe hat, sein in ihm angelegtes Potential zu entfalten.

— *Anreizbezogene Konzeptionen*
Sie gehen davon aus, daß die Arbeitszufriedenheit die abgeleitete Variable ist, die sich nach dem Stellenwert und der Höhe der Belohnung mißt und die sich danach bestimmt, inwieweit erwartete und tatsächlich erhaltene Belohnung differieren.

— *Gleichheitstheoretische Ansätze*
Sie gehen von der „Theorie des sozialen Vergleichs" aus. Zufriedenheit liegt dann vor, wenn das subjektiv empfundene Aufwands- und Ertragsverhältnis dem einer Vergleichsperson entspricht.

2) Ansätze zur Bestimmung der Arbeitszufriedenheit

Entsprechend der verschiedenen Konzeptionen gibt es eine Reihe von Ansätzen, die Arbeitszufriedenheit zu ermitteln.

a) Inhaltstheoretische Ansätze

Sie gehen davon aus, daß hinsichtlich der Arbeitssituation bestimmte Klassen von Bedürfnissen oder Belohnungen vorhanden sind. Ziel der Untersuchung ist es, hierfür die Merkmale der Arbeitssituation zu definieren und festzustellen, inwieweit für jede einzelne Klasse Übereinstimmung mit den Sollvorstellungen besteht. Grundlage ist die bereits besprochene Theorie der „*Eindimensionalen Zufriedenheit*", auf der auch noch die in den letzten Jahren durchgeführten Arbeitszufriedenheitsuntersuchungen verschiedener Arbeitsministerien deutscher Bundesländer aufbauen.

Die zweidimensionale Betrachtungsweise der bereits besprochenen *Motivation-Maintenance-Theorie* von *Herzberg* zeigt, daß eine Verbesserung der *Hygienefaktoren* Unzufriedenheit abzubauen vermag und eine Verstärkung der *Motivatoren* zur Zufriedenheit führt (Schaubild 30).

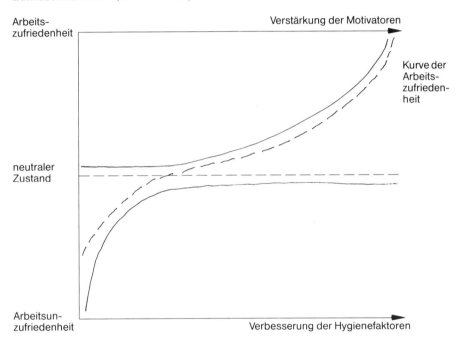

Schaubild 30: Entwicklung der Arbeitszufriedenheit unter dem Einfluß der Hygienefaktoren und Motivatoren.

Die schematische Darstellung der Entwicklung der Arbeitszufriedenheit geht von der allgemein akzeptierten Annahme aus, daß *Motivatoren* in einem bestimmten Maße fehlende *Hygienefaktoren* ersetzen können, daß aber Hygienefaktoren nicht an die Stelle von Motivatoren treten können.

b) Prozeßtheorien

Sie gehen von den Ansätzen der „*Erwartungs-Valenz- und Gleichheitstheorien*" aus. Zufriedenheit liegt dann vor, wenn die Belohnung dem Leistungseinsatz entspricht. Nachstehendes Schaubild zeigt die Zusammenhänge auf, die auch die Ansätze der *Gleichheitstheorie* und die *Theorie der kognitiven Dissonanz* mit einbeziehen. (Schaubild 31)

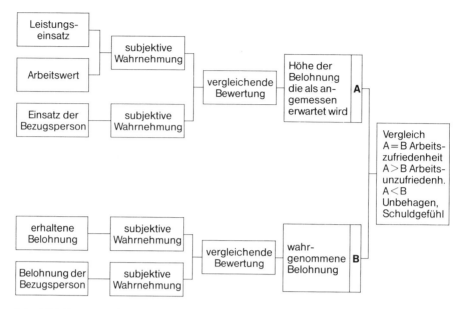

Schaubild 31: Determinanten der Arbeitszufriedenheit

Der Hinweis auf die wahrgenommenen Leistungseinsätze und wahrgenommen Belohnungen usw. zeigt, daß es hier nicht auf den tatsächlichen Arbeitsansatz und die Realität am Arbeitsplatz ankommt, sondern vielmehr, wie diese Einflußgrößen individuell wahrgenommen werden.

Ob ein Ungleichgewicht, bei dem die Höhe der erwarteten Gegenleistung unter der wahrgenommenen tatsächlichen Belohnung liegt, auf die Dauer zu Schuldgefühlen, Unbehagen und damit nachhaltig zu verstärkter Arbeitsleistung führt, wie die Gleichheitstheorie unterstellt, wird man in Zweifel ziehen müssen. Hier wird man mit einem Steigen des *Anspruchsniveaus* rechnen und damit einen Wechsel der Bezugspersonen für den sozialen Vergleich in Betracht ziehen müssen.

c) Typologischer Ansatz von Bruggemann

Bruggemann, Groskurth und *Ulrich* gehen von einem dynamischen Prozeß der Bewertung aus und stellen hier nicht die Wahrnehmung, sondern die Entwicklung des individuellen Anspruchsniveaus in den Vordergrund.

Ausgangspunkt ist der Vergleich der gegebenen Arbeitssituation (Ist-Wert) mit den generellen Bedürfnissen und Erwartungen (Soll-Wert). Bei diesem Vergleich kann der einzelne auf Abweichungen des Ist-Wertes vom Soll-Wert mit einer Aufrechterhaltung oder Veränderung des Anspruchsniveaus reagieren.

Demnach können hier sechs Arten der Arbeitszufriedenheit bzw. -unzufriedenheit unterschieden werden (Schaubild 32).

Wenn auch die Richtigkeit dieser analytisch vorgenommenen Klassifikation nicht empirisch bestätigt werden konnte, vielleicht auch gar nicht bestätigt werden kann,

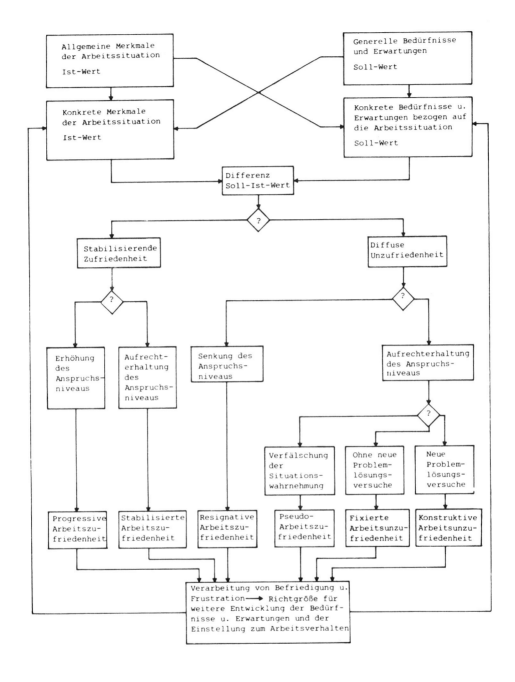

Schaubild 32: Formen der Arbeitszufriedenheit als Ergebnis von Abwägungs- und Erlebnisverarbeitungsprozessen nach Bruggemann, Groskurth, Ulrich

so ist sie doch logisch nachvollziehbar und gibt auch eine Erklärung für die relativ hohen Arbeitszufriedenheitswerte bei den meisten der durchgeführten Untersuchungen. Sie zeigt vor allem die große Lern- und Anpassungsfähigkeit des Menschen auf. Es spricht die Lebenserfahrung darüber, daß die Masse der Mitarbeiter, die zu den hohen „Arbeitszufriedenheitswerten" bei Untersuchungen beträgt, zu denjenigen mit stabilisierter bzw. resignativer Arbeitszufriedenheit gehört. Hierbei ist resignative Arbeitszufriedenheit nicht unbedingt abwertend und einschränkend zu verstehen. Sie kann vielmehr auch Ausdruck dafür sein, daß der einzelne im Laufe seines Lebens seine Grenzen und die Möglichkeiten seines Entfaltungsspielraumes kennengelernt und sich in diesem Rahmen eingerichtet hat.

Die „fixiert" mit der Arbeit Unzufriedenen sind dann die kleine Minderheit derjenigen, die immer glauben, in ihrem Leben zu kurz gekommen zu sein. Die progressiv Zufriedenen dagegen werden aber auch einmal an die Grenze stoßen, an der eine weitere Verbesserung der Arbeitssituation entsprechend eines weiterhin gestiegenen Anspruchsniveaus nicht mehr möglich sein wird. Entweder wird sich dann ihre Arbeitszufriedenheit bei nicht mehr steigendem Anspruchsniveau stabilisieren oder sie werden in den Zustand diffuser Unzufriedenheit geraten.

3. Zusammenhang zwischen Arbeitszufriedenheit und Leistung

a) Kein Nachweis empirischer Zusammenhänge

Die Befriedigung eines Bedürfnisses am Arbeitsplatz führt zur Beseitigung eines als unangenehm empfundenen Mangelzustandes und damit in der Regel zu einer Erhöhung der Arbeitszufriedenheit. Die Human-Relations-Schule sah zwischen Arbeitszufriedenheit und Leistung einen engen Zusammenhang. Nach ihrer Auffassung lohnt es sich, für mehr Zufriedenheit der Mitarbeiter zu sorgen, da diese das durch erhöhten Leistungseinsatz und verstärkte Identifikation mit der Firma vergelten würden.

Die bisher vorliegenden empirischen Untersuchungen haben gezeigt, daß Fehlzeiten und Fluktuation bei zufriedenen Arbeitnehmern geringer sind als bei unzufriedenen. Allerdings ist der Zusammenhang nicht sehr eng, weil ja der einzelne seiner Unzufriedenheit nicht nur durch Arbeitsplatzwechsel oder vorübergehendes Fernbleiben vom Arbeitsplatz Ausdruck geben, sondern statt dessen zu anderen Abwehrmechanismen Zuflucht nehmen kann.

Durch empirische Untersuchungen konnte also die „Selbstverständlichkeit" des Zusammenhangs zwischen Zufriedenheit und Leistung nicht bestätigt werden. Eine Analyse der mutmaßlichen Gründe für die niedrigen Korrelationen führt zu folgendem Ergebnis:

(1) Unklarheit des Begriffes Zufriedenheit. Jede der Untersuchungen ging von einem anderen Begriff aus.
In einigen Fällen wurde die Zufriedenheit mit Einzelaspekten, das andere Mal als „Gesamtzufriedenheit" in einem einzigen Maßstab gemessen.

(2) Unklar ist auch der Begriff der Leistung, vor allem dort, wo verschiedene Aspekte der Leistung denkbar sind (Verhältnis von Qualität und Quantität), ferner, wo die Leistung des einzelnen noch von anderen, von ihm nicht zu kontrollierenden Einflüssen der Arbeitsumgebung, der Gruppe usw. abhängt.

(3) Ein weiterer Faktor der Unklarheit besteht auch in der Anlage der Studien und den Methoden der Datenauswertung, wo verschiedene Bedingungen entweder nicht kontrolliert oder unterschiedlich berücksichtigt werden.

b) Theoretische Erklärungsmodelle

Die widersprüchlichen Ergebnisse der empirischen Untersuchungen und die Kritik an der Anlage und Durchführung dieser Arbeiten führten zu der Forderung, anstelle des Datensammelns aussagefähige Systeme in Form theoretischer Modelle zu entwickeln mit überprüfbaren Aussagen über die Abhängigkeiten verschiedener Größen. Den möglichen Aussagen lassen sich hier drei Grundmuster zuordnen.

aa) Zufriedenheit führt zu Leistung

Dies ist die Grundaussage der *Human-Relations-Schule*, die auch in der Zwei-Faktoren-Theorie von *Herzberg* zum Ausdruck kommt. Andere Autoren haben diese

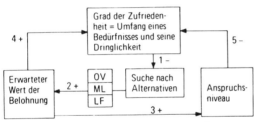

Schaubild 33: Beziehungen zwischen Zufriedenheit, Anspruchsniveau und Motivation zur Leistung (nach March und Simon, 1966 S. 49).

(1)   Je geringer die gegebene Bedürfnisbefriedigung, d. h. je stärker die Motivation, desto intensiver die Suche nach alternativen Verhaltensmöglichkeiten.

(2)   Je intensiver die Suche nach Alternativen, desto höher der erwartete subjektive Wert der Belohnung, also der künftigen Bedürfnisbefriedigung.

(3)   Je höher die erwartete Belohnung, desto höher das Anspruchsniveau.

(4)   Je höher die erwartete Belohnung, desto höher auch die nachfolgende Befriedigung.

(5)   Je höher das Anspruchsniveau, desto geringer die relative Befriedigung.

OV = Organisation verlassen. Eine Person nimmt ihre Teilnahmeentscheidung zurück und sucht in einem anderen Unternehmen nach Möglichkeiten der Bedürfnisbefriedigung.

ML = Motivation zur Leistung. Die Person verbleibt in dem Unternehmen und sucht durch Leistungssteigerung und die damit verbundenen Konsequenzen ihre Lage zu verbessern.

LF = Leistungsfremdes Verhalten. Die Person bleibt in der Organisation, leistet aber nicht mehr, sondern sucht statt dessen nach anderen Möglichkeiten der Befriedigung (Bummeln, Cliquenbildung, „Beziehungen" anknüpfen, Radfahren usw.).

\+ = positiver Zusammenhang (je höher eine Variable, desto höher die andere)

– = negativer Zusammenhang (je höher eine Variable, desto geringer die andere).

Überlegung weiter entwickelt und gehen davon aus, daß auch Unzufriedenheit zu höheren Leistungen führen kann, so etwa *March und Simon* (1966), die feststellen, daß nicht die Handlungsalternative gewählt wird, die den maximalen Nutzen bringt, sondern vielmehr eine, die bestimmte Mindestansprüche erfüllt. Sie gehen weiterhin davon aus, daß der Motor allen Handelns die Unzufriedenheit ist. Diese Unzufriedenheit ruft die Tendenz zum Handeln hervor mit dem Ziel, den Zustand der Zufriedenheit herzustellen. (Vgl. Schaubild 33).

Die *Anreiztheorien* gehen von der Annahme aus, daß Zufriedenheit selbst keine verhaltenssteuernde Wirkung hat, sondern allenfalls (positive) Zuwendung oder (negative) Abwendung zeigt. Ausgangspunkt dieser Überlegungen ist hierbei, daß eine Person nur dann die Leistung erbringen wird, wenn sie erwarten kann, daß das Leistungsziel auch zu erreichen ist und wenn das Ergebnis der Leistung dazu führt, die Erreichung eines eigenen Zieles zu fördern. *Herzberg* sah in den Motivatoren den Antrieb zu höherer Leistung, und die Vertreter der *Erwartungs-Valenz-Theorie* gehen davon aus, daß die „Kraft", die eine Person zur „Leistung" bringt, durch die Erwartung bestimmt wird, mit dieser Leistung auch ein bestimmtes Ziel zu erreichen.

bb) Leistung führt zur Zufriedenheit

Die Vertreter der Erwartungs-Valenz-Theorie gehen davon aus, daß Zufriedenheit und Leistung sich gegenseitig bedingen, so daß Ursache und Wirkungszusammenhang zu erklären sind. (Vgl. hierzu Schaubild 29, das Erwartungs-Valenz-Modell von Porter und Lawler).

Ein ähnliches Modell haben *Smith und Cranny* entwickelt, in dem die verschiedenen Einflußgrößen auf Zufriedenheit und Leistung dargestellt sind (Vgl. Schaubild 34).

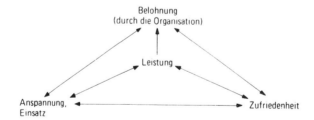

Schaubild 34: Zusammenhang der Einflüsse auf Leistung und Zufriedenheit (nach Smith und Cranny S. 469)

cc) Zufriedenheit und Leistung hängen von dritten Größen ab

Ausgangspunkt ist hier die Feststellung, daß Zufriedenheit und Leistung zwei unabhängige Zielsetzungen sind, die jede Organisation erfüllen muß, und daß beide von einer Anzahl von Einflußfaktoren abhängen. Nach dieser Auffassung hängt die individuelle Zufriedenheit davon ab, inwieweit die Organisation hilft, die Bedürfnisse des einzelnen zu befriedigen. Die Leistung hingegen hängt davon ab, inwieweit die Fähigkeiten einer Person den Anforderungen ihrer Tätigkeit antsprechen. Untersuchungen haben hier ergeben, daß Zufriedenheit und Leistung bei den Personen eine hohe Korrelation aufweisen, bei denen die Fähigkeiten den Anforderungen entsprechen.

Ein in dieser Richtung liegender theoretischer Ansatz ist der von *Triandis*, der als eine weitere Variable den *Leistungsdruck* mit in die Überlegenheit einbezieht. Hierbei besteht zwischen Zufriedenheit und Leistungsdruck ein negativer Zusammenhang. Hoher Leistungsdruck bedingt geringe Zufriedenheit und umgekehrt. Triandis nimmt an, daß sich die Leistungskurve entsprechend Schaubild 35 verhält.

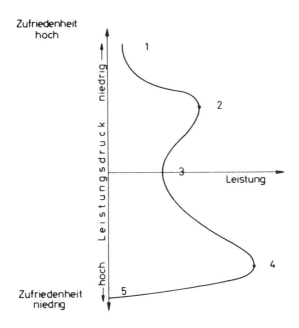

Schaubild 35: Beziehungen zwischen Arbeitszufriedenheit, Leistung und Leistungsdruck nach Triandis S. 310)

Punkt 1 ist der paradiesische Zustand, bei dem der Arbeiter viel herausholt und wenig investiert. Bei einem Minimum an Leistungsdruck und bei hoher Arbeitszufriedenheit wird ein Minimumergebnis erreicht, das nötig ist, die Antriebskräfte zu befriedigen. Steigender Leistungsdruck erhöht die Leistung bis zu einem Optimum 2, weiter steigender Leistungsdruck führt zu abnehmender Zufriedenheit. Punkt 3 ist der, an welchem dem Arbeiter die Arbeit egal ist und bei dem die Leistung erbracht wird, die es gerade erlaubt, durchzukommen. Steigender Druck, z. B. drohende Kündigung in Zeiten einer Rezssion, läßt die Leistung trotz weiterhin abnehmender Zufriedenheit ansteigen bis zu dem Punkt, an dem der Arbeiter unter extremen Druck steht, z. B. Bedrohung seines Lebens. Hier wird die Leistung ein zweites Maximum erreichen. Wird dieser Punkt überschritten, so wird bei einem Punkt 5, „mir ist jetzt alles gleich", jede Leistung zusammenbrechen.

c) Zusammenfassung

Die empirische Forschung hat die zuerst als selbstverständlich vorausgesetzten Zusammenhänge zwischen Zufriedenheit und Leistung noch nicht bestätigt. Die theoretischen Erklärungsmodelle betrachten jeweils immer nur einzelne Teilaspekte aus dem komplexen Gesamtzusammenhang. Die bisherigen Ansätze sind im Ergebnis unbefriedigend, haben aber doch die Unzulänglichkeit des begrifflichen Instrumentariums und der empirischen Forschungsmethoden auf diesem Gebiet aufgezeigt und die Fragestellung für künftige Forschungsarbeiten erweitert. Da Leistung und Zufriedenheit zwei Zielgrößen des Handelns in Organisationen sind, ist zu fragen „wie beide zusammenhängen" und „wovon beide abhängen".

V. Der Mitarbeiter als Mitglied der Gruppe

A. Begriff und Entstehung von Gruppen

1. *Individuelles Handeln und Gruppenhandeln*

Mitarbeiter und Vorgesetzte in einem Unternehmen handeln nicht autonom in einer zweiseitigen Interaktion, sondern sie sind eingebettet in das Beziehungsgefüge einer Organisation, einer Gruppe. Das Bestehen von *Gruppennormen*, auch dann wenn sie formal nicht greifbar sind, wird sowohl von den beteiligten Mitgliedern als auch von Außenstehenden wahrgenommen.

In einer gruppendynamisch bestimmten Handlungslage wird das Verhalten einer Person auch durch andere Einflüsse gesteuert als in einer nur individuell bestimmten Situation, so daß die Motivationslehre für das Handeln in Gruppen nur begrenzte Aussagen liefern kann.

2. *Das Wesensmerkmal einer Gruppe*

Mit der Gruppe als Erfahrensgegenstand befaßten sich anfänglich zwei Wissenschaftsgebiete mit jeweils unterschiedlichen Betrachtungsweisen.
So stellt:
a) die soziologische Betrachtungsweise mehr auf das Verhalten von Gruppenmitgliedern ab während
b) die psychologische Betrachtungsweise sich mehr auf das individuelle Erleben der Gruppenmitglieder bezieht.

Ungeachtet dieser unterschiedlichen Betrachtungsweisen lassen sich folgende Wesensmerkmale einer Gruppe herausstellen:
a) Feste Zugehörigkeit zu einer Gemeinschaft von einer bestimmten Dauerhaftigkeit, die zur Ausbildung eines bestimmten „Wir"-Gefühles führt;
b) Entstehen von gegenseitigen Interaktionen aufgrund räumlicher Nähe der Beteiligten und gegebenen Interaktionsmöglichkeiten, die zu einer wechselseitigen Beeinflussung und Steuerung des Verhaltens der miteinander in Beziehung Stehenden führen.
c) Einfluß auf das Verhalten der Beteiligten durch übereinstimmende Ziele und Normen;
f) Rollendifferenzierung durch Zuweisung bestimmter Aufgaben an einzelne Gruppenmitglieder, verbunden mit entsprechenden Erwartungen des individuellen Verhaltens.

Zur Charakterisierung der Gruppenarten entwickelte *Lattmann* (1982) eine mehrdimensionale Typologie, in der er auf folgende Merkmale abstellt:
a) Gruppengröße, wie Zwei- und Dreiergruppen, Kleingruppen, die selten mehr als 20 Mitglieder umfassen und Großgruppen;

b) Enge der zwischenmenschlichen Beziehungen innerhalb der Gruppe, wie Intimgruppen bei einer alles umfassenden Lebensgemeinschaft, Primärgruppen, die sich auf alle Lebensbereiche erstrecken, und Sekundärgruppen, die nur Teilgebiete des Lebensfeldes ihrer Mitglieder umfassen;
c) Formen der Interaktion, z. B. unmittelbar wie bei *„face-to-face"-Gruppen*, wo die Mitglieder in direkten Kontakt zueinander treten, oder Gruppen mit mittelbaren Interaktionen, bei denen der Kontakt über eine Kette von Vermittlern abläuft.
d) Zwecke der Gruppe, z. B. *Psycho-Gruppen*, bei denen der Gruppenzweck bereits durch den bloßen Umstand des Zusammengehörens entsteht (Freundeskreis) oder *Problemlösungsgruppen* zur Erreichung eines gemeinsamen Zieles;
e) Entstehungsquelle von Gruppenregelungen z. B. formale Gruppen, die einem bewußten Akt organisatorischer Gestaltung entspringen, oder informale Gruppen, die nicht bewußt gestaltet aus den Anliegen der Mitglieder heraus entstehen;
f) Zugang zu den Gruppen, der auf freiwilliger Wahl beruhen kann, wie bei einem Verein oder einem Unternehmen, oder der einem Zwang entspricht, z. B. Einberufung zur Bundeswehr. Der Zugang kann offen oder von Bedingungen abhängig sein. Je schwieriger der Zugang zu einer Gruppe, um so höher wird im allgemeinen die Mitgliedschaft geschätzt;
g) Bezugshaltung der Gruppenmitglieder. Sie drücken die Stärke aus, mit der sich die Mitglieder der Gruppe zugehörig fühlen. Sie findet ihren Ausdruck in der Stärke des *„Wir"-Gefühl*; und in dem positiven Grad des „Eigenbildes"; je stärker die Bezugshaltung, um so stärker die Identifikation mit den Gruppenzielen.
h) Streuungsmaß der persönlichen Merkmale der Gruppenmitglieder. Sie ist der Ausdruck der Ähnlichkeit (Homogenität) oder Unterschiedlichkeit (Heterogenität). Je homogener die Gruppe zusammengesetzt ist, um so leichter bilden sich naturgemäß übereinstimmende Ziele und auch Erwartungen (Gruppennormen) heraus.

3. Entstehung und Auflösung von Gruppen

Die Gruppen erleichtern es ihren Mitgliedern, sich in einer sozialen Umwelt zurechtzufinden. Voraussetzung für ihre Entstehung ist, daß gleichgeartete Bedürfnisse potentieller Mitglieder angesprochen werden und daß zwischen ihnen Interaktionen möglich sind. Dies setzt neben einer bestimmten räumlichen Nähe, die gegebenenfalls auch durch geeignete Kommunikationsmittel überbrückt werden kann und damit nicht auf die physische Nähe beschränkt bleiben muß, auch das Vorliegen von ungehinderten Kommunikationsbeziehungen voraus.

Erforderlich ist ferner eine Dauerhaftigkeit und Beständigkeit dieser Beziehungen. Von Einfluß ist ferner auch die Zahl der Beteiligten. Die Entstehung einer Gruppe ist nicht ein einmaliger Akt, der zu einem abgeschlossenen Ergebnis führt, vielmehr ist jede Gruppe Wandlungen in Form eines Werdens, Anpassens und Vergehens unterworfen. Das Bestehen einer Gruppe hängt von den Befriedigungswerten ab, die sie ihren Mitgliedern vermitteln kann. Erreicht eine Gruppe ihre Ziele nicht und bilden sich auch keine Ersatzziele heraus, so zerfällt die Gruppe der Auflösung.

4. *Gruppenziele und Gruppennormen*

Gruppenziele ergeben sich aus der Ausformung eines gemeinsamen, allen Mitgliedern zugrundeliegenden Bedürfnisses. Gruppenziele führen zu übereinstimmenden gegenseitigen Erwartungen. Die gegenseitigen Erwartungen führen im Rahmen der Gruppe zu einer gewissen Verhaltenssicherheit. Sie verdichten sich durch die Dauer ihrer Geltung zu Gruppennormen.

Die Gültigkeit der *Gruppennormen* ist abhängig von der Bereitschaft der Gruppenmitglieder, sie anzuerkennen, bzw. von der Durchsetzbarkeit durch die Gruppe als „Institution" gegenüber ihren Mitgliedern.

Hierbei werden Gruppennormen um so leichter eingehalten

a) je größer das Ansehen der Gruppe ist, an der die Mitglieder teilhaben;
b) je schwieriger es ist, die Mitgliedschaft in der Gruppe zu erlangen;
c) je größer der Erfolg der Gruppe bei der Zielerreichung ist;
d) je mehr das Gruppenmitglied an dem Prozeß der Zielerreichung teilhaben kann.

Neben der Freiwilligkeit der Anerkennung der Gruppennormen kommt der Durchsetzbarkeit in Form von Belohnungen und Bestrafungen besondere Bedeutung zu. Belohnungen können im Verleihen von Ansehen bestehen. Bei Bestrafungen kann dies von der Anwendung roher Gewalt bis zur Bekundung von Mißfallen gehen.

5. *Rollenverteilung*

Während eine Masse keine erkennbare Ordnung aufweist, ist die Gruppe in ihrem Aufbau strukturiert, wenn auch vielgestaltig.

Sowie bei einem Hühnerhof zwischen den Tieren sich eine *„Hackordnung"* herausbildet, die eine *Rangordnung* der Unterwerfung in der Form darstellt, daß das Alpha-Tier alle anderen hacken darf, ohne daß diese zurückhacken, und das Beta-Tier nur vom ersten gehackt wird, aber gleichzeitig alle anderen hacken darf bis zum Omega-Huhn, das kein anderes hacken darf, aber von allen anderen gehackt werden darf, so bilden sich auch bei allen menschlichen Gruppen bestimmte Rangordnungen heraus.

Durch diese *Rangordnung* wird dem einzelnen Gruppenmitglied eine bestimmte *Rolle* zugewiesen, durch die Einfluß und Status (Ansehen) unterschiedlich geregelt sind.

Nach Homanns gibt es zwei Gruppen von Rangordnungen:

a) *soziotele Ordnung*

Sie gibt das Maß des Einflusses an und ist Ausdruck der Anerkennung, der Tüchtigkeit bei der Erfüllung von Gruppenzwecken;

b) *psychotele Ordnung*
 Hier kommt die Beliebtheit des Gruppenmitgliedes zum Ausdruck.
Jede Gruppe ist zum Zweck der Zielerreichung von Natur her auf Dauer angelegt. Will sie bestehen, so muß sie drei Aufgaben erfüllen.
a) Erreichung der Gruppenziele,
b) Regelung der Beziehung zur Umwelt,
c) Erhalt des Zusammenhalts der Gruppe.
Die Bildung von Gruppenrollen dient zur Sicherung der Erfüllung dieser Aufgaben. Mit der Zuweisung von Gruppenrollen sind dann ganz bestimmte Erwartungen an das betreffende Gruppenmitglied verbunden.
Bei der Strukturierung der Gruppe und der Zuweisung der Gruppenrollen entstehen zwangsweise Positionen, die mit höherem Einfluß ausgestattet sind als andere. Mit der Einräumung einer solchen einflußreicheren Gruppenrolle (Führer) ist aber auch die Erwartung verbunden, daß der Betreffende die Gruppenziele auch tatsächlich verwirklicht. Insofern ist das betreffende Gruppenmitglied in seinem Handeln nicht frei, sondern es hat eine Rolle zu erfüllen. Zwar akzeptiert die Gruppe bei Führern in der Regel aufgrund der höheren Rangstellung ein stärkeres Abweichen von der Gruppennorm als bei anderen Mitgliedern, jedoch ist dieses Gruppenmitglied in seinem zielrelevanten Verhalten auch stärker gebunden.
Solches zielrelevante Verhalten konkretisiert sich nach *Bales* in
a) Teilrollen zur Zielerreichung
— Meinungsbildner mit stärkerem Einfluß während des Entstehens der Gruppe oder wenn die ursprünglichen Ziele und Normen infrage gestellt werden
— Gruppenorganisator, der den Weg zur Zielerreichung bestimmt und die Teilleistungen der Gruppenmitglieder koordiniert, verbunden mit einer Einwirkung auf das Verhalten der Gruppenmitglieder
— Problemlöser bei Sachaufgaben, insbesondere bei schwierig zu lösenden Problemen
b) Teilrollen zur Regelung der Umweltbeziehungen
— Vertretung der Gruppe nach außen
— Botschafter und Verhandlungsführer bzw. Sprecher der Gruppe
— „Späher", der Veränderungen der Umwelt für die Gruppe wahrnimmt und signalisiert
c) Teilrollen zur Sicherung des Gruppenzusammenhaltes
— Ausgleich von aufgaben- (leistungs-)bezogenem Verhalten durch Aufmunterung, soziale Anerkennung und Kritik
— Friedenstiftung durch Konfliktregelung zwischen den Mitgliedern
— Erteilung von Ratschlägen
— Übernahme von Schuld am Versagen der Gruppe (*Sündenbockfunktion*)
Die letzte Rolle wird deutlich, wenn z. B. ein Minister abtreten muß, obwohl ihm persönlich bei Versagen in seinem Ministerium keine Schuld trifft, oder wenn ein Vorstandsvorsitzender seinen Vertrag nicht verlängert bekommt, obwohl unzureichende wirtschaftliche Ergebnisse nicht auf seine Leistung, sondern auf konjunkturelle Entwicklung zurückzuführen sind.
Wie sich die Gruppenrollen herausbilden, hängt von zwei Größen ab:

a) Persönliche Merkmale der Mitglieder wobei die Interaktionsvorgänge in einer Folge von „trail and error" innerhalb kurzer Zeit zu einer überraschend zweckmäßigen Auswahl bei der Rollenvergabe führen.
b) Merkmale der Lage und der Situation
Mit der Zuweisung der Führerrolle werden an den Rolleninhaber ganz bestimmte Erwartungen gestellt, denen er gerecht werden muß. In diesem Sinne erscheint die Gruppenführung tatsächlich als ein Vorgang, der sich innerhalb der Gruppe abspielt und der weitgehend unabhängig von den Eigenschaften einer Person ist.

B. Gruppen im Unternehmen

1. Formale und informale Gruppen

Arbeitsteilige Prozesse setzen eine bestimmte Ordnung voraus. Im Rahmen der strukturbestimmenden Personalplanung (vgl. Bisani: Personalwesen) werden formale Gliederungen innerhalb einer Unternehmung geschaffen. Das Zusammenfügen von Menschen zur Erfüllung einer Teilleistung im Rahmen einer gemeinsam zu erbringenden Aufgabe führt noch nicht zur Bildung einer Gruppe. Notwendig ist, daß über die reine Teilnahme am Arbeitsprozeß hinaus noch bestimmte Bedürfnisse vorhanden sind, die durch die Gruppenbildung befriedigt werden können.
Da die im Unternehmen geschaffenen Organisationseinheiten aus Individuen bestehen, bei denen sich ganz zwangsläufig soziale Gefühlsbeziehungen aufbauen, sei es nun in der Freizeit oder in den Pausen, kommt es zu einer Überlagerung der formalen Organisation durch ein Netz informaler, ungeplanter, ungewollter Beziehungen.
Inwieweit diese Beziehungen zum Entstehen betrieblicher, informaler Gruppen führen, hängt im wesentlichen von den Bezugshaltungen der betroffenen Individuen ab. Entscheidend ist, wie die Situationen, und ihre Umstände von den Betroffenen wahrgenommen werden. Das Gefühl der Unsicherheit oder Bedrohung kann zu einer Verstärkung der Interaktionen führen. Im Falle des Gefühls einer Bedrohung können sich „Widerstandsgruppen" mit Gruppennormen der Abwehr entwickeln. Dies kann z. B. von einer gemeinsamen Sabotage oder Abwehrhaltung bei Einführung technischer Neuerungen bis zur Entwicklung von Leistungsnormen führen, die unter dem zu erwartenden Niveau liegen (vgl. *Hawthorne Experimente*, Bisani: Personalwesen).
Wenn es jedoch gelingt, die Gruppenziele mit denen der Unternehmungen in Übereinstimmung zu bringen, so kann es dazu kommen, daß die Gruppe die durch die formale Organisation vorgegebenen Ziele übernimmt.

2. Auswirkungen der Gruppenbildungen auf das Arbeitsergebnis

Lange Zeit hielt man informale Gruppen für etwas Negatives und Schädliches. Sie galten als störende Fremdkörper im Unternehmen, die man möglichst rasch und gründlich unschädlich zu machen habe. Zwischenzeitlich hat man erkannt, daß überall dort, wo Menschen im arbeitsteiligen Prozeß zusammenwirken, es auch zu gruppendynamischen Prozessen kommt und daß die Bildung solcher informaler Beziehungen unvermeidbar ist.

Notwendig ist es deshalb, bereits bei der Gestaltung der Rolle des formalen Vorgesetzten auf diese Einflüsse Rücksicht zu nehmen. Das Ideal wäre in den meisten Fällen, wenn die organisationsbezogene (formale) Vorgesetztenrolle mit der gruppenbezogenen (informalen) Führerrolle in Übereinstimmung kommt. Dies ist möglich sowohl durch entsprechendes Verhalten des Vorgesetzten, als auch durch seine entsprechende Auswahl, z. B. Wahl bzw. Bestätigung durch die Mitarbeiter.

Für den formalen Vorgesetzten und bei der Strukturgestaltung formaler Gruppen ergibt sich daraus als vorrangiges Führungsziel ein möglichst gleichmäßiges Ausrichten der Gruppenziele auf die des Unternehmens.

Bezogen auf das beste Mitglied sind für das Leistungsverhalten von Gruppen drei Alternative denkbar:

a) Die Gruppe leistet weniger als ihr bestes Mitglied.
b) Die Gruppe leistet so viel wie ihr bestes Mitglied.
c) Die Gruppe leistet mehr als ihr bestes Mitglied.

Der erste Fall tritt ein, wenn die Mehrheit der Gruppenmitglieder nicht in der Lage ist, die Qualität von Argumenten zu beurteilen, und wenn Sachfragen zum Instrument von Prestigeerwägungen oder Rivalitäten werden, wenn also durch Gruppendruck die qualifiziertesten Mitglieder auf weniger gute Lösungsansätze der Mehrheit verpflichtet werden.

Im zweiten Fall kann das qualifizierteste Mitglied aufgrund seines Status, seiner Dominanz und seiner Rollenzuweisung seine individuelle Entscheidung zur Gruppenentscheidung machen. Hierbei kann der dafür erforderliche zusätzliche Aufwand, vor allem durch die steigende Wahrscheinlichkeit, daß das Entscheidungsergebnis von der Gruppe akzeptiert wird, gerechtfertigt werden.

Eine Mehrleistung der Gruppe gegenüber dem besten Mitglied tritt ein, wenn eine komplexe Aufgabe vorliegt und die Gruppe hinsichtlich ihrer Kenntnisse und ihrer Erfahrungen so heterogen zusammengesetzt ist, daß sich die einzelnen Stärken und Schwächen ausgleichen (*Prinzip des statistischen Fehlerausgleichs*) und das Zusammenwirken zu einem *Synergieeffekt* führt.

3. Führung von Gruppen

Im Regelfall wird anzustreben sein, daß der formale Vorgesetzte beide Rollen, die organisationsbezogene formale und die personalbezogene informale Gruppenführerrolle, übernimmt. Allerdings entspringen der Führerrolle auch gewisse Bindungen in Form von Rollenerwartung. Deshalb wird eine Personalunion nicht immer möglich und im Einzelfall auch nicht immer anzustreben sein.

Um die Führungsziele
— Ausrichtung der Ziele auf diejenigen des Unternehmens
— Lösung von leistungsmindernden Spannungen innerhalb der Gruppe
— Vermeidung und Auflösung von Widerständen
zu erreichen, ergeben sich für den Vorgesetzten drei Ansatzpunkte:
a) Einflußnahme auf einzelne Gruppenmitglieder,
insbesondere Kontaktpflege mit dem informalen Gruppenführer oder den meinungsbildenden Mitgliedern. Eine unmittelbare Einflußnahme auf die anderen Mitglieder der Gruppe ist jedoch um so eher möglich, je weniger diese in der Gruppe verankert sind.

b) Einwirkung auf die Struktur der Gruppen

Hier stehen eine Reihe von Möglichkeiten zur Verfügung. So kann das Entstehen einer Gruppe durch Förderung oder Unterbindung von Interaktionsmöglichkeiten gefördert oder erschwert werden. Die Bedeutung von Gruppenmitgliedern kann durch ihre Stellung im Arbeitsvollzug beeinflußt werden usw.

c) Führung durch Gruppenziele

Dies wäre die wirksamste Form. Voraussetzung ist, daß eine entsprechende Übereinstimmung zwischen Gruppen- und Organisationszielen hergestellt werden kann. Denkbar wären hier gruppenbezogene Formen der Leistungsentlohnung u. ä.

4. Führung durch Gruppen

Dieser Problembereich wurde unter dem Abschnitt „strukturbestimmende Personalplanung" bereits dargestellt (vgl. Bisani: Personalwesen, Abschnitt: Bestimmung der Arbeitsstruktur).

C. Betriebs- und Organisationsklima

1. Begriff

Die Zusammenarbeit in einer Gruppe schafft eine Umwelt, der sich das einzelne Individuum nicht entziehen kann. Diese Umwelt wird von ihm wahrgenommen. Sie wird durch sein Verhalten mitgeschaffen, und sie beeinflußt auch seine eigenen Reaktionen. Diese Umwelt äußert sich im Umgangston, in der Stimmung und in der Atmosphäre, in der sich die zwischenmenschlichen Kontakte abspielen.
Frühere Ansätze, sich mit diesem Problem und seinen Auswirkungen befassen, stammen wie vieles andere aus dem militärischen Bereich. Man sprach in diesem Zusammenhang von der „Moral der Truppe".

In der Nachkriegszeit wurden erste Untersuchungen durchgeführt, ohne daß man den Untersuchungsgegenstand genau definiert. So sprach man vom „*rechten Betriebsgeist*", von der „*Betriebsatmosphäre*" usw. als relativ vagen Begriffen.

Ziel der ersten Untersuchungen war es, eine Art „*Belegschaftsmeinung*" zu erfassen, um daraus die Grundzüge einer „sozialen Unternehmensstrategie" abzuleiten. Erst später setzte sich der Begriff „*Betriebslima*" durch, der die Summe der Einstellungen und die durch zwischenmenschliche Beziehungen hervorgerufenen Verhaltensweisen sämtlicher Betriebsangehöriger umfaßt.

Gemeinsam ist allen mit dem Begriff Betriebslima verbundenen Vorstellungen, daß es sich um einen überindividuellen Sachverhalt handelt, der sich auf die Gemeinschaft aller oder eines großen Teils der Betriebsangehörigen bezieht, und daß es sich um das Zusammenwirken einer Vielzahl von Einflüssen handelt, die zu einem gestalthaften Ganzen zusammenfließen und die von den Mitarbeitern auch als solches wahrgenommen werden.

Entscheidend ist, daß diese Einstellung das Verhalten der Mitarbeiter beeinflußt und daß sie auf ein Verhalten der Unternehmensleitung zurückgeführt werden kann. Im Gegensatz zur Arbeitszufriedenheitsforschung, mit der die Betriebsklimauntersuchungen viele Gemeinsamkeiten hat, beziehen diese sich jedoch nicht auf die einzelnen Arbeitnehmer oder auf eine Summe von Individuen, sondern vielmehr auf eine in einer Organisation zusammengefaßten Gemeinschaft.

Unter dem Einfluß der US-amerikanischen Forschung wurden auch in Deutschland die mehr subjektiv ausgerichteten Einstellungserfassungen im Rahmen der *Betriebsklimaforschung* aufgegeben, und statt dessen setzte sich ein methodisch anderer Ansatz der „*Organisationsklimaforschung*" durch.

Vom Inhalt her unterscheiden sich beide Begriffe nicht wesentlich. Auch beim Organisationsklima handelt es sich um Charakteristika, die eine Organisation von der anderen unterscheiden, die im Zeitablauf relativ konstant bleiben und die das Verhalten von Individuen einer Organisation durch subjektiv übereinstimmende Wahrnehmung beeinflussen.

Vom methodischen Ansatz her steht bei der Organisationsklimaforschung nicht mehr das subjektive Erleben der Betroffenen im Mittelpunkt, sondern vielmehr die Erfassung der Dimensionen, die das Organisationsklima bestimmen.

Die meisten empirischen Untersuchungen zum Organisationsklima stellen hierbei auf folgende Dimensionen ab:

— *Aufgabenstruktur*, gekennzeichnet durch Spezialisierung, Grad der Arbeitsteilung, Formalisierung, Standardisierung und die damit verbundenen Beschränkungen des Verhaltensspielraums.
— *Selbständigkeit*, d. h. Grad der individuellen Verantwortung und Form selbständiger Arbeitsgestaltung.
— Soziale Bedingungen in Form von gegenseitiger Rücksichtnahme, Verständnis, menschliche Wärme im Zusammenleben.
— *Zielorientierung*, d. h. Klarheit über die erwarteten Leistungen und individueller Einfluß auf die Arbeitsziele.
— *Konfliktlösungen*, die ihren Ausdruck in der Form der Konflikthandhabung und in der Art finden, wie Spannungen in der Organisation erkannt und bereinigt werden.

— *Hierarchischer Aufbau* und Unterordnung, insbesondere im Zusammenhang mit Organisationstiefe und Kontrollspanne.
— *Flexibilität*, d. h. Anpassungs- und Innovationsfähigkeit der Organisation.
— *Belohnungen*, Sanktionssystem und Statusdifferenzierung.

2. *Auswirkungen des Betriebs- und Organisationsklimas*

Das von den Mitgliedern wahrgenommene Betriebsklima beeinflußt in einem sehr starken Maße ihr Verhalten. So wirkt es als bestimmender Faktor nicht nur auf das Leistungsverhalten ein, sondern begünstigt auch den Auslösevorgang, durch den alle Mitglieder aus dem Unternehmen ausgeschieden werden, deren persönliche Erwartungen von dem herrschenden Klima abweichen. Bei den verbleibenden Mitgliedern führt das Betriebsklima zu einem Anpassungsdruck, der prägend auf ihr Verhalten und ihre Einstellungen einwirkt, und bildet damit die Grundlage für die sich entwickelnden Organisations-/Unternehmenskulturen. So gesehen ist es das Klima, das bestimmt, inwieweit vorhandene Fähigkeiten eines Mitarbeiters im Arbeitsvollzug zum Einsatz kommen. (Vgl. hierzu Abschnitt: Determinanten der Arbeitsleistung)

3. *Beeinflussung des Betriebs- und Organisationsklimas*

Die weitreichenden Einflüsse, die von diesem Klima auf das Arbeitsverhalten ausgehen, zwingen zu einer aktiven Gestaltungspolitik. Die Probleme liegen aber darin, daß das Klima selbst einem unmittelbaren Gestaltungseinfluß entzogen ist, weil sich bei ihm eine Vielzahl von Vorgängen und Einflüssen zu einem Gesamtzusammenhang verdichtet. Will man Veränderungen bewirken, so muß als erster Schritt einmal eine Diagnose des bestehenden Klimas und seiner bestimmenden Einflußfaktoren vorgenommen werden. Der Diagnose muß die Entwicklung von Sollvorstellungen folgen. Aus dem Auseinanderfallen von Diagnoseergebnissen und Sollvorstellungen ergeben sich dann die möglichen Veränderungsansätze. Ansatzpunkte für die Gestaltung ergeben sich bei jeder der bereits beschriebenen Dimensionen des Organisationsklimas.
Wichtig ist bei allen Ansätzen, daß innere Widersprüche und Unstimmigkeiten in den Maßnahmen vermieden werden müssen. Erweiterungen der Aufgabenstruktur sind z. B. zum Scheitern verurteilt, wenn sie nicht auch gleichzeitig mit Maßnahmen einer Verbesserung der Zielorientierung begleitet werden. Alle Maßnahmen einer Verbesserung sozialer Bedingungen im Arbeitsprozeß können nicht wirksam werden, wenn sich nicht auch gleichzeitig die Einstellung zu den Mitarbeitern und das Führungsverhalten der Vorgesetzten entsprechend ändern.

VI. Idealtypische Führungsstile

A. Das Bild vom Mitarbeiter als Grundlage von Organisationskonzepten und Führungstheorien

1. Das Bild vom Mitarbeiter

Formalisierte Organisationskonzepte und Führungsmodelle haben die Aufgabe, die Tätigkeitsbereiche des einzelnen Mitarbeiters arbeitsteilig festzulegen und damit auf das Unternehmensziel hin auszurichten.
Je nach dem *Persönlichkeitsbild von Mitarbeitern*, das vorherrscht, werden Organisationskonzepte und Führungsmodelle verschieden aussehen.
Vier verschiedene Grundannahmen von Menschenbildern bestimmten mit unterschiedlicher Schwergewichtsbildung die Entwicklung (Schaubild 36).

a) Der Mitarbeiter als Leistungsträger

Die Grundannahme, den Menschen und damit auch den Mitarbeiter als *rationalökonomisches Individuum* anzusehen, prägte die klassische Organisationslehre und die darauf aufbauende frühe Führungslehre. Mit der Grundannahme des „*homo ökonomicus*" abstrahierte man beim Bild vom Mitarbeiter vom einzelnen Individuum, von seiner Persönlichkeit, seinen individuellen Wünschen, Erwartungen usw. Zweckbestimmter Hedonismus, das Streben zur Vermeidung von Unlust und zur Maximierung von Lust, wurden als die alleinbestimmten Triebkräfte angesehen. Diese Haltung bestimmte das „*Scientific Management*" von F. W. *Taylor*, ebenso wie die klassische Organisationslehre und die Arbeitswissenschaften.
Vorherrschend waren in der Organisationslehre die Managementtheoretiker, die das Ziel einer produktiven und effizienten Organisation über zunehmende Spezialisierung und Strukturierung der Arbeitsprozesse zu erreichen strebten. Fragen der hierarchischen Organisationsstruktur, der Ordnungs- und Regelsysteme standen dabei im Mittelpunkt.

b) Der Mitarbeiter als Bedürfnisträger

Die *Hawthorne-Experimente* (vgl. Bisani, Personalwesen) zeigten, daß über materielle Anreize das Verhalten von Mitarbeitern allein nicht zu steuern ist und daß daneben noch andere Antriebskräfte wirksam sind. Man erkannte hier, daß der *Mitarbeiter als soziales Wesen* auch von nichtmateriellen, von gruppenspezifischen Bedürfnissen abhängig ist. In der Organisationslehre begannen sich die Ansichten der *Gruppentheoretiker* durchzusetzen. Mit dem *Human-Relation-Ansatz* wurde besondere Betonung auf die Arbeitsgruppe, auf Fragen der Partizipation und der Kommunikation gelegt.

Grundannahme	Menschenbild	anthropologischer Ansatz	Organisationstheoretischer Ansatz	
Leistungsträger	rational ökonomischer Mensch	Hedonismus, Unlustvermeidung, materielle Anreize	Managementtheoretiker:	Spezialisierung, Strukturierung Ziel: produktive und effiziente Organisation
			Strukturalisten:	hierarchische Organisationsstruktur, Ordnungs- und Regelsystem, Konzept der Bürokratisierung
Bedürfnisträger	sozialer Mensch	Bedeutung sozialer Beziehungen, Hawthorne-Experimente	Gruppentheoretiker:	Betonung der Arbeitsgruppe, Partizipation, Kommunikation, soziale Beziehungen, Humanrelations-Ansatz
Entscheidungsträger	selbstaktualisierender, sich selbstverwirklichender Mensch	Humanistische Psychologie, Streben nach Selbstverwirklichung	Individualtheoretiker:	Persönlichkeit des Mitarbeiters und seine Entwicklung am Arbeitsplatz werden betont.
			Technologen:	Betonung von Technik und Methoden im Organisationsprozeß unter Berücksichtigung best. Annahmen über Natur des Menschen, beginnender Wandel v. human relations zu human resource Betrachtung.
Individuum	Beachtung der Komplexität menschlicher Natur	der Mensch als lern- und anpassungsfähiges Wesen	ökonomische Theoretiker:	die Organisation ist Grundlage d. wirtschaftl. Prozesses; zu beachten sind ökonomische und soziale Variablen u. die Bedingungen der kognitiven Limitiertheit des Menschen im Entscheidungsprozeß.

Schaubild 36: Zusammenhang zwischen vorherrschenden Menschenbildern und der Entwicklung der Organisationslehre

Ziel war der glückliche und zufriedene Mitarbeiter, der die Zuwendung, die er vom Unternehmen erfährt, durch besonderen Arbeitseinsatz und besondere Leistung vergilt.

c) Der Mitarbeiter als Entscheidungsträger

Unter dem Einfluß der humanistischen Psychologie, die sich seit dem zweiten Weltkrieg, ausgehend von den USA, durchzusetzen begann, sah man den Mitarbeiter als Entscheidungsträger an, der nach Selbstverwirklichung strebend, für seine Handlungen verantwortlich ist und selbstgestaltend tätig wird.

In der Organisationstheorie begann die Entwicklung der *Individualtheoretiker*, die als besonderes Ziel aller organisationsgestaltenden Maßnahmen die Schaffung von persönlichkeitsbildenden Arbeitsplätzen forderten. Anstelle der Human-Relations-Betrachtung trat zunehmend das *Human-Resource-Konzept*, das in den Mitarbeitern nicht nur einen Produktionsfaktor sieht, sondern vielmehr die wichtigste Resource in einem Unternehmen, die es zu pflegen und zu entwickeln gilt.

d) Der Mitarbeiter als Individuum

Alle auf den vorgenannten Ansätzen aufbauenden Organisationstheorien und Führungsmodelle stießen sehr rasch an ihre Grenzen und konnten die in sie gesetzten weitgespannten Erwartungen nicht erfüllen.

Die menschliche Natur ist komplex. Menschen als Individuen unterscheiden sich nicht nur von ihrer äußeren Statur und ihrem Aussehen, sondern auch in ihrem Denken und Fühlen. Wer sich mit dem Menschen befaßt, sei es erklärend oder handlungsbestimmend, der muß die Komplexität der menschlichen Natur mitberücksichtigen.

Menschen
— sind *soziale Wesen*, die in der Regel die Gemeinschaft mit anderen Mitmenschen suchen. Ausschluß zwischenmenschlichen Kontaktes führt nicht nur zur seelischen Verarmung, sondern auch zur physischen Verkümmerung.
— haben unterschiedliche Bedürfnisse, die nur z. T. Ergebnisse von Lernprozessen, sondern auch angeboren sind.
— haben unterschiedlich ausgeprägtes Wahrnehmungsvermögen und bewerten gleiche Wahrnehmungen unterschiedlich.
— besitzen abstraktes Denkvermögen und vermögen Wahlhandlungen zu begehen.
— vermögen sich Ziele zu setzen und zielorientiert zu handeln.
— sind anpassungsfähig an gegebene Bedingungen und in weitem Maße lernfähig.

Unter dem Einfluß dieser Überlegungen wird das Schwergewicht der Betrachtung vom Individuum wieder stärker auf die Belange der Organisation verlagert. Motivationale Befriedigung der Mitarbeiter wird dann eher als ein Nebenprodukt eines veränderten Arbeitsverhaltens gesehen. Die sich aus dieser Grundannahme ableitenden organisationstheoretischen Ansätze und Führungskonzepte werden von drei Grundüberlegungen bestimmt:

(1) Die Arbeitsleistung und die Qualität von Entscheidungen wird sich in dem Umfang verbessern, indem Vorgesetzte Gebrauch von den Erfahrungen, Einsichten und kreativen Fähigkeiten der Mitarbeiter in ihrem Bereich machen.
(2) Untergebene können verantwortliche Selbstlenkung und Selbstkontrolle beim Streben nach Erreichung der Ziele ausüben, die sie verstehen und mit festlegen helfen.
(3) Die Gelegenheit zu kreativen Beiträgen wird wachsen, und damit wird die Zufriedenheit als Nebenergebnis verbesserter Arbeitsleistung zunehmen.

2. McGregor's X-Y-Theorie

Die Persönlichkeitsstruktur des Menschen und die sich daraus ergebende Motivation werden von den angeborenen Anlagen und den erworbenen Erfahrungen durch die Einflüsse der Umwelt bestimmt. Hierbei ist es unnötig, auf die Auseinandersetzung zwischen den *Genetikern*, die die Persönlichkeitsstruktur weitgehend als ererbt erachten, und den *Milieutheoretikern* einzugehen, die die Umwelt für die Formung der Persönlichkeit verantwortlich machen. Wenig Wert hat es auch, die Frage zu stellen, wieviel Prozent der einen oder anderen Einflußgröße letztlich bestimmend sind. Beide, Anlagen und Umwelt, wirken zusammen.

Die Tätigkeit in einer Organisation setzt Anpassung voraus. Neue Mitarbeiter, die sich nicht anpassen können, weichen durch *Abwehrmechanismen* aus oder aber verlassen das Unternehmen in kurzer Zeit wieder, wenn der Anpassungsdruck zu stark wird und wenn sich ihnen eine andere Möglichkeit bietet. Aus diesem Grund sind auch die Fluktuationsraten in den ersten Monaten der Beschäftigung bei neu eingestellten Mitarbeitern wesentlich höher als nach längerer Beschäftigungsdauer. In Form sich *„selbst erfüllender Prophezeiungen"* findet sich deshalb weitgehend in jeder Organisationsform das ihr zugrunde liegende Menschenbild bestätigt, ebenso wie jeder Vorgesetzte seine Einstellung zu seinen Mitarbeitern in ihrem Verhalten wiederfindet (Merton).

Von allen Erörterungen zu diesem Thema hat die von *McGregor* entwickelte X-Y-Theorie die Diskussion am nachhaltigsten beeinflußt. Mit der *Theorie X* bezeichnet er die „herkömmliche" Einstellung zum Mitarbeiter, die sich mit der Industrialisierung entwickelte und die heute noch das Verhalten vieler Vorgesetzter bestimmt. Er faßte diese Einstellung in folgenden Punkten zusammen:

(1) Die Leitung eines Unternehmens ist dafür verantwortlich, daß das Zusammenwirken von Geld, Rohstoffen, Anlagen und Menschen wirtschaftlich erfolgreich gestaltet wird.
(2) Auf die Menschen bezogen bedeutet dies, daß man ihren Einsatz lenken, ihnen einen Leistungsanreiz bieten, ihre Leistung überwachen und ihr Verhalten den Bedürfnissen des Unternehmens anpassen muß.
(3) Ohne dieses aktive Eingreifen der Unternehmensleitung würden die Menschen den Erfordernissen des Unternehmens passiv, ja vielleicht sogar feindlich gegenüberstehen. Sie müssen daher überredet, belohnt, bestraft, überwacht werden. Wir fassen diese Gedanken oft dahingehend zusammen: Ein Unternehmen füh-

ren heißt, Menschen richtig einsetzen. Hinter dieser konventionellen Auffassung stehen verschiedene weitere Meinungen. Man spricht sie zwar nicht offen aus, sie sind aber um so tiefer verwurzelt.

— Der Mensch ist von Natur aus faul und arbeitet so wenig wie möglich.
— Er hat keinen Ehrgeiz, er drückt sich vor der Verantwortung und möchte am liebsten geführt werden.
— Er ist ein geborener Egoist. Die Sorgen und Nöte des Unternehmens sind ihm gleichgültig.
— Seinem Wesen nach widersetzt er sich jeder Veränderung.
— Er ist leichtgläubig und nicht sehr klug; jeder Scharlatan oder Demagoge hat mit ihm leichtes Spiel.

Nach dieser Auffassung gibt es zwei Möglichkeiten, das Verhalten zu beeinflussen: Die *harte Form* durch Drohungen, Zwang und strenge Kontrolle; die *weiche Form*, in dem man den Wünschen der Mitarbeiter nachkommt und die Voraussetzungen für ein harmonisches Zusammenarbeiten schafft. Damit werden die Mitarbeiter umgänglich und lassen sich führen.

Beide Methoden werden immer fragwürdiger. Die harte Methode bringt Schwierigkeiten, weil Druck Gegendruck erzeugt, damit zu Leistungszurückhaltung und feindseliger Einstellung führt und außerdem in Zeiten der Vollbeschäftigung kaum durchzusetzen ist. Die weiche Methode führt nach *McGregor* häufig zu einer „Abdankung" der Unternehmensleitung. Die Menschen nutzen diese weichen Methoden der Betriebsführung aus. Sie verlangen ständig mehr und leisten immer weniger. Das Motto der sich aus der X-Theorie ergebenden Führungseinstellung lautet: Streng aber gerecht. „Zuckerbrot und Peitsche" sind die Mittel, die zum Ziel führen sollen. In Anlehnung an die Bedürfnishierarchie *Maslows* kommt *McGregor* zu der Überzeugung, daß sich diese Theorie nur so lange bewährt, wie es im Belieben der Unternehmensleitung steht, Mittel zur Befriedigung der Existenzbedürfnisse zu gewähren oder vorzuenthalten. Sie funktioniert nicht mehr, wenn die physiologischen Bedürfnisse befriedigt sind und höherstehende Motive antriebsbestimmend werden. Versprechungen, Drohungen und Zwangsmaßnahmen haben dann keine Wirkung mehr. Damit kommt *McGregor* zur Schlußfolgerung, daß Menschen, denen die Arbeit nicht mehr als die Existenzbedürfnisse bietet, genauso reagieren, wie die Theorie X voraussagt: mit Trägheit, Passivität, Widerstand gegen Veränderungen, mangelnder Bereitwilligkeit Verantwortung zu übernehmen und mit der Neigung, Demagogen mit unvernünftigen wirtschaftlichen Forderungen zu folgen.

Dieser Auffassung stellt er seine *Theorie Y* gegenüber, die er in drei Grundsätzen zusammenfaßt:

(1) Die Menschen stehen von Natur aus den Erfordernissen des Betriebes durchaus nicht passiv oder widerspenstig gegenüber. Eine solche Einstellung gewinnen sie erst aufgrund ihrer Erfahrungen in den Betrieben.

(2) Die Leistungsbereitschaft, die Anlagen zur Entfaltung der Begabung, die Fähigkeit, Verantwortung zu tragen, die Bereitschaft, sich für die Ziele des Unternehmens einzusetzen, das alles ist in den Menschen vorhanden; es braucht ihnen von der Unternehmensleitung nicht erst eingeimpft zu werden. Es gehört vielmehr zur Verantwortung der Unternehmensleitung, den Mitarbeitern klar zu

machen, welche Fähigkeiten in ihnen stecken und wie sie diese zu ihrem eigenen Nutzen einsetzen und fortentwickeln sollen.

(3) Die wesentlichste Aufgabe der Unternehmensleitung besteht darin, die organisatorischen Voraussetzungen und die Arbeitsmethoden so zu gestalten, daß die Menschen ihre eigenen Ziele am besten erreichen können, wenn sie ihre Anstrengungen auf die Ziele des Betriebes richten.

Die Arbeitsbedingungen, die auf der Grundlage der konventionellen Organisationstheorie und der *„Wissenschaftlichen Betriebsführung"* geschaffen wurden, binden die Menschen an eng begrenzte Arbeitsaufgabe, die ihre Fähigkeiten nicht ausschöpfen, sondern verkümmern lassen. Damit werden die Menschen abgeschreckt, Verantwortung zu übernehmen, ihre Passivität wird gefördert und die Arbeit ihres Sinnes beraubt. Da sie daran gewöhnt sind, im Industriebetrieb geführt und kontrolliert zu werden, werden sie die Erfüllung ihrer Wünsche, einer Gemeinschaft anzugehören und Anerkennung zu finden, nicht in, sondern außerhalb der Arbeit suchen. Während sich diese Auffassung völlig auf die Beeinflussung des Verhaltens der Menschen von außen stützt, zielt die Theorie Y weitgehend auf die Selbstkontrolle ab. *McGregor* erklärt, daß man, nachdem Generationen lang eine X-Haltung bestimmend war, nicht ohne weiteres über Nacht zu einer entgegengesetzten Haltung übergehen könne. Der einzig mögliche Weg ist ein Weg der kleinen Schritte.

Die Ansichten *McGregors* sind an sich nicht neu. Bereits eine Generation vorher hatte *de Man* in einer damals viel beachteten Studie die These aufgestellt, daß der „Drang zur Arbeitsfreude ... der natürliche Zustand des normalen Menschen ist". Daß er das natürliche und normale Ziel der Arbeitsfreude nicht erreicht, liegt in äußeren Hemmungen. Momente, die die Arbeitsfreude fördern, gibt es nicht, die Arbeit verlangt auch gar nicht danach, gefördert zu werden; wichtig ist nur, daß sie nicht gehemmt wird. Da in der Wirklichkeit nicht alle Hemmungen abgebaut sind, beobachten wir den Zustand eines labilen Gleichgewichts zwischen dem natürlichen Drang zur Arbeitsfreude und den hemmenden Elementen. Der Drang zur Arbeitsfreude ergibt sich aus positiv-triebhaften Motiven wie Tätigkeitstrieb, Spieltrieb, Aufbautrieb, Besitztrieb, aber auch aus negativ bewerteten Motiven wie Herdentrieb, Herrschsucht, Unterordnungsbedürfnis usw. und aus dem sozialen Pflichtgefühl. Dieses soziale Pflichtgefühl entsteht aus der Einsicht in die sittliche Notwendigkeit zur Arbeit für das Gemeinwohl.

Im Gegensatz zu den Vertretern der *humanistisch-psychologischen Schule*, wie *Maslow* und seine Nachfolger, die im individualistischen Streben nach Selbstentfaltung und Selbstverwirklichung das Ideal sehen, stand *de Man* dem *sozialistischen Ideal*, das im Dienst an der Gesellschaft die höchste Erfüllung sieht, nahe. Er beklagte, daß dem Arbeiter heute so gut wie alles fehlt, um ihn seine Arbeit als Pflicht gegenüber der Gemeinschaft empfinden zu lassen. Mit dem Abbau der *Hemmungen der Arbeitsfreude* würde sich eine neue Gemeinschaft mit einem anderen Gemeinschaftssinn entwickeln. Als solche Hemmungen bezeichnete er:

(1) Technische Hemmungen wie
 — überzogene Teilarbeit,
 — repetitive Tätigkeit mit ständigen Wiederholungen im Arbeitsvollzug, Verringerung der Initiative und Aufmerksamkeit,
 — ungünstige technische Arbeitsbedingungen und Umwelteinflüsse.

(2) Innerbetriebliche soziale Hemmungen wie
- ungenügende Arbeitszeit- und Urlaubsregelungen,
- ungerecht empfundene Lohnsysteme,
- Aufbau der Betriebshierarchie, wobei der Vorgesetzte der schlimmste Feind des Arbeiters ist.

(3) Außerbetriebliche soziale Hemmungen wie
- soziale Minderwertigkeitskomplexe der Arbeiterklasse durch Geringschätzung der körperlichen Arbeit,
- Existenzunsicherheit und weitgehender Ausschluß von Aufstiegs- und Veränderungschancen.

Um diese Hemmungen abzubauen, befürwortet *de Man* eine betriebsbezogene Strategie. Nach seiner Meinung hängt eine Lösung dieser Fragen weniger von einer Zentralreform der *Besitzverhältnisse* an sich ab, sondern vielmehr von einer Lokalreform der *Betriebsverhältnisse* in Bezug auf ihre technischen Einrichtungen sowie ihre menschlich-hierarchische Organisation. Sozialisierung von unten auf der psychologischen Grundlage der Arbeitssolidarität ist ihm hierbei wichtiger als Sozialisierung von oben durch Verstaatlichung.

Im Gegensatz zum idealistischen Konzept *Maslow's* steht eine andere Richtung der humanistischen Psychologie, die *Logotherapie* von *E. Frankl*. Dieser sieht nicht in der Selbstverwirklichung des einzelnen, die sich nach seiner Meinung in einer modernen, auf Arbeitsteilung beruhenden Industriegesellschaft nur von einer kleinen Minderheit realisieren läßt, das Ziel, sondern er fordert anstelle eines verlorengegangenen Sinngehaltes menschlichen Lebens eine neue Sinnfindung. Was den Menschen heute fehlt, ist nicht eine ethische Verhaltensnorm, die unerreichbar ist und die den Menschen auch nicht aus seinen soziokulturellen Beziehungen zu lösen vermag (*Böckmann* S. 66), sondern ein neuer „Sinn in der Arbeit". Seine Forderungen: „Wer Leistung in der Arbeit erwartet, muß Sinn in der Arbeit bieten". Dazu muß man die Struktur der Bedürfnisse der Mitarbeiter kennen und berücksichtigen.

B. Führungsverhalten als Ausdruck gesamtgesellschaftlicher Normen

Der Führungsprozeß kann nur innerhalb einer Gruppe wirksam werden. Wo immer ein Mensch in eine Gruppe aufgenommen wird — ob er hineingeboren wird, zwangsweise hineinwächst oder mehr oder weniger freiwillig eintritt —, stets wird ihm innerhalb der Gruppe ein *Rang* und eine *Rolle* zugeteilt.

Die Rolle schafft damit ein *Netzwerk von Regeln*, die es möglich machen, daß jedes Mitglied einer Gruppe allen anderen mit bestimmten Erwartungen gegenübertritt. Sie ermöglicht die Schaffung eines Aktionsmusters und damit einer Ordnung innerhalb einer Gruppe, die für ihr Bestehen lebensnotwendig ist. Die Gruppen, in denen das Verhaltensmuster der Vorgesetzten und der Mitarbeiter geprägt wird, sind nicht autonom, sondern Bestandteil der gesellschaftlichen Umwelt. Diese gesellschaftliche Umwelt unterliegt einem laufenden Wandlungs- und Entwicklungsprozeß und beeinflußt und verändert dadurch auch das System der Rollenerwartungen innerhalb der Gruppen.

Ein *gesellschaftliches Umfeld*, bei dem z. B. die Staatsform auf den Gedanken der absoluten Monarchie mit einem starken staatlichen Zentralismus aufgebaut ist, mußte zu einem Grundverhalten, geprägt von absoluter Autorität, verbunden mit uneingeschränkter Gehorsamspflicht führen. Dort, wo zu der absoluten Autorität noch ein gewisses Wohlwollen und eine Verantwortlichkeit der Übergeordneten gegenüber den Untergebenen traten, kamen patriarchalische Züge zum Vorschein. Dies war das Grundmuster der Gesellschaft des Kaiserreiches bis 1918, in dem sich der Industrialisierungsprozeß weitgehend vollzog, und zum Teil auch das des sog. Dritten Reiches. In diesem gesellschaftlichen Umfeld konnte nur eine autoritäre Führung bestehen, weil sie auch den Erwartungsmustern innerhalb der verschiedenen Gruppen entsprach. Sie blieb hier nicht ein isoliertes Phänomen in den Unternehmen, sondern setzte sich auch in anderen Bereichen, wie z. B. in der Familie usw., durch.

Diese Verhältnisse haben sich gewandelt. Das Dreiklassenwahlrecht, das die Wähler nach ihrer Steuerkraft in verschiedene Klassen mit unterschiedlichem Stimmgewicht einteilte, wurde durch das allgemeine Wahlrecht abgelöst. Anstelle des absoluten Monarchen trat das Parlament, in dem als eine Art Pluralinstanz die wichtigsten Gruppen der Bevölkerung vertreten sind. Das Parlament selbst ist nicht allmächtig, sondern hat sich in regelmäßigen Abständen Wahlen zu stellen und wird durch die Judikative kontrolliert. Einer Opposition obliegt es jeweils, die Vorgänge der staatlichen Willensbildung zu kontrollieren und offenzulegen sowie konstruktive Kritik zu üben. Der hier stattgefundene Wandel konnte nicht allein auf die Institutionen des Staates und auf die Mitwirkung bei den Grundsatzentscheidungen der staatlichen Organe beschränkt bleiben, sondern griff zwangsläufig auch auf andere Bereiche über. So stellen z. B. Bürgerinitiativen den Versuch dar, den Mitwirkungsrahmen auch auf Einzelentscheidungen auszudehnen. Die Betriebsverfassungs- und Mitbestimmungsgesetzgebung hat den Rahmen der Mitwirkungsrechte auch auf Bereiche innerhalb der Unternehmen ausgedehnt. Das erwachende Selbstbewußtsein in allen Bereichen des gesellschaftlichen Lebens kann vor den Toren des Unternehmens nicht haltmachen und fordert ein Führungsverhalten, das den Mitwirkungs- und Entscheidungsspielraum des einzelnen gegenüber dem Vorgesetzten wesentlich erweitert. Verstärkt wird diese Tendenz durch die zunehmende Komplexität des wirtschaftlichen Geschehens im Unternehmen, das immer mehr einen mitdenkenden Mitarbeiter fordert. Die Forderung nach aktivem Mitdenken und absolutem Gehorsam schließen sich jedoch aus.

C. Idealtypische Führungsstile

1. Einteilung nach der Rechtfertigung ihrer Existenz

In Anlehnung an die von *Max Weber* (S. 122) entwickelten Grundtypen lassen sich unterscheiden:

a) Patriarchalischer Führungsstil

Leitbild ist die absolute Autorität des Vaters in seiner Familie. Der Patriarch führt in dem Bewußtsein, Belegschaftskinder unter sich zu wissen, die in keiner Weise an der Führung beteiligt werden können. Der absolute Herrschaftsanspruch des Patriarchen wird begründet mit dem Generationen-, Reife-, Wissens- und Erfahrungsunterschied. Er begründet gegenüber den Geführten jedoch auch einen Treue- und Versorgungsanspruch. Die zugrundeliegende Organisationsform ist einfach, überschaubar und von wenig Koordinationsproblemen belastet. Die Effizienz dieses Führungsstils wird jedoch eingeschränkt durch den Verzicht auf die Mobilisierung des geistigen Potentials der Geführten.

b) Charismatischer Führungsstil

Der Führungsanspruch beruht auf der Einmaligkeit und der Ausstrahlungskraft des Führers. Er kennt deshalb weder Vorgänger noch Stellvertreter, noch Nachfolger. Er kann vom Geführten schlechthin jedes Opfer verlangen, jedoch nicht nur im Vollzug des Gehorsams, sondern mit dem ausdrücklichen Anspruch auf Begeisterung. Die Gegenleistung für den Gehorsam ist die Verheißung der Einmaligkeit und des Erfolges. Mit dem patriarchalischen Führungsstil hat er sowohl die „singulare" Herrschaftsposition als auch den absoluten Herrschaftsanspruch gemein. Durch die Bindung des Führungsstils an die Einmaligkeit der Führerpersönlichkeit ist das Charisma jedoch als organisationsfeindlich anzusehen.

c) Autokratischer Führungsstil

Hier tritt gegenüber den persönlichkeitsbezogenen Führungsstilen die Institution in den Vordergrund. Ausgangspunkt der Herrschaft ist auch hier ein mit aller Machtvollkommenheit ausgestatteter Führer. Dieser führt jedoch nicht mehr unmittelbar, sondern bedient sich hierzu eines Führungsapparates. Durch diesen Führungsapparat erlaubte es der autokratische Führungsstil, in der historischen Entwicklung sehr große soziale Gebilde aufzubauen und zu konsolidieren, wie z. B. die absolutistischen Staaten mit ihren Heeren, die Kirchen und schließlich die wirtschaftlichen Großunternehmen. Durch die einmalige führungsorganisatorische Integration von „Thron und Altar" im absolutistischen Staat mit dem Fürstentum von Gottes Gnaden gelang eine Erziehungsleistung, die einen ganz besonderen Typ der Geführten, nämlich die Untertanen, hervorbrachte, die zu unbedingtem und präzisem Gehorsam verpflichtet waren. Ohne diese organisierende und disziplinierende Erziehungsleistung hätten weder ein moderner Staat noch ein moderner Großbetrieb entstehen können. Das grundlegende Organisationsprinzip der Autokratie ist die klare Trennung zwischen Entscheidung und Durchsetzung. Die reine Form der autokratischen Führung wurde zunehmend aufgelöst durch die fortschreitende Spezialisierung und Differenzierung im wirtschaftlichen und gesellschaftlichen Leben. Je mehr zur Lösung der einzelnen Probleme Führungskräfte mit Spezialkenntnissen erforderlich werden, um so weniger können sich „einsame" autokratische Entschlüsse halten.

d) Bürokratischer Führungsstil

Der Führungsapparat der Autokratie bildete die Grundlage für die entstehende Bürokratie. Anstelle der absoluten Willkür der Autokratie, die keiner Kontrolle und Rechtfertigungsinstanz unterworfen war, traten nun die fachliche Kompetenz der bürokratischen Instanzen und das Reglement mit Gewaltenteilung mit präzisen Beschreibungen der Stellenbefugnisse und der Verwaltungsabläufe. Eine oberste, über allem stehende und alles beherrschende Führungspersönlichkeit gibt es nicht mehr. An ihrer Stelle tritt der hierarchische Apparat, in den alle Ränge einschließlich der obersten integriert werden. Ein System von Kontrollen und Gegenkontrollen bietet Sicherheit vor Willkür und sichert den Anspruch des Fachwissens. Während die autokratische Herrschaft die Geführten diszipliniert hat, erreicht der bürokratische Führungsstil die Disziplinierung der Führenden.
Wurde die bürokratische Führungsweise um die Jahrhundertwende als Gegengewicht zur Willkür der konstitutionellen Monarchie begrüßt, so hat heute der Begriff Bürokratie überwiegend eine negative Bedeutung erlangt. Im Laufe der Entwicklung wurden ihre Vorzüge und ihr Perfektionsstreben zu ihren Mängeln. Aus Legalität wurde Formalisierung, aus Ordnung Überordnung, aus Gleichheit Schematismus und aus dem Reglement insgesamt Unwirtschaftlichkeit.

2. *Einteilung nach der Ausübung der Führungsfunktionen (autoritärer und kooperativer Führungsstil)*

Nach der Ausübung der Führungsfunktion und der Aufteilung des Entscheidungsspielraums zwischen Führern und Geführten ist zu unterscheiden zwischen *autoritärem und kooperativem* (demokratischem) Führungsstil.
Der in diesem Zusammenhang als Sonderform bezeichnete *laissez faire Führungsstil* wird nur der Vollständigkeit halber erwähnt. Wesensmerkmale des diesen Führungsstil kennzeichnenden Führungsverhaltens sind das Gewährenlassen der Geführten durch den Führenden und das Eingreifen nur dann, wenn es von den Geführten gewünscht wird. Dieser Verzicht auf den Gestaltungswillen und die Ziellosigkeit der Führung bedeuten, daß es sich hier eher um eine „Nicht-Führung" handelt, die allenfalls periodisch als eine Stufe von Führungsunsicherheit einmal auftreten kann. Damit kann der *laissez faire* Führungsstil eigentlich nicht zu den Führungsstilen im eigentlichen Sinne gerechnet werden.

Autoritärer und kooperativer Führungsstil unterscheiden sich durch den unterschiedlichen Grad der Ausprägung der einzelnen Führungselemente. Versucht man, die einzelnen Punkte zusammenzustellen, so ergibt sich vorstehende Tabelle (vgl. Bleicher, Perspektiven, S. 51 und die dort angegebene Literatur):

Autoritärer Führungsstil	*Kooperativer Führungsstil*
(1) Führungsleitbild	
Der Führer ist der Herr, die Geführten sind Untergebene und ihrem Herrn zu absolutem Gehorsam verpflichtet.	Führer und Geführte sind Mitarbeiter und Partner. Der Führer lenkt und koordiniert das Zusammenwirken in einer Gruppe.
(2) Autoritätsbasis	
Institutionelle Autorität, weltanschaulich oder religiös fundiert. Sie hat als Institution hohen sittlichen Eigenwert. Bewußtes Schaffen von Statussymbolen, um hierarchische Ebenen voneinander abzugrenzen.	*Funktionale Autorität*, als notwendige Funktion aufgefaßt, die sich sachrational aus den Notwendigkeiten des Zusammenwirkens und den Fähigkeiten des Führers ableitet.
(3) Organisation (a) Organisationsstruktur	
Streng geordnete und klar gegliederte Unterstellungsverhältnisse mit eindeutigen Instanzenwegen. Große Bedeutung wird der Festlegung der Kontrolle und Subordinationsspanne beigemessen. Das Kennzeichen der Organisationsstruktur ist ein starkes hierarchisches Gefälle. Die Organisation wird von einem einheitlichen Willenszentrum, der Geschäftsleitung, geleitet, das mit aller Macht ausgestattet ist.	Die strenge hierarchische Ordnung ist aufgelockert und durch eine Vielzahl von Beziehungen ergänzt. Anstelle detaillierter Organisationspläne treten Rahmenpläne mit Zielvorgaben. Das hierarchische Gefälle ist geringer. Die Gruppengröße richtet sich nicht nach der Kontrollspanne, sondern nach der auszuführenden Funktion.
(b) Organisationsgrad	
Konkretisierungsgrad der Aufgaben ist sehr hoch. Detaillierte Arbeitsanweisungen legen die Aufgabendurchführung fest und gewähren nur geringen Spielraum. Im Mittelpunkt organisatorischer Probleme steht die Strukturierung von Weisungsrechten.	Konkretisierungsgrad der Aufgaben ist sehr gering. Anstelle detaillierter Arbeitsanweisungen treten Rahmenregelungen mit Zielvorgaben.
(c) Formalisierungsgrad der Organisation	
Sehr hoch. Die formale Organisation ist durch detaillierte Regelungen aller Einzelheiten festgelegt. Informale Erscheinungen werden als nicht vorhanden angesehen bzw. soweit wie möglich unterdrückt.	Gering. Anstelle detaillierter Regelungen treten Rahmenbestimmungen, die die Grundsätze festlegen und in größerem Umfang durch informale Regelungen ergänzt werden.

Autoritärer Führungsstil	Kooperativer Führungsstil
(4) Entscheidungsprozeß (a) Vorbereitung der Entscheidung	
Da der Vorgesetzte alles besser weiß und kann als seine Untergebenen, erfolgt die Entscheidungsvorbereitung ohne ihre Mitwirkung.	Sachgerechte Entscheidungen erfordern die Mitwirkung aller Mitarbeiter. Der Einsatz von Koordinationsmitteln wie Stäben und Kollegien ist die Regel.
(b) Willensbildung	
Typisch ist das Direktorialprinzip der Willens- und Entscheidungsbefugnis, bei dem in Singularinstanzen die Entscheidungen getroffen werden. Starke Zentralisation an der Spitze.	Die Mitarbeiter sind mit in den Entscheidungsprozeß eingeschaltet. Der Vorgesetzte hat eine Koordinationsfunktion. Anstelle der Zentralisation tritt die Dezentralisation.
(c) Durchsetzung der Entscheidung	
Grundlage der Entscheidungsdurchsetzung ist der einseitige Befehl. Da die Führung grundsätzlich über die besseren Kenntnisse und die höhere Einsicht verfügt, sind Einwendungen dagegen grundsätzlich unstatthaft.	Grundlage der Entscheidungsrealisierung ist der Auftrag. Einwendungen gegen die Art der Auftragsdurchführung sind grundsätzlich statthaft. Begründete Einwendungen führen zu einer Abänderung des Auftrags.
(5) Arbeitsbeziehungen (a) Aufgabendelegation	
Von der Führung werden nur weisungsgebundene Ausführungsaufgaben delegiert. Alle Planungs-, Entscheidungs- und Kontrollaufgaben bleiben bei der Führung zentralisiert.	Alle Aufgaben, auch Planungs-, Entscheidungs- und Kontrollaufgaben werden soweit wie möglich delegiert. Die oberste Führung behält sich nur die Dienstaufsicht und Erfolgskontrolle vor.
(b) Arbeitsanweisungen	
Arbeitsanweisungen werden grundsätzlich bilateral an eine einzelne Person erteilt. Diese bildet im Gesamtzusammenhang des Unternehmens eine isolierte Einheit.	Der Arbeitsverkehr wird über die Gruppe als ganzes abgewickelt. Hierdurch entstehen in der Regel ausgeprägte kollegiale Arbeitsformen.
(c) Informationen	
Untergebene werden nur über das informiert, was sie zur Durchführung ihres Arbeitsauftrages wissen müssen. Die Kommunikationskanäle sind formal durch Dienstwege streng gebunden. Genau gesteuerte Informationen untermauern die Machtausstattung der hierarchischen Spitze.	Informationen dienen als Führungsmittel. Sie sind die Grundlage der Delegation von Entscheidungsaufgaben und Verantwortung. Eine faire, vollständige und unverfälschte Informationspolitik ergänzt durch ein Netz informaler Beziehungen, bildet die Grundlage für selbständige und eigenverantwortliche Mitarbeit.

Autoritärer Führungsstil	Kooperativer Führungsstil
(d) Kontrolle	
Ausgeprägte und strenge sachliche Kontrolle bis ins Detail, unterstützt durch genaue Kontrollpläne. Die Selbstkontrolle der Mitarbeiter hat gegenüber der Fremdkontrolle durch den Vorgesetzten keine Bedeutung.	Kontrolle bleibt zwar eine unabdingbare und nicht delegierbare Funktion des Vorgesetzten. Sie wird jedoch in der Regel als Erfolgs- und nicht als detaillierte Ausführungskontrolle vorgenommen. Die Bedeutung der Selbstkontrolle nimmt zu.
(6) *Einstellung zum Mitarbeiter* (a) Das Bild von der Persönlichkeit des Mitarbeiters	
X-Theorie nach *Mc Gregor*. Die Mitarbeiter haben eine Abneigung gegen die Arbeit. Sie müssen durch Belohnung und Bestrafung zur Arbeit angehalten werden. Es fehlt ihnen die Fähigkeit, ihre Arbeit eigenständig richtig einzuteilen. Strenge Zentralisation der Planung und Organisation der Arbeitsvorgänge.	Y-Theorie. Die Mitarbeiter finden Erfüllung in ihrer Arbeit, sofern ihre persönlichen Motive durch die Arbeit mit angesprochen werden. Sie sind hinreichend intelligent, den jeweils besten Weg zu einer Lösung selbst zu finden. Anstelle detaillierter Ausführungsbestimmungen können globale Zielvorgaben treten.
(b) Ausbildung und Entwicklung der Mitarbeiter	
Mitarbeiter werden primär in ihrer Eigenschaft als Produktionsfaktoren gesehen. Die strikte Trennung zwischen Planung und Durchführung fordert grundsätzliche Unterschiede im Verhalten zwischen Vorgesetzten und Mitarbeitern.	Der Unterschied in Verhalten und Fähigkeiten zwischen Vorgesetzten und Mitarbeitern ist lediglich gradueller Art. Ausbildung und Entwicklung von Mitarbeitern aller Stufen werden begünstigt.
(c) Kontakte zwischen Vorgesetzten und Mitarbeitern	
Aus der Logik der institutionellen Autorität heraus ergibt sich die grundsätzliche Tendenz, zu den Untergebenen Distanz zu halten. Soziale und zwischenmenschliche Kontakte beschränken sich auf ein Mindestmaß.	Das „gegenseitige Aufeinander-angewiesen-sein" und der Zwang zu kooperativer Zusammenarbeit bedingen intensivere persönliche Kontakte und verringern die Distanz zwischen Vorgesetzten und Mitarbeitern.

3. Kontinuum der Führungsstile

Die beiden beschriebenen Führungsstilformen sind zwei Idealtypen, die in ihrer reinen Form in der Praxis kaum vorkommen. Zwischen ihnen besteht keine Dichotomie. Vielmehr stellen sie in ihren extremen Ausprägungen Endpunkte eines Kontinuums dar. Zwischen den beiden Polen ist eine Vielzahl von modifizierten Führungsbeziehungen möglich, die sich jeweils im Grad der Ausprägung der einzelnen Führungselemente unterscheiden. Auf der in Schaubild 37 dargestellten Ordinalskala sind sieben typisierte Möglichkeiten einer Aufteilung der Entscheidungsbefugnis aufgetragen.

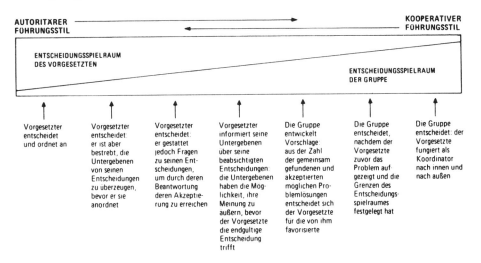

Schaubild 37: Kontinuum der Führungsstile (Tannenbaum und Schmidt S. 96)

D. Ausprägung des Führungsverhaltens

1. Mitarbeiter- und Sachorientierung

In den ersten Nachkriegsjahren haben sich zwei Forschungsgruppen unabhängig voneinander an der *Ohio* State University um *Fleishman* und *Hempill* und an der *Michigan* University um *Likert*, *Katz* und *Kahn* in grundlegenden Untersuchungen mit den verschiedenen Formen des Führungsverhaltens befaßt. Sie kamen unabhängig voneinander zu zwei unterschiedlichen Ausprägungen des Führungsverhaltens. So kann ein Vorgesetzter einmal den Bedürfnissen und persönlichen Erwartungen seiner Mitarbeiter entgegenkommen, zum anderen kann er sich unter Vernachlässigung der Interessen der Mitarbeiter ausschließlich auf die Sachaufgaben konzentrieren.

Die beiden Formen werden auch in Anlehnung an die Ergebnisse dieser Studien bezeichnet als:

(1) Sachaufgaben-Leistungsorientierung *(Initiating structure; production centered)*,
(2) Mitarbeiterorientierung (Consideration; employee centered).
Nachstehende Aussagen kennzeichnen beide Dimensionen des möglichen Verhaltens eines des Vorgesetzten:

Mitarbeiterorientierung	*Leistungsorientierung*
■ Er achtet auf das Wohlergehen seiner Mitarbeiter. ■ Er bemüht sich um ein gutes Verhältnis zu seinen Unterstellten. ■ Er behandelt alle seine Unterstellten als Gleichberechtigte. ■ Er unterstützt seine Mitarbeiter, bei dem, was sie tun oder tun müssen. ■ Er macht es seinen Mitarbeitern leicht, unbefangen und frei mit ihm zu reden. ■ Er setzt sich für seine Leute ein.	■ Er tadelt mangelhafte Arbeit. ■ Er regt langsam arbeitende Mitarbeiter an, sich mehr anzustrengen. ■ Er legt besonderen Wert auf die Arbeitsmenge. ■ Er herrscht mit eiserner Hand. ■ Er achtet darauf, daß seine Mitarbeiter ihre Arbeitskraft voll einsetzen. ■ Er stachelt seine Mitarbeiter durch Druck und Manipulation zu größeren Anstrengungen an. ■ Er verlangt von leistungsschwachen Mitarbeitern, daß sie mehr aus sich herausholen.

Ursprünglich wurde angenommen, daß beide Verhaltensweisen die Extrempunkte einer Dimension darstellen und sich somit gegenseitig weitgehend ausschließen. Je mehr also eine Ausrichtung das Verhalten bestimmt, desto weniger kann die andere zum Zuge kommen.

Im Laufe dieser Studien durchgeführte empirische Untersuchungen ergaben mit Hilfe der Faktorenanalyse, daß sich beide Verhaltensweisen in weiten Bereichen nicht gegenseitig ausschließen, sondern daß es sich um zwei unabhängige Faktoren handelt, die in verschiedenen Stärken und unterschiedlichen Kombinationen auftreten können und damit kennzeichnend für unterschiedliches Führungsverhalten sind.

Ein Vorgesetzter kann demnach im Gegensatz zu der traditionellen Vorstellung nicht nur das eine oder das andere Verhalten zeigen, sondern auch beide Verhaltensweisen zugleich oder keine von beiden.

Die Existenz einer Organisation oder Gruppe setzt eine Aufgabe und ein gemeinsames Ziel voraus. Eine Organisation oder Gruppe wird ihre *Existenzberechtigung* verlieren, wenn sie die ihr gestellten Aufgaben nicht oder nur sehr unvollkommen erfüllt. Sie wird aber auch ihre *Existenzfähigkeit* verlieren, wenn es ihr nicht gelingt, die Gruppenmitglieder durch Berücksichtigung ihrer persönlichen Interessen zusammenzuhalten.

Jeder Führer einer Gruppe und damit auch jeder Vorgesetzte steht vor dem Problem, auf der einen Seite den Zusammenhalt der Gruppe (die *Kohäsion*) zu fördern und andererseits durch entsprechendes Führungshandeln dafür zu sorgen, daß sich die Mitglieder für die Gruppenziele einsetzen, damit diese auch erreicht werden

(*Lokomotion*). Die der Lokomotion dienenden Führungstätigkeiten sind vorwiegend aufgabenorientiert. Diese Dimension des Führungsverhaltens erfordert in der Regel klar definierte Aufgaben, Vorschriften und Kommunikationswege, die Verhinderung nicht gruppenzielkonformer Handlungen und die Überwindung der Hemmnisse, die die Zielerreichung behindern. Die Kohäsion hingegen wird durch sozialemotional orientiertes Führungsverhalten gefördert. Dieses ist dadurch gekennzeichnet, daß der Vorgesetzte auf die Bedürfnisse seiner Mitarbeiter eingeht, was Freundlichkeit, Anerkennung und gute zwischenmenschliche Beziehungen erfordert.

2. *Verhaltensgitter — managerial-grid*

Die Vielfältigkeit der möglichen Kombinationsformen versuchen *Blake u. Mouton* in ein allgemeines *Ordnungsschema* zu bringen. Sie stellen den Zusammenhang in einem zweidimensionalen Koordinationssystem schematisch dar. Die Abstufungen auf den Koordinaten von 1–9 bezeichnen die Intensität der beiden Dimensionen des Führungsverhaltens der Mitarbeiter- bzw. der Leistungsorientierung.

Von den 81 möglichen Kombinationen sind 5 in Schaubild 38 definiert und beschrieben

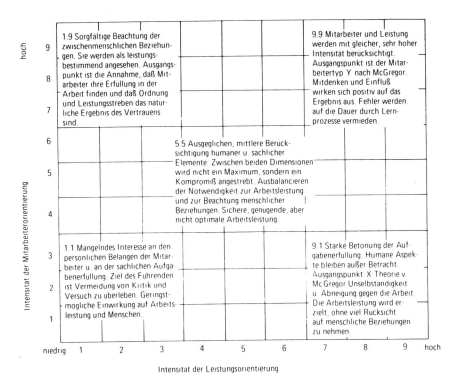

Schaubild 38: Verhaltensgitter

In Schaubild 39 sind die organisatorischen und personalpolitischen Konsequenzen der einzelnen Kombinationen in ihrer Auswirkung auf das Konfliktlösungsverhalten, die Innovationsfähigkeit sowie die Motivation gegenübergestellt.

Betrachtet man diese Darstellung, dann fällt auf, daß *Blake u. Mouton* von der Voraussetzung ausgehen, daß beide Ziele, sowohl das ökonomische als auch das Humanziel, unabhängig voneinander angestrebt und realisiert werden können.

	Führungskennziffer	9.1	1.9	1.1	5.5	9.9
Konsequenzen	Organisationsbeziehungen / Organisationsgrad	in der Regel sehr hoch	in der Regel gering, meist Zielvorgabe	tendenziell gering	mittelmäßig, Kompromißlösung	gering
	Entscheidungsbefugnis und Willensbildung	starke Zentralisation	Tendenz zu stärkerer Dezentralisation	starke Dezentralisationserscheinungen	mittlere Tendenz zur Dezentralisation	dezentrale Gruppen und Einzelerscheinungen überwiegen
	Leistungsbeziehungen / Stellung des Vorgesetzten	Amtsautorität mit Zwang zur Unterordnung	sorgt für anregende Arbeitsbedingungen, die Leistung steigern	Chamäleon, das sich nie festlegt	klassischer Funktionär des Ausgleichs	helfender Lehrer
	Unterstellungsverhältnisse	streng hierarchisch, streng formale Organisation mit klarer Kompetenzabgrenzung	starke informale Beziehungen, die die formale Organisation ergänzen	zu meist hierarchisch (Organisationsplan)	hierarchische Züge	Vorgesetzter ist Mitglied der Gruppe und von ihr akzeptiert
	Art der Anordnung	verbindliche Anordnung, ohne Begründung, Durchsetzung der Anordnung mit diszipl. Drohungen	gemeinsame Lösung durch Überzeugung und fachliche Autorität	unverbindliche Weiterleitung ohne Eigeninitiative	verbindliche Anordnung mit erläuternden Informationen	Gewinnen gemeinsamer Lösungen und Durchführung nach Überzeugung
	Arbeitsbeziehungen / kollegiale Zusammenarbeit	keine oder nur sehr gering	ausgeprägt vorhanden	keine, Tendenz zur Isolation	betont vorhanden	kollegiale Formen sehr stark ausgeprägt
	Informationsbeziehungen	streng an den Instanzenzug gebunden	informale Kanäle werden toleriert	eingeschränkt	formale und informale Kommunikation ergänzen sich	stark ausgeprägte informale Informationswege in Ergänzung der formalen Festlegung
	Zielvorgabe	unmittelbare Zielvorgabe (in Mengen-/Zeit- und Geldstandards)	Leistungsstandards weitgehend unbekannt	keine Leistungsstandards, das persönlichkeitsbezogene Ziel ist das Überleben des Führers	Hauptziel ist das Funktionieren der Organisation	im Vordergrund steht das Gruppenergebnis
	Mitarbeiterförderung	Effizienteste Mitarbeiter im Hinblick auf das Ergebnis gefördert	Förderung der Teamarbeit	keine Förderung	Förderung im Hinblick auf organisationsgerechtes Verhalten	Förderung menschlicher Qualifikationen und Problemlösungsfähigkeiten im Vordergrund
Beurteilung	Konfliktlösung	Anpassung oder Zwang zum Wechsel	Konflikte werden als nicht existent angesehen	Konflikte werden vermieden	Konflikte sind Verletzung der Organisationsregeln und werden mit entsprechenden Sanktionen belegt	direkte Konfrontation mit dem Versuch einer rationalen Lösung
	Innovationsfähigkeit	gering, da Ideen nur von oben kommen und das Potential der Mitarbeiter nicht angesprochen wird	sehr gering, da die Kreativität anregende Spannung und der Widerspruch fehlen	gering, da alles Handeln auf das Erhalten des „Status quo" ausgerichtet ist	im Vordergrund steht die sachliche Innovation	sehr große Innovationsbereitschaft
	Motivation	baut fast ausschließlich auf materiellen Anreizen, Zwang und Erhaltung der physischen und ökonomischen Existenzgrundlage auf	Ziel ist die Entwicklung der Persönlichkeit und die Selbstverwirklichung, deshalb Möglichkeit zu hoher persönlicher Motivation	keine Leistungsmotivation, Streben nach Erhaltung des „Status quo"	Kompromiß zwischen den Zielen des Einzelnen und der Organisation	hohe Motivation über die Gruppe, Voraussetzung materielle und immaterielle Anreize sind harmonisch abgestimmt
	Persönliche, nicht fachliche Entwicklung der Mitarbeiter	sehr gering, da nur die sachliche Leistung entscheidet	gering, da die sachliche Förderung fehlt	nicht entwickelt, da jede Führung fehlt	Förderung durch organisierte Verfahren	starke Förderung

Schaubild 39: Beschreibung der idealtypischen Führungsstile nach Blake u. Mouton

Zwischen verschiedenen Zielen sind grundsätzlich folgende Konstellationen denkbar:

(1) Ziel-Neutralität (indifferente Ziele, das Streben, humane Ziele zu erreichen, z. B. die Berücksichtigung persönlicher Interessen der Mitarbeiter im Rahmen eines Unternehmens bleibt ohne Einfluß auf die Realisierung ökonomischer Ziele.

(2) Ziel-Harmonie (komplementäre Ziele), das Streben, ein Ziel zu erreichen, fördert auch gleichzeitig die Erreichung anderer Ziele.

(3) Ziel-Autonomie (konkurrierende Ziele), die Bemühungen zur Erreichung eines Zieles beeinträchtigen zwangsläufig die Möglichkeiten, das andere Ziel zu erreichen.

Zwar haben Forschungsergebnisse gezeigt, daß Mitarbeiter- und Leistungsorientierung zwei Ziele sind, die voneinander unabhängig angestrebt werden können. Die Frage aber, wie beide Ziele im Zielerreichungsprozeß zueinander stehen, wurde dabei nicht beantwortet. Eine Ziel-Neutralität anzunehmen, dürfte im Hinblick auf die Komplexität des menschlich-wirtschaftlichen Geschehens kaum realistisch sein. Umfangreiche Ergebnisse der Kleingruppenforschung haben gezeigt, daß, solange die Ansprüche des wirtschaftenden Menschen auf Selbstverwirklichung in Organisationen noch relativ unterentwickelt sind, die Unterstellung einer Ziel-Harmonie tatsächlich angebracht sein dürfte (vgl. Bleicher, Perspektiven, S. 56 und die dort angeführte Literatur). Fraglich ist jedoch, ob sich mit fortschreitender Ausprägung humaner Ansprüche und ökonomischer Zielsetzungen beide Komplexe nicht immer mehr überschneiden, so daß eine Ziel-Autonomie und ein sich daraus ergebender Zielkonflikt unausweichlich werden. Nimmt man zunehmende Antinomie bei fortschreitender Erreichung der beiden Ziele an, dann wird man das Schema von *Blake u. Mouton* etwas abwandeln müssen. Der Idealtyp 9.9, der Ziel-Harmonie oder zumindest Ziel-Neutralität voraussetzt, wäre dann auszuschließen. Es wäre dann allenfalls ein Führungsstil von 5.5 erreichbar.

3. Erweiterung des Verhaltensgitters durch Simon und Likert

Empirische Untersuchungen von *Simon* haben gezeigt, daß der Grad der Beteiligung der einzelnen Mitglieder am Entscheidungsprozeß (*Partizipation*) eine weitere, von der Mitarbeiterorientierung unabhängige Einflußgröße auf das Führungsverhalten darstellt. Es erweitert das zweidimensionale Schema in eine *dreidimensionale Ordnung* in Form eines Würfels mit acht verschiedenen Typen (vgl. Schaubild 40).

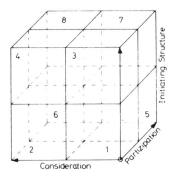

Schaubild 40: Typen des Führungsverhaltens im dreidimensionalen Modell (nach Rosenstiel v. u. a. Organisationspsychologie 1972, S. 126)

Hieraus ergibt sich folgende Einteilung der Führungstypen:

Führungstyp	Teilnahme an Entscheidungen	Mitarbeiterorientierung	Sachaufgabenorientierung	Beschreibung des Verhaltens
1	niedrig	niedrig	niedrig	Der Vorgesetzte schläft.
2	niedrig	hoch	niedrig	Der Vorgesetzte als Freund.
3	niedrig	niedrig	hoch	Der Vorgesetzte als Sklaventreiber.
4	niedrig	hoch	hoch	Der Vorgesetzte als Patriarch.
5	hoch	niedrig	niedrig	Der Vorgesetzte schiebt Arbeit und Verantwortung ab.
6	hoch	hoch	niedrig	Der Vorgesetzte als Förderer.
7	hoch	niedrig	hoch	Der Vorgesetzte überfordert die Selbständigkeit anderer.
8	hoch	hoch	hoch	Der Vorgesetzte fordert und fördert die Selbständigkeit anderer.

In etwas anderer Form kommt *Likert* zu vier Klassen des Führungsverhaltens. Er unterscheidet hier *autoritäre* Führungssysteme, nach dem Grad der Mitarbeiterorientierung als ausbeutend (nur mechanistische Betrachtungsweise) und wohlwollend (zunehmende patriarchalische Verantwortung) sowie *partizipative* Systeme, je nach dem Grad der Teilhabe am Entscheidungsprozeß beratend bzw. kooperativ (vgl. Schaubild 41).

		WENN-Komponente		
	autoritäre Systeme		partizipative Systeme	
	ausbeutend System 1	wohlwollend System 2	unterstützend System 3	kooperativ System 4
Motivation	wirtschaftliche Sicherheit	physiologische und ichbezogene Bedürfn.	physiologische, ichbezogene u.a Bedürfn.	gesamte Skala menschl. Bedürfnisse
Kommunikation Interaktion	vertikal, abwärts gering	vertikal, überw. abwärts gering	vertikal mäßig	lateral intensiv
Entscheidungsfindung	Spitze der Hierarchie	Strategische Entsch. a.d. Spitze, mäßige Delegation	Strategische Entsch. a.d. Spitze, starke Delegation	auf allen Ebenen in überlappenden Teams
Zielvorgabe	Befehle	Befehle mit Möglichkeit der Diskussion	Zielvorgabe nach Diskussion mit Untergebenen	Zielvorgabe als Ergebnis von Gruppendiskussion
Kontrolle	Zentralisiert a.d. Spitze Widerstand d. inform. Organisation	überwiegend a.d. Spitze konzentriert, inform. Org z.T im Gegensatz zur form.	überwiegend a.d. Spitze konzentriert, inform. Org. für oder gegen formale	dezentral, informale und formale Organisation identisch
Erfolg – Produktivität	mittelmäßig	ziemlich hoch	hoch	sehr hoch
– Kosten	hoch	ziemlich hoch	mäßig	niedrig
– Abwesenheit/ Fluktuation	hoch	ziemlich hoch	mäßig	niedrig
– Ausschuß/ Fehler	hoch	ziemlich hoch	mäßig	niedrig

(DANN-Komponente)

Schaubild 41: Übersicht über die vier Führungssysteme Likerts in der zusammenfassenden Darstellung von Staehle

4. Polaritätenprofil nach Bleicher

Bleicher geht von der Voraussetzung aus, daß eine zweidimensionale Darstellung des Führungsverhaltens der Vielschichtigkeit der Organisations- und Führungswirklichkeit nicht gerecht wird. Er stellt in seiner Beurteilung der verschiedenen Arten des Führungsverhaltens auf die unterschiedliche Ausprägung der einzelnen Führungselemente ab. (Vgl. Schaubild 42).

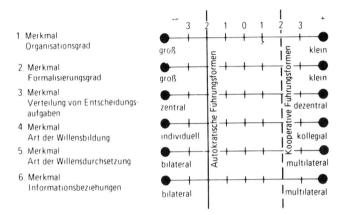

Schaubild 42: Ausprägung von Organisations- und Führungselementen (Bleicher, Perspektiven, S. 58)

Je stärker die Ausprägungen der einzelnen Merkmale negativ sind, um so mehr wird eine *autokratische* Führungsform geprägt. Je mehr die Ausprägungen positive Werte annehmen, um so *kooperativer* ist die Führungsform einzustufen.

VII. Führungsmodelle und empfohlenes Führungsverhalten

A. Das Dilemma der Führung

1. Personalführung als Lückenbüßer im Koordinationsbedarf

Die Notwendigkeit von Führung ergibt sich aus der Aufgabe, arbeitsteilige Organisationsstrukturen des betrieblichen Leistungserstellungsprozesses zu koordinieren. Die Personalführung hat hier die Aufgabe, die Lücken zu schließen, die durch auf Dauer gerichtete koordinationsbedarfsreduzierende Maßnahmen nicht geschlossen werden können. Personalführung ist deshalb immer im Zusammenhang mit diesen Dauerregelungen zu sehen. Hierbei kann auf die interaktionelle Verhaltensbeeinflussung der Mitarbeiter nicht verzichtet werden (*Neuberger*), weil andere Steuerungsmechanismen

— unsicher und uneinheitlich sind, wie z. B. Mitarbeiterverhalten auf der Grundlage vorausgegangener Sozialisation und gewonnener Erfahrungen,
— unvollständig, interpretationsbedürftig und mehrdeutig auslegbar sind, wie z. B. Rahmenbestimmungen, Vorschriften, Regeln usw.,
— unsicher sind, wie z. B. Informations- und Motivationsmethoden,
— unberechenbar und divergierend sind, wie z. B. die Selbstabstimmung der Beteiligten im Rahmen autonomer Arbeitsgruppen (vgl. Bisani, Personalwesen),
— zu unflexibel sind, um rasch auf veränderte Bedingungen angepaßt werden zu können.

Deshalb ist Führung im eigentlichen Sinne keine kreative ungebundene schöpferische Tätigkeit, sondern sie ist begrenzt durch Sachzwänge, formale Vorschriften und durch die sich aus der Organisation ergebenden Rollenerwartungen.

Diese Rollenerwartungen sind im Einzelfall meist lückenhaft, unklar und nicht selten widersprüchlich, vor allem weil diese Rollenerwartungen entscheidend vom Wandel des sozialen und gesellschaftlichen Umfeldes beeinflußt werden. Damit vollzieht sich der Führungsprozeß in einem Bereich von Unklarheit und Unsicherheit.

Da die Leistung einer arbeitsteilig strukturierten Organisation immer auch, wenn nicht sogar überwiegend in Abhängigkeit von der Person und dem Verhalten des Vorgesetzten gesehen wird, führt dies auch zunehmend zu einer Verunsicherung von Führungskräften, wie sie die Unklarheit und Offenheit der Situation nutzen und wie sie aktiv die sich hier ergebenden Freiräume füllen können.

Ansatzpunkte zu einer Strukturierung von Führung in diesem durch Unsicherheit und Widersprüchlichkeit gekennzeichneten Freiraum versuchen Führungsmodelle und auf Führungsverhaltensweisen abgestimmte Konzepte zu geben.

2. Einfluß der Führung auf Leistung und Arbeitsverhalten

Die Frage nach dem *optimalen Führungsverhalten* ist so alt wie die Diskussion über Führungsprobleme überhaupt. Es hat nicht an empirischen Untersuchungen und

deduktiven Ableitungen gefehlt, um ein optimales Führungsverhalten zu ermitteln. Die Ergebnisse sind jedoch vielfältig und widersprüchlich, so daß sich jeder das heraussuchen kann, was er für die Begründung einer bestimmten Aussage benötigt. Zwangsläufig müssen die Ergebnisse von zwei Punkten abhängig sein:
(1) welche Leistungskriterien der Beurteilung zugrunde gelegt werden;
(2) wer die Wirksamkeit beurteilt: der Vorgesetzte oder der Mitarbeiter.
Der an sich wenig aussagefähige Begriff *Führungserfolg* läßt sich in folgende Komponenten auflösen:
(1) *wirtschaftliche Leistungsgrößen* (Umsatz, Gewinn, Rentabilität, Kosteneinsparungen usw.);
(2) *mengenmäßige Leistungsgrößen* (Output-Mengen, Zeitbedarf, Fehlerhäufigkeit usw.);
(3) *Meinungsgrößen* (Beurteilung der Zufriedenheit durch den Mitarbeiter, subjektive Wirksamkeit des Leistungsvollzuges, Beurteilung durch den Vorgesetzten usw.);
(4) *Verhaltensgrößen* (indem Organisationsmitglieder ihre Beurteilung durch ihr Verhalten zum Ausdruck bringen, wie z. B. Fluktuationsraten, Fehlzeiten, Beschwerden).

Da diese Kriterien nicht sachlich begründet zu einer einheitlichen Zielgröße zusammengefaßt werden können und jedes für sich genommen Eigengewicht hat, beeinflußt bereits die Entscheidung für das eine oder andere Leistungskriterium das Ergebnis. Von entscheidender Bedeutung ist auch, ob der Vorgesetzte oder der Mitarbeiter beurteilt, welches Führungsverhalten als optimal angesehen wird.

Untersuchungen von *Halpin & Winer* ergaben, daß Vorgesetzte, die von ihren Vorgesetzten als fähig beurteilt werden, mehr zu sachaufgabenorientierter als zu mitarbeiterorientierter Führung neigen.

Andere Untersuchungen, wie z. B. von *Pelz*, haben gezeigt, daß die Zufriedenheit der Mitarbeiter mit ihren Vorgesetzten nicht nur davon abhängt, ob diese ein mehr mitarbeiter- oder mehr sachaufgabenorientiertes Führungsverhalten zeigen. Entscheidend ist auch der Einfluß, den diese nach „oben", also zu der nächsthöheren hierarchischen Ebene haben, durch den sie Vorteile für ihre Gruppe herausholen können. Daraus ergibt sich eine Tendenz zu einem mehr sachaufgabenbezogenen Führungsverhalten. *Sachaufgabenorientierte Vorgesetzte* werden in der Regel von ihren eigenen Vorgesetzten besser beurteilt, was für sie von Vorteil ist, da ja ihr eigenes Fortkommen im wesentlichen vom Urteil ihrer Vorgesetzten abhängt. Sie können damit auch für ihre Mitarbeiter mehr herausholen, was deren Zufriedenheit erhöht. Andererseits werden Vorgesetzte mit einem sachaufgabenbezogenen Führungsverhalten, die keinen Einfluß nach oben haben, zwar keine Zufriedenheit bei ihren Mitarbeitern erzeugen, aber auch keine Unzufriedenheit, da sie vorher auch weniger Hoffnungen auf Vorteile und Vergünstigungen erweckt haben.

Weitere Untersuchungen, die als Maßstab die Kündigungsrate nehmen, differenzieren das Bild etwas. Die *Kündigungsrate* steigt bei starker sachaufgabenorientierter Führung und sinkt bei mitarbeiterorientierter Führung, allerdings nicht in direkter Abhängigkeit. (Vgl. Schaubild 43).

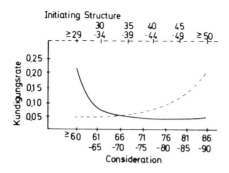

Schaubild 43: Abhängigkeit der Kündigungsrate vom Führungsverhalten (Fleischmann u. Harris, nach Rosenstiel v.u.a. Organisationspsychologie, 1972, S. 120)

Ob ein Vorgesetzter ein mitarbeiterorientiertes oder sehr mitarbeiterorientiertes Führungsverhalten zeigt, hat damit kaum Einfluß auf die Zufriedenheit.

Von allen Untersuchungen haben die Ergebnisse von *Likert* (1972/1975) die betriebswirtschaftliche Diskussion um diese Frage am meisten beeinflußt. Aus seinen Untersuchungsergebnissen zieht er die Schlußfolgerung, daß Vorgesetzte, die mit Unterstützung ihrer Mitarbeiter erfolgreich waren,

(1) ein Gespür für Bedürfnisse und Gefühle ihrer Mitarbeiter haben,
(2) ihre Mitarbeiter respektieren und ihr Vertrauen besitzen,
(3) die Vorstellungen und Vorschläge ihrer Mitarbeiter beachten und
(4) nicht nur ein geheucheltes Interesse am Wohlergehen ihrer Mitarbeiter zeigen.

Eine Untersuchung von Gruppen mit hoher und niedriger Produktivität zeigt Schaubild 44.

Schaubild 44: Einfluß des Führungsverhaltens auf die Produktivität (Likert, 1972, S. 15)

Andere Untersuchungen haben dieses Ergebnis nicht bestätigt, insbesondere ergeben sich wesentliche Unterschiede bei der Untersuchung von Luftwaffenoffizieren, von Verwaltungsangestellten und Produktionsarbeitern. Die Unterschiede dürften auf die unterschiedlichen Erwartungen der Geführten im Hinblick auf das Führungsverhalten zurückzuführen sein. Ungeklärt ist hier auch noch die Frage, ob höhere Leistung wirklich der Ausdruck mitarbeiterorientierten Führungsverhaltens ist oder ob nicht vielmehr eine andere Interpretation denkbar wäre: Vorgesetzte von leistungsfähigen und leistungswilligen Gruppen finden einfach mehr Zeit, sich um ihre Mitarbeiter zu kümmern, so daß die Mitarbeiterorientierung nicht Ursache, sondern Folge der Leistung ist.

In einer weiteren Untersuchung weist *Likert* nach, daß der Gruppenzusammenhalt (*Kohäsion*) und positive gegenseitige Einstellung zwischen Mitarbeitern und Vorgesetzten die Leistung positiv beeinflussen. (Vgl. Schaubild 45).

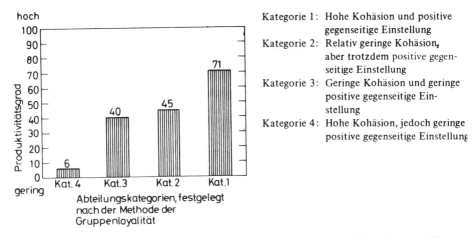

Kategorie 1: Hohe Kohäsion und positive gegenseitige Einstellung
Kategorie 2: Relativ geringe Kohäsion, aber trotzdem positive gegenseitige Einstellung
Kategorie 3: Geringe Kohäsion und geringe positive gegenseitige Einstellung
Kategorie 4: Hohe Kohäsion, jedoch geringe positive gegenseitige Einstellung

Schaubild 45: Abhängigkeit der Gruppenleistung von Gruppenzusammenhalt und gegenseitiger Einstellung von Mitarbeitern und Vorgesetzten (Likert, 1972, S. 123)

In diesem Zusammenhang vorgenommene Untersuchungen haben weiterhin gezeigt, daß die Produktivität einer Gruppe abhängig ist von dem Handlungsspielraum, den der Vorgesetzte hat. (Vgl. Schaubild 46).

Schaubild 46: Zusammenhang zwischen Handlungsspielraum des Vorgesetzten und Abteilungsproduktivität (Likert, 1972, S. 17)

Untersuchungen über den Zusammenhang zwischen der Möglichkeit der Teilnahme der Betroffenen am Entscheidungsprozeß und der Leistungsentwicklung haben gezeigt, daß eine Leistungssteigerung dann zu erwarten ist, wenn die Betroffenen die Entscheidung für wichtig halten und wenn sie in einem direkten Bezug zur Arbeitsleistung steht, die Mitbestimmung innerhalb der bestehenden kulturellen Normen als legitim erachtet wird und die Vorgehensweise der Gruppenentscheidung ernsthaft und glaubhaft erscheint; ein Ergebnis, das für die Mitbestimmung am Arbeitsplatz und gegen die Mitbestimmung auf Unternehmensebene sprechen würde.

Die aufgezeigten Untersuchungsergebnisse lassen eine positive Korrelation zwischen mitarbeiterorientiertem Führungsverhalten und der Leistung vermuten. Da ein Korrelationskoeffizient nur die Stärke eines Zusammenhangs ausdrückt, das Ursache-

Wirkungs-Verhältnis jedoch offen läßt, ist damit die bisher in der Regel gewählte Interpretation, im Führungsverhalten die Ursache der Leistung zu sehen, nicht bewiesen.

B. Führungsmodelle

Die zunehmende Unsicherheit bei Führungskräften hat dazugeführt, eine Reihe von Führungsmodellen zu entwickeln, die teilweise mit erheblichem missionarischem Eifer als Allheilmittel zur Lösung aller Führungsprobleme angepriesen wurden.
Jedes dieser Modelle läßt sich mehr oder weniger vollständig auf einen der drei Grundsätze zurückführen.
a) Delegationsprinzip
b) Zielsetzungs- und Regelkreisprinzip
c) Organisationstechnisches Prinzip
Die organisationstechnischen Prinzipien wurden bereits unter dem Abschnitt „strukturbestimmende Personalplanung" abgehandelt (vgl. Bisani, Personalwesen). In den folgenden Abschnitten werden nur die umfassenden Gesamt-Modelle dargestellt. Die Vielzahl der verschiedenen Management-by-Techniken, die nur auf einem Teilaspekt des Führungsprozesses, wie z. B. Motivation, Kommunikation usw. abstellen, werden, da sie ja Bestandteil eines jeden geschlossenen Systems sind, nicht gesondert behandelt.

1. Führungsmodelle auf der Grundlage des Delegationsprinzips

Unter Delegation wird in der Regel das Übertragen von Aufgaben bzw. Kompetenzen an nachgeordnete Stellen verstanden. Die Forderung nach vermehrter Delegation ist im Zuge der Diskussion um einen modernen, den veränderten Bedingungen angepaßten Führungsstil immer wieder erhoben worden. Ziel einer vermehrten Delegation soll eine Förderung des verantwortungsvollen Mitarbeiter, eine Erweiterung seines Erfahrungsbereiches und eine Entlastung der Führungskräfte von laufenden Routinearbeiten sein.

a) Delegation von Verantwortung (management by delegation)

Sie geht von der Überlegung aus, daß betriebliche Entscheidungen und auch die Verantwortung nicht mehr allein auf der obersten Spitze konzentriert sein dürfen, sondern daß sie von den Mitarbeitern auf den Ebenen übernommen werden müssen, wo sie ihrem Wesen nach hingehören und daher auch mit den größten Sachkenntnissen erledigt werden können.
Als *Grundsätze für erfolgreiches Delegieren* werden genannt:
(1) Dauerhafte Übertragung gleichartiger Aufgaben anstelle der Erteilung von Einzelaufträgen.

(2) Möglichst vollständige Aufgaben anstelle isolierter Teilgebiete übertragen.

(3) Die delegierten Aufgaben müssen den Fähigkeiten des Mitarbeiters angepaßt sein. Überforderungen schaden genauso wie Unterforderung.

(4) Erteilung aller erforderlichen Informationen, Auskünfte und Instruktionen zur Erfüllung der Aufgabe.

(5) Übertragung aller zur Erledigung der Aufgaben erforderlichen Befugnisse und Kompetenzen.

(6) Übertragung der vollen *Handlungsverantwortung* für die delegierten Aufgaben.

Voraussetzung für ein erfolgreiches Delegieren ist der *delegationsfähige Mitarbeiter*, der bereit ist, auch Aufgaben in eigener Verantwortung wahrzunehmen, und der *delegationsbereite Vorgesetzte*, der Aufgaben zur selbständigen Durchführung nachgeordneten Mitarbeitern überträgt.

Eigene empirische Untersuchungen zeigen, daß das so einfach und überzeugend anmutende Modell des *management by delegation* bei seiner Durchführung auf Schwierigkeiten stößt.

Eine Untersuchung bei 98 Führungskräften und 420 ihnen unterstellten Mitarbeitern zeigt folgendes Bild:

82 % der Führungskräfte erklärten, daß sie noch mehr an Aufgaben delegieren würden, aber die Mitarbeiter sind nicht fähig oder nicht willens, die Aufgaben zu übernehmen.

70 % der Führungskräfte sind der Meinung, daß Mitarbeiter nicht bereit sind, die mit der Delegation verbundene Verantwortung zu tragen. Aber

90 % der Mitarbeiter sind der Meinung, daß sie mehr an Aufgaben in eigener Verantwortung übernehmen könnten, daß ihnen aber die notwendige Kompetenz nicht übertragen wird.

Die Gründe für diese unterschiedliche Beurteilung sind vielfältig. Einmal wird bei der Verantwortung nicht klar zwischen *Führungs- und Handlungsverantwortung* unterschieden (vgl. hierzu Ausführungen zum *Harzburger Modell*). Da Vorgesetzte in der Regel auch glauben, auch die Handlungsverantwortung übernehmen zu müssen, kommt es meist zu einem Auseinanderfallen von delegierten Aufgaben und den zu ihrer Erledigung übertragenen Kompetenzen. Weiterhin ist es den meisten Vorgesetzten nicht bewußt, daß bei einer Delegation von Aufgaben, verbunden mit der notwendigen Kompetenz und Verantwortung, dem Mitarbeiter die Möglichkeit gegeben werden muß, aus verschiedenen Alternativen, diejenige auszuwählen, die er selbst aufgrund eigener Überlegungen für richtig erachtet. Dies setzt — und das wird in den meisten Lehrbüchern übersehen — voraus, daß mit der Delegation auch ein entsprechendes Vertrauen in den Mitarbeiter gesetzt werden muß. Fehlt dieses notwendige Vertrauen und erwartet der Vorgesetzte, daß der Mitarbeiter so handeln wird, wie er selbst handeln würde, und beachtet er nicht, daß ein Mitdenken im Rahmen delegierter Aufgabenerfüllung und absoluter Gehorsam sich gegenseitig ausschließen, so führt dies zu einem gegenseitigen Absicherungsstreben. Mitarbeiter, die unsicher sind, ob sie genauso handeln, wie es von ihnen gewünscht wird, neigen dazu, sich rückzuversichern und damit durch Rücksprachen die Aufgabenerledigung wieder zurückzudelegieren.

Vorgesetzte, denen das notwendige Vertrauen fehlt, neigen dazu, zu glauben delegierte Aufgaben wieder zurücknehmen zu müssen, wenn der Mitarbeiter einmal anders entschieden hat, als sie selbst entschieden hätten. *Rückdelegation* durch den Mitarbeiter und *Rücknahme der Delegation* durch den Vorgesetzten führen zwangsläufig zu Frustrationseffekten bei den Mitarbeitern und zu kaum verminderter Arbeit bei den Vorgesetzten. Häufig glauben auch Vorgesetzte ihrer Verantwortung für die Erledigung delegierter Aufgaben ausschließlich durch umfangreiche Kontrollen gerecht werden zu müssen.

Über den zweckmäßigsten Umfang dieser Kontrolltätigkeit bestehen sehr leicht bei Vorgesetzten und Untergebenen unterschiedliche Vorstellungen.

b) Management by Exception

Der Grundgedanke des *Management by Exception*, in der deutschsprachigen Literatur auch als *„Prinzip des Ausnahmefalls"* bezeichnet, beruht auf zwei einfachen Erkenntnissen:
(1) Im modernen, arbeitsteiligen und immer unübersehbarer werdenden Wirtschaftsleben ist es für eine Führungskraft weder möglich noch notwendig, alles jederzeit selbst zu wissen, zu sehen und zu bestimmen.
(2) Die verschiedenen Vorgänge in einem Unternehmen sind von unterschiedlicher Wichtigkeit. Sie bedürfen deshalb auch nicht alle der gleichen Behandlung durch die Unternehmensleitung.

Daraus ergibt sich die Schlußfolgerung, daß sich Führungskräfte auf die Erledigung von außergewöhnlichen Fällen beschränken sollen, die den Einsatz ihrer Person und ihrer Fachkenntnisse bedürfen. Alle anderen Fälle sollen sie von den Mitarbeitern in eigener Verantwortung erledigen lassen.

Was als solcher Ausnahmefall zu gelten hat, kann nach zwei unterschiedlichen Richtungen bestimmt werden:
(1) durch die besondere Wichtigkeit eines Vorganges für das Unternehmen und
(2) durch die Abweichung von einer vorgegebenen Norm.

Das Hauptproblem liegt in der genauen Abgrenzung und Definition des Ausnahmefalls. Wird die Abgrenzung zu weit gezogen, verliert die Delegation von Aufgaben an Mitarbeiter ihre Wirkung und die Führungskräfte bleiben überlastet, während die Fähigkeiten der nachgeordneten Mitarbeiter kaum genutzt werden. Wird hingegen die Abgrenzung zu eng gezogen, so daß kaum Ausnahmefälle auftreten, verliert der Vorgesetzte den Überblick und es entstehen eigenverantwortliche „Organisationsinseln". Wo die Grenze zu ziehen ist, ergibt sich aus dem Zusammenwirken von Ermessensspielraum und Anspruchsniveau. Der Ermessensspielraum wird im Rahmen der Grenzen der physischen Kapazitätsbedingungen durch das Anspruchsnivau der übergeordneten Instanz bestimmt. Dieses Anspruchsniveau hängt vom Erfolg oder Mißerfolg früher vorgenommener Handlungen ab.

Wurden die Erwartungen eines Vorgesetzten durch Delegation von Verantwortung mehrfach enttäuscht, sinkt das Anspruchsniveau, andernfalls steigt es.

Erfahrungen haben gezeigt, daß die Bestimmung des Ausnahmefalls nicht allein von den Persönlichkeitsstrukturen der Vorgesetzten und Mitarbeiter abhängig gemacht werden darf. Betrachtet man Ausnahmefälle im Sinne der Systemtheorie als Störgrößen, so sollten durch eigene Kompetenz des Subsystems (das heißt des Mitarbeiters) rund 90 % der Störgrößen abgefangen werden können. Bleibt der Anteil geringer, wird das System bzw. der Organisationsfluß schwerfällig. Damit wird die richtige Durchführung des Management by Exception-Konzepts auch zu einem Problem der Mitarbeiterauswahl und Mitarbeiterschulung.

Um die Grenzen der Ausnahmefälle zu bestimmen, kennt das Modell *vier Schlüsselphasen*:

(1) *Meß- und Projektierungsphase.*

Hier werden die Leistungswerte der Vergangenheit und der Gegenwart ermittelt, um hieraus Schlußfolgerungen für die zukünftige Entwicklung zu gewinnen.

(2) *Phase der Kriterienauswahl und Kriterienbewertung.*

Hierbei werden unter Berücksichtigung der vorhersehbaren und geplanten zukünftigen Entwicklung technische Kriterien festgelegt, die die Grenzen des Normalverhaltens bestimmen und für die Erreichung der Zielvorstellung von Bedeutung sind.

(3) *Beobachtungs- und Vergleichsphase.*

Hier werden die Werte der laufenden Entwicklung erfaßt und die Ist-Werte mit den erwarteten Soll-Leistungen verglichen.

(4) *Entscheidungsphase.*

Hier werden die Korrekturmaßnahmen bestimmt und angeordnet, die notwendig sind, die zurückgebliebenen Leistungen zu verbessern oder die Erwartungen entsprechend neuen Erkenntnissen zu revidieren.

Daraus ergibt sich, daß Management by Exception in vollem Ausmaß nur als *Bestandteil eines Gesamtsystems* wirksam werden kann. Im Prinzip läßt es sich überall dort anwenden, wo Weisungsbefugnis und Verantwortlichkeit definiert und delegiert werden können und wo eine Messung dessen, was als normal anzusehen ist, auch durchgeführt werden kann. Kritisch wird gegen diese Führungsmethode eingewandt, daß sie die Informationsweitergabe auf die Fälle von negativer Abweichung beschränkt. Hierbei werden ungünstige Konsequenzen für die Motivation der Mitarbeiter befürchtet. Andererseits erhalten die übergeordneten Instanzen in der Regel von positiven Abweichungen keine Kenntnis, so daß häufig eine Anpassung des Anspruchsniveaus nach oben unterbleibt.

c) Führung im Mitarbeiterverhältnis – Harzburger Modell

Das von der Akademie für Führungskräfte der Wirtschaft in Bad Harzburg unter der Initiative ihres Leiters *Reinhard Höhn* entwickelte „Harzburger-Modell" stellt das erste geschlossene, in Deutschland bekanntgewordene System der Personalführung dar, das den Grundgedanken der Delegation konsequent verwirklicht. In einer Vielzahl von Lehrveranstaltungen wurde Zehntausende von Teilnehmern mit den Gedanken und Methoden dieses Modells vertraut gemacht.

aa) Grundsätze des Modells

Die Konzeption des Modells läßt sich unter folgenden *Leitsätzen* zusammenfassen:
(1) Betriebliche Entscheidungen sind auf der Ebene zu treffen, wo sie der Sache nach hingehören. Nicht mehr einzelne Personen an der Spitze oder im Mittelbau, sondern viele Mitarbeiter sollen entscheiden.
(2) Anstelle von Einzelaufträgen treten festumrissene Aufgabenbereiche, innerhalb derer Mitarbeiter im Rahmen der ihnen übertragenen Kompetenzen selbständig entscheiden können.
(3) Die Konzentration der Verantwortung bei der Führungsspitze entfällt. Statt dessen wird ein Teil der Verantwortung mit den Aufgaben und den Kompetenzen an die Stellen delegiert, die sich mit dem Problem vor Ort beschäftigen.
(4) Die Aufgabenverteilung erfolgt nicht mehr von oben nach unten, indem die vorgesetzte Stelle das abgibt, was sie nicht mehr machen kann, sondern umgekehrt von unten nach oben, indem einer nachgeordneten Stelle nur die Entscheidungen entzogen werden, die sachlich dort nicht mehr getroffen werden können.

Voraussetzung für die Realisierung dieses Führungsmodells ist:
(1) auf Seiten der *Vorgesetzten:* Vorbehaltloses Akzeptieren des neuen Führungsstils, Bereitschaft zur Zusammenarbeit und die Fähigkeit, Mitarbeiter zum Mitdenken und Mithandeln anzuregen.
(2) auf Seiten der *Mitarbeiter:* Fähigkeit und Bereitschaft, Verantwortung zu übernehmen sowie initiativ und selbständig zu denken und zu handeln.

Die verantwortliche Durchführung der Delegation von Aufgaben setzt voraus, daß die mit den Aufgaben verbundenen Kompetenzen und die Verantwortung für diese Aufgaben übereinstimmen.

Die Delegation der Verantwortung verbietet dem Vorgesetzten ein Eingreifen in die Verantwortungsbereiche aller ihm direkt oder indirekt unterstellten Mitarbeiter (*Verbot des Durchregierens*), von Fällen akuter Gefahr abgesehen.

Diesem Verbot der Rücknahme der Verantwortung steht das *Verbot der Rückdelegation* von Verantwortung gegenüber. Die Rückdelegation umfaßt den Tatbestand, daß sich Mitarbeiter bei Entscheidungen, die ihren Verantwortungsbereich betreffen, bei ihren Vorgesetzten rückversichern, weil sie sich absichern wollen oder ihnen die Übernahme der Verantwortung zu gefährlich erscheint.

Im Bereich der Verantwortungsdelegation ist zwischen der Handlungs- und der Führungsverantwortung zu unterscheiden. Im Rahmen der *Handlungsverantwortung* muß der Mitarbeiter für das einstehen, was er im Rahmen seines ihm übertragenen Aufgabenbereiches tut oder unterläßt. Die *Führungsverantwortung* des Vorgesetzten umfaßt die Verantwortung für die Auswahl des richtigen Mitarbeiters und die zweckentsprechende Einführung in die Arbeit sowie die Sicherstellung der zur Aufgabenerfüllung erforderlichen Informationen. Nur dann, wenn der Vorgesetzte seine Führungsaufgaben im Rahmen der Erfolgskontrolle und Dienstaufsicht nicht ausgeübt oder wenn er es unterlassen hat, die Leistung seiner Mitarbeiter durch Einsatz der verschiedenen Führungsmittel zu beeinflussen, wurde er seiner Führungsverantwortung nicht gerecht.

bb) Führungsmittel

Die Grundlage des Systems bilden Stellenbeschreibung und Führungsanweisung. Im Rahmen der *Stellenbeschreibung* soll der Mitarbeiter konkret über seine Arbeitsaufgabe, seine Befugnisse und seine Verantwortung informiert werden. Sie soll dem Mitarbeiter den Überblick darüber geben, in welchem Rahmen er eigenverantwortlich handeln darf und vermeidet weitgehend den Streit um Kompetenzen. Im Zweifelsfall soll er sich auf den Inhalt der Stellenbeschreibung stützen können. Darüber hinaus dient die Stellenbeschreibung der Lohn- und Gehaltsfindung und hat die Aufgabe, die organisatorischen Zusammenhänge zwischen den einzelnen Stufen und Bereichen erkennbar und korrigierbar zu machen. (Zu den Grenzen der Stellenbeschreibung vgl. *Bisani*, Personalwesen). Unter einer *allgemeinen Führungsanweisung* im Sinne des Harzburger Modells wird die schriftliche Festlegung der Führungsgrundsätze und die Codifizierung des Führungsstils verstanden, zu dem sich die Unternehmensführung entschlossen hat. *Höhn* hält die allgemeine Führungsanweisung für das Kernstück des Modells. Gegenüber der Kritik, daß die Führungsanweisung im wesentlichen ja nur allgemein bekannte Grundsätze und wenig verbindliche Festlegungen enthält, gibt er zu bedenken, daß die schriftliche Fixierung so lange erforderlich ist, wie allgemeine Selbstverständlichkeiten noch nicht ins Bewußtsein aller eingedrungen sind.

Die allgemeine Führungsanweisung bietet Vorgesetzten und Mitarbeitern Sicherheit und eine einheitliche Sprachregelung auf der Basis dieses einen, für alle verbindlichen Führungskonzeptes. Aus diesem Grunde sind auch Verstöße gegen die „allgemeine Führungsanweisung" als Pflichtverletzungen aufzufassen, die zu den gleichen Folgen führen wie die Verletzung fachlicher Pflichten.

Zu den allgemeinen *Führungsmitteln* gehören:

Festlegung des *Dienstweges:* Dieser wird als unerläßlich erachtet, um den Informationsfluß zwischen Mitarbeiter und Vorgesetzten sicherzustellen und eine optimale Informationsübermittlung zu gewährleisten. Ergänzt wird der Dienstweg durch *Querinformationen* zwischen den Stelleninhabern einer Ebene sowie den Direktverbindungen zwischen Stab- und Linienabteilungen. Ein genau festgelegter *Informationskatalog* legt die Informationspflichten des Mitarbeiters fest. Er wird ergänzt durch einen *Informationsplan* des Vorgesetzten. Beide sollen den Zusammenhalt zwischen und innerhalb der einzelnen Delegationsbereiche sicherstellen.

Mitarbeiterbesprechung (mit mehreren) und das *Mitarbeitergespräch* (mit einem Mitarbeiter): Beide sollen dazu dienen, Entscheidungen vorzubereiten und die Initiative sowie das Mitdenken der Mitarbeiter für den Entscheidungsprozeß zu aktivieren. Ein Anlaß kann ein im Delegationsbereich eines Mitarbeiters aufgetretener außergewöhnlicher Fall sein, der nicht mehr in seinen Kompetenzbereich fällt. Für den Vorgesetzten wird sich dann die Notwendigkeit einer Mitarbeiterbesprechung ergeben, wenn er eine Entscheidung treffen muß, die Auswirkungen auf die Delegationsbereiche der Mitarbeiter oder deren Arbeitsmethoden hat (in diesem Fall muß er die Meinung der Beteiligten hören, bevor er entscheidet), oder wenn er erkennt, daß Mitarbeiter in ihren Aufgabenbereichen Erfahrungen und Kenntnisse besitzen, die er im Interesse des Betriebserfolges für das Finden seiner Entscheidung nutzbar machen kann.

Zweck der Mitarbeiterbesprechung soll es sein, die Mitarbeiter am gesamtbetrieblichen Geschehen zu beteiligen, so daß sie sich nicht mehr nur als ausführende Organe fühlen und damit auch mehr Verständnis für die Entscheidungen ihrer Vorgesetzten haben. Dadurch sind sie besser imstande, diese Entscheidungen gegenüber Dritten zu vertreten.

Während Mitarbeiterbesprechung und -gespräch auf der Ebene der Gleichberechtigung geführt werden, sollen *Dienstgespräch* und *Dienstbesprechung* als Führungsmittel dazu dienen, den Mitarbeitern Anweisungen zu geben, ihnen die Entscheidungen mitzuteilen, die von einer höheren Ebene getroffen wurden, soweit diese ihre Delegationsbereiche berühren. Während der Vorgesetzte beim Mitarbeiter-Gespräch (-besprechung) die *Gesprächsautorität* besitzt, besitzt er im Dienstgespräch (-besprechung) die „*Befehlsautorität*". Er wird hier im Rahmen seines Führungsauftrages oder seiner Kontrollpflicht tätig.

Darüber hinaus soll aber der Vorgesetzte seine Mitarbeiter nicht nur durch Anweisungen führen, sondern es ist vielmehr seine Pflicht, ihre Handlungen durch Anregungen zu beeinflussen, wobei es Aufgabe des Mitarbeiters ist zu prüfen, ob und inwieweit er die Anregung für seine Handlungen und Entscheidungen nutzbringend verwenden kann.

Neben Mitarbeiter- und Dienstgespräch sind noch *Kollegial-, Rund- und Teamgespräche* vorgesehen.

Als wesentliche Motivations- und Führungsmittel werden „*Kritik* und *Anerkennung*" genannt. Die formale Berechtigung, Kritik zu üben, wird aus der Führungsverantwortung abgeleitet. Durch eine Reihe von Grundsätzen soll sichergestellt werden, daß Kritik nicht verletzend, sondern vielmehr konstruktiv und aufbauend wirkt. Es darf sich das Kritikgespräch nicht im Negativen erschöpfen, sondern es muß vielmehr Wege zu einer besseren Zusammenarbeit und künftigen Fehlervermeidung aufzeigen. Aus diesem Grunde darf Kritik nie pauschal geübt werden, sondern muß sich immer auf den Einzelfall beziehen. Neben der Berechtigung zur Kritik hat der Vorgesetzte die Pflicht, überdurchschnittliche Leistungen seiner Mitarbeiter anzuerkennen. Ziel der Anerkennung ist Erhöhung des Selbstwertgefühls der Mitarbeiter, ihrer Sicherheit im Auftreten und ihrer Zufriedenheit im Arbeitsbereich. Auf beides – Kritik und Anerkennung – hat der Mitarbeiter einen Anspruch. Er hat ein Recht zu erfahren, inwieweit er die an ihn gestellten Anforderungen erfüllt.

Unabdingbare Pflicht des Vorgesetzten, die nicht delegiert werden kann, ist die *Kontrolle*. Das Harzburger-Modell unterscheidet zwischen Dienstaufsicht und Erfolgskontrolle. Die *Dienstaufsicht* ist auf den Einzelfall abgestellt. Hierbei überprüft der Vorgesetzte anhand von Stichproben, ob bestimmte Handlungen des Mitarbeiters den vorgegebenen Normen und Richtlinien entsprechen. Die Dienstaufsicht hat den Zweck, das Risiko, das mit der Delegation von Verantwortung verbunden ist, zu vermeiden. Ziel ist es, auftretende Fehler und Ursachen frühzeitig zu erkennen und für die Zukunft zu verhindern. Die Dienstaufsicht wird durch die *Erfolgskontrolle* ergänzt. Hierbei wird Bilanz über die Gesamttätigkeit des Mitarbeiters in einem Zeitabschnitt gezogen. Erfolgskontrolle ist damit Ergebniskontrolle. Beide – Dienstaufsicht wie auch Erfolgskontrolle – haben sich sowohl auf das fachliche als auch auf das persönliche Verhalten der Mitarbeiter zu erstrecken.

Der Erledigung der Kontrollpflicht dienen der Kontrollplan und die Kontrollakte. Der *Kontrollplan* gehört zu den vertraulichen Unterlagen des Vorgesetzten und enthält die Festlegung der Aufgaben, die zu kontrollieren sind, die Festlegung der zweckmäßigsten Prüfungsmethode sowie den Zeitplan für die Stichprobenkontrolle. Die *Kontrollakte* enthält die Angaben über Kontrollergebnisse sowie die Protokolle der letzten Kontrollbesprechungen usw. Der Mitarbeiter hat hier jederzeit das Recht der Einsichtnahme. Die Kontrollergebnisse sind in den jährlichen Gesamtbeurteilungen auszuwerten.

cc) Kritik am Harzburger Modell

Obwohl dieses wie kein anderes Führungsmodell die Diskussion um den idealen Führungsstil beeinflußt und wie kein anderes Eingang in die betriebliche Praxis gefunden hat, ist es im Laufe der letzten Jahre immer stärker in Kritik geraten.
Die *Kritik* konzentriert sich auf folgende Punkte:
(1) Das Modell ist nicht kooperativ, sondern *versteckt autoritär.*
(2) Das Modell ist *bürokratisch.*
(3) Das Modell ist *formalistisch* und berücksichtigt nicht die Grundsätze menschlichen Verhaltens.
(4) Der *allgemeine Gültigkeitsanspruch* des Modells ist übertrieben.
Als Beweis für die Richtigkeit der Kritik wird meist auf eine Vielzahl von Firmen verwiesen, die das Modell eingeführt hatten und dann feststellen mußten, daß das theoretische Konzept in der Betriebspraxis nicht durchführbar war. Betrachtet man die einzelnen Kritikpunkte, so sind sie jedoch meist nicht gerechtfertigt.
Reber wie auch *Guserl* bemängeln, daß die Entscheidung zur Einführung dieses Modells durch einen autoritären Akt ohne Mitwirkung der Belegschaft vollzogen wird und daß die verliehene Selbständigkeit im Rahmen des Delegationsbereiches jederzeit ohne Mitwirkung der Betroffenen widerrufen oder eingeschränkt werden könne. Dies würde die Bedeutung des Modells für die Mitarbeiter in starkem Maße relativieren. Die starke Betonung des Weisungsrechts und der Gehorsamspflicht sowie die besondere Bedeutung der Kontrollinstrumente werden als Beweis herangezogen.
Reber hält dem Harzburger Modell vor, daß es genau dem idealtypischen Bürokratiemodell *Max Webers* entspricht, und verweist auf die schriftlich niedergelegten gebundenen Kompetenzbereiche, die festen Kontroll- und Aufsichtsorgane, die fachliche Schulung, die Aktenmäßigkeit, das Erfordernis rationalen Verhaltens der Vorgesetzten, das Beschwerderecht, die Abgrenzung der zulässigen Zwangsmittel durch feste Regeln und darauf, daß die Aufgaben der Organisation durch die Spitze gesetzt werden.
Der Streit, inwieweit das Harzburger Modell Grundzüge des Bürokratiemodells aufweist, ist müßig. Wichtig ist vielmehr, ob das Modell den Anforderungen der Realität entspricht oder nicht. Diese Frage wird von den Kritikern nicht gestellt. Auch der Vorwurf, daß die allgemeinen Führungsanweisungen sich in der Regel als eine Sammlung von Grundsätzen herausstellen, die im Grunde genommen unverbindlich sind, vermag nicht zu überzeugen. Solange bestimmte Verhaltensregeln und Grundsätze nicht zum Allgemeingut geworden sind und von den Mitarbeitern als Selbstverständlichkeiten betrachtet werden, müssen sie schriftlich niedergelegt sein, damit

sich jeder daran orientieren kann. Auch der Begründer des Modells gesteht hier zu, daß Führungsanweisungen dann überflüssig werden, wenn diese allgemeinen Grundsätze „zur Selbstverständlichkeit" geworden sind. In diesem Zusammenhang kann auch die Feststellung, daß „wesentlicher Bestandteil des Harzburger Modells" ein großer Katalog von Grundsätzen und Regeln sei, nach denen sich Vorgesetzte und Mitarbeiter im Betrieb verhalten müssen, und der Hinweis, daß es sich damit fast ausschließlich mit der formalen Dimension der Organisation befaßt und die nicht-formalen Aspekte dagegen nahezu völlig vernachlässigt, nicht überzeugen.

Das Führungsmodell hat sich aufgrund seiner *ausgeprägten Formalisierung* überall dort bewährt, wo verhältnismäßig gleichbleibende, relativ stark strukturierte Aufgaben zu bewältigen sind. Dies ist bei der überwiegenden Anzahl aller Arbeitsplätze der Fall. Wo hingegen innovative und kreative Arbeit zu leisten ist, sind andere Formen zu fordern.

Wenn auftretende Kritik nicht ganz unberechtigt ist, so liegt dies am *Absolutheitsanspruch*, der von den Schöpfern des Modells geltend gemacht wird, und am Glauben an die Allgemeinverbindlichkeit geschriebener Normen, die auch dann allgemeine Berücksichtigung garantieren sollen, wenn Inhalt und Bedeutung von den Betroffenen nicht akzeptiert und nicht zum Allgemeingut geworden sind. *Höhn* schreibt der Führung im Mitarbeiterverhältnis hohe gesellschaftliche Bedeutung zu und führt aus, daß hierdurch im gewissen Sinne der Staatsbürger von morgen herangebildet wird. Dieser Anspruch geht sicher zu weit. Die Organisation eines Unternehmens ist nicht der Schulmeister der Nation, sondern hat sich den geänderten Umweltbedingungen anzupassen. Führungsanweisungen allein ändern noch kein Führungsverhalten. Dafür ist ein geistiger und menschlicher Umstellungsprozeß erforderlich, der Zeit und Geduld erfordert.

Wenn *negative Erfahrungen* mit dem Harzburger Modell vorliegen, sind diese — soweit ersichtlich — auf zwei Ursachen zurückzuführen. Einmal sind die als „selbstverständlich erachteten Verhaltensregeln" der allgemeinen Führungsanweisung noch nicht zum allgemeinen Gedankengut aller Betroffenen geworden (vielleicht konnten sie es wegen der Kürze der Zeit auch gar nicht werden), zum anderen wurde das Modell auch in betrieblichen Teilbereichen mit stark innovativen und kaum strukturierten Aufgaben angewendet, für die es nicht geeignet ist.

2. Führungsmodelle auf der Basis von Zielvorgaben

Die zweite große Gruppe der Führungsmodelle beruht auf der Basis der *Zielvorgaben*. Diese bauen auf der Überlegung auf, daß die besten Erfolge dann zu erreichen sind, wenn Führungskräfte und Mitarbeiter die Möglichkeit haben, sich weitgehend selbst zu leiten und zu kontrollieren. Dies setzt Vorstellungen über das anzustrebende Ziel voraus. Je genauer und konkreter diese Vorstellungen sind, um so größer ist die Wahrscheinlichkeit der Zielerreichung.

a) Management by Objectives

aa) Entwicklung und Grundzüge des Modells

Die Entwicklung dieses Führungsmodells vollzog sich in drei Etappen. Erste Versuche wurden etwa ab 1950 in amerikanischen Unternehmen durchgeführt, nachdem sich die traditionellen Methoden der Leistungsbewertung von Führungskräften als unzureichend erwiesen hatten. Die Gründe dafür lagen in der starken Überbetonung von Persönlichkeitsfaktoren anstelle der erzielten Leistung, der fehlenden Möglichkeit der Selbstbewertung durch die betroffenen Führungskräfte sowie der unzureichenden Berücksichtigung motivierender Elemente bei der Ergebniserzielung. Die ersten Versuche wurden durch die Personalabteilungen entwickelt und bauten auf dem Grundgedanken auf, daß die Möglichkeit, Ziele für die eigene Tätigkeit zu entwickeln, gemeinsam mit den Vorgesetzten festzulegen und in eigener Verantwortung zu erreichen, die Verantwortungsfreude steigert und leistungsfördernd wirkt. Nachteilig wirkte sich aus, daß die Programme von den Personalabteilungen nur für einzelne Teilbereiche, und meist ohne Abstimmung untereinander, entwickelt wurden. Etwa ab 1960 wurden, unterstützt durch Beratungsfirmen, Versuche unternommen, den Prozeß der Zielvorgabe in den jährlichen betrieblichen Budgetierungs- und Planungsprozeß miteinzubeziehen mit dem Ziel einer besseren Abstimmung der einzelnen Abteilungsziele untereinander und mit den Oberzielen der Unternehmung. Diese kurzfristige Betrachtungsweise, die durch die Bindung an die jährlichen Budgetvorgaben erzwungen wurde, führte zu erheblichen Schwierigkeiten; einmal, weil Erfolgsverlagerungen bei kurzfristigen Zeiträumen sehr leicht möglich sind, zum anderen aber auch, weil sich Entscheidungen in einem Zeitraum häufig erst später in Ergebnissen niederschlagen. In der dritten Entwicklungsstufe erfolgte dann die Einbeziehung des Systems in die Langfristplanung.

Management by Objectives ist nicht eine einmalige Tätigkeit, sondern ein laufender Prozeß. Er verlangt, wenn er erfolgreich sein soll, einen klaren systematischen Aufbau, detailliert entwickelte *Unternehmungsziele* und eine exakt formulierte und schriftlich niedergelegte Unternehmungsphilosophie.

Im Rahmen dieser *Unternehmungsphilosophie* sind die Grundeinstellung eines Unternehmens zu seiner Umwelt und seine grundsätzlichen Intentionen festzuhalten. Die Unternehmungsphilosophie muß Angaben darüber enthalten, in welchen Bereichen das Unternehmen tätig sein will, welcher Leistungsstand der Produkte, des Services, der Betriebsmittel usw. angestrebt wird und welches Image bei der Belegschaft und auf dem Markt erreicht werden soll. Sie ist schriftlich zu fixieren und dient als generelle Richtschnur für das Handeln aller Mitarbeiter. Aus dieser Unternehmungsphilosophie werden dann die *obersten Langfristziele* des Unternehmens abgeleitet, die schriftlich fixiert und nach Prioritäten geordnet, in einem Zielkatalog aufgeführt werden. Herausfordernde und gleichzeitig auch realistische, dem Anspruchsniveau der Führungskräfte entsprechende und damit motivierende Ziele aufzustellen, ist in diesem Zusammenhang die schwierigste Aufgabe.

Entsprechend der Grundeinstellung eines Unternehmens und seiner Philosophie sind drei verschiedene Varianten dieser Führungsmethode möglich.

a) Autoritäre Variante, Management durch *Zielvorgabe*, d. h., die Unternehmensleitung gibt die Ziele autonom ohne Mitwirkung der Mitarbeiter vor.
b) Kooperative Variante, Management durch *Zielvereinbarung*, d. h. die Mitarbeiter sind in diesem Zielbildungsprozeß mit beteiligt. Sie können Vorschläge, Anregungen und Bedenken mit einbringen.
c) Neutrale Variante, Management durch *Zielorientierung*, d. h., die Ziele sind Orientierungs- und Anhaltspunkte, ohne verpflichtenden Charakter.

bb) Elemente

Das System baut auf drei *Grundelementen* auf:
(1) dem *Zielsystem*, d. h. den obersten Unternehmungszielen und davon abgeleitet spezifischen Unterzielen für Abteilungen, Bereiche und Einzelpersonen;
(2) einer klaren Organisation mit *Stellenbeschreibungen* und eindeutigen Verantwortungsbereichen;
(3) einem ausgebauten *Kontrollsystem*, bei dem die Ergebnisse mit den jeweiligen Zielen verglichen, Abweichungen festgestellt und analysiert werden.

Im Rahmen des *Zielsystems* sind die obersten Unternehmungsziele langfristig angelegt und mehr generell als spezifisch formuliert. Solche Oberziele können sein: durchschnittliche jährliche Wachstumsraten, Verbesserung der Marktstellung, Ausweitung der Absatzmärkte, Mindestkapital-Verzinsung, Zukunftssicherung durch Diversifikation usw.

Diese *Oberziele* dienen als Grundlage für die detaillierten Unterziele. Für die *Unterziele* wird gefordert, daß sie
(1) mit Zeitangaben verbunden sind;
(2) präzise und eindeutig formuliert sind, um unterschiedliche Auslegungen und Manipulationen zu verhindern;
(3) operationalisierbar sind, d. h. soweit als irgend möglich mengen- und wertmäßig gegebenenfalls auch durch Angabe von Veränderungsraten, Verhältniszahlen usw. quantifiziert werden können;
(4) Prioritäten enthalten, damit, falls zu knappe Ressourcen einzelner Bereiche oder Abteilungen eine vollständige Erreichung aller Ziele verhindern, wenigstens die wichtigsten Ziele erreicht werden.

Um das System der Zielvorgaben zu beherrschen, müssen organisatorische Einheiten geschaffen werden, deren Leitern klar abgegrenzte *Verantwortungsbereiche* übertragen werden können. Erfahrene MbO-Spezialisten (vgl. Humble) geben hier *singulären Leitungsinstanzen* gegenüber Gruppen wegen der eindeutigen Festlegung der Verantwortungsgrenzen den Vorzug.

Für jeden Verantwortungsbereich werden aus den obersten Unternehmungszielen „*Schlüsselergebnisse*" abgeleitet, die genau beschreiben, welche Ergebnisse vom Leiter eines Verantwortungsbereiches erwartet werden. Diese Schlüsselergebnisse, im Normalfall nicht mehr als 6 bis 8, sollen für eine längere Zeit unverändert beibehalten werden.

Grundlage für die Organisationsgliederung ist eine genaue *Stellenbeschreibung* für alle Führungskräfte, denen Ziele vorgegeben werden. Diese Stellenbeschreibungen enthalten neben den üblichen Angaben die *Schlüsselergebnisse* und die *Leistungsbewertungsmaßstäbe.*

Aus den Schlüsselergebnissen werden in Zusammenarbeit und unter unterschiedlichem Grad der Mitwirkung der jeweils betroffenen Führungskräfte die einzelnen Ziele entwickelt. Grundsätzlich können zwei Methoden angewandt werden:
(1) indem die Planungsinitiative von der Unternehmungsleitung ausgeht und von dort aus Soll-Vorgaben gemacht werden (top-down-Prinzip), was in der Regel zu einer geringeren Identifikation der ausführenden Stellen mit den Planzielen führt;
(2) indem die Planungsinitiative vom Bereichsleiter ausgeht, der Zielvorstellungen, Daten und Hypothesen von der Planungsabteilung vorgegeben bekommt und aufgefordert wird, aufgrund dieses Inputs seine Zielvorstellungen abzugeben (buttom-up-Prinzip).

Grundbedingung für das Funktionieren dieses Systems ist eine exakte *Kontrolle*, bei der gemessen wird, bis zu welchem Grad die Ziele im Unternehmen erfüllt wurden. In regelmäßigen Besprechungen werden die Kontrollergebnisse zwischen den einzelnen Führungskräften und ihren Vorgesetzten erörtert und die Ursache für Abweichungen festgestellt. Neben den allgemeinen Besprechungen ist auch ein gut funktionierendes Informationssystem Grundlage der Kontrolldurchführung. Ursachen für Planabweichungen können sein: Fehler bei der Zielfestlegung, unvorhersebare Ereignisse (Umweltsituation, Katastrophen, Abweichungen bei der Zielerfüllung durch andere Abteilungen) oder auch Mängel im Realisierungsprozeß. Ziele sollen nur in Ausnahmefällen geändert werden. In allen anderen Fällen muß versucht werden, durch geeignete Realisierungsmaßnahmen den Grad der Zielerreichung noch zu verbessern. Hierbei sollen sich Führungskräfte daran gewöhnen, mit den von ihnen selbst erstellten Zielen zu leben und nicht bei den geringsten Schwierigkeiten Abhilfe durch Zieländerungen anzustreben. Aufgabe einer Führungskraft ist es, in diesem System Ziele zu erreichen und nicht Gründe für ihre Änderung zu suchen.

Die Kontrollergebnisse bilden dann die Grundlage für die Leistungsbeurteilung und damit für das Gehalts- und Gratifikationswesen, für die Aus- und Weiterbildung sowie die Förderung und Planung der Führungsnachfolge.

cc) Würdigung

Die Vorteile dieses Führungssystems lassen sich in folgenden Punkten zusammenfassen:
(1) Förderung des Teamgeistes in der Firma durch Zwang zur Zusammenarbeit zum Zwecke gemeinsamer Zielerreichung.
(2) Zwang zum Kostendenken und zur Leistungsverbesserung.
(3) Größere Attraktivität für Führungskräfte, weil deren Entfaltungsmöglichkeiten vergrößert werden.
(4) Betonung der künftigen Entwicklungen des Unternehmens, weil die laufenden Entscheidungen durch die geplanten Ergebnisse und Ereignisse der Zukunft bestimmt werden.

(5) Gerechtere Entlohnung in materieller (Löhne, Gehälter, Gratifikationen usw.) und immaterieller (Beförderung, Aus- und Fortbildung usw.) Form.
(6) Größere Leistungsfreude und Einsatzbereitschaft durch Motivation.

Die besten Erfolge wurden nach Berichten erfahrener MbO-Praktiker in Unternehmen erzielt, in denen es gelungen ist, eine ergebnisorientierte und verantwortungsfreudige Schicht von Führungskräften heranzubilden.

Aus diesen Vorzügen ergeben sich auch die Grenzen des Systems. Es zeigt seine Stärken dort, wo es in Bereichen angewandt wird, die relativ selbständig ohne Zusammenhang mit der Leistungserstellung anderer Bereiche sind. Bei eng verflochtenen betrieblichen Beziehungen, bei der die Zielerreichung eines Teilbereiches von der Zielerreichung anderer Teilbereiche abhängt, tritt weniger der Teamgeist als vielmehr das Streben nach eigener Entschuldigung und der Schuldzuweisung an andere Teilbereiche in den Vordergrund. Statt einer Zusammenarbeit kommt es dann eher zu bereichsbezogener Absicherung. Anstelle des Zwangs zur Leistungsverbesserung und zum Teamgeist tritt der Abteilungsegoismus.

b) Kybernetische Regelkreismodelle

Die wesentlichen Grundsätze des Managements by Objectives finden sich auch bei allen anderen Führungsmodellen wieder, wie z. B. *„Management by Systems"*, die auf der Grundlage der *Systemtheorie* bzw. dem *kybernetischen Regelkreis* aufbauen (vgl. Schaubild 47).

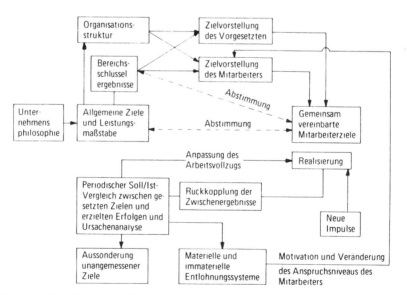

Schaubild 47: „Management by Objectives" als kybernetisches Regelkreismodell

Schaubild 47 zeigt, wie sich aus der *Unternehmungsphilosophie* über die *allgemeinen* Ziele und *Leistungsmaßstäbe* Bereichsschlüsselergebnisse und Organisationsstruktur ableiten. Aus beiden entwickeln sich die Zielvorstellungen von Vorgesetzten und Mitarbeitern, die nach Abstimmung mit den allgemeinen Zielen und den Bereichsschlüsselergebnissen zu gemeinsam vereinbarten Mitarbeiterzielen führen. Im Realisationsprozeß können neue Impulse für eine Bessergestaltung des Arbeitsvollzuges sowie der Zielerreichung Mitberücksichtigung finden. Die *Rückkopplung* erreichter Zwischenergebnisse zum periodischen *Soll/Ist-Vergleich* mit *Ursachenanalyse* führt zur Aussonderung unangemessener Ziele und beeinflußt im Regelkreis über die allgemeinen Ziele die Neufestsetzung der Bereichsschlüsselergebnisse. Gleichzeitig beeinflußt der Grad der Zielerreichung das materielle und immaterielle Entlohnungssystem und damit über die Motivation und die Veränderung des Anspruchsniveaus des Mitarbeiters auch dessen künftige Zielsetzungen.

c) Selbststeuernde Gruppen

Kybernetische Kreislaufvorstellungen in Verbindung mit den Konzeptionen der „Vermaschten Regelkreise" bzw. der Verknüpfung von Regelungs- und Anpassungssubsystemen (Ulrich S. 217 ff.) und des „Management by Objectives" bilden die theoretische Grundlage für neue Formen der Arbeitsstrukturierung mit Hilfe selbststeuernder Arbeitsgruppen (vgl. hierzu F. Bisani, Personalwesen).

3. Kombinierte Modelle

Die einzelnen beschriebenen Führungsmodelle betonen einseitig den einen oder den anderen Führungsaspekt. Es hat nicht an Versuchen gefehlt, verschiedene dieser

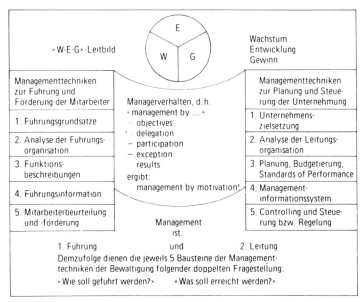

Schaubild 48: Das Gebäude des DIB/MAM-Führungssystems

Modelle zu einem kombinierten Gesamtmodell zusammenzufassen. Hier hat das *DIB/MAM-Modell* (Deutsches Institut für Betriebswirtschaft, Frankfurt und Management-Akademie, München) einen gewissen Bekanntheitsgrad erreicht. (Vgl. Schaubild 48).

Das *Leitbild* umfaßt drei Sektoren: Entwicklung und Wachstum des Unternehmens und, um beides zu sichern, Gewinnerzielung.
Das System besteht aus zwei Säulen und einer Brücke. Im linken Pfeiler der M-Brücke ist das Führungssystem, bestehend aus fünf Bausteinen, aufgebaut. Hier geht es um das „Wie" der Personalführung. Im rechten Pfeiler der Brücke steht das Leitungssystem. Die fünf Bausteine legen fest, was von der Unternehmung und den einzelnen Bereichen erreicht werden soll. Beide Pfeiler sind durch den Brückenbogen miteinander verbunden und greifen ineinander über. Der Brückenbogen besteht aus der „software", d. h. dem Führungsverhalten der Führungskräfte, der Einstellung und der Mentalität der Vorgesetzten. Im wesentlichen finden sich hier alle anderen bereits besprochenen Führungsmodelle wieder.

C. Modelle für situationsbezogenes Führungsverhalten

1. Führungsmodell von Reddin

Die bisher besprochenen Modelle unterstellen jeweils einen ganz bestimmten einheitlichen Menschentyp und propagieren einen von den verschiedenen Situationen und Einflußgrößen unabhängigen optimalen Führungsstil.
Reddin kritisiert die normative Forderung von *Blake u. Mouton*, die in ihrem *Verhaltensgitter* den 9.9 Führungsstil als den optimalen Führungsstil ansehen (vgl. Abschnitt VI D 2). Er fordert, daß das Führungsumfeld des Vorgesetzten mit in die Betrachtung einbezogen werden muß (vgl. Schaubild 49).

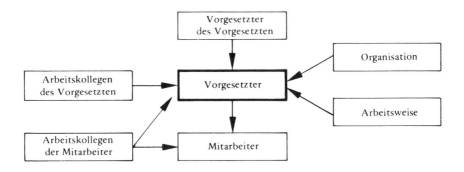

Schaubild 49: Führungsumfeld des Vorgesetzten

In Anlehnung an *Blake u. Mouton* unterscheidet *Reddin* im Koordinatenfeld von Beziehungs-(Mitarbeiter-)Orientierung und Aufgabenorientierung zwischen 4 Stilarten (vgl. Schaubild 50).

Beziehungs- (Mitarbeiter-) Orientierung	Aufgabenorientierung	Grundführungsstil
hoch	niedrig	Beziehungsstil
hoch	hoch	Integrationsstil
niedrig	niedrig	Verfahrensstil
niedrig	hoch	Aufgabenstil

Mit welchem Führungsstil ein Vorgesetzter Erfolg hat, hängt von den situativen Bedingungen des Umfeldes ab.

Die drei Dimensionen des Führungsverhaltens

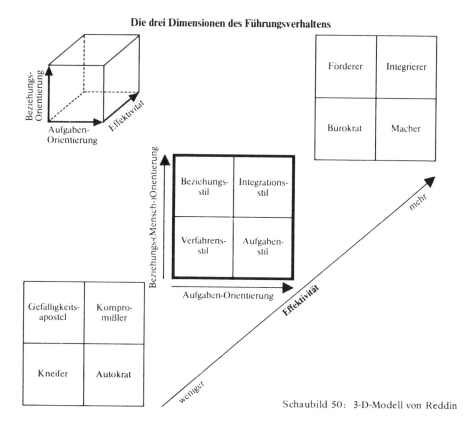

Schaubild 50: 3-D-Modell von Reddin

Ein Vorgesetzter mit starker *Beziehungsorientierung* gleicht in einer Situation, in der dieser Stil nicht zum Erfolg führt, mehr einem *Gefälligkeitsapostel*; wenn die Situation für ihn effektiv, d. h. günstig ist, einem *Förderer*, der sich stark für die Entwicklung seiner Mitarbeiter einsetzt.

Der Aufgabenstil wird einen Vorgesetzten in einer weniger effektiven Situation zum *Autokraten* abstempeln, in effektiver Situation jedoch zu einem von den Mitarbeitern akzeptieren *Macher*. In günstigen Situationen wird ein Vorgesetzter mit dem Integrationsstil zu einem *Mitarbeiterorientierung* und *Aufgabenorientierung* gleichermaßen berücksichtigenden *Integrierer*, in weniger effektiven Situationen jedoch zu einem standpunktlosen *Kompromißler*.

Reddin fordert vom Vorgesetzten, daß er sich seines Führungsumfeldes bewußt wird, daß er lernt, sein Führungsverhalten der jeweiligen Situation effektiv anzupassen. Er verlangt *Stiltreue*, wenn ein Vorgesetzter herausgefunden hat, daß ein bestimmter Stil die Effektivität erhöht, und *Stilflexibilität* zur effektiven Anpassung des Stiles an die Erfordernisse der Situation.

2. Führungsansatz von Hersey und Blanchard

Einen anderen Ansatz wählen *Hersey* und *Blanchard*. Sie gehen davon aus, daß das effektive Verhalten eines Vorgesetzten vom *„Reifegrad" des Mitarbeiters* abhängt. Der Reifegrad der Mitarbeiter bestimmt sich als Ergebnis von Fähigkeit (aufgabenbezogene Reife) und Motivation (persönlichkeitsbezogene Reife), d. h. dem Willen, sich hohe, aber erreichbare Ziele zu setzen und Verantwortung zu tragen. Hierbei unterscheiden sie 4 Stufen des Reifegrades (vgl. Schaubild 51):

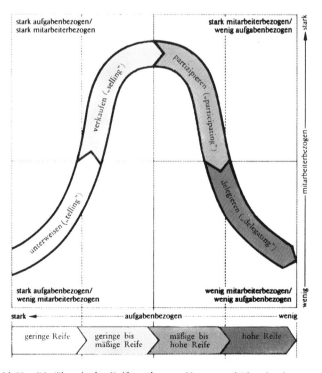

Schaubild 51: Die Theorie des Reifegrades von Hersey und Blanchard

Geringe Reife:	Dem Mitarbeiter mangelt es sowohl an Antrieb/Motivation als auch an der Fähigkeit/Qualifikation, eine Aufgabe erfolgreich zu bewältigen. Große Erfolgswahrscheinlichkeiten bietet ein Führungsstil, der stark aufgabenbezogen und wenig mitarbeiterorientiert ist. Klare Arbeitsanweisungen (unterweisen) und laufende Kontrolle sind erforderlich.
Geringe bis mäßige Reife:	Hier hat der Mitarbeiter zwar den Willen, eine Aufgabe zu erfüllen, es fehlen ihm aber die notwendigen Fähigkeiten. Ein stark aufgaben- und stark mitarbeiterbezogener Führungsstil ist hier effektiver. Der Vorgesetzte muß den Leistungswillen anspornen, er muß wegen fehlender Fähigkeiten Hilfestellungen geben. Er muß mehr überzeugen und weniger anordnen. *Hersey* und *Blanchard* sprechen hier vom „Verkaufen".
Mäßige bis hohe Reife:	Der Mitarbeiter verfügt zwar über die erforderlichen Fähigkeiten, nicht aber den Willen, die Aufgaben auch konsequent zu erledigen. Ein starker mitarbeiterbezogener und weniger aufgabenbezogener Führungsstil ist angebracht. Anweisungen sind wegen der vorhandenen Fähigkeiten kaum erforderlich, wohl aber eine stärkere Motivation, um diese Fähigkeiten auch in Handlungen umzusetzen. Die Partizipation der Mitarbeiter sollte im Vordergrund stehen.
Hohe Reife:	Hier besitzt der Mitarbeiter sowohl die Fähigkeiten als auch den Willen, gestellte Aufgaben zu erfüllen. Es empfiehlt sich ein wenig aufgaben- und wenig mitarbeiterbezogener Führungsstil. Tüchtige, fähige und hoch motivierte Mitarbeiter sind am leistungsfähigsten, wenn man ihnen die Möglichkeit gibt, ihre Arbeit so zu erledigen, wie sie dies für richtig erachten. Die Delegation von Aufgaben und Verantwortung soll die Grundlage des Führungsverhaltens sein.

3. Das Kontingenzmodell von Fiedler

Die besprochenen Untersuchungsergebnisse beschränken sich immer nur auf bestimmte Merkmale einer bestimmten Situation und lassen andere wesentliche Einflußgrößen außer acht. Durch das Fehlen einer in sich geschlossenen Theorie lassen sie deshalb auch kaum verifizierbare Hypothesen zu. Diesem Mangel versucht *Fiedler* abzuhelfen. Er geht in seinem Modell von der Annahme aus, daß die Effektivität einer Arbeitsgruppe durch die Interaktion spezifischer Verhaltensweisen einer Führungskraft und durch den Grad der situationalen Günstigkeit für den Führer bedingt ist. Damit unterscheidet das Modell drei *Kernvariable*, die es zu definieren und zu operationalisieren gilt.

a) Führungsstil

Fiedler geht in Anlehnung an die „X-Y-Theorie" von *McGregor* von der Annahme aus, daß das Bild, das jemand von einem anderen hat, auch dessen Verhalten ihm gegenüber bestimmt. Beim Führungsverhalten eines Vorgesetzten wird diese Grundeinstellung gegenüber der ganzen Gruppe im wesentlichen durch das Bild bestimmt, das er von dem am wenigsten geschätzten Mitarbeiter (Least Prefered Coworker) hat. Diese Einstellung versucht Fiedler mit Hilfe des sog. LPC-Wertes zu operationalisieren, indem er den Vorgesetzten veranlaßt, diesen am wenigsten geschätzten Mitarbeiter anhand von 16 bipolaren Adjektivpaaren zu beurteilen (vgl. Schaubild 52).

angenehm	8 7 6 5 4 3 2 1	unangenehm
freundlich	8 7 6 5 4 3 2 1	unfreundlich
abweisend	1 2 3 4 5 6 7 8	entgegenkommend
hilfsbereit	8 7 6 5 4 3 2 1	ungefällig
gefühlsarm	1 2 3 4 5 6 7 8	gefühlvoll
spannungsvoll	1 2 3 4 5 6 7 8	entspannt
fern	1 2 3 4 5 6 7 8	nahe
kalt	1 2 3 4 5 6 7 8	warm
zur Zusammenarbeit bereit	8 7 6 5 4 3 2 1	nicht zur Zusammenarbeit bereit
kameradschaftlich	8 7 6 5 4 3 2 1	feindlich
langweilig	1 2 3 4 5 6 7 8	interessant
streitsüchtig	1 2 3 4 5 6 7 8	friedlich
selbstsicher	8 7 6 5 4 3 2 1	unschlüssig
erfolgreich	8 7 6 5 4 3 2 1	erfolglos
verdrießlich	1 2 3 4 5 6 7 8	fröhlich
offen	8 7 6 5 4 3 2 1	verschlossen

Schaubild 52: Gegensatzpaare zur Ermittlung des LPC-Wertes

Die Summe der Punkte in den angekreuzten Kästchen ergibt den *LPC-Wert*. Der kleinstmögliche Wert beträgt 16 und der höchstmögliche Wert 128 Punkte. Bei weniger als 72 Punkten wird man von einem niedrigen und bei mehr als 72 Punkten von einem hohen LPC-Wert sprechen können.

Ein Vorgesetzter, der einen hohen Wert erreicht, beschreibt den am wenigsten geschätzten Mitarbeiter noch relativ wohlwollend. Dies gilt damit als Indikator für ein mehr *personenbezogenes* Führungsverhalten. Ein niedriger LPC-Wert hingegen würde für ein mehr *sachaufgabenbezogenes* Führungsverhalten sprechen.

b) Grad der situationalen Günstigkeit

Nicht nur das Führungsverhalten bestimmt den Führungserfolg, sondern auch die Gunst oder Ungunst der *Führungssituation*. Diese wird bestimmt durch:

(1) Positionsmacht

Sie umfaßt die Macht eines Vorgesetzten, die mit seiner Stellung in der Hierarchie verbunden ist, also die formale Befugnis, zu belohnen und zu bestrafen. Ohne *Positionsmacht* muß ein Vorgesetzter die Arbeitsgruppe erst von seiner Befähigung überzeugen und läuft ständig Gefahr, seine Position zu verlieren.
Die *Operationalisierung* nimmt Fiedler durch 18 Items vor (vgl. Schaubild 53).

> 1. Dem Lob, das der Führer ausspricht, wird größere Bedeutung beigemessen als dem Lob, das Gruppenangehörige aussprechen.
> 2. Vom Führer ausgesprochenes Lob wird höher bewertet, Kritik, die der Führer übt, als Tadel empfunden.
> 3. Der Führer kann Strafen und Belohnung vorschlagen.
> 4. Der Führer kann nach eigenem Ermessen Strafen verhängen und Belohnungen geben.
> 5. Der Führer kann Beförderungen oder Zurückversetzungen vornehmen (oder empfehlen).
> 6. Der Führer leitet oder koordiniert die Gruppentätigkeit übt aber möglicherweise keinen anderen Einfluß aus. Er ist zum Leiter der Gruppe bestimmt und wird als solcher anerkannt.
> 7. Der Meinung des Führers schenkt man Aufmerksamkeit und zollt ihr Respekt.
> 8. Die Fachkenntnisse des Führers oder die Information, in deren Besitz er im Gegensatz zur Gruppe ist, befähigen den Führer darüber zu entscheiden, wie die Aufgabe ausgeführt werden bzw. wie die Gruppe bei der Lösung der Aufgabe verfahren soll.
> 9. Der Führer gibt den Gruppenangehörigen Arbeitsanweisungen.
> 10. Der Führer ordnet an, was die Gruppenangehörigen zu tun oder zu sagen haben.
> 11. Man erwartet vom Führer, daß er die Gruppe motiviert.
> 12. Man erwartet vom Führer, daß er der Gruppe Aufgaben gibt und die Ausführung der Aufgaben beurteilt.
> 13. Der Führer besitzt die umfangreichsten Fachkenntnisse in Hinblick auf die Tätigkeit, veranlaßt jedoch, daß die Gruppenangehörigen die Tätigkeit ausführen.
> 14. Der Führer kann die Tätigkeit eines jeden Gruppenangehörigen überwachen, sie beurteilen oder korrigieren.
> 15. Der Führer kennt die Tätigkeiten der Gruppenangehörigen ebensogut wie seine eigene Tätigkeit und könnte, falls erforderlich, jede dieser Tätigkeiten selbst zu Ende führen.
> 16. Der Führer genießt einen Status bzw. Rang der ihn von den Gruppenangehörigen unterscheidet oder abhebt. (+ 5 Punkte)
> 17. Der Führer nimmt einen Status ein, der dem Status der Gruppenangehörigen eindeutig überlegen ist. Seine Rolle beschränkt sich nicht allein auf die des »Gruppenleiters« oder »Vorsitzenden«. (+ 3 Punkte)
> 18. Der Führer ist von der Gruppe abhängig. Die Gruppe kann den Führer absetzen und einen neuen Führer bestimmten. (- 5 Punkte)

Schaubild 53: Kriterienkatalog zur Bestimmung der Positionsmacht

Alle Aussagen, die zutreffen, werden mit einem Punkt bewertet, mit Ausnahmen der Items 16, 17 und 18, bei denen eine zustimmende Antwort mit +4, +3 bzw. −5 bewertet werden.

Die Spannweite der möglichen Bewertung liegt zwischen −5 und +23. Bei einer Punktzahl unter 10 wird man von einer schwachen, und bei mehr als 10 von einer starken Positionsmacht sprechen können.

(2) Aufgabenstruktur

Hierunter werden Aufbau, Ordnung und Klarheit der zu lösenden Aufgaben verstanden. *Strukturierte Aufgaben* sind klar definiert und können mit einer begrenzten Anzahl von Verfahren in bestimmter Form gelöst werden. Hier kann z. B. der Vorgesetzte einer am Fließband arbeitenden Gruppe, dem Schritt für Schritt des Arbeitsganges bekannt ist, anhand einfacher Kriterien die ordnungsgemäße Ausführung der Arbeit planen und kontrollieren. Bei *weniger strukturierbaren Aufgaben*, wie z. B. Initiierung kreativer Prozesse, ist weder ein richtiger Weg zur Problemlösung bekannt, noch ist der Vorgesetzte mit den einzelnen Tätigkeiten so vertraut, daß er sie selbst ausführen könnte.

Die *Aufgabenstruktur* versucht er mit Hilfe von vier Kriterien zu bestimmen. Zur *Operationalisierung* verwendet er Acht-Punkte-Skalen.
- *Überprüfbarkeit der Entscheidung*, d. h. Ausmaß, in dem die Richtigkeit einer Lösung oder Entscheidung angezeigt werden kann;
- *Zielklarheit*, d. h. Ausmaß, in dem die Anforderungen der Aufgabe den Gruppenmitgliedern eindeutig gestellt und bekannt sind;
- *Zahl der Lösungswege*, d. h. die Zahl der Verfahren, die man zur Lösung der Aufgabe anwenden kann;
- *Zahl der Lösungen*, d. h. die Anzahl der möglichen als richtig anzusetzenden Lösungen.

Stark strukturierte Aufgaben begünstigen nach *Fiedler* die Situation für den Führer. Die Aufgaben sind um so strukturierter, je größer die Nachprüfbarkeit und die Zielklarheit und je geringer die Zahl der Lösungswege und der Lösungen ist.

(3) Führer-Geführte-Beziehungen

Diese Größe bringt die Persönlichkeit des Vorgesetzten, seine affektiven Beziehungen zur Gruppe zum Ausdruck und gibt an, inwieweit der Vorgesetzte von den Gruppenangehörigen akzeptiert und gestützt wird.

Zur *Operationalisierung* können zwei Verfahren verwendet werden:
- *Soziometrische Tests:* Den Gruppenangehörigen werden Fragen gestellt wie: Mit welcher Person der Gruppe würden Sie am liebsten zusammenarbeiten? Wenn Ihre Gruppe eine ähnliche Aufgabe ein zweites Mal zu lösen hätte, welche Personen sähen Sie am liebsten als Vorgesetzten? Die Zahl der Wahlen, die auf den Vorgesetzten fallen, geben Aufschluß über die Gruppenatmosphäre und die Beziehungen zwischen den Gruppenangehörigen und ihrem Führer.
- *Fragebögen:* Hierbei wird der Vorgesetzte gebeten, anhand verschiedener bipolarer Adjektiva (wie z. B. produktiv 8 Punkte — unproduktiv 1 Punkt, befriedigend 8 Punkte — frustrierend 1 Punkt) die Gruppenatmosphäre zu beurteilen. Je besser die Gruppenatmosphäre, desto günstiger ist die Situation für den Vorgesetzten.

(4) Klassifikation der Situation

Jede dieser drei Variablen stellt in der Realität einen Punkt auf einem Kontinuum dar. Aus pragmatischen Gründen nimmt *Fiedler* jedoch bei der Durchführung der Untersuchung eine *Dichotomisierung* vor. Aus dem Zusammenwirken der drei Variablen ergeben sich somit acht Situationseinheiten:

Fiedler geht hierbei davon aus, daß ein beliebter und anerkannter Vorgesetzter mit einer klar strukturierten Aufgabe und einer hohen Positionsmacht (I) eine günstige Situation vor sich hat, die sich bei Veränderung der einzelnen Variablen jeweils verschlechtert. Situationseinheit VIII stellt die für den Vorgesetzten ungünstigste Situation dar.

Situationseinheit	I	II	III	IV	V	VI	VII	VIII
Führer-Mitglied-Beziehung	gut	gut	gut	gut	relativ schlecht			
Aufgabenstruktur	strukturiert		unstrukturiert		strukturiert		unstrukturiert	
Positionsmacht	stark	schwach	stark	schwach	stark	schwach	stark	schwach
	günstig für den Vorgesetzten				ungünstig für den Vorgesetzten			

c) Effektivität der Führung

Die *Effektivität der Führung* mißt *Fiedler* an Output- bzw. Produktionswerten. Er geht dabei von der Überlegung aus, daß eine Gruppe, die auf die Dauer die ihr vorgegebene Leistung nicht erfüllt, ihre Existenzberechtigung verliert, mögen Gruppenmoral und Zufriedenheit der Mitarbeiter noch so groß sein. Wenn eine Gruppe ihre Aufgaby trotz niedriger Moral und Zufriedenheit ihrer Mitglieder erfüllt, ist ihre Existenz nach wie vor ungefährdet, worauf es nach seiner Meinung entscheidend ankommt.

d) Das Kontingenzmodell

In einer großen Anzahl von empirischen Untersuchungen bemühte sich *Fiedler* mit seinen Mitarbeitern bei verschiedenen Gruppen der unterschiedlichsten Formen — bei Verwaltungsangestellten, Stahlarbeitern, Kirchenbeamten usw. — die Beziehungen zwischen dem LPC-Wert und der Gruppenleistung unter Berücksichtigung der acht Situationseinheiten herauszufinden.
Zur Veranschaulichung der Ergebnisse dient ein Koordinatensystem. Auf der *Abszisse* ist die Günstigkeit der Situation für den Führer und auf der *Ordinate* die Korrelation zwischen LPC-Wert (Führungsverhalten) und der Effektivität der Gruppenleistung aufgetragen. (Vgl. Schaubild 54).
Aus diesen Ergebnissen zieht *Fiedler* den Schluß, daß die Effektivität des Führungsverhaltens von der jeweiligen Situation bestimmt wird. Sachaufgabenorientierte Vorgesetzte sind dann effektiver, wenn die Situation entweder sehr günstig oder sehr ungünstig ist. Für mitarbeiterorientierte Vorgesetzte dagegen sind Situationen mittlerer Günstigkeit von Vorteil.
Damit gelingt es ihm, erstmals — zumindest ansatzweise — eine Ordnung in die Vielzahl der vorliegenden und scheinbar widersprüchlichen empirischen Forschungsergebnisse zu bringen (Hofstätter). Unter günstigen Bedingungen, bei hoher Positionsmacht, hochstrukturierter Aufgabe und guten Gruppenbeziehungen wird die Gruppe bereit sein, gelenkt zu werden, und erwarten die Gruppenmitglieder, daß man ihnen sagt, was zu tun ist. Bei ungünstigen Bedingungen, d. h. ohne Positionsmacht und bei vollkommen unstrukturierter Tätigkeit, wird ein nicht akzeptierter Vorgesetzter aufgabenorientiertes Verhalten zeigen müssen, wenn er mit seiner Auf-

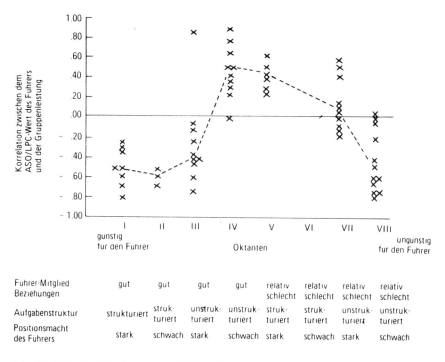

Schaubild 54: Das Kontingenzmodell (Korrelation zwischen Führungsverhalten und Effektivität in Abhängigkeit von der Situationseinheit)

gabe nicht scheitern will. Wenn er in einer unstrukturierten (scheinbar ausweglosen) Situation einen Weg zu zeigen oder in Aussicht zu stellen vermag, wird man auch seinen Weisungen folgen. Dagegen verlangen nur begrenzt günstige (begrenzt ungünstige) Situationen ein geschicktes, mitarbeiterorientiertes Führungsverhalten, um die teilweise vorhandenen ungünstigen Einflüsse der Situation ausgleichen zu können.

e) Schlußfolgerungen aus dem Modell

Fiedler zieht aus dem Modell die Schlußfolgerung, daß die bisherigen Verfahren der Auswahl und Einstellung von Führungskräften sowie die durchgeführten Förderungskurse für Führungskräfte unzureichend seien. Persönlichkeitseigenschaften, ergänzt durch Erfahrungen in anderen Situationen, können noch keinen Erfolg garantieren. Er schlägt deshalb vor, bei der *Auswahl von Führungskräften* zuerst die Situation zu analysieren und sie einer der acht Situationseinheiten zuzuweisen, um daraufhin erst den zu dieser Situation passenden Bewerber mit dem entsprechenden *LPC-Wert* auszusuchen. Von Förderungskursen für Führungskräfte verspricht er sich wenig Erfolg. Wenn, gestützt auf Theorien wie von *Blake* und *Mouton*, *Likert* usw., ein „bester" Führungsstil propagiert und eingeübt wird, wird ein bestimmter Teil der so geschulten Kräfte an Arbeitsplätze zurückkehren, die eine für diesen „besten" Führungsstil ungünstige Situation aufweisen.

Weiterhin hält er es für unmöglich, in kurzfristigen Trainingsprogrammen das Führungsverhalten eines Vorgesetzten ändern zu können. Dies sei allenfalls in zwei- bis dreijähriger intensiver psychotherapeutischer Behandlung möglich. Sein Vorschlag ist, entweder den für die Situation passenden Vorgesetzten zu gewinnen oder die Situation entsprechend zu ändern.

f) Kritik an dem Modell

Es fehlt in der modernen Literatur nicht an Kritik an diesem Modell. Im wesentlichen konzentriert sie sich auf folgende Prämissen:

(1) *Rationalitätsprämisse*
Hier richtet sich die Kritik gegen die Annahme, daß ein Vorgesetzter ein eindeutig abgegrenztes Führungsverhalten vollständig und unbeirrt ausübt, ohne von Emotionen und Gefühlen beeinflußt zu werden.

(2) *Kausalitätsprämisse*
Gegenstand der Kritik ist hier die Unterstellung, daß die Gruppenleistung durch das Führungsverhalten bestimmt und eine mögliche Umkehrung der Beziehungen vernachlässigt wird.

(3) *Situationsbeschreibungsprämisse*
Hier stellen die Kritiker infrage, ob die im Modell genannten Situationsmerkmale wirklich die einzelnen vorkommenden Situationen hinreichend genau kennzeichnen und ob nicht andere Merkmale, wie z. B. Zeitdruck, Stress, Arbeitsmarktlage, eine Rolle spielen.

(4) *Persönlichkeits- und Gruppenneutralitätsprämisse*
Hier weisen die Kritiker darauf hin, daß die Beziehungen zwischen Vorgesetzten und Geführten und damit auch die Gruppenstrukturen keine festen Werte sind, sondern daß sie sich im Verlauf der Interaktionsprozesse verändern. Diese Einflüsse seien im Modell zu wenig berücksichtigt. Wenn diese gegenseitige Beeinflussung möglich ist, dann läßt das Kontingenzmodell nur noch eingeschränkte Aussagen über den Führungserfolg zu, weil dazu ja eine Kenntnis der Veränderung der Gruppenatmosphäre und der Persönlichkeitsbeziehungen notwendig wäre.

(5) *Alternativprämisse*
Diese Kritik richtet sich dagegen, daß das Modell nur zwischen dem mitarbeiter- und dem sachaufgabenorientierten Führungsverhalten unterscheidet. Andere Führungsalternativen werden nicht miteinbezogen.

(6) *Effizienzprämisse*
Gegenstand der Kritik ist hier, daß *Fiedler* nur Produktivitätsgrößen in seine Effektivitätsbetrachtung miteinbezieht. Es wird als fraglich erachtet, ob die Aussagen noch Gültigkeit haben, wenn andere Kriterien in den Vordergrund rücken.

Trotz dieser Kritik, die sich zum Teil, wie bei der Rationalitätsprämisse, als unbegründet verweist und zum Teil, wie bei der Situationsbeschreibungs- und der Alternativenprämisse, lediglich Ansätze für eine Weiterentwicklung im Rahmen der Führungsforschung aufzeigt, stellt das Kontingenzmodell die zur Zeit *geschlossenste Theorie* über die Effektivität des Führungsverhaltens dar.

4. Entscheidungsmodell von Vroom und Yetton

Vroom und Yetton versuchen den Ansatz von *Fiedler* weiterzuentwickeln und ein neues *situatives Entscheidungsmodell* vorzustellen. In die Situationsbedingungen nehmen sie, jeweils bezogen aus der Sicht des Vorgesetzten bzw. der Mitarbeiter, sieben Situationsmerkmale auf, die jeweils vorhanden oder nicht vorhanden sein können. Bei zwei Ausprägungsformen und acht Merkmalen ergeben sich theoretisch $2^8 = 256$ verschiedene Situationen, von denen die Autoren jedoch nur vierzehn für praktisch bedeutsam halten.

Nachstehendes Schaubild zeigt die Darstellung in einem Entscheidungsbaum, bei dem die Kosten die jeweilige Führungssituation kennzeichnen und die Kanten den Weg zum jeweiligen Problemtyp weisen (Schaubild 55).

Diesen Problemtypen stellen sich fünf idealtypische Entscheidungsstile gegenüber, die sich in Anlehnung an das Kontinuum des Führungsverhaltens nach *Tannenbaum und Schmidt* nach dem Grad der Beteiligung der Mitarbeiter bzw. der Gruppen am Entscheidungsprozeß unterscheiden (Schaubild 56).

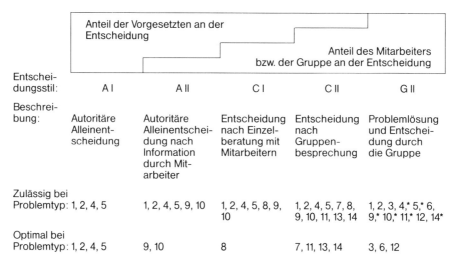

Entscheidungsstil:	A I	A II	C I	C II	G II
Beschreibung:	Autoritäre Alleinentscheidung	Autoritäre Alleinentscheidung nach Information durch Mitarbeiter	Entscheidung nach Einzelberatung mit Mitarbeitern	Entscheidung nach Gruppenbesprechung	Problemlösung und Entscheidung durch die Gruppe
Zulässig bei Problemtyp:	1, 2, 4, 5	1, 2, 4, 5, 9, 10	1, 2, 4, 5, 8, 9, 10	1, 2, 4, 5, 7, 8, 9, 10, 11, 13, 14	1, 2, 3, 4,* 5,* 6, 9,* 10,* 11,* 12, 14*
Optimal bei Problemtyp:	1, 2, 4, 5	9, 10	8	7, 11, 13, 14	3, 6, 12

* = nur zulässig, wenn Situationsmerkmal 9 bejaht werden würde.

Schaubild 56: Entscheidungstypen nach Vroom und Yetton

Um die Zuordnung zu den einzelnen Problemtypen den Entscheidungstypen zu begründen, stellen sie auf sieben Entscheidungsregeln ab, die sie aus Plausibilitätsüberlegungen ableiten:

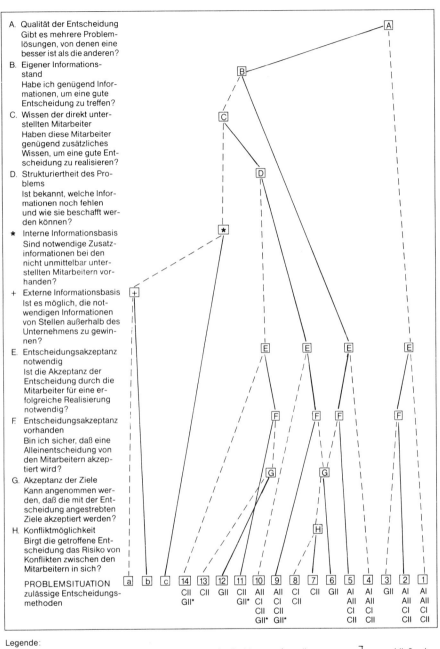

Schaubild 55: Entscheidungsbaum zur Ermittlung der Problemtypen nach Vroom und Yetton.

(1) Informationsregel
AI ist auszuschalten, wenn der Vorgesetzte nicht über alle notwendigen Informationen verfügt und die Entscheidung aber wichtig ist.

(2) Regel der Zielübereinstimmung
Bei wichtiger Entscheidungsqualität ist GII auszuschalten, wenn Situation G verneint wird, d. h. wenn die Mitarbeiter die Organisationsziele nicht teilen.

(3) Regel für unstrukturierte Probleme
Müssen fehlende Informationen bei wichtiger Entscheidungsqualität eingeholt werden, dann sind AII und CI nicht effizient, weil sie an Einzelgespräche gebunden sind.

(4) Akzeptanzregel
Trifft das Situationsmerkmal E zu, d. h. die Akzeptanz der Mitarbeiter ist für die Durchführung der Entscheidung wichtig und die Akzeptanz nicht gegeben (Merkmal F), dann fallen die Entscheidungstypen AI und AII aus.

(5) Konfliktregel
Wird Situationsmerkmal F bejaht und birgt eine getroffene Entscheidung das Risiko eines Konfliktes, weil sich die Mitarbeiter über die beste Lösung nicht einig sind, so scheiden AI und AII und CI aus. Den Mitarbeitern muß die Möglichkeit gegeben werden, sich selbst über das beste Vorgehen zu einigen.

(6) Regel der Fairneß
Wird eine Alleinentscheidung abgelehnt (Situationsmerkmal F) und ist die Entscheidungsqualität unwichtig, dann sollten die Mitarbeiter die Möglichkeit haben, das Problem selbst zu lösen und die Entscheidung selbst zu treffen. Deshalb kann nur der Entscheidungstyp GII infrage kommen.

(7) Vorrangregel der Akzeptanz
Ist die Akzeptanz — die bei einer Alleinentscheidung unwahrscheinlich ist — wichtig (Merkmal E) und akzeptieren die Mitarbeiter die mit der Entscheidung angestrebten Ziele, so müssen die Entscheidungstypen AI und AII, CI und CII außer acht bleiben.

Berücksichtigt man diese Entscheidungsregeln, dann ergibt sich für jeden Entscheidungstyp eine Reihe von zulässigen Problemtypen.

Um die Reihe der insgesamt zulässigen Entscheidungsstiltypen für die einzelnen Problemtypen einzuengen, unterscheiden die Autoren zwischen zwei Varianten. Bei der Variante A wird als optimaler Entscheidungstyp immer derjenige mit dem niedrigeren Partizipationsgrad empfohlen mit der Begründung, daß hier für den Entscheidungsprozeß ein geringerer Zeitaufwand erforderlich ist. Bei der Variante P hingegen wird auf die Entscheidungstypen mit dem höheren Partizipationsgrad verwiesen.

Vroom und Yetton haben ihr Modell als eine Art Ausbildungs- und Trainingsmethode konzipiert. Mit dreißig Fallstudien werden Führungskräfte mit der Handhabung des Modells vertraut gemacht.

So z. B. Fall I:
„Sie sind der verantwortliche Vorgesetzte für eine große Arbeitsgruppe, die eine Öl-Pipeline zu verlegen hat. Zur Anforderung der Materiallieferungen an den näch-

sten Lagerplatz ist der zu erwartende Baufortschritt abzuschätzen. Sie kennen das Gelände und kennen auch die notwendigen Daten, um den Baufortschritt bei dieser Art von Gelände zu bestimmen. Unter diesen Umständen ist es eine einfache Angelegenheit, den frühesten und den spätesten Zeitpunkt, zu dem das Material und die Hilfsmittel beim nächsten Lagerplatz angeliefert werden müssen, zu bestimmen. Es ist wichtig, daß die Vorausschätzung exakt vorgenommen wird; zu niedrige Schätzung führt zu Leerlaufzeiten bei den Vorarbeitern und Arbeitern, und eine zu hohe Schätzung führt zu einer Festlegung des Materials für eine Zeitspanne, ohne daß es benötigt wird.
Der Arbeitsfortschritt ist gut, und ihre fünf Vorarbeiter und die anderen Arbeiter der Gruppe erwarten einen erheblichen Bonus, wenn das Projekt im Rahmen des Planes abgeschlossen wird."

Analyse:
Frage A: Qualität der Entscheidung: Gibt es mehrere Problemlösungen, von denen eine besser ist als die andere? = ja
Frage B: Eigener Informationsstand: Reicht der Informationsstand für eine richtige Entscheidung aus? = ja
Frage E: Entscheidungsakzeptanz notwendig: Müssen die Mitarbeiter die Entscheidung ausführen und ist ihre Akzeptanz notwendig? = nein

Problemtyp 4:
Mögliche Problemlösungen: AI, AII, CI, CII, GII,
Lösung mit dem geringsten Zeitaufwand: AI,
Regelverletzung: keine

Fall IV:
„*Sie sind im Stab eines Division-Managers und arbeiten an einer größeren Anzahl von Problemen auf dem Verwaltungssektor und auf technischen Gebieten. Es wurde ihnen die Anweisung zur Entwicklung einer Methode der manuellen Erstellung der Ausrüstungsaufstellungen, ihrer Zusammenfassung und der Übertragung in ein zentrales Informationssystem gegeben, welches in allen fünf Werken der Division angewandt werden soll. Alle Werke sind in einem regional relativ eng begrenzten Raum gelegen. Bis heute gab es eine hohe Fehlerrate bei der Erfassung und/oder Übertragung der Daten. Einige Niederlassungen haben beträchtlich höhere Fehlerraten, und die Methode der Berichterstattung und der Datenübertragung ist bei den einzelnen Werken unterschiedlich. Es ist deshalb wahrscheinlich, daß ein Teil der Fehler eher die Folge der Besonderheiten der einzelnen Werke ist und weniger auf andere Ursachen zurückgeführt werden kann. Dies wird die Einrichtung eines generellen Systems in allen Fabriken wesentlich komplizieren. Sie haben Informationen über die Fehlerraten, aber keine über das jeweilige Vorgehen, welches diese Fehler verursacht, oder über die jeweiligen regionalen Bedingungen, die unterschiedliche Vorgehensweisen notwendig machen.*
Jeder wird von einer Verbesserung der Daten Gewinn ziehen und Nutzen haben, da diese für eine Anzahl von wichtigen Entscheidungen benutzt werden. Sie stehen über die Qualitätskontrollstellen, welche für die Erfassung der Daten verantwortlich

sind, mit den Werken in Verbindung. Die Mitarbeiter dieser Qualitätskontrollstellen bilden eine selbstbewußte Gruppe, die überzeugt sind, ihre Aufgabe gut zu erfüllen, und die sehr sensibel gegenüber Eingriffen des höheren Managements in ihre Aufgabengebiete reagieren. Jede Lösung, die nicht die Unterstützung der Leiter der Qualitätskontrollstellen in den verschiedenen Firmen findet, macht es unwahrscheinlich, daß damit die Fehlerrate beträchtlich gesenkt werden kann."

Analyse:
Frage A: Qualität der Entscheidung: Gibt es mehrere Problemlösungen, von denen eine besser ist als die andere? = *ja*
Frage B: Informationsstand: Reicht der Informationsstand des Vorgesetzten für eine richtige Entscheidung aus? = *nein*
Frage C: Wissen der Mitarbeiter: Haben die eigenen direkt unterstellten Mitarbeiter zusätzliches Wissen für die Problemlösung? = *ja*
Frage D: Die Strukturiertheit des Problems: Ist bekannt, welche Informationen noch fehlen und wie sie beschafft werden können? = *nein*
Frage E: Entscheidungsakzeptanz notwendig: Ist die Akzeptanz der Mitarbeiter für eine erfolgreiche Durchführung der Entscheidung erforderlich? = *ja*
Frage F: Entscheidungsakzeptanz vorhanden: Kann angenommen werden, daß die Mitarbeiter eine Alleinentscheidung akzeptieren? = *nein*
Frage G: Akzeptanz der Ziele: Akzeptieren die Mitarbeiter die mit der Entscheidung angestrebten Ziele? = *ja*

Problemtyp 12:
Zulässige Entscheidungsmethode: GII
Verletzung der Entscheidungsregeln:
AI verletzt Regeln 1, 3, 4 und 7.
AII verletzt die Regeln 3, 4 und 7.
CI verletzt die Regeln 3 und 7.
CII verletzt die Regel 7.

Faßt man die Grundüberlegungen zusammen, so besticht das Modell durch seine scheinbar vorhandene Präzision. So gibt es vor, aufzuzeigen, mit welcher Entscheidungsmethode das Ziel der Organisation am schnellsten und reibungslosesten zu erreichen ist. Hierbei wird allerdings nur auf zwei formale Aspekte abgestellt, nämlich die Entscheidungsqualität und die Akzeptanz der Entscheidung durch die betroffenen Mitarbeiter.

Insoweit erscheint das Modell logisch aufgebaut und in seinen Grundstrukturen transparent. Aber alle anderen Einflußgrößen auf den Führungsprozeß, wie die Persönlichkeitsstruktur der handelnden Personen, die Motivationslage und die sonstigen situativen Einflüsse bleiben außer Betracht. Insofern wird man es mehr zu den Entscheidungs- als zu den Führungsmodellen rechnen müssen.

Versuche, das Modell empirisch zu überprüfen, waren nur bedingt erfolgreich. Bei den veröffentlichten Untersuchungen wurden meist Führungskräfte gebeten, bestimmte Entscheidungssituationen nach den Grundlagen des Modells zu klassifizieren und anzugeben, welche Entscheidungsstrategie sie gewählt hätten und mit welchem Ergebnis wahrscheinlich zu rechnen gewesen wäre. Diese Einschätzung wurde mit den Einschätzungen von dem Modellexperten verglichen. Hierbei ergab sich, was zu erwarten war, daß Führungskräfte um so mehr mit den Ergebnissen der Modellexperten übereinstimmen, je mehr sie mit der Struktur und dem logischen Aufbau vertraut waren.

Die scheinbar zwingende Logik, durch ein Entscheidungsbauverfahren zu der richtigen Entscheidungsmethode zu kommen, erweist sich jedoch bei näherem Hinsehen als nur bedingt überzeugend. Bei allen Problemtypen werden die Entscheidungsmethoden CII oder GII als zulässige Methoden angegeben, die Methoden AI und AII nur in den Fällen niederer Entscheidungsqualität (Routineentscheidungen?!) und nicht notwendiger bzw. vorhandener Entscheidungsakzeptanz durch die Mitarbeiter. Daraus ergibt sich, daß sich der verhältnismäßig komplexe Modellaufbau auf die verhältnismäßig einfache Kardinalfrage reduzieren läßt: ,,Immer partizipativ führen oder nur gelegentlich?"

Hier hilft auch die Unterscheidung in die beiden Varianten A und P nicht weiter. Der Zeitaufwand zur Entscheidungsfindung ist nur eine Seite des Problems, die Auswirkung der Entscheidung auf Arbeitszufriedenheit und Motivation eine andere.

VIII. Das Problem des idealen Führungsverhaltens

A. Das Dilemma der Führungsforschung

1. Die Komplexität des Führungsprozesses

Die Ausübung der Führungsfunktionen erfolgt in einer komplexen, sich in einem stetigen Wandel befindlichen Umwelt. Hierbei ist Führung eingebettet in ein System von Fremdbestimmung durch Normen, Regeln, Sachzwängen und Rollenerwartungen und ist gekennzeichnet durch ein vielfältiges Geflecht von sozialen Abhängigkeiten (Schaubild 57).

Das Organisationsergebnis ist – wie ersichtlich – nur zu einem Teil vom Führungsverhalten der Vorgesetzten und von der Ausübung der Führungsfunktionen abhängig. Zum anderen Teil wird es aber auch entscheidend von den gesellschaft-

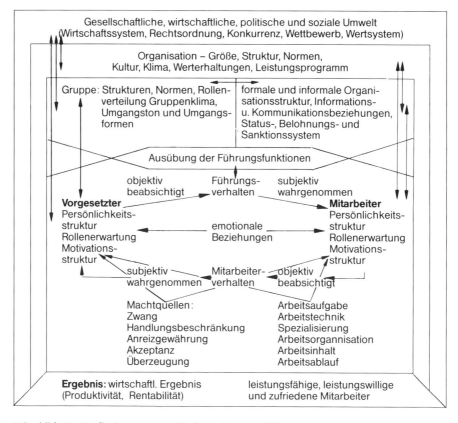

Schaubild 57: Verflechtungen von Einflußgrößen im Führungsprozeß und Auswirkungen auf das Organisationsergebnis

lichen, wirtschaftlichen, politischen und sozialen Umweltbedingungen bestimmt. Nicht geringen Einfluß haben auch die Größe der Organisation, die Struktur und das Leistungsprogramm, ebenso wie die das Organisationsklima bestimmenden Normen, Werthaltungen und die sie tragende Organisationskultur.

In vielen Fällen sind vorteilhafte volkswirtschaftliche Rahmenbedingungen, die Günstigkeit der konjunkturellen Situation usw. — trotz aller Schwächen in der Ausübung der Führungsfunktionen — die Ursachen für ein gutes Organisationsergebnis.

Das Führungsverhalten eines Vorgesetzten ist nicht nur das Ergebnis rationaler Überlegungen, es ist auch nicht allein von seiner Persönlichkeitsstruktur, seiner Motivationslage und den an ihn gestellten Rollenerwartungen abhängig, sondern ebenso von der Arbeitsaufgabe und den zur Verfügung stehenden Machtmitteln. Das Verhältnis zum Mitarbeiter ist nicht ein einseitiger Beeinflussungsvorgang, sondern eine soziale Interaktion, bei der sich beide, Vorgesetzter und Mitarbeiter, gegenseitig beeinflussen. Auch dann, wenn die Einflußmacht des Vorgesetzten im Regelfall stärker sein wird, ist der Einfluß des Mitarbeiters doch niemals gleich Null. Diese emotionalen Einflüsse sind jedoch nicht das Ergebnis objektiv vorgenommener Handlungen, entscheidend ist vielmehr, wie dieses Verhalten subjektiv von anderen wahrgenommen wird. Deutlich wird das bei einer Vielzahl von Mitarbeiterbefragungen im Rahmen vorgenommener empirischer Untersuchungen, wo das gleiche Verhalten eines Vorgesetzten von mehreren Mitarbeitern je nach ihrer Persönlichkeitsstruktur, ihrer Erwartungshaltung usw. völlig unterschiedlich bewertet wird.

Hinzu kommt, daß die Ausübung der Führungsfunktion und die sozialen Wahrnehmungen im betrieblichen Führungsfeld von den einzelnen Betroffenen abhängig sind, von der Gruppe, ihrer Struktur, ihrem Klima und ihren Normen, in die die Beteiligten eingegliedert sind.

Da Personalführung als unmittelbare Mitarbeiterbeeinflussung die Restgröße des Koordinationsbedarfes zu decken hat, die nicht durch koordinationsbedarfsreduzierende Maßnahmen gedeckt werden kann, hängt die Effektivität der Personalführung auch von der Art, dem Umfang und der Zweckmäßigkeit, insbesondere auch der Widerspruchsfreiheit der einzelnen koordinationsbedarfsbeeinflussenden Maßnahmen ab.

Unterschiedliche Organisationsstrukturen, formal und informal, erfordern, wenn sie effektiv sein sollen, ein unterschiedlich angepaßtes Führungsverhalten.

2. *Führung als kompromißbestimmtes Handeln zwischen unverzichtbaren Anforderungen*

Die Komplexität des Führungsprozesses zwingt Vorgesetzte zu laufenden Kompromissen zwischen gegenseitigen Anforderungen, die jeweils beide unverzichtbar sind. Dieser Zwiespalt wurde bereits bei der Darstellung des Verhaltensgitters von Blake und Mouton deutlich. Eine völlige Vernachlässigung einer der beiden Anforderungen, Mitarbeiter- oder Leistungsorientierung, würde mit Sicherheit zu einem völligen Scheitern des Vorgesetzten führen. Das 3-D-Modell von Reddin zeigt dagegen, daß eine bestimmte Kombination der beiden Orientierungen nur unter Berücksichtigung der besonderen situativen Anforderungen effektiv sein kann.

Führungsverhalten ist aber nicht nur auf einen Kompromiß zwischen diesen beiden, jeweils unverzichtbaren Alternativen beschränkt. Es zeigen sich hier noch weitere Dimensionen, bei denen der Vorgesetzte vor dem Dilemma des ständigen Kompromisses zwischen einander scheinbar widersprechenden Alternativen steht.

Auf der Ebene der Organisation und der koordinationsbedarfsreduzierenden Maßnahmen wären dies:

a) Statisches Beharren versus dynamische Entwicklung

Jede Organisation muß zur Verringerung der Unsicherheit der Betroffenen Verhaltensregeln, Normen und Werte entwickeln. Diese sind auf Dauer angelegt, denn nur dadurch können sie den Bestand einer Organisation gewährleisten. Auf der anderen Seite müssen sich organisatorische Regeln und Normen auch dem ständigen Wandel anpassen. Unbewegliches Festhalten an allen Werten kann zur Verkrustung führen und zur Anpassung unfähig machen. Damit steht ein Vorgesetzter vor der Aufgabe, teils die Einhaltung bewährter Normen zur Sicherung der Zusammenarbeit zu fördern, auf der anderen Seite aber auch Veränderungen notfalls gegen den Widerstand der Betroffenen durchzusetzen und damit Bestehendes teilweise zu entwerten.

b) Kreativität versus Ordnungsrahmen

Von einem Vorgesetzten wird auch verlangt, daß er für die Durchschaubarkeit des Zusammenarbeitsprozesses, für die Berechenbarkeit der Arbeitsdurchführung und auch für die normgerechte Aufgabenerfüllung sorgt.
Hierzu müssen sich seine Mitarbeiter bestimmten Regeln unterwerfen. Bestimmte Fähigkeiten werden nur zu ganz bestimmten Zeiten und in ganz bestimmten Situationen gefordert. Eine zu starke Reduzierung des Handlungsspielraumes schränkt Kreativität, Impulsivität usw. ein. Zu weit gefaßte Regeln lösen die Ordnung auf und machen den arbeitsteiligen Prozeß unkoordinierbar.

c) Kontrolle versus Vertrauen

Die Aufgabe eines Vorgesetzten ist es, mit Hilfe seiner Mitarbeiter die von der Gruppe erwartete Leistung zu erbringen.
Da ein Vorgesetzter nicht alles selbst erledigen kann, setzt dies voraus, daß Mitarbeiter in bestimmten Bereichen eigenverantwortlich handeln. Hierzu ist seitens des Vorgesetzten ein bestimmtes Maß an Vertrauen in die Fähigkeiten, die Einsatzbereitschaft und die Loyalität der Mitarbeiter erforderlich. Auch bei selbständigen, kompetenten, fähigen und verläßlichen Mitarbeitern verbleibt dem Vorgesetzten die Aufgabe, die einzelnen Teilleistungen zu koordinieren und dafür zu sorgen, daß

Vorgaben oder festgelegte Pläne zuverlässig eingehalten werden. Dieser Aufgabe kann der Vorgesetzte nur dadurch gerecht werden, daß er in einem bestimmten Umfang Kontrollen durchführt.

Zu viele Kontrollen machen jedoch den Mitarbeiter unselbständig, mindern seine Motivation und überfordern den Vorgesetzten, zu wenig Kontrolle gefährdet auch die Zusammenarbeit und die Koordination. Kontrolle kann aber nicht nur als Steuerungsinstrument gebraucht werden, sondern kann auch ein Instrument zur Disziplinierung der Mitarbeiter und ein Mittel zur individuellen Selbstbestätigung und der Stärkung des Selbstwertgefühles des Vorgesetzten werden.

d) Einzelverantwortung versus Gesamtverantwortung

Das Delegationsprinzip fordert, daß der Mitarbeiter die Handlungsverantwortung und der Vorgesetzte die Führungsverantwortung trägt. (Vgl. Abschnitt: Management by delegation). In der betrieblichen Realität lassen sich aber beide Bereiche meist nur sehr schwer trennen. In aller Regel wird der Vorgesetzte indirekt und zumindest auf längere Sicht auch für das Versagen seiner Mitarbeiter verantwortlich gemacht, mit der Folge, daß er sich in der Regel auch für alle in seinem Bereich stattfindenden Entwicklungen und Ergebnisse verantwortlich fühlt; eine Verantwortung, die Vorgesetzte in diesem Umfange gar nicht übernehmen können.

e) Fachwissen versus Führungswissen

Im Rahmen der vertikalen Arbeitsteilung zwischen Vorgesetzten (Koordinations- und Führungsaufgaben) und Mitarbeitern (Ausführungsaufgaben) wird üblicherweise die Behauptung aufgestellt, daß der Vorgesetzte das, was seine Mitarbeiter zu erledigen haben, nicht genauso gut kennen müsse wie diese. Auf der anderen Seite soll er aber in der Lage sein, ihre Leistungen kompetent zu bewerten und zu beurteilen. Um dieser Aufgabe gerecht zu werden, muß er aber Einzelheiten und Schwierigkeiten der Arbeitsdurchführung sowie die Möglichkeiten von Fehlern, ihre Erkennung und ihre Beseitigung kennen, wenn er seiner Koordinations-, Beratungs- und Beurteilungsaufgabe gerecht werden soll. Damit genügt es nicht, nur ein „guter Menschenführer" zu sein. Zu starke Beschäftigung mit fachlichem Detailwissen beeinträchtigt den Überblick und damit die Koordinations- und Integrationsfähigkeit.

f) Wettbewerb versus Teamarbeit

Arbeitsteiliges Wirtschaften setzt koordinierte Zusammenarbeit voraus; eine Zusammenarbeit, die die Bereitschaft zum Kompromiß und die Anerkennung berechtigter Forderungen anderer erzwingt. In einer wettbewerbsorientierten Gesellschaftsform, in der immer Personen und Organisation im Wettbewerb um immaterielle Vorteile und materielle Güter stehen, setzt sich jedoch der Dynamischere durch, also derjenige, der klüger, schneller und egoistischer ist als andere. Dies sind in der Regel auch Eigenschaften, die über den Aufstieg einer Person in einer hierarchisch gegliederten Organisationsform entscheiden.

Hier bringen Konflikte neue Lösungen hervor, und die Konkurrenz erzwingt die Trennung der Streu vom Weizen. Hilfsbereitschaft, Genügsamkeit usw. sind menschliche Tugenden, die hier nicht selten eher hinderlich sind. Packard (1966) hat den hier notwendigen Kompromiß zwischen diesen beiden unversöhnlichen Alternativen auf die Formel vom „kooperativen Tiger" gebracht.

g) Eigennutz versus Gemeinnutz

Die liberale These der klassischen Nationalökonomie, daß eine gleichsam „unsichtbare Hand" dafür sorge, daß beim Streben nach Eigennutz auch gleichzeitig der höchste Nutzen für das Gemeinwohl entstehe, könnte man auch auf die unmittelbare Situation des Vorgesetzten anwenden. Das Streben nach eigener egoistischer Vorteilssicherung (z. B. Streben nach Gehalt, Gewinnbeteiligung usw.) leistet auch einen Beitrag für das Ganze. Diese These zeigt in der Praxis aber ihre Grenzen. Im volkswirtschaftlichen Bereich sind es Monopolrendite, Umweltbelastung usw. Im betrieblichen Bereich ergeben sich für den Vorgesetzten die Grenzen dort, wo ein zu weit getriebenes egoistisches Vorteilsstreben zu einer Abwehrhaltung anderer führt.

Auf der Ebene des Verhältnisses zum Mitarbeiter wären zu nennen:

a) Persönlichkeit versus Leistungsfaktor

Entscheidend ist hier, in welchem Licht der Vorgesetzte den Mitarbeiter sieht. Betrachtet er ihn nur als Mittel zum Zweck, als Faktor, der als Einsatzgröße und Leistungsträger verplant und produktiv eingesetzt wird, oder ist der Mitarbeiter eine Persönlichkeit mit Entscheidungsfreiheit und Eigeninitiative, der als Partner an gemeinsamen Problemlösungen mitwirkt. In einer arbeitsteiligen Wirtschaft, bei dem der Leistungsaustausch durch Geldwert bewirkt wird, kann keine der beiden Alternativen ausschlaggebend sein. Es darf keine vernachlässigt werden.

b) Individualität versus Normung

Der Mitarbeiter ist als Mensch und als Individuum ein vielschichtiges Wesen. Im Rahmen der betrieblichen arbeitsteiligen Organisation hingegen werden nur Teilbereiche seiner Persönlichkeit benötigt, nämlich diejenigen, die auch für die Leistungserfüllung erforderlich sind.
Im Hinblick auf einen reibungslosen Arbeitsablauf müssen sich die Individuen einer einheitlichen Norm anpassen, sie müssen ggf. in einzelnen Positionen austauschbar sein. Der Versuch, gegenüber allen gerecht zu sein, zwingt zu einem Verzicht der Rücksichtnahme auf individuelle menschliche Stärken und Schwächen. Auf der anderen Seite aber verlangt die Beachtung der Würde des Menschen, daß er in seiner ganzen Persönlichkeit, auch mit all seinen Vorlieben, Neigungen, Wünschen und Gewohnheiten anerkannt wird und Berücksichtigung findet.

c) Leistung versus Zufriedenheit

Seit die „human relations"-Bewegung die Ansicht gefördert hat, daß zufriedene Mitarbeiter auch gute und leistungsbereite Mitarbeiter sind, wird in der Fachliteratur immer wieder gefordert, dem Zufriedenheitsziel einen entsprechenden Rang einzuräumen. Aber zu hohe Zufriedenheit wird rasch zu Sattheit, Bequemlichkeit und Trägheit. Bequeme und träge Mitarbeiter sind aber nicht zu Anstrengungen und Leistung motiviert. Will der Vorgesetzte Leistung erreichen, so muß er seine Mitarbeiter herausfordern und anspornen. Er muß sie unzufrieden machen! Denn nur aus einer Unzufriedenheit heraus entsteht ein Bestreben nach einer Veränderung des bestehenden Zustandes und zu einer Leistung. Der Vorgesetzte muß also eine Steigerung des Anspruchsniveaus der Mitarbeiter anregen, damit sie bereit sind, sich einzusetzen und ihre Fähigkeiten zu entwickeln.

3. Führungsmodelle als Orientierungshilfen für Vorgesetzte

Aus dieser Komplexität der Verflechtungen und dem Zwang, aus dem unlösbaren gordischen Knoten heraus eine Symbiose zwischen zwei antagonistischen Erscheinungsformen zu finden, ergibt sich, daß sich eine Führungskraft in einem kaum auflösbaren Dilemma befindet.
So sind Führungskräfte einerseits für ein Ergebnis verantwortlich, bei dem sie die Einflußgrößen nur zum Teil beherrschen und beeinflussen können und die sie zum Teil nicht einmal im vollem Umfang zu überblicken vermögen. Zum anderen müssen sie einen Mittelweg zwischen gegensätzlichen Anforderungen finden, die beide unverzichtbar sind. Hierbei werden an sie Rollenerwartungen gestellt, die meist unklar und nicht selten in sich widersprüchlich sind und die noch dazu einen von Zeitablauf und Situation abhängigem Wandel unterliegen.
Führungskräfte aller Zeiten haben sich zur Lösung dieser Probleme ihrer persönlichen Lebens- und Berufserfahrung bedient.
Je rascher der Wandel, je komplexer die Umwelt wird, um so größer wird die Unsicherheit, um so unvollkommener wird der Informationsstandard, um so weniger reichen die gewonnenen persönlichen Erfahrungen aus Sicherheit zu finden.
Aus dieser Warte betrachtet, erweist sich das praktische Führungshandeln als eine Mischung aus gewonnener Erfahrung, persönlicher Unsicherheit und Ungewißheit, verbunden mit persönlich erlebten Konsequenzen eigener Unvollkommenheit und der Unvollkommenheit der Umwelt. Das ist eine Mischung von Einflüssen, die das Bedürfnis nach Sicherheit, Gewißheit und Transparenz fördert.
Dieses Bedürfnis weckt das Interesse an Orientierungshilfen und Handlungsanweisungen, die zur Reduktion der Unsicherheit, zum Abbau von Rollenkonflikten und zur Förderung des Ergebnisses beitragen.
Soweit Führungsmodelle und Führungskonzeptionen praxisrelevant sein wollen, müssen sie sich an den Maßstäben messen lassen, inwieweit sie entweder den Führungsprozeß in seiner Komplexität erklären und/oder Handlungsanleitungen für effektives Führungsverhalten in einer komplexen Umwelt geben und zu Kompromißfindung zwischen unverzichtbaren aber unvermeidbaren Alternativen beitragen.

B. Kritische Würdigung der Ergebnisse der Führungsforschung

1. Führungsmodelle als atomistische Teilansätze

Betrachtet man die einzelnen dargestellten Führungsmodelle, dann zeigt sich, allen Theorieansätzen ist gemeinsam, daß sie aus einem komplexen, ganzheitlichem und vernetztem Sachverhalt nur einzelne Teilaspekte herausgreifen und daß sie nur sehr selten, und wenn, dann nur in Ansätzen versuchen, verschiedene Kenntnisse aus den einzelnen Wissenschaften zu einer einheitlichen, interdisziplinären und praxisgerechten Führungstheorie zusammenzufassen.

Die Gründe hierfür sind vielfältig und lassen sich nicht nur auf die besonderen Schwierigkeiten eines komplexen und wenig strukturierten und vielleicht auch gar nicht strukturierbaren Problemkreises zurückführen.

Eine der Hauptursachen liegt mit in den Ansätzen der Führungsforschung. Die Beschäftigung mit Führungsfragen begann nicht in der Betriebswirtschaftslehre, die sich erst verhältnismäßig spät zu einer Führungslehre weiterentwickelte, sondern in verschiedenen verhaltens- und sozialwissenschaftlichen Disziplinen der Psychologie, der Soziologie usw.

Die Beschäftigung mit Führungsfragen entsprang auch nicht so sehr dem Forschungsinteresse und dem Drang nach neuen Erkenntnissen, sondern wurde geboren aus dem unmittelbaren Bedürfnis nach Erklärungsansätzen sowie dem Bedarf an Handlungs- und Gestaltungsempfehlungen zur Lösung komplexer Situationen.

Diese Nachfrage nach einfach zu handhabenden Modellen führte auf der einen Seite zu einer kritiklosen Übernahme der Forschungsergebnisse anderer Wissenschaftsgebiete (wie z. B. von Laboruntersuchungen über das Leistungsverhalten von Schulkindern usw.), zu der vereinfachten Umsetzung lerntheoretischer Ansätze, wie in der X-Y-Theorie auf wirtschaftlich handelnde Personen, und auf der anderen Seite zur Entwicklung von sehr stark vereinfachenden Theorien und Modellen, die für die Anwender verständlich sind und die ihnen leicht vermittelt werden können. Wie bei allen Modellbildungen wird durch eine Beschränkung auf Teilaspekte das Modell übersichtlicher, einprägsamer, aber auch realitätsferner. Sicher sind umfassende und komplexe Modelle realitätsnaher, sie sind aber auch schwerer verständlich.

Nicht zuletzt gewinnen alle Theorieansätze und Methoden, auch wenn sie nur Teilbereiche des Führungsprozesses betrachten, durch ihre Anwendung eine gewisse Eigendynamik. Kenner einzelner Modellansätze fühlen sich im Besitz esoterischen Geheimwissens und nicht selten werden Ergebnisse des arbeitsteilig organisierten Prozesses in einer Art „Placebo"-Effekt der Anwendung einer neuen Führungstechnik zugeschrieben. Auch das Phänomen der „selbsterfüllenden Prophezeiung" findet hier seine Bestätigung. Mit der Einführung einer neuen Führungstechnik kann ja der Führungserfolg nicht ausbleiben.

Nicht selten handelt es sich wie bei den einzelnen Management-by-Techniken um die relativ kritiklose Übernahme von US-amerikanischen Beraterleistungen, die einfach transferiert wurden, ohne dabei die unterschiedlichen Wertsysteme und tradierten Normen einer ganz anders gearteten Wirtschafts-, Gesellschafts- und Sozialstruktur zu berücksichtigen. Dies ist ein Grund, weshalb auch in den USA häufig als erfolgreich angesehene Methoden in Deutschland bei einem ganz anderen soziokulturellem Hintergrund keinen Erfolg haben konnten.

Darüber hinaus sind in vielen, auch empirischen, Modellen normative Bekenntnisse zu Werthaltungen enthalten, die dem soziokulturellen Hintergrund einer wissenschaftlich interessierten Bildungsschicht entstammen, aus denen die meisten Modellentwickler herkommen, die aber relativ wenig mit den Normen und Wertvorstellungen derjenigen zu tun haben, die diese Modelle anwenden. Nicht wenige Führungsansätze sind aber auch als Denkstrategien losgelöst von jedem Praxisbezug entstanden.

2. Vermarktungsinteresse von Führungsmodellen

Der Übertragungs- und Diffusionsprozeß wissenschaftlicher Erkenntnisse auf dem Gebiet der Führungsforschung geschieht nur sehr langsam durch Hochschulabgänger, im größeren Maße jedoch durch freiberufliche Berater, zum Teil auch durch die in der Unternehmensberatung tätigen Hochschullehrer.

Im Hochschulbereich entwickelte Ansätze zeigen, wie die häufig kritiklos weitergegebenen US-amerikanischen Modellansätze beweisen, eine gewisse Eigendynamik. Nach dem Standpunkt des „publish or perish" werden diese Ansätze in Veröffentlichungen immer wieder zitiert, referierend weitergegeben, ohne daß sie jemals auf ihre Praxisrelevanz geprüft worden wären.

In der Wirtschaftspraxis tätige Unternehmensberater sehen sich gezwungen, stark vereinfachte und einprägsame Modelle, die von den Abnehmern (d. h. von den interessierten Führungskräften) auch leicht verständlich nachvollzogen werden können, zu vertreiben. Umfassendere und komplexere Modellansätze haben deshalb geringere Marktchancen.

Da veröffentlichte Denkleistungen, d. h. geistige Leistungen, nur unvollkommen geschützt sind, führen geschäftspolitische, aber auch wettbewerbsbezogene Sachzwänge zur Entwicklung von Markenartikeln.

Zu den bekannteren Führungsumsätzen, die zu solchen Markenartikeln geworden sind, gehören:

— Harzburger Modell als eine besondere Form des „management by delegation"
— GRID, das Verhaltensgitter von Blake/Mouton
— 3-D-Programm als situatives Führungsmodell von Reddin
— Bedürfnispyramide von Maslow
— Motivation-maintenance Ansatz von Herzberg
— MbO als spezielle Form der Führung durch Zielvereinbarung

Die Liste ließe sich fast beliebig verändern.

Als Markenartikel unterliegen deshalb Führungsmodelle auch den Gesetzmäßigkeiten von Angebot und Nachfrage.

Das Angebot wird dabei durch besondere Formen der Darbietung besonders attraktiv dargestellt. Vereinzelte Veröffentlichungen werden bewußt so unklar formuliert, um Interessenten neugierig zu machen und sie für weiterführende Seminare oder anschließende Beratungsaufträge zu gewinnen. Weiterhin unterliegen Führungstheorien als Markenartikel auch einem gewissen Produktlebenszyklus.

Deutlich wird dies vor allem beim Harzburger Modell, wo eine Welle teils zu euphorischer Anfangsbegeisterung ab den siebziger Jahren von einer Welle zu überzogener Kritik abgelöst wurde.

3. Probleme der Erfolgsmessung

Zum Nachweis des Erfolgs einzelner Führungsmodelle liegt eine kaum übersehbare Fülle von Einzeluntersuchungen vor, die alle relativ unverbunden und zusammenhanglos nebeneinanderstehen. Die Entwicklung eines einheitlichen Beurteilungsmaßstabes der ggf. die Überlegenheit des einen oder anderen Führungsmodells beweisen könnte, scheitert vor allem an methodischen Problemen, aber auch an der uneinheitlichen Festlegung, was als Effizienzkriterien zu gelten hat.

Als Effizienzmaßstäbe kommen hier in Betracht:
a) Karriereerfolg des Vorgesetzten durch Anwendung eines bestimmten Führungsverhaltens
b) Zufriedenheit der Mitarbeiter
c) Leistungserfolg der Organisation oder des Unternehmens

Beim Karriereerfolg des Vorgesetzten können neben seiner eigenen Einschätzung auch objektive Daten, wie Gehaltsentwicklung, erreichter Rang oder erreichte hierarchische Stellung in Frage kommen. Alle Untersuchungen dieser Art, die nur als Längsschnittuntersuchungen aussagefähig sind, leiden an dem Mangel zu kurzer Beobachtungsdauer und an dem Umstand, daß über einen längeren Zeitraum weder das Führungsverhalten noch die Situation konstant bleiben können; abgesehen von dem Problem, daß wahrscheinlich die Faktoren, die den beruflichen Aufstieg und die individuelle Karriere begünstigen, naturgemäß andere sind als diejenigen, die nach erfolgtem Aufstieg den Leistungserfolg in der Organisation sicherstellen.

Die Messung von Zufriedenheitswerten der Mitarbeiter leidet neben den Problemen der Bestimmung und Abgrenzung des Begriffes Arbeitszufriedenheit vor allem aber auch daran, das strittig ist mit welchen Methoden sie zuverlässig festgestellt werden können und vor allem nach welchen Kriterien die Ermittlung sie unstritig erfolgt; aufgrund von Befragungen (Vorgesetzte oder Mitarbeiter) oder anhand objektiver Werte wie Fehlzeiten, Fluktuationen, Beschwerderaten usw.

Allen Untersuchungen ist gemeinsam, daß eine Repräsentativität kaum gegeben sein kann und daß die Untersuchungsbedingungen häufig in unrealistischer Weise darauf ausgerichtet sind, eine Bestätigung von vorgefaßten Hypothesen zu erreichen, die auf vorwissenschaftlichen Vermutungen oder auf allgemeiner Lebenserfahrung aufbauen. Nicht zuletzt scheinen auch Normen und Werthaltungen eine nicht unerhebliche Rolle zu spielen. So gilt demokratische, kooperative oder partizipative Führung als human und menschengerecht, die zu vertrauensvoller Zusammenarbeit, höherer Leistungsbereitschaft und höheren Leistungsergebnissen führen muß, während dagegen ein autoritatives Führungsverhalten nicht nur Aggressionen bewirkt und Widerstände hervorruft, sondern auch niedrigere Leistung zur Folge hat. Auch dann, wenn man nicht nach Repräsentativität der Versuchsergebnisse und ihrer Übertragbarkeit auf real gegebene Situation fragt, sondern sich trotz aller Bedenken auf eine Zusammenfassung von Laborergebnissen beschränkt (Neuberger 1972), führt dies zu mehrdeutigen Ergebnissen. Die Zusammenstellung von 30 Laborergebnissen, bei denen die analysierten Führungsstile nach kooperativ und autoritär geordnet und drei Meßgrößen Leistung, Meinung und Verhalten zugrunde gelegt wurden, ergab folgendes Bild (Schaubild 58).

	Beurteilungskriterien		
	Leistung	Meinungen	Verhalten
Überlegenheit des kooperativen Führungsverhaltens	8	17	3
Überlegenheit des autoritären Führungsverhaltens	9	6	1
keine signifikanten Unterschiede	6	5	–

Schaubild 58: Wirkung alternativen Führungsverhaltens in Laborversuchen (Neuberger)

Auf den ersten Blick scheinen die Ergebnisse für sich zu sprechen. Bei Meinungswerten, die Zufriedenheit zum Ausdruck bringen, erweist sich das kooperative Führungsverhalten als überlegen, während bei Leistungsgrößen kein signifikanter Unterschied festzustellen ist. Allerdings weist bereits Neuberger darauf hin, daß diese Aussagen über die Wirkungen von Führungsstilen nicht generalisierbar sind. Einmal herrscht bei den Autoren der verschiedenen in den Vergleich einbezogenen Untersuchungen keineswegs Übereinstimmung darüber, was man im einzelnen unter Führungsstil insgesamt und im besonderen unter einem autoritären Führungsstil versteht.
Zum anderen verbinden sich mit den Begriffen „autoritär, kooperativ oder demokratisch" wertende Assoziationen und damit auch meist bestimmte Versuchsleitererwartungen.
Wenn die Versuchsergebnisse eine positive Wertung der demokratischen – kooperativen Führung bestätigt haben und wenn sich diese Führung auch noch als leistungsfähig erwies, so wurde dies meist als eine Bestätigung aufgefaßt. Ergab sich jedoch das gleiche Ergebnis bei autoritärer Führung, so war dies Anlaß, nach Störfaktoren, wie Persönlichkeitseigenschaften, unterschiedliche Motivationsstrukturen usw. zu suchen. Hier scheint man auch den einfachen Tatbestand nicht genügend berücksichtigt zu haben, den Argyle u. a. schon 1958 nachgewiesen haben. Führungsverhalten erklärt nur zum Teil das Leistungsergebnis. In wirtschaftlich arbeitenden Organisationen hängt der größte Teil der Varianz der Leistung von nichtführungsbestimmten Faktoren, wie z. B. Arbeitsvorbereitung, Maschineneinsatz und technische Hilfsmittel usw., ab.

C. Zusammenfassende Bewertung

1. Grenzen des Modelldenkens

Versucht man aufgrund der vorliegenden Vielzahl von Modellansätzen, ihrer schmalen empirischen Basis und der Widersprüchlichkeit vieler Einzelergebnisse den Stand der Führungsforschung kritisch zu werten, so wird man feststellen müssen, daß es eine geschlossene Führungstheorie nicht gibt.

Man wird sich hier fragen müssen, ob es je möglich sein wird, zu einfachen „Wenn-Dann"-Beziehungen zu kommen, wie sie sich aus dem Modell Vroom/Yetton ergeben (wenn eine bestimmte Situation X vorliegt, dann folgert daraus ein optimales Führungsverhalten Y) oder nach dem Kontingenz-Modell von Fiedler (wenn ein bestimmtes Vührungsverhalten des Vorgesetzten X gegeben ist, dann ist eine Führungssituation Y zu schaffen). Um zu solch einfachen Beziehungen zu kommen, ist die Zahl möglicher Situationen zu groß und ihre Beziehungen zu komplex. Kritisch betont hier Neuberger (1980), daß ein Führungsmodell zumindest folgende Einflußgrößen einbeziehen sollte:

Ziele: Zufriedenheit und Leistung
Situation: Aufgabenstruktur, Belastung, Abhängigkeit und Sanktionsgewalt
Individuen: Sympathie, Motivation und Fähigkeit.

Legt man hier je Größe zwei Ausprägungen zugrunde, so würden sich $2^2 \cdot 2^4 \cdot 2^3 \cdot$ = 512 Möglichkeiten ergeben.

Aber auch dieses Modell wird sich dem Vorwurf nicht entziehen können, ebenfalls unvollständig zu sein. Es gibt noch eine Reihe von Einflußgrößen, die sich nicht oder nur sehr schwer in dieses Modell einpassen lassen. Mit Recht kann hier betont werden, daß kein Vorgesetzter in der Lage sein kann, alle diese 512 Situationsmöglichkeiten im Gedächtnis zu haben.

In der Praxis wird bei der Komplexität der Führungssituationen ein Vorgesetzter deshalb sequentiell vorgehen. Das heißt, er wird nur das in seine Diagnose einbeziehen, was er kennt und was er überblicken kann, also nur das, was das Ergebnis seines Wissens, seiner Erfahrungen und seiner Einstellung ist. Andere Einflußgrößen kann er nicht berücksichtigen. Sein Verhaltensrepertoire und seine Handlungsweisen werden sich ebenfalls auf das beschränken, was er gesehen, erfahren und vor allem in der Vergangenheit erfolgreich praktiziert hat.

Vorgesetzte werden insofern zu „Vereinfachern", denn sie werden alles das, was nicht ihrer Erfahrung oder ihrer Meinung entspricht, negieren.

Eine ähnliche Vorgehensweise auf höherer Abstraktionsebene zeigen auch alle Vertreter der einzelnen Modellschulen.

Vroom/Yetton gehen bekanntlich von sieben Situationsgrößen aus. Von den 128 möglichen Kombinationen betrachten sie aber nur 14 als relevant, wobei nicht eindeutig nachvollziehbar ist, nach welchen Kriterien redundante und irrelevante Kombinationsmöglichkeiten ausgeschieden wurden.

Fiedler beschränkt sich, von einem anderen Ansatz ausgehend, auf 3 mögliche

Situationsmerkmale, was bei je zwei Ausprägungen 8 Situationsmöglichkeiten ergibt.

Man kann dann zuletzt so weit gehen, daß man die Situationseinflüsse ganz vernachlässigt und normativ nur eine einzige Verhaltensweise propagiert, z. B. Führung im Mitarbeiterverhältnis wie beim Harzburger Modell, den 9.9 Führungsstil im Verhaltensgitter von Blake/Mouton und die kooperative Führung, wie z. B. bei Wunderer/Grunwald.

Diese strikte und konsequente Vereinfachung wäre richtig, wenn mit ihr ein Repertoire von Handlungsstrategien verbunden wäre, mit dem jedes Individuum mit seinen Eigenschaften in jeder Situation zurechtkommen könnte. Eine eigene, unter Einbeziehung von mehr als 50 Unternehmen mit mehr als 700 Führungskräften, durchgeführte Untersuchung läßt daran aber erheblich zweifeln.

Bei jedem Führungsmodell gibt es sowohl Befürworter, die von erheblichen Erfolgen berichten, als auch Unternehmen, die nur auf Fehlschläge verweisen können.

Bei allen Modellen hat die Zahl der Befürworter deutlich die Zahl der Fehlschläge überwogen. Inwieweit hier psychologische Einflüsse, wie Voreingenommenheit, Placebo-Effekt oder die verständliche Scheu, eigene Fehlschläge einzugestehen, eine Rolle gespielt haben, ist nur abzuschätzen. Wo die Gelegenheit zu eingehenden Untersuchungen bestand, bestätigte sich die Vermutung, daß zwischen Erfolgen und Fehlschlägen ein enger Zusammenhang mit besonders günstigen bzw. ungünstigen Situationsbedingungen für das jeweilige Modell bestand.

2. Die Unabweichlichkeit, mit der Komplexität zu leben

Die Komplexität und Vielfalt von Führungssituationen läßt sich nur in extremen Ausnahmefällen (wie z. B. Gefängnisaufenthalt, Katastrophen oder ähnlichem) beseitigen.

Auf der anderen Seite läßt sich aber die Komplexität, die sich aus der Individualität und der Vielfalt der handelnden Personen ergibt nicht beseitigen. Ein „Einheitsmensch" würde nur dann entstehen, wenn er durch Zwang oder durch Indoktrination in der Entfaltung seiner Persönlichkeit gehindert würde; eine an sich undenkbare Vorstellung.

Wenn somit eine Komplexität und Vielfalt auf beiden Gebieten gegeben ist, dann kann es nicht im Sinne einer Führungslehre und eines Führungsmodells sein, die Führungskräfte noch mehr zu „Vereinfachern" zu machen mit allen Folgen für die Betroffenen. Die Führungslehre müßte hier versuchen, Hilfestellung zu geben sich besser und sicherer in dem gegebenen Rahmen zurechtzufinden.

Nicht ein Führungsmodell könnte mehr als das „richtige" dargestellt werden, vielmehr müßte ein Überblick über eine größere Anzahl von Ansätzen gegeben werden, damit die Betroffenen sich jeweils das für sie günstigste auswählen können. Um diese Auswahlfähigkeit zu erhöhen, ergeben sich zwei Ansatzpunkte, die bisher in der Führungsforschung kaum aufgegriffen wurden.

Zum einen müßte die Kenntnis über das Spektrum von Handlungsmöglichkeiten erweitert werden, zum anderen müßte eine stärkere Sensibilisierung für Situationsgegebenheiten erfolgen.

Die auf die Ohio-Schule zurückgehende Unterscheidung zwischen „consideration" und „initiating structure" bildet die Grundlage von sehr vielen Modellansätzen. Zwar mögen die meßtechnischen Auswertungen unbestritten sein und sicher decken sie weite Teile der Beziehungen zwischen Vorgesetzten und Mitarbeitern ab. Für das praktische Führungshandeln geben sie jedoch wenig konkrete Handreichungen. Für die praktische Umsetzbarkeit wäre eine differenzierende Darstellung des möglichen Handlungsspektrums notwendig.

Bisher sind auch noch keine umfassenden Ansätze zur Entwicklung eines Instrumentariums bekannt, das den Betroffenen erlaubt, die Besonderheiten der Situation, in der sich das Führungshandeln abspielt, zu erfassen.

Ein geeignetes Hilfsmittel könnte ein mehrdimensionaler Ansatz in Form eines Polaritätenprofils sein, wie es Bleicher zur Darstellung der Ausprägung von Organisations- und Führungselementen verwendet. Hierzu müßte man es allerdings noch um weitere Situationsmerkmale erweitern, und die Ausprägungsmerkmale müßten entsprechend operationalisiert werden.

In diesen Bereichen liegt noch ein weites Feld der Führungsforschung, das nicht durch Hypothesenbildung abgedeckt werden kann, sondern noch sehr viel empirischer Feldarbeit bedarf.

Ziel kann und darf deshalb nicht ein einseitiges, an einer Blickrichtung und einer Dimension ausgerichtetes Führungsmodell sein, sondern ein Führungskonzept, das lineares Denken durch laterales (*de Bono*) ersetzt, das anstelle der einseitigen Abhängigkeiten das Verständnis für vernetzte Strukturen mit ihren komplexen Zusammenhängen setzt.

Da jedes Führungshandeln in Raum und Zeit erfolgt, muß auch im gegenwärtigen Führungshandeln der Einfluß auf die künftige Entwicklung vorweggenommen werden. Hier muß die einfache Tatsache stärker Berücksichtigung finden, daß die Situation von heute das Ergebnis vergangener Handlungen – wenn auch nicht unbedingt bewußter Planung – ist und daß das Handeln von heute die Situation von morgen bestimmt. Obwohl Likert bereits 1967 (*Likert* 1975) darauf hinweist, daß auf kurzfristigen Erfolg abgestelltes Führungsverhandeln auf lange Sicht zu niedrigerer Produktivität und zu höheren Kosten führen kann, wurde dies in der Führungsdiskussion kaum weiter verfolgt und thematisiert.

Dreyer stellt in zahlreichen Unternehmungen mit hunderten von Führungskräften die er während seiner langjährigen Tätigkeit als Leiter der Führungskräfteentwicklung eines führenden deutschen Großunternehmens fest, daß diesen Führungskräften in aller Regel nicht bewußt ist, daß ihr Führungsverhalten, daß in einer bestimmten Situation kurzfristig als „richtig" anzusehen ist auch gleichzeitig für die Zukunft ungeplante Folgewirkungen haben können, die die künftige Situation und die Zusammenarbeit im Unternehmen bestimmen. Eine Führungssituation aus der ein bestimmtes Führungshandeln abgeleitet wird darf deshalb nie als statisch und unabänderlich betrachtet werden. Bei jeder Entscheidung für ein bestimmtes Führungshandeln sollten deshalb immer die Wechselwirkungen vom Handeln oder

Unterlassen auf Situationen und Person (vgl. hierzu Abschnitt III B 6) und die Dynamik der Entwicklung berücksichtigt werden.

In seiner auf dem 1. Deutschen Personalleiterkongreß im Mai 1985 vorgestellten „4-dimensionalen Führungskonzeption" fordert *Dreyer* deshalb konsequent die Zukunftsorientierung des Führungshandelns als grundsätzliche Dimension der Führung gleichwertig mit Aufgabe, Person und aktueller Situation zu einem „*integrativen*" Führungsstil zu vereinigen.

Literatur zum Ersten Kapitel

de Man, H.: Der Kampf um die Arbeitsfreude, Jena 1927.
Pelz, D. C.: Influence: A key to effective leadership in the first-line supervisor, in: Personnel, Jg. 1952, S. 209–217.
Bales, R. F.: The equilibrium problem in small groups. In Working Papers in the Theory of Action, Hrsg. T. Parsons, R. F. Bales, E. A. Skills, New York 1953. S. 111–161.
Maslow, A. H.: Motivation and personality, New York 1954.
Halpin, A. W. Winer, B. J.: A factorial study of the leader behavior description, in: Stogdill, R. M.; Coons, A. E. (Hrsg.): Leader behavior: Its description and measurement, Columbus 1957, S. 39–51.
Herzberg, F. H./ Mausner, B. M./Peterson, B. B./Capwell, D. F.: Job attitudes: Review of research and opinions, Pittsburgh 1957.
Simon, H. A.: Administrative Behavior, New York 1957.
Argyle, M./ Gardner, G./Cioffi, F.: Supervisory methods related to productivity, absenteeism, and labour turnover, in: Human Relations, 11. Jg. 1958, S. 23–40.
Tannenbaum, R / Schmidt, W. H.: How to Choose a Leadership pattern, in: Havard Business Review, Jg. 1958, Nr. 2, S. 95–101.
Herzberg, F. H./ Mausner, B. M./Snyderman, B. B.: The Motivation to Work, New York 1959.
Triandis, H. C.: A critique and an experimental design for the study of the relationship between productivity and job satisfaction, in: Psychological Bulletin, Jg. 1959, S. 309–312.
Heinen, E.: Das Zielsystem der Unternehmung, Wiesbaden 1960.
Simon, H. A.: The New Science of Management Decision, New York 1960.
Homans, G. C.: Social Behavior. It's Elementary Forms, New York 1961.
Adams, J. S./ Rosenbaum, W. B.: The relationship of worker productivity to cognitive dissonance about wage inequities, in: Journal of Appl. Psychology, Jg. 1962, S. 161–164.
Gutenberg, E.: Unternehmensführung – Organisation und Entscheidungen, Wiesbaden 1962.
Fiedler, F. E.: A contingency Model for the Prediction of Leadership Effectiveness, Techn. Rep. No. 10, Urbana, Ill. 1963.
Mayntz, R.: Soziologie der Organisation, Reinbek 1963.
Le Bon, G.: Psychologie des Massen, Stuttgart 1964.
Vroom, V. H.: Work and Motivation, New York 1964.
Weber, M.: Wirtschaft und Gesellschaft, Köln–Berlin 1964.
Atkinson, J. W.: An Introduction to Motivation, Princeton N. J. u. a. 1965.
Merton, R. K.: Die Eigendynamik gesellschaftlicher Voraussagen, in: Topitsch, E. (Hrsg.): Logik der Sozialwissenschaften, Köln 1965, S. 144–161.
Bray, D. W./ Grant, D. L.: The Assessment Center in the Measurement of Potential for Business Management, in: Psychological Monographs – General and Applied., Vol. 80, Nr. 625, 1966.
Häusler, J.: Grundfragen der Betriebsführung, Wiesbaden 1966.
March, J. G./ Simon, H. A.: Organizations, New York, London, Sydney 1966.
Mayntz, R.: Die soziale Organisation des Industriebetriebes, Stuttgart 1966.
Packard, V.: Die Pyramidenkletterer, München–Zürich 1966.
Andrews, I. R.: Wage inequity and job performance: an experimental study, in: Journal of Appl. Psychology, Jg. 1967, S. 39–51.
Fiedler, F. E.: A theory of leadership effectiveness, New York 1967.
Johnson, R. A./ Kast, F. E./Rosenzweig, J. E.: The Theory and Management of Systems, New York 1967.
Blake, R. R./ Mouton, J. S.: Verhaltenspsychologie im Betrieb. Das Verhaltensgitter. Eine Methode zur optimalen Führung in Wirtschaft und Verwaltung, Düsseldorf–Wien 1968.
Porter, L. W./ Lawler, E. E.: Managerial attitudes and performance, Homewood 1968.
Smith, P. C./ Cranny, C. J.: Psychology of men at work, in: Annual Review of Psychology, Jg. 1968, S. 467–496.

Alderfer, C. P.: An empirical test of a new theory of human needs, in: Organizational Behavior and Human Performance, Jg. 1969, S. 142–175.
Bleicher, K.: Führungsstile, Führungsformen und Organisationsformen, in: ZfO, Jg. 1969, S. 31–40.
Gaugler, E. (Hrsg.): Verantwortliche Betriebsführung, Festschrift für G. Fischer, Stuttgart 1969.
Kepner, Ch. H./ Tregoe, B. B.: Managemententscheidungen vorbereiten und richtig treffen, München 1969.
Ulrich, H./ Ganz-Keppeler, V.: Strukturwandlungen der Unternehmung, Bern–Stuttgart 1969.
Barnard, Ch. I.: Die Führung großer Organisationen, Essen 1970.
Britt, A.: Führung und Führungsmodelle, in: Industrielle Organisation, 39. Jg., 1970, S. 245–249.
Höhn, R.: Führungsbrevier der Wirtschaft, 7. Aufl. Bad Harzburg 1970.
Lawler, E. E.: Job attitudes and employee motivation: Theory, research and practice, in: Personnel Psychology, Jg. 1970, S. 223–227.
McGregor, D.: Der Mensch im Unternehmen, Düsseldorf 1970.
Klis, M.: Überzeugung und Manipulation; Grundlagen einer Theorie betriebswirtschaftlicher Führungsstile, Wiesbaden 1970.
Reber, G.: Vom patriarchalisch-autoritären zum bürokratisch-autoritären Führungsstil? in: ZfB, 40. Jg., Heft 9, 1970, S. 636.
Reddin, W. J.: Managerial effectiveness, New York 1970. Deutsche Übersetzung: Das 3-D-Programm zur Leistungssteigerung des Managements, München 1977.
Ulrich, H.: Die Unternehmung als produktives soziales System, Bern-Stuttgart 1970.
Bieding, F./ Scholz, K.: Personalführungssysteme, Köln 1971.
Bleicher, K.: Perspektiven für Organisation und Führung von Unternehmungen, Baden-Baden–Bad Homburg v.d.H. 1971.
Heinen, E.: Grundlagen betriebswirtschaftlicher Entscheidungen. Das Zielsystem der Unternehmung, Wiesbaden 1971.
Irle, M.: Macht und Entscheidungen in Organisationen, Frankfurt 1971.
Sanders, A. F.: Psychologie der Informationsverarbeitung, Bern 1971.
Alderfer, C. P.: Existence, relatedness and growth. Human needs in organizational settings, New York–London 1972.
Aurich, W./ Schroeder, H. U.: System der Wachstumsplanung im Unternehmen, München 1972.
Blaschke, D.: Bedingungen des Karriereerfolges von Führungskräften, Frankfurt 1972.
Fiedler, F. E.: Das Kontingenzmodell: Eine Theorie der Führungseffektivität, in: Kunczik, M. (Hrsg.): Führung, Wien–Düsseldorf 1972, S. 179–198.
Heinen, E.: Industriebetriebslehre, Wiesbaden 1972.
Humble, J.: Praxis des Management by Objectives, München 1972.
Kunczik, M. (Hrsg.): Führung, Theorien und Ergebnisse, Düsseldorf–Wien 1972.
Likert, R.: Neue Ansätze der Unternehmungsführung, Bern und Stuttgart 1972.
Lukatis, I.: Organisationsstrukturen und Führungsstile in Wirtschaftsunternehmen, Frankfurt 1972.
Neuberger, O.: Experimentelle Untersuchungen von Führungsstilen, in: Gruppendynamik 1972, S. 192 ff.
Nordsieck, F.: Betriebsorganisation, Betriebsaufbau und Betriebsablauf, Stuttgart 1972.
Rosenstiel, L. v.: Motivation im Betrieb, München 1972.
Rosenstiel, L. v./ Molt, W./Rüttinger, B.: Organisationspsychologie, Stuttgart 1972.
Sodeur, W.: Wirkungen des Führungsverhaltens in kleinen Formalgruppen, Meisenheim am Glan 1972.
Stogdill, R. M.: Persönlichkeitsfaktoren und Führung. Ein Überblick über die Literatur, in: Kunczik, M. (Hrsg.): Führung, Düsseldorf–Wien 1972, S. 86–123.
Weiner, B.: Theories of motivation, Chicago 1972.
Zeidler, K.: Anforderungen an kaufmännische Führungskräfte, Frankfurt 1972.
Zepf, G.: Kooperativer Führungsstil und Organisation, Wiesbaden 1972.
Beer, St.: Kybernetische Führungslehre, Frankfurt 1973.

Fiedler, F. E./ Chemers, M. N.: Leadership and effective management, Glenview Ill. 1973.
Guserl, R.: Das Harzburger Modell – Idee und Wirklichkeit, Wiesbaden 1973.
HdO: Handwörterbuch der Organisation, hrsg. von E. Grochla, Stuttgart 1973.
Hofstätter, P. R.: Gruppendynamik, Hamburg 1973.
Kazmier, L. J.: Einführung in die Grundsätze des Management, München 1973.
Lawler, E. E.: Motivation in organizations. Monterey, ca. 1973.
Meyer, W. U.: Leistungsmotiv und Ursachenerklärung von Erfolg und Mißerfolg, Stuttgart 1973.
Mintzberg, H.: The Nature of Managerial Work, New York u. a. 1973.
Reber, G.: Personales Verhalten im Betrieb, Stuttgart 1973.
Staehle, W. H.: Organisation und Führung sozio-technischer Systeme, Stuttgart 1973.
Vroom, V. H./ Yetton, P. W.: Leadership and decision making, Pittsburgh 1973.
Witte, E.: Führungsstile, in: Handwörterbuch der Organisation (HdO), Hrsg. Grochla, E., Stuttgart 1973, Sp. 595–602.
Ferguson, I.R.G.: Management by Objectives in Deutschland, Frankfurt u. a. 1973.
Höhn, R./ Böhm, G.: Der Weg zur Delegation von Verantwortung im Unternehmen, Bad Harzburg 1973.
Hoyos, C. Graf: Arbeitspsychologie, Stuttgart 1974.
Kräuchi, S. J.: Auslese von Führungskräften, Organisationspsychologie und Gruppendynamik, Bern 1974.
Lattmann, Ch.: Führungsstil und Führungsrichtlinien, Bern–Stuttgart 1974.
Leavitt, H.: Grundlagen der Führungspsychologie, München 1974.
Müller, M. M.: Leistungsbewertung von Führungskräften, Bern 1974.
Neuberger, O.: Messung der Arbeitszufriedenheit, Stuttgart u. a. 1974.
Neuberger, O.: Theorien der Arbeitszufriedenheit, Stuttgart u. a. 1974.
Reimann, H.: Kommunikations-Systeme, Tübingen 1974.
Specht, K. G. u. a.: Soziologie im Blickpunkt der Unternehmungsführung, Herne–Berlin 1974.
Wild, J. (Hrsg.): Unternehmungsführung, Festschrift für Erich Kosiol, Berlin 1974.
Atkinson, J. W.: Einführung in die Motivationsforschung, Stuttgart 1975.
Bruggemann, A./ Groskurth, P./Ulrich, E.: Arbeitszufriedenheit, Bern–Stuttgart–Wien 1975.
Likert, R.: Die integrierte Führungs- und Organisationsstruktur, Frankfurt 1975.
Rühli, E.: Beiträge zur Unternehmungsführung und Unternehmenspolitik, Bern–Stuttgart 1975.
Steinle, C.: Leistungsverhalten und Führung in der Unternehmung, Berlin–München 1975.
Ulrich, P./ Fluri, E.: Management, Bern–Stuttgart 1975.
Zalesnik, A.: Das menschliche Dilemma der Führung, Wiesbaden 1975.
Böhret, C./ Junkers, M. Th.: Führungskonzepte für die öffentliche Verwaltung, Stuttgart u. a. 1976.
Golas, H G.: Der Mitarbeiter, Essen 1976.
Korndörfer, W.: Unternehmensführungslehre, Wiesbaden 1976.
Letsch, B. H.: Motivationsrelevanz von Führungsmodellen, Bern–Stuttgart 1976.
Neuberger, O.: Führungsverhalten und Führungserfolg, Berlin 1976.
Odiorne, G. S.: Management mit Zielvorgabe – Management by Objectives, München o. J.
Gebert, D.: Zur Erarbeitung und Einführung einer neuen Führungskonzeption, Berlin–München 1976.
Nieder, P. (Hrsg.): Führungsverhalten im Unternehmen, München 1976.
Alderfer, C. P.: Change processes in organization. In: Dunette, M. D. (Hrsg.) Handbook of industrial and organizational psychology; Chicago 1976, S. 1591 ff.
Hersey, P./ Blanchard, K. H.: Management of Organizational Behavior. Utilizing Human Resources. Englewood Cliffs 1977.
Höhn, R./ Böhme, G.: Führungsbrevier der Wirtschaft, Bad Harzburg 1977.
Heinen, E.: Betriebswirtschaftliche Führungslehre, Wiesbaden 1978.
Schanz, G.: Verhalten in Wirtschaftsorganisationen; München 1978.
Steinle, C.: Führung, Stuttgart 1978.

Ulrich, H.: Unternehmungspolitik, Bern–Stuttgart 1978.
Bass, B. M./ Burger, Ph. C./Doktor, R./Barrett, G.: Assessment of Managers. An International Comparison, London 1979.
Blake, R./ Mouton, J. S.: Besser führen mit GRID, Düsseldorf 1979.
Frankl, V. E.: Der Mensch vor der Frage nach dem Sinn, München 1979.
Gordon, Th.: Manager-Konferenz. Effektives Führungstraining, Hamburg 1979.
Seidel, F.: Betriebliche Führungsformen, Stuttgart 1979.
Seiwert, L. J.: Mitbestimmung und Zielsystem der Unternehmung. Ansätze zu einem weiteren Unternehmungsmodell der Betriebswirtschaftslehre, Göttingen 1979.
Böckmann, W.: Sinnorientierte Leistungsmotivation und Mitarbeiterführung, Stuttgart 1980.
Grunwald, W./Lilge, H. G. (Hrsg.): Partizipative Führung, Bern–Stuttgart 1980.
Hoffmann, F.: Führungsorganisation, Tübingen 1980.
Hoffmann, V.: Motivation, Managerverhalten und Geschäftserfolg, Berlin–München 1980.
Hofstede, G.: Culture's Consequences. International Differences in Work-Related Values, London 1980.
Odiorne, G. S.: Management by Objectives, München 1980.
Pümpin, C.: Strategische Führung in der Unternehmenspraxis, Heft 76, Die Orientierung, Bern 1980.
Sloma, R. S.: How to measure Managerial Performance, London 1980.
Wunderer, R./ Grunwald, W.: Führungslehre, 2 Bd., Berlin 1980.
McClelland, D. C.: Personality, New York 1981.
Lee, G. L.: Who gets to the Top? Gower 1981.
Türk, K.: Personalführung und soziale Kontrolle, Stuttgart 1981.
Weinert, A. B.: Lehrbuch der Organisationspsychologie, München u. a. 1981.
Lattmann, Ch.: Die verhaltenswissenschaftlichen Grundlagen der Führung des Mitarbeiters, Bern–Stuttgart 1982.
Weber, M.: Wirtschaft und Gesellschaft, Tübingen 1982 (1. Aufl. 1921).
Kossbiel, H.: Personalwirtschaft, 6. Kapitel, in: Bea/Dichtl/Schweitzer, Allgemeine Betriebswirtschaftslehre, Bd. 3, Stuttgart–New York 1983, S. 243–284.
Peters, Th. J./ Waterman, R. H.: Auf der Suche nach Spitzenleistungen, Landsberg 1983.
Bisani, F.: Was ist Führung in den achtziger Jahren? In: Eichholz/Sterner (Hrsg.): Unternehmenserfolg sichern, Frankfurt 1984, S. 15 ff.
Kern, H./Schumann, M.: Das Ende der Arbeitsteilung, München 1984.
Neuberger, O.: Führung, Stuttgart 1984.
Dreyer, H.: Zukunftsorientierte Führungslehre, in Personalführung Heft 3/1985.

Zweites Kapitel
Lohn und Leistung

I. Allgemeine Grundsätze

A. Teilgebiete der Arbeitswissenschaft

Die *Arbeitswissenschaft* befaßt sich mit allen Problemen, die mit dem Einsatz menschlicher Arbeitskraft in zielorientiert handelnden Organisationen zusammenhängen. Hauptziel ist der wirtschaftliche Einsatz unter Beachtung betriebswirtschaftlicher Belange und bei Anpassung der Arbeitsbedingungen an die physischen und psychischen Eigenschaften des arbeitenden Menschen. Sie umfaßt folgende *Teildisziplinen*:

(1) *Arbeitsphysiologie*
   Sie ist ein Teilgebiet der angewandten Physiologie und mit der Arbeitsmedizin verbunden. Ihre Aufgabe ist es, die Zusammenhänge zwischen verschiedenen Arbeitsanforderungen und den biologischen Möglichkeiten des gesunden menschlichen Organismus zu untersuchen. Ziel der Untersuchungen ist es, Wege zu rationalen und wirtschaftlichen Arbeitsformen aufzuzeigen, die einen schonenden Einsatz der menschlichen Arbeitskraft ermöglichen. Zu den Untersuchungsgegenständen gehören: die Arbeitshaltung und die Anthropometrie mit dem Ziel, an die menschlichen Körpermaße angepaßte Arbeitsmittel, Geräte und Hilfsmittel zu entwickeln, ferner die Auswirkungen des Arbeitsklimas auf die Leistungsfähigkeit, die Beziehungen zwischen Arbeit und Ernährung, die Auswirkungen verschiedener Arbeitsbelastungen und Arbeitszeiten auf den Körper und seine Leistungsfähigkeit zu erforschen. Hier sind die Übergänge zur Arbeitsmedizin und Arbeitspsychologie fließend.

(2) *Arbeitsmedizin*
   Sie ist ein Sonderfach und steht der Sozialmedizin und der Präventivmedizin nahe. Ziel ist die Erforschung der Wechselwirkungen zwischen allen Einflüssen der Arbeit und der Gesundheit. Sie umfaßt die als Gewerbehygiene bezeichnete Arbeitshygiene, die dem vorbeugenden Gesundheitsschutz gegen Gefährdung aller Art durch die Berufsarbeit dient. In ihren Aufgabenbereich fällt die Erstellung von Richtlinien für Beleuchtung, Belüftung, Beschaffenheit des Arbeitsraumes, Arbeitskleidung. Zu diesem Bereich werden weiterhin gerechnet die

Überwachung des Zustandes der Sozialräume (Wasch-, Umkleide-, Aufenthaltsräume, Toiletten usw.), ferner Maßnahmen der Ersten Hilfe, sowie die Arbeitspathologie, die sich mit den durch Arbeitseinflüsse verursachten Gesundheitsschädigungen, z. B. durch Berufsunfälle und Krankheiten, befaßt. Insbesondere durch die verstärkte Verwendung neuer chemischer Werkstoffe und dem damit verbundenen starken Ansteigen toxischer Gefährdungen hat sie zunehmend an Bedeutung gewonnen.

(3) Arbeitsschutz

Seine Aufgabe ist es, den Arbeitnehmer vor den Gefahren, die sich aus der Arbeit ergeben, zu schützen. Bisher sah man im Arbeitsschutz in der Regel ein rechtliches Problem, man glaubte durch entsprechende Arbeitsschutzgesetze, die Überwachung der Unfallverhütungsvorschriften usw. einen hinreichenden Schutz gewährleisten zu können. Immer mehr setzt sich aber die Einsicht durch, daß Übermüdung und menschliches „Fehlverhalten" häufig als Unfallursache angesehen werden müssen. Damit gewinnen Fragen der Arbeitsstrukturierung zur Vermeidung von Monotonieerscheinungen sowie Probleme der Anpassung der Arbeitsbedingungen an die menschliche Leistungsfähigkeit als Mittel des Arbeitsschutzes zunehmend an Bedeutung.

(4) Arbeitspsychologie

Sie untersucht die Wechselbeziehungen zwischen der Arbeit und den psychischen Faktoren. Aufgabengebiete sind die Eignungspsychologie, die Hilfsmittel für die Personalauswahl liefert, ferner die Psychologie der Ermüdung und ihre Auswirkungen auf die Arbeitszeit- und Pausengestaltung, die Psychologie der Einstellung und Motivation zur Arbeit und nicht zuletzt auch die Psychologie der Arbeitssicherheit. Außerdem werden die Einflüsse der Arbeitsumgebung auf die Arbeitsbedingungen und die Arbeitsmotorik untersucht.

(5) Arbeitspädagogik

Sie macht sich die pädagogischen Erkenntnisse aus dem Schul- und Erziehungswesen für die Vorbereitung auf die Berufsarbeit nutzbar. Sie hat wesentliche Impulse zur Behandlung der Probleme des betrieblich-industriellen Aus- und Fortbildungswesens gegeben und die neu geschaffene *„Ausbilder-Eignungs-Verordnung"* wesentlich beeinflußt. Nach dieser Verordnung genügt der reine Fachkunde-Nachweis nicht mehr allein zur Berechtigung der Lehrlingsausbildung; zusätzlich ist der Nachweis pädagogischer Kenntnisse und Fähigkeiten zu erbringen.

(6) Arbeitstechnologie

Sie befaßt sich mit der Gestaltung, Organisation und Betreuung der menschlichen Arbeit und der angrenzenden Sachgebiete. Hierher gehören u. a. die Probleme der Gestaltung des Arbeitsplatzes und der Arbeitsumgebung, das Ausschalten von Arbeitsleerläufen und die Optimierung des Arbeitsvollzugs.

(7) Sozialpsychologie des Betriebes

Sie befaßt sich mit den Einwirkungen der Menschen aufeinander, die sich durch das Zusammensein und Zusammenwirken in der wirtschaftlichen und sozialen Leistungsgemeinschaft des Betriebes zu gemeinsamer Zielerreichung ergeben. Dieses Teilgebiet hat in den USA als *Industrial Social Psychology* weitreichende Bedeutung erlangt. Ihre Forschungsergebnisse beginnen nun auch die wissenschaftlichen Fragestellungen in Deutschland zu beeinflussen.

(8) Arbeitswirtschaft

Diese umfaßt im Bereich der Betriebswirtschaftslehre alle Fragen, die mit der menschlichen Arbeit als Produktionsfaktor und Kostenelement zusammenhängen. Darunter fallen alle Probleme der Ermittlung von Arbeitszeiten, der Bewertung und Entlohnung der Arbeit, insbesondere auch die Ermittlung von Zeitvorgaben, die Erfassung der Arbeitsleistung usw.

B. Bestimmungsfaktoren der Arbeitsleistung

1. Übersicht über die Determinanten der menschlichen Arbeitsleistung im Betrieb

Einzelleistung ist der durch Arbeit erbrachte Beitrag zum Gesamtarbeitsergebnis eines Betriebes oder einer Gruppe. Hierbei ist Arbeit im arbeitswissenschaftlichen Sinn (der Ergonomie) die Summe der Energie und Information, die bei der Erfüllung von Arbeitsaufgaben durch den Menschen umgesetzt bzw. verarbeitet wird. Dieser *Arbeitsbegriff* geht über die physikalische Definition hinaus. Er umfaßt neben der durch Bewegung hervorgerufenen dynamischen Arbeit auch die Haltearbeit (statische Arbeit) und das große Gebiet der geistigen Arbeit, wie z. B. Denkvorgänge, Beobachtungen usw.

Die „*wissenschaftliche Betriebsführung*" im Sinne *Taylors* geht davon aus, daß die Arbeitsleistung vor allem durch die Arbeitsmethode, das Entlohnungssystem sowie durch die Anweisungen der *Funktionsmeister* und die technischen Arbeitsbedingungen bestimmt ist. (Vgl. Schaubild 59).

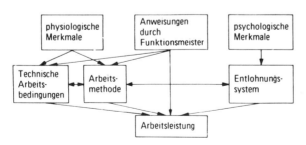

Schaubild 59: Determinanten der Arbeitsleistung nach Taylor

Die neuere arbeitswissenschaftliche Forschung hat jedoch wesentlich vielschichtigere Zusammenhänge aufgezeigt.

Voraussetzung für eine Leistung ist das Leistungsangebot des Mitarbeiters. Dieses Leistungsangebot kann nur insoweit in Leistung umgesetzt werden, als ihm eine entsprechende Leistungsanforderung einer Aufgabe gegenübersteht. Das *Leistungsangebot* bestimmt sich nach den drei Faktoren der Leistungsfähigkeit, der Leistungsdisposition und der Leistungswilligkeit. (Vgl. Schaubild 60). Hierbei begrenzen Leistungsfähigkeit und Leistungsdisposition das Leistungsangebot nach oben, die Leistungswilligkeit nach unten.

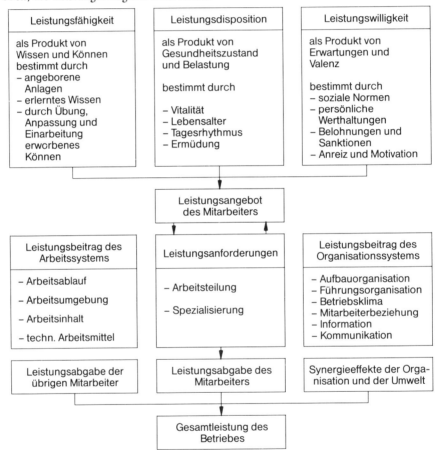

Schaubild 60: Determinanten der menschlichen Arbeitsleistung

2. Faktoren des Leistungsangebots

a) Leistungsfähigkeit

Die *Leistungsfähigkeit* wird bestimmt durch die angeborenen *Anlagen* — körperlicher und geistiger Art — sowie durch erlerntes *Wissen*. Angeborene Anlagen verkümmern, wenn sie nicht genutzt und durch Übung weiterentwickelt werden. Erlerntes Wissen muß durch Übung zu anwendbarem Können werden. Folgende Faktoren bestimmen den *Übungserfolg*:

(1) Anzahl der ausgeführten Arbeitsverrichtungen sowie Länge und Lage der Übungszeit;
(2) Übungsübertrag, d. h. Vorteil, den der Mensch aufgrund seiner Veranlagung und seiner Erfahrungen durch vorher ausgeübte Tätigkeiten hat;
(3) Schwierigkeitsgrad der Arbeitsmethode;
(4) Form der Arbeitsunterweisung.

b) Leistungsdisposition

Daß körperliches Wohlbefinden und guter gesundheitlicher Zustand die *Leistungsdisposition* positiv beeinflussen können, ist nicht in Zweifel zu ziehen. Unter *Tagesrhythmik* ist die Änderung der Leistungsdisposition des Menschen im Tagesablauf zu verstehen. Dieser Rhythmus hängt ab von der Ortszeit und den Lebensgewohnheiten sowie vom Kulturkreis, der sozialen Schichtzugehörigkeit und wird weitgehend im frühen Lebensalter entwickelt. Umfangreiche empirische Untersuchungen haben ergeben, daß die „normale" Kurve des Tagesrhythmus für mitteleuropäische Verhältnisse vormittags gegen 9.00 Uhr einen Höhepunkt der Leistungsdisposition aufweist, dann bis gegen 15.00 Uhr abfällt, um nach Überwindung der „Mittagsmüdigkeit" bis gegen 20.00 Uhr wieder anzusteigen. Auf den folgenden raschen Abfall bis gegen 3.00 Uhr nachts erfolgt bis zum Morgen gegen 9.00 Uhr wieder ein Anstieg. Die Kenntnis der Normal-Kurve des Tagesrhythmus ist vor allem für das Aufstellen von Schichtplänen usw. wichtig.
Mit zunehmender Ermüdung sinkt die Leistungsdisposition. Man unterscheidet:

(1) biologische Ermüdung, die unabhängig davon auftritt, ob jemand arbeitet oder nicht,
(2) Arbeitsermüdung, die zurückzuführen ist auf den arbeitsbedingten Kräfteverbrauch,
(3) Antriebsermüdung, die sich aus dem nachlassenden Interesse an der Arbeit ergibt, z. B. durch Monotonie.

Die Ermüdung wird durch *Erholung* ausgeglichen. Untersuchungen zeigen, daß die Erholung um so schneller erfolgt, je geringer der Ermüdungsgrad ist. Diese Erfahrungen sprechen für eine *Pausenregelung*, die in kürzeren Abständen auch Zwischenpausen gewährt, um das Entstehen eines zu hohen Ermüdungsgrades zu verhindern.
Einzelne Körperfunktionen, wie z. B. Körperkraft, Hör- und Sehfähigkeit, auch Reaktionsgeschwindigkeit, nehmen mit zunehmendem Alter ab. Dieser *Leistungsabfall* wird häufig durch die größere Erfahrung ausgeglichen, so daß die Gesamtleistung eines Mitarbeiters mit zunehmendem Lebensalter nicht unbedingt abnimmt.

c) Leistungswilligkeit

Die *Leistungswilligkeit* bzw. Leistungsbereitschaft eines Mitarbeiters wird bestimmt durch *soziale Gründe*, wie z. B. informale Gruppenzugehörigkeit, persönliche Kontakte und Betriebsklima, sowie durch den Umfang, in dem durch die Arbeit persönliche Bedürfnisse und Interessen des Mitarbeiters befriedigt werden. Hier spielen das Entgelt und die Leistungsmotivation eine große Rolle.

C. Grundsätze betrieblicher Lohnpolitik

1. Absolute und relative Lohnhöhe

Das erste Hauptproblem der betrieblichen Lohnpolitik ist die Festlegung der *absoluten Lohnhöhe*, d. h. die Bestimmung des absoluten Geldbetrags, den der Arbeitnehmer für seine Arbeitsleistung im Betrieb erhält. Das zweite Hauptproblem betrifft die Entscheidung über die *relativen Lohnhöhen*, d. h. die Staffelung der Löhne innerhalb eines Betriebes.

Man wird hier *Kosiol* zustimmen müssen, daß es sich bei der Festlegung der absoluten Lohnhöhe zu einem Großteil um ein „mehr außerbetriebliches Marktproblem" handelt, dem sich der einzelne Betrieb nicht entziehen kann. Trotzdem ist für den einzelnen Betrieb noch ein gewisser eigener, autonomer Entscheidungsspielraum gegeben, der genutzt werden muß, um die zu zahlenden Entgelte in ein sinnvolles Verhältnis zu den in der Branche und im Gebiet des gleichen regionalen Arbeitsmarkts üblichen Lohnsätze zu bringen. Die Ausnutzung dieses Handlungsspielraums ist notwendig, weil auch die Mitarbeiter ihr Lohneinkommen in Vergleich zu dem setzen, was andere Betriebe für die gleiche oder eine vergleichbare Tätigkeit bezahlen.

Das *Lohngrundniveau* wird durch die *Tarifverträge* bestimmt. Die Verbindlichkeit tarifvertraglicher Normen verhindert, daß im Einzelfall niedrigere Löhne bezahlt werden dürfen. Die Praxis der letzten Jahrzehnte hat aber gezeigt, daß die effektiv bezahlten Entgelte die tarifvertraglich festgelegten Löhne zum Teil nicht unerheblich übersteigen. Die *übertariflichen Lohnzahlungen* sind ein Ausdruck der Arbeitsmarktlage.

Übersteigt die Nachfrage nach Arbeitskräften das Angebot (insbesondere bei Mangelberufen), so sind Unternehmer gezwungen, mit finanziellen Anreizen Mitarbeiter zu halten und mit übertariflichen Zahlungen neue Mitarbeiter zu gewinnen. Dieser Trend zu übertariflichen Zulagen wird durch zwei Ursachen begünstigt:
(1) Wenn durch steigendes Wirtschaftswachstum der Absatz gesichert ist und
(2) wenn durch Preissteigerungen die Lohnsteigerungen, innerhalb der Laufzeiten der Tarifverträge, aufgefangen werden können.

Nach oben begrenzt sind übertarifliche Zulagen durch die Ertragskraft des Unternehmens.

Ist ein Unternehmen nicht bereit oder in der Lage, sich höheren *Konkurrenzlöhnen* anzupassen, so werden sich langfristig erhebliche Schwierigkeiten bei der Personalbeschaffung und -erhaltung einstellen. Die qualifizierten Arbeitskräfte werden im Rahmen ihrer Mobilität, dem Gesetz von Angebot und Nachfrage entsprechend, innerhalb der gegebenen regionalen Grenzen zu Unternehmen abwandern, die bereit und in der Lage sind, diese Löhne zu zahlen.

Die *relative Lohnhöhe* wird bestimmt durch das Verhältnis der Lohnsätze für die verschiedenen, in einem Betrieb anfallenden Tätigkeiten zueinander.

2. Bedeutung des Entgelts für die Mitarbeiter

Während die Lehre vom homo-oeconomicus den Menschen als ein rein zweckorientiert handelndes Wesen ansieht, zeigen neuere Untersuchungen, daß von Mitarbeitern als Grund für ihre Tätigkeit in einem Unternehmen gute Bezahlung nicht an erster Stelle genannt wird. Auch *Herzberg* hat nach der Auswertung der Ergebnisse der Pittsburgh-Studie die Bezahlung als einen Hygienefaktor eingestuft. Demgegenüber ist erstaunlich, daß bei Interviews mit ausscheidenden Mitarbeitern (um die Gründe für die Fluktuation zu erfahren) zu geringes Gehalt bzw. höheres Einkommen bei einer anderen Firma verhältnismäßig häufig als Hauptgrund für das Ausscheiden genannt werden. Dies mag zum Teil darin seine Ursache haben, daß „schlechte Bezahlung" einer der Gründe ist, die leicht verbalisiert werden können, die niemand direkt persönlich treffen und die sich nur gegen die neutrale Institution des Unternehmens richten. Auch mit dieser Einschränkung erscheint es notwendig, diese generelle Aussage zu relativieren. Ob jemand der Höhe der Bezahlung besondere Bedeutung beimißt, hängt nicht zuletzt von der Ausgangslage ab. Wird das Einkommen als gerecht empfunden, so wird seiner Höhe wenig Bedeutung zugemessen. Was als gerecht empfunden wird, ist nicht eine Frage der absoluten Höhe des Entgelts. Ein Buchhalter mag ein Gehalt von DM 1.600,– als gerecht empfinden, ein Diplom-Kaufmann mit einiger Berufserfahrung wird als Beratungsassistent ein Gehalt von doppelter Höhe dagegen als ungerecht ansehen. Entscheidend ist hier vielmehr die relative Gehaltshöhe. Nach der *Theorie des sozialen Vergleichs* vergleicht ein Mitarbeiter seine Tätigkeit und sein Arbeitseinkommen mit anderen, mit denen er sich gleich fühlt, mit denen er auf der gleichen hierarchischen Stufe im Betrieb steht, die die gleiche Ausbildung haben und deren Tätigkeit die gleichen Anforderungen stellt. Zufriedenheit entsteht nur, wenn er in diesem sozialen Vergleich gut abschneidet. Was als *Vergleichsmaßstab* herangezogen wird, ist *gesellschaftlich bedingt*. So werden z. B. Frauen für gleiche Tätigkeiten niedriger bezahlt als Männer, ohne daß sie mit dem niedrigeren Gehalt unzufrieden wären. Dies ist nach der Theorie des sozialen Vergleichs verständlich, weil sich in unserer Gesellschaftsordnung Frauen mit Frauen und nicht mit Männern vergleichen. Fortschreitende Emanzipation beginnt allerdings diese Verhältnisse zu ändern.

Ergibt sich im sozialen Vergleich eine Diskrepanz, so wird der arbeitende Mensch nach der *Gleichheitstheorie* bestrebt sein, diese Diskrepanz zu verringern (vgl. Erstes Kapitel, I,2).

Daneben haben Erfahrungen in der Praxis immer wieder gezeigt, daß finanzielle

Leistungsanreize in Form von Akkord- und Prämienlöhnen nicht immer zu einer Leistungssteigerung führen, sondern, wie bereits *Taylor* feststellte, durch die *Leistungsrestriktion* auch ein gegenteiliger Effekt eintreten kann. Die Ursachen können sein: Mißtrauen gegen die Geschäftsführung (schlechte Erfahrungen mit Akkordschneiderei) oder aber auch starker informaler Gruppenzusammenhalt, etwa dann, wenn die Gruppe eine Leistungsnorm als verbindlich festlegt und durch Gruppensanktionen die Einhaltung dieser Norm erzwingt.

Fürstenberg weist in diesem Zusammenhang darauf hin, daß vier Motivationsstrukturen in unterschiedlicher Zusammensetzung das Leistungsverhalten des arbeitenden Menschen bestimmen, und zwar die *emotionale*, die *traditionelle*, die *wert-* und die *zweckrationale Motivationsstruktur*. Finanzielle Leistungsanreize sprechen einseitig die zweckrationale Motivationsstruktur an. Sie kann angesprochen werden, wenn sie nicht im Widerspruch zu den anderen Motivationsstrukturen steht.

3. Formen relativer Lohngerechtigkeit

Was als gerecht empfunden wird, hängt nicht nur von den Vergleichspersonen ab, sondern auch von den Vergleichsmaßstäben, d. h. von den Kriterien, nach denen Gerechtigkeit und Anspruchsniveau gemessen werden. Was im einzelnen als Maßstab gelten kann, unterliegt gesellschaftlicher und individueller Wertvorstellung und wandelt sich mit den gesellschaftlichen Veränderungen.

Schaubild 61: Übersicht über die verschiedenen Formen relativer Lohngerechtigkeit

Da sich jeder Mitarbeiter mit mehreren Gruppen in unterschiedlichen Formen (gleiche Anforderungen durch die Tätigkeit, gleiche Leistung, gleiche soziale Lasten usw.) im sozialen Vergleich befindet, kann es eine umfassende Lohngerechtigkeit nicht geben.

So gliedert sich der Gesamtlohn in der Regel in vier Bestandteile und zwar

    Arbeitswertanteil (Grundlohn)   Ermittlung durch die Arbeitsbewertung
    Leistungsanteil   Ermittlung durch die Leistungsbewertung
    Dienst- und Lebensaltersanteile   { Ermittlung durch unternehmungs-
    Sozial- und Sonderanteile   spezifische Regelungen

Die verschiedenen Formen der Lohndifferenzierung zeigt Schaubild 62:

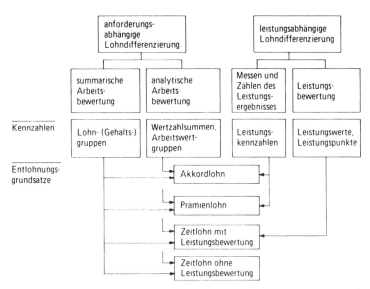

Schaubild 62: Überblick über die Kennzahlen- und Entlohnungsgrundsätze der anforderungs- und leistungsabhängigen Lohndifferenzierung (REFA-Methodenlehre, Band 5, S. 12)

II. Lohnsatz und Lohnformen

A. Differenzierung des Lohnsatzes (Arbeitsbewertung)

1. Zweck der Arbeitsbewertung

Unter dem Begriff *Arbeitsbewertung* werden alle Verfahren zusammengefaßt, mit denen die relativen Schwierigkeiten einer Tätigkeit im Vergleich zu den anderen Tätigkeiten in einem Unternehmen möglichst objektiv ermittelt und zahlenmäßig festgelegt werden. Hierbei sind nicht die persönlichen Leistungen eines Arbeitenden zu bewerten, sondern vielmehr die *Anforderungen*, die von einem Arbeitsplatz an einen fiktiven normal arbeitenden Menschen im Rahmen einer fiktiven Normalleistung gestellt werden.

Grundlage für die Bewertung sind deshalb in der Regel auch nicht die einzelnen Arbeitselemente oder Arbeitsgänge, sondern vielmehr der Gesamtaufgabenbereich eines Arbeitsplatzes. Der ermittelte *Arbeitswert* ist nicht eine absolute Lohnbestimmungsgröße, sondern nur ein Zahlensymbol für die Höhe der Arbeitsschwierigkeiten (bzw. der Anforderungen, die der Arbeitsplatz an den Stelleninhaber stellt). Dieser Wert dient deshalb nicht nur der Staffelung des Grundlohnes (*Lohndifferen-*

zierung), sondern auch der Personalorganisation (Personalauswahl, Personaleinsatz usw.), der Festlegung von Anforderungsprofilen und der Arbeitsgestaltung mit dem Ziel, Arbeitsplätze zu schaffen, die in ihrer Anforderungsstruktur möglichst gleich sind und den neuen Erkenntnissen der Arbeitsstrukturierung entsprechen.

2. Summarische Arbeitsbewertung

Hierunter sind die Verfahren zu verstehen, bei denen die Anforderungen eines Arbeitsplatzes an den Menschen als Ganzes erfaßt und die Schwierigkeiten global beurteilt werden. Zum Zwecke der Lohndifferenzierung wird das Ergebnis meist in Form der Eingruppierung in eine Lohn- bzw. Gehaltsgruppe ausgewiesen.
Grundsätzlich sind zwei Verfahren möglich. Im *Rangreihenverfahren* werden alle Anforderungen eines Arbeitsplatzes an den Menschen als Ganzes bewertet und in eine Rangreihe gebracht. Sie gibt an, daß eine höher stehende Aufgabe höhere Anforderungen als eine an niedrigerer Stelle stehende Aufgabe stellt. Allerdings sagt die Rangreihe nichts über die Abstände zwischen den einzelnen Positionen und das Maß ihrer Differenzierung aus.
Diesen Nachteil versucht das *Lohngruppenverfahren* zu vermeiden. Hierbei werden verschiedene unterschiedliche Anforderungsstufen definiert. Die Anforderungen eines Arbeitsplatzes werden dann mit dieser Stufendefinition verglichen. In der Regel entspricht dann jede dieser Stufen einer Lohngruppe. Die einfachste Form

Gruppe	Lohngruppendefinitionen
1	Arbeiten einfacher Art, die ohne vorherige Arbeitskenntnisse nach kurzer Anweisung ausgeführt werden können und mit geringen körperlichen Belastungen verbunden sind
2	Arbeiten, die ein Anlernen von 4 Wochen erfordern und mit geringen körperlichen Belastungen verbunden sind
3	Arbeiten einfacher Art, die ohne vorherige Arbeitskenntnisse nach kurzer Anweisung ausgeführt werden können
4	Arbeiten, die ein Anlernen von 4 Wochen erfordern
5	Arbeiten, die ein Anlernen von 3 Monaten erfordern
6	Arbeiten, die eine abgeschlossene Anlernausbildung in einem anerkannten Anlernberuf oder eine gleichzubewertende betriebliche Ausbildung erfordern
7	Arbeiten, deren Ausführung ein Können voraussetzt, das erreicht wird durch eine entsprechende ordnungsgemäße Berufslehre (Facharbeiten). Arbeiten, deren Ausführung Fertigkeiten und Kenntnisse erfordert, die Facharbeiten gleichzusetzen sind
8	Arbeiten schwieriger Art, deren Ausführung Fertigkeiten und Kenntnisse erfordert, die über jene der Gruppe 7 wegen der notwendigen mehrjährigen Erfahrungen hinausgehen
9	Arbeiten hochwertiger Art, deren Ausführung an das Können, die Selbstständigkeit und die Verantwortung im Rahmen des gegebenen Arbeitsauftrages hohe Anforderungen stellt, die über die der Gruppe 8 hinausgehen
10	Arbeiten höchstwertiger Art, die hervorragendes Können mit zusätzlichen theoretischen Kenntnissen, selbständige Arbeitsausführung und Dispositionsbefugnis im Rahmen des gegebenen Arbeitsauftrages bei besonders hoher Verantwortung erfordern

Schaubild 63: Beispiel für Lohngruppendefinition (Lohnrahmen-Abkommen der Eisen-, Metall- und Elektroindustrie NRW 1970)

der Gruppenbildung ergibt sich durch Berücksichtigung der für die Erfüllung einer Tätigkeit erforderlichen Ausbildung (wie z. B. kurze Anweisung bis zu abgeschlossener Facharbeiter-Ausbildung mit mehrjähriger Berufserfahrung). Neben dem Umfang der Ausbildung werden bei der Definition der Stellenanforderungen in der Regel noch weitere Einflußgrößen berücksichtigt. (Vgl. Schaubild 63)
Die Lohndifferenzierung erfolgt dann in Form eines Schlüssels, mit dem die einzelnen Gruppen in ihrer Wertigkeit zueinander in Verbindung gesetzt werden.

Gruppe	1	2	3	4	5	6	7	8	9	10
Lohnschlüssel in %	75	80	85	90	95	100	108	118	125	135
tariflicher Grundlohn DM/h					lt. Tarifvertrag	Ecklohn				

Schaubild 64: Zuordnung des Grundlohns zum Lohnschlüssel

3. Analytische Arbeitsbewertung

Hier werden die Anforderungen eines Arbeitsplatzes nach mehreren Anforderungsarten getrennt erfaßt und getrennt bewertet. Die *analytische Ermittlung des Arbeitswertes* erfolgt in drei Stufen:
- Beschreibung der Tätigkeit sowie der Arbeitssituation,
- Ermittlung der Daten für die einzelnen Anforderungsarten,
- Ermittlung und Bewertung der Anforderungen.

a) Beschreibung der Tätigkeit und der Arbeitssituation

Aufgabe der *Arbeitsbeschreibung* ist es, die Tätigkeit und die Arbeitssituation so eindeutig, zutreffend, ausführlich und sachlich sowie zum Vergleich mit anderen Arbeitsplätzen auch einheitlich darzustellen, daß hieraus die Anforderungen, die die Arbeit an den Menschen stellt, für jeden verständlich abgeleitet werden können. (Zum Inhalt der Arbeitsbeschreibung vgl. Bisani, Personalwesen, Bd. 106, Moderne Wirtschaftsbücher.)

b) Ermittlung der Daten für die einzelnen Anforderungsarten

Bei der Festlegung der einzelnen *Anforderungsarten* gibt es zwei Formen, einmal, möglichst weit zu differenzieren mit dem Ziel, eine weitgehende Vollständigkeit möglicher Merkmale zu erreichen, oder zum anderen, eine Beschränkung auf wenige wichtige und typische Merkmale vorzunehmen. Eine zu weitgehende Differenzierung macht den Bewertungsplan unübersichtlich und steigert den Arbeitsaufwand überproportional, ohne daß auch gleichzeitig die Genauigkeit ansteigen würde.
Auf der *internationalen Konferenz für Arbeitsbewertung* im Mai 1950 in Genf

wurde eine Grundgliederung der Anforderungsarten, aufbauend auf den beiden
Oberbegriffen Können und Belastung (*Genfer Schema*), vorgeschlagen. (Vgl. Schaubild 65)

	Können	Belastung
1. Geistige Anforderungen	x	x
2. Körperliche Anforderungen	x	x
3. Verantwortung	–	x
4. Arbeitsbedingungen	–	x

Schaubild 65: Anforderungsarten nach dem Genfer Schema von 1950

Anforderungsarten	Definition	Arten der Datenermittlung
1. Kenntnisse	Werden durch das geistige Können bestimmt, das auf Ausbildung und Erfahrung sowie auf Denkfähigkeit beruht.	In Klassen beschreibbar, abhängig von Ausbildungsdauer und Dauer der Erfahrung.
2. Geschicklichkeit	Bestimmt durch Handfertigkeit und Körpergewandtheit. Sie beruhen auf Anlagen, Übung, Erfahrung und Anpassung. Sie äußern sich in Sicherheit und Genauigkeit der Bewegungen.	In Klassen beschreibbar.
3. Verantwortung für Arbeitsergebnis, -ausführung und Sicherheit	Wird bestimmt durch die Gewissenhaftigkeit und Zuverlässigkeit sowie die Sorgfalt, um Personen- und Sachschaden zu vermeiden, sowie die aufzuwendende Umsicht, um Behinderungen und Störungen des Arbeitsablaufs nicht eintreten zu lassen.	Allgemein beschreibbar nach Schadenswahrscheinlichkeit und Höhe des möglichen Schadens.
4. Geistige Belastung	Abläufe müssen beobachtet, überwacht oder gesteuert werden (Belastung durch Aufmerksamkeit). Geistige Tätigkeit im engeren Sinn (Belastung durch Denkfähigkeit).	Dauer meßbar, Häufigkeit zählbar, die Höhe im allgemeinen in Klassen beschreibbar.
5. Muskelmäßige Belastung	Entsteht durch dynamische, statische und einseitige Muskelarbeit.	Höhe und Dauer meßbar, Häufigkeit des Vorkommens zählbar.
6. Umgebungseinflüsse	Hierher gehören alle Erschwernisse, die den Arbeitenden bei der Erfüllung seiner Arbeitsaufgabe behindern, belasten oder gefährden können, z.B. Klima, Lärm, Lichtmangel, Nässe, Staub usw., aber auch Behinderung durch Schutzkleidung, Erkältungs- und Unfallgefahr.	In der Regel in Klassen beschreibbar, Dauer meßbar und Häufigkeit des Vorkommens zählbar.

Schaubild 66: Anforderungsarten nach REFA

Mit unterschiedlicher Ausprägung wurde dieses Grundanforderungsschema auch in alle weiter entwickelten Systeme übernommen.

Der *REFA-Verband* (Methodenlehre, Bd. 4) hat das Schema erweitert und die einzelnen Anforderungsarten näher definiert. (Vgl. Schaubild 66)

Das Festlegen der einzelnen Anforderungsarten wird immer Verhandlungssache bleiben, da es keine wissenschaftliche Begründung für eine verbindliche Einteilung geben kann. Allenfalls wird die Einteilung durch die Forderung nach praktischer Handhabbarkeit bestimmt.

c) Ermittlung und Bewertung der Anforderungen

Sind die einzelnen Anforderungsarten nach ihrer Art, in der Regel durch Vereinbarung zwischen den Tarifvertragsparteien oder zwischen Unternehmen und Betriebsrat, festgelegt, muß die Ermittlung der Anforderungshöhe und ihre Bewertung erfolgen. Für die Ermittlung der Anforderungswerte gibt es zwei Verfahren: das *Rangreihen-* und das *Stufen-(Gruppen-)Verfahren*. Die Bewertung der Anforderungen (Gewichtung) kann getrennt oder gebunden erfolgen. Die unterschiedliche Höhe der Wertzahlen stellt die unterschiedliche Höhe der Anforderungen eines Arbeitsplatzes an den einzelnen Mitarbeiter dar.

aa) *Rangreihen- und Stufenverfahren*

Im Prinzip erfolgt die Rangreihenbildung wie bei der *summarischen Arbeitsbewertung*, nur mit dem Unterschied, daß hier nicht mehr der Arbeitsplatz als Ganzes beurteilt, sondern daß für jede Anforderungsart eine Rangreihe für alle Arbeitsplätze gebildet wird.

Die Nachteile der *freien* Einordnung in die *Rangreihe*, die nichts über die Abstände zwischen den einzelnen Positionen und dem Maß ihrer Differenzierung aussagt, versucht die *gebundene Rangreihe* auszugleichen. Hier reichen die Rangplatzziffern von 0 mit der niedrigsten Anforderung bis 100 für die höchste Anforderung. Diese Reihe ist in der Regel durch Fünfersprünge unterteilt, so daß insgesamt zwanzig unterschiedliche Rangreihengruppen auf der ganzen Skala möglich sind.

Voraussetzung für die Anwendung des Rangreihenverfahrens ist eine genügend große Anzahl von *Vergleichsbeispielen*. Je mehr Beispiele für jede einzelne Anforderungsart vorliegen, um so leichter ist das Einordnen.

Zur Erleichterung der Anwendung des Rangreihenverfahrens hat der REFA-Verband Bewertungstafeln für die einzelnen Anforderungsarten entwickelt mit Angabe von „*Brückenbeispielen*", die den Vergleich zu anderen Tätigkeiten gestatten. Das gebundene Rangreihenverfahren stellt bereits einen Übergang zum *Stufenverfahren* dar. Hier werden die unterschiedlich hohen Anforderungen nach Stufen unterteilt, in der Regel mit folgenden Steigerungen:

Stufe 1: sehr niedrig, sehr gering, Stufe 4: groß, hoch,
Stufe 2: niedrig, gering, Stufe 5: sehr groß, sehr hoch.
Stufe 3: mittel,

bb) Bewertung der Anforderungen (Gewichtung)

Rangreihen- oder Stufeneinteilung geben die unterschiedliche Belastung durch die einzelnen Anforderungsarten bei den verschiedenen Arbeitsplätzen wieder. Diese Rangplätze sind wertneutral. Um diese Unterschiede für eine Lohndifferenzierung nutzbar zu machen, müssen sie entsprechend gewichtet werden.

Hierbei werden die unterschiedlichen Anforderungsarten bewertet. Die Summe der Wertziffern ist der *Arbeitswert,* der dann die Grundlage der Lohndifferenzierung bildet. Die *Gewichtung* ist in zweifacher Form durchzuführen, und zwar einmal Bewertung der unterschiedlichen Höhen einer Anforderungsart und dann der einzelnen Anforderungsarten eines Arbeitsplatzes in ihrem Verhältnis zueinander.

Bei der Bewertung der unterschiedlichen Höhe einer Anforderungsart ist zwischen linearer und nichtlinearer Gewichtung zu unterscheiden. Bei *linearer Gewichtung* steigen die Arbeitswerte linear mit der Stufenzahl oder der Rangplatznummer an. In graphischer Darstellung ergibt sich eine Gerade. Man spricht hier auch von einer *Faktorgewichtung*. Bei der *nichtlinearen Gewichtung* ist die Abhängigkeit des Anforderungswertes von der Rangplatznummer bzw. der Stufenzahl veränderlich. Man unterscheidet progressive, degressive oder zusammengesetzte Veränderungsarten. Die Werte nichtlinearer Gewichtung beruhen auf der Anwendung von Formeln und sind in der Regel in Tabellen zusammengefaßt. (Vgl. Schaubild 67)

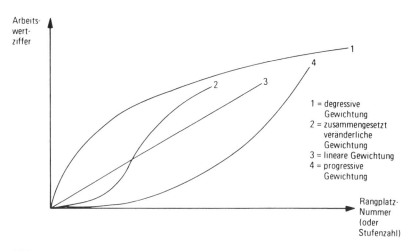

Schaubild 67: Lineare und nichtlineare Gewichtung

In der Art der Durchführung unterscheidet man zwischen getrennter und gebundener Gewichtung. Bei getrennter Gewichtung wird der Anforderungswert erst im Anschluß an die Bestimmung der Rangplatzziffer oder der Stufenzahl durch Multiplikation mit Gewichtungsfaktoren berücksichtigt. Bei der *gebundenen Gewichtung* ist das Gewicht der einzelnen Anforderungsart bereits bei der Festlegung der Rangplätze berücksichtigt.

cc) Beispiele der analytischen Arbeitsbewertung

(1) Rangreihenverfahren mit getrennter linearer Gewichtung:
Die Rangplätze für die einzelnen Anforderungsarten werden durch Vergleich mit dem Brückenbeispiel aus einer von 0 bis 100 reichenden Reihe ermittelt. Die *Gewichtungsfaktoren* sind das Ergebnis von Vereinbarungen. Sie geben an, welches Gewicht den einzelnen Anforderungsarten beigemessen wird. Der Gesamtwert des Arbeitsplatzes ergibt sich aus der Summe der Rangplätze multipliziert mit dem Gewichtungsfaktor. (Vgl. Schaubild 68)

Anforderungsart	REFA-Rangplatz Nr.	Gewichtungsfaktor	Anforderungswert
Kenntnisse	35	1,0	35
Geschicklichkeit	35	0,5	17,5
Verantwortung	60	0,8	48
Geistige Belastung	65	0,8	52
Muskelmäßige Belastung	45	0,4	18
Umgebungseinflüsse	35	0,6	21
Gesamt-Wertzahl Summe			191,5

Schaubild 68: REFA-Brückenbeispiel: „LKW-Fahren im Stadtverkehr".

(2) Rangreihenverfahren mit gebundener Gewichtung:
Hier werden die Anforderungswerte nicht von 0 bis 100 differenziert, sondern von 0 bis zu einer von Anforderungsart zu Anforderungsart unterschiedlichen Zahl. (Vgl. Schaubild 69)

Anforderungen		Diese Anforderungen wirken sich aus:	Anzahl der Punkte je Anforderung, wie sie sich aus der Bewertung der bisher vorliegenden Beispiele ergeben:
I. Fachkönnen	Ausbildung, Erfahrung, Denkfähigkeit	vorwiegend nicht muskelmäßig	0 1 2 3 4 5 6 7 8
	Geschicklichkeit, Handfertigkeit	muskelmäßig	0 1 2 3 4
IV. Umwelteinflüsse	a) Schmutz	vorwiegend körperlich	0 0,5 1 1,5 2
	b) Staub		0 0,5 1 1,5
	c) Öl usw.		0 0,5 1

Schaubild 69: Auszug aus einer Bewertungstabelle eines Rangreihenverfahrens mit gebundener Gewichtung.

Mit der Vergabe des Rangplatzes wird hier auch gleichzeitig das jeweilige Gewicht dieser Anforderungsart festgelegt. Eine Reihe von *Richtbeispielen* zur Beschreibung der einzelnen Rangplätze erleichtert die Einordnung.
Das Rangreihenverfahren mit gebundener Gewichtung ist bereits der Übergang zu einem Stufenverfahren.

(3) Stufenverfahren mit gebundener Gewichtung:
Hier wird jeder Stufe einer Anforderungsart bereits ein fester Punktwert zugeordnet. Die Höchstpunktzahl differiert von Anforderungsart zu Anforderungsart. (Vgl. Schaubild 70)

Stufe	Stufendefinition	Wertzahl
0	Es besteht keine Möglichkeit, Wertverluste zu verursachen.	0
1	Geringe Wahrscheinlichkeit, daß Wertverluste eintreten.	0,5
2	Verantwortung für die Qualität der Arbeitsausführung im eigenen Arbeitsbereich. Gefahr durch Aufsicht weitgehend gemindert. Gefahr von Wertverlusten bei mittlerer Höhe und geringer Häufigkeit bzw. umgekehrt.	1,0
3	Wie 2, volle Verantwortung wird durch Aufsicht nur zum Teil gemindert.	1,8
4	Wertverluste können durch Aufmerksamkeit und Vorausdenken vermieden werden. Der Verantwortungsbereich geht über den einzelnen Arbeitsplatz hinaus, ist aber klein.	3,0
5	Durch Aufmerksamkeit, Umsicht und Nachdenken in einem mittleren Verantwortungsbereich können Wertverluste vermieden werden.	5,0
6	Große Umsicht und schwierige sowie häufig wechselnde Denkvorgänge sind notwendig, um hohe Wertverluste zu vermeiden.	9,0

Schaubild 70: Stufenverfahren mit gebundener nichtlinearer Gewichtung, (Beispiel: Verantwortung für Arbeitsausführung)

d) Beurteilung der analytischen Arbeitsbewertung

Die analytische Arbeitsbewertung erweckt mit ihrem methodisch streng reglementierten Vorgehen den Eindruck sehr hoher Objektivität. Das trifft für die Bildung von Rangreihen und die Einstufung der einzelnen Anforderungsarten auch zu. Der Wert eines Arbeitsplatzes wird aber entscheidend durch die Gewichtung der Höhe der einzelnen Anforderungsarten bestimmt. Diese Gewichtung ist kein arbeitstechnisches Problem. Der Umstand, daß Kenntnisse mit dem doppelten Wert als die Geschicklichkeit (vgl. Schaubild 49), in die Bewertung eingehen, und daß Verantwortung in diesem Beispiel niedriger bewertet wird als die Kenntnisse, ist wissenschaftlich nicht zu begründen, sondern der Ausdruck einer allgemeinen *gesellschaftlichen Wertschätzung oder des sozialen Prestiges,* das die einzelnen Anforderungsarten genießen. Diese Wertschätzung unterliegt langfristig einem Wandel, dem sich Parteien im Rahmen von Tarifverträgen oder Betriebsvereinbarungen nicht entziehen können. Wegen der leichteren Anpassungen an sich ändernde Verhältnisse ist deshalb der getrennten Gewichtung der Vorzug zu geben.
Im Rahmen dieser Einschränkungen ist die analytische Arbeitsbewertung durchaus geeignet, die Summe der Anforderungsarten objektiver zu erfassen und damit einen Beitrag zur Lohngerechtigkeit zu leisten.

Die Vielzahl der in den letzten Jahren entwickelten Arbeitsbewertungssysteme und Gewichtungsverfahren gehen in ihren Grundstrukturen weitgehend auf das *Genfer Schema von 1950* zurück. In den letzten 25 Jahren hat sich aber durch den technischen Fortschritt, die zunehmende Mechanisierung und Automatisierung die Struktur der Arbeitsanforderungen grundlegend gewandelt. *Traditionelle Anforderungsarten*, wie z. B. muskelmäßige Belastung, verlieren durch den zunehmenden Einsatz von Maschinen und durch bessere Gestaltung der Arbeitsplatzbedingungen an Gewicht. Diesen Veränderungen der Belastungsintensität kann die analytische Arbeitsbewertung durch eine Veränderung der Gewichtung Rechnung tragen. Andererseits treten aber als Folge dieses technischen Fortschrittes neue vorher unbekannte Anforderungen auf, die in den bisherigen Bewertungssystemen nicht enthalten sind. Hierzu gehören z. B. die mit zunehmenden Überwachungstätigkeiten fortschreitende Isolation und ein mit nachlassender körperlicher Beanspruchung immer spürbarer werdender Kontaktmangel. Als weiteres Anforderungsmerkmal tritt auch hier immer mehr die Monotonie-Wirkung des Arbeitsablaufes sowie die zwangsweise Anpassung des Menschen an den Maschinenrhythmus in den Vordergrund.

B. Differenzierung der Lohnform

1. Übersicht über die verschiedenen Entlohnungsformen

Während durch die Arbeitsbewertung der Arbeitswertanteil der Entlohnung bestimmt wird, erfolgt die Berücksichtigung des Leistungsanteils durch die unterschiedlichen *Lohnformen*. (Vgl. Schaubild 71)

Schaubild 71: Übersicht über die Leistungsabhängigkeit der einzelnen Lohnformen.

2. Zeitlohn

Der *Zeitlohn* ist wohl die älteste Lohnform. Hier wird für eine eindeutig abgegrenzte Zeiteinheit ein bestimmter Lohnsatz bezahlt. Die Lohnhöhe ergibt sich aus dem Produkt von Arbeitszeit (tatsächliche Arbeitszeit und zu vergütende leistungsfreie Zeiten) und dem Lohnsatz. Der Lohnsatz ist in der Regel durch den Tarifvertrag festgelegt und ergibt sich aus der Tarifgruppe und damit als Ergebnis der Arbeitsbewertung. Nun wird bei Zeitlohn nicht, wie manchmal behauptet wird, die Anwesenheit am Arbeitsplatz entlohnt. Vielmehr ist der Beschäftigte zur Erbringung einer allgemein erwarteten Leistung verpflichtet. *Nipperdey*, der langjährige Präsi-

dent des Bundesarbeitsgerichtes, sagt hierzu in seinem Kommentar zum Kapitel „Dienstvertrag" (11. Auflage, Anmerkung 112 zu § 611 BGB): „Die ihm danach obliegende Arbeitspflicht hat der Beschäftigte im Geist wahrer Arbeitsgemeinschaft unter Anwendung aller ihm gegebenen geistigen und körperlichen Fähigkeiten zu erfüllen." Dieser Ausspruch geht sicher etwas weit, allgemein wird man davon ausgehen müssen, daß zumindest eine Normalleistung erbracht werden muß, andernfalls würde sich der Arbeitnehmer einer Leistungsverweigerung schuldig machen.'
In der Praxis ist jedoch der reine Zeitlohn, abgesehen vom Bereich des öffentlichen Dienstes, nicht mehr weit verbreitet. In der Regel wird der Zeitlohn durch verschiedene übertarifliche Zuschläge korrigiert. Zu unterscheiden sind hier einmal *Konjunktur- und Arbeitsmarktzuschläge*, die durch die Schwierigkeiten der Personalbeschaffung bei geringem Arbeitskräfteangebot erzwungen werden und zum anderen Leistungszulagen. Bei den *Leistungszulagen* gibt es neben den gebundenen *freie Lohnzulagen*, die jeweils im persönlichen Ermessen des Arbeitgebers stehen und bei deren Bemessung verschiedene Faktoren berücksichtigt werden können. Freie Lohnzulagen, bei denen die Grundlage für ihre Ermittlung nicht offengelegt wird, stören den „sozialen Vergleich" und führen zu negativen Auswirkungen auf das Betriebsklima. Deshalb gehen immer mehr Unternehmen zu *gebundenen Zulagen* über, die, auf der Basis der Beurteilung der individuellen Leistung des Einzelnen, gewährt werden. Diese *persönliche Leistungsbeurteilung* versucht die einzelnen, das Arbeitsergebnis beeinflussenden Faktoren wie quantitative und qualitative Leistung, Fleiß, Arbeitsfreude, Einsatzbereitschaft, Zuverlässigkeit, Verhalten gegenüber Arbeitskollegen usw. zu erfassen und zu gewichten. Hierbei werden die einzelnen Ausprägungen gewichtet und mit Punktzahlen versehen. Die Gesamtpunktzahl bestimmt dann die Höhe der Leistungszulage.
Voraussetzung für eine gerechte Leistungszulage ist ein systematisches und methodisch einwandfreies Verfahren sowie regelmäßig durchgeführte Beurteilungen.

3. Akkordlohn

a) Wesen und Formen der Akkordentlohnung

Kennzeichen des *Akkordlohnes* ist der direkte und unmittelbare Zusammenhang zwischen Lohnhöhe und erzielter Mengenleistung. Doppelte Mengenleistung bedeutet doppelten Lohn ohne Rücksicht auf den zur Leistungserstellung erforderlichen Zeitaufwand. Damit bleiben die Fertigungslohnkosten je Mengeneinheit konstant, während sie beim Zeitlohn mit steigender Leistung sinken und umgekehrt. Grundsätzlich sind zwei Formen zu unterscheiden.

aa) Geld- oder Stückakkord

Hier wird ein bestimmter Lohnsatz je erbrachter Mengeneinheit gezahlt. Diese Entlohnungsform ist heute teilweise im Handwerk, in der Bauindustrie und vor allem in der Heimarbeit noch üblich. Eine Unterform des Geld- oder Stückakkordes stellt die im Bergbau teilweise noch übliche *Gedinge-Entlohnung* dar. In neuerer Zeit wird diese Akkordform immer mehr zugunsten des Zeitakkordes zurückgedrängt; einmal, weil die Tarifverträge einen zeitabhängigen Mindestlohn vorsehen und zum anderen, weil die Anpassung der Geldbeträge bei Lohnänderungen, z. B. aufgrund der Änderung tariflicher Grundlöhne, sehr arbeitsaufwendig ist.

bb) Zeitakkord

Grundlage der Entlohnung beim *Zeitakkord* ist die *Vorgabezeit* je Auftrag oder je Mengeneinheit, unabhängig von der tatsächlich benötigten Zeit.

Effektive Stückzahl	Gesamt-Vorgabezeit bei 10 Min./Stck. in Std.	Tatsächlicher Verdienst bei einem Akkordrichtsatz von 10 DM/Std.	Effektiver Stundenlohn bei einer Ist-Zeit von 14 Std.	Zeitgrad % $\frac{\text{Vorgabezeit}}{\text{Istzeit}} \cdot 0{,}01$
60	10	100	7,14	71
72	12	120	8,57	86
84	14	140	10,–	100
96	16	160	11,40	114
108	18	180	12,86	129
120	20	200	14,29	143

(Der Zeitgrad entspricht dem Verhältnis von Vorgabezeit zu tatsächlich gebrauchter Zeit. Er entspricht damit auch dem Wert, mit dem der effektive Stundenverdienst den Akkordrichtsatz überschreitet. Bei vollkommen durch den Arbeitnehmer beeinflußbarer Zeit enspricht er auch dem sogenannten Leistungsgrad, d.h. dem Verhältnis von tatsächlicher Leistung zur Soll-Leistung.)

Schaubild 72: Zusammenhänge bei der Akkordentlohnung.

Zwischen beiden Akkordarten besteht lediglich ein rechnerischer Unterschied, denn die Vorgabezeit (Zeit/Mengeneinheit) ist der Kehrwert zur vorgegebenen Mengenleistung (Menge/Zeiteinheit).
Die Vorgabezeiten können ermittelt werden durch Anwendung der Methoden des Arbeitsstudiums. Teilweise sind aber auch noch sogenannte *Faust-*, *Meister-* oder *Schätzakkorde* üblich, bei denen anhand von Vergangenheits- oder Vergleichswerten bzw. aufgrund von Schätzungen der Meister ein Akkordsatz bzw. eine Vorgabezeit festgelegt wird. Diese Verfahren werden meist in der Einzelfertigung angewandt, wo die methodisch einwandfreie Vorgabezeitermittlung nach den Regeln des Arbeitsstudiums zu arbeitsaufwändig wäre.

b) Voraussetzungen für die Akkordentlohnung

Die Akkordentlohnung kann nur dann wirtschaftlich sinnvoll angewendet werden, wenn eine Reihe von Voraussetzungen gegeben sind und zwar:
(1) Gestaltung des Arbeitsplatzes und der Arbeitsbedingungen nach arbeitswissenschaftlichen Grundsätzen, insbesondere unter Berücksichtigung der Ansprüche des arbeitenden Menschen.

(2) Zweckmäßige Personalauswahl, es dürfen nur die Personen an Akkordarbeitsplätzen eingesetzt werden, die auch hierfür geeignet sind.
(3) Planmäßige Gestaltung und Steuerung des *Arbeitsablaufes*, so daß keine wesentlichen Störungen auftreten.
(4) Arbeitsablauf und Arbeitsbedingungen müssen vor der Arbeitsausführung beschreibbar und so konstant sein, daß *Vorgabezeiten* jederzeit reproduzierbar sind.
(5) Die *Mengenleistung* muß durch den arbeitenden Menschen beeinflußbar sein.

c) Grenzen der Akkordentlohnung

Keine Entlohnungsform wird so unterschiedlich beurteilt wie die Akkordentlohnung. Befürworter sehen in dem Akkordlohn das Mittel zur Realisierung der *Leistungslohngerechtigkeit* und die Chance für jeden, sein Einkommen entsprechend seinen Fähigkeiten und seinem Einsatz zu gestalten. Ökonomisch sieht man im Akkordlohn das Mittel, die wirtschaftliche Leistung eines Unternehmens zu verbessern. Kritisch wird das Akkordlohnsystem als „Antreiber- und Ausbeutermethode" bezeichnet und mit dem Schlagwort „*Akkord ist Mord*" charakterisiert. Beide Ansichten sind nur zum Teil zutreffend. Bereits *Taylor* hat die Erfahrung gemacht — was später auch durch die *Hawthorne*-Experimente bestätigt wurde —, daß zwischen der technisch-möglichen und der tatsächlichen Leistung in der Regel kein Zusammenhang besteht. (Vgl. *Bisani*, Personalwesen, Bd. 106, Moderne Wirtschaftsbücher.) Informelle Gruppennormen, Furcht vor Akkordschneiderei usw. sind meist wesentlich stärker als finanzielle Anreize. Aus diesem Grund wirkt auch die Akkordentlohnung nicht als Antreiber-System, bzw. kann nur dann als solches wirken, wenn die Einhaltung zu hoch festgelegter Normen mit anderen als Mitteln des Lohnanreizes erzwungen werden kann; wie z. B. Gefahr des Verlustes des Arbeitsplatzes, physischer Zwang mit drohender Existenzunsicherheit usw.
Die Akkordentlohnung baut auf dem Grundgedanken auf, daß die Mengenleistung durch den arbeitenden Menschen voll beeinflußbar ist, und unterstellt zwischen Leistungshergabe, Leistungsergebnis und Leistungslohn ein Verhältnis von 1 : 1 : 1. Mit zunehmendem Maschineneinsatz und fortschreitender Automatisierung wird aber ein immer größerer Anteil des Arbeitsprozesses und damit der Mengenleistung durch die Leistung der technischen Hilfsmittel bestimmt.
Dadurch wird die *beeinflußbare Zeit* (t_b), d. h. der Anteil an der Arbeitszeit, während der ein Mitarbeiter die Mengenleistung beeinflussen kann, geringer, während der Anteil der *unbeeinflußbaren Zeit* (t_u) ansteigt.
Je größer der Anteil der unbeeinflußbaren Zeit ist, um so weniger kann der Arbeitnehmer durch einen höheren *Leistungsgrad* (das Verhältnis zwischen tatsächlicher Leistung und Normalleistung) sein Einkommen verbessern.
Schaubild 73 zeigt, daß bei einem *Leistungsgrad* von 120 % und bei einem Anteil von 80 % beeinflußbarer Zeit immer noch ein *Zeitgrad* von 115 % erreicht werden kann. Sinkt der Anteil der beeinflußbaren Zeit aber auf 20 %, so ist bei einem gleichbleibenden Leistungsgrad von 120 % nur noch ein Zeitgrad von 103 % erreich-

Zeitanteil in %		Leistungsgrad während der beeinflußbaren Zeit t_b	Errechenbarer Zeitgrad für die Gesamtzeit
beeinflußbar t_b	unbeeinflußbar t_u	%	%
100	0	120	120
80	20	120	115
20	80	120	103
80	20	126	120
20	80	> 200	120

Schaubild 73: Zusammenhang zwischen Leistungsgrad und Zeitgrad bei unterschiedlichen Anteilen beeinflußbarer Arbeitsabschnitte

bar. Soll ein Zeitgrad von 120 % erreicht werden, so würde dies bei 80 % beeinflußbarer Zeit einen Leistungsgrad von 126 % und bei 20 % beeinflußbarem Zeitanteil einen solchen von über 200 % voraussetzen.

Dies zeigt, daß Akkordentlohnung nur dann wirtschaftlich vertretbar ist, wenn der Anteil der beeinflußbaren Zeiten bei mindestens 60—80 % der Gesamtzeit liegt. Gegebenenfalls wäre durch entsprechende Maßnahmen der Arbeitsgestaltung, z. B. *Mehrstellenarbeit* an Stelle von Einstellenarbeit oder durch Zuteilung von *Füllarbeiten*, dieser Anteil zu erhöhen.

Ist dies nicht möglich, sollte an Stelle des Akkordlohnes besser ein *Prämienlohn-System* eingesetzt werden. Wenn heute noch bei einer großen Anzahl von Betrieben der Akkordlohn beibehalten wird, obwohl die genannten Bedingungen nicht vorliegen, so ist dies auf die *Kontrollfunktion des Akkord-Systems* zurückzuführen. Nach tarifvertraglicher Festlegung liegt der Akkord-Richtsatz (d. h. der Stundenlohn, der für die Vorgabezeit gezahlt wird) um den Akkordzuschlag höher als der vergleichbare Verdienst im Zeitlohn. Dieser Akkordzuschlag wird gemindert, wenn der Mitarbeiter nicht in dem von ihm gewünschten oder durch die Gruppennorm vorgegebenen Tempo arbeiten kann, weil entweder Material nicht rechtzeitig bereitgestellt ist, Maschinenstörungen auftreten, Pannen in der Arbeitsablaufplanung und Disposition vorliegen usw. Um diese zu vermeiden, sehen Tarifverträge vor, daß vom Mitarbeiter unverschuldete „Nichtleistungs-Zeiten" mit dem Durchschnittsverdienst der letzten Monate abzugelten sind. Der Nachweis über diese Zeiten wird in der Regel durch sogenannte „Zusatzlohnscheine" geführt, die vom Meister auszustellen sind und deren Umfang er zu verantworten hat. Da der Anteil der Zusatzlohnscheine im Rahmen der Gesamtarbeitszeit wesentlicher Faktor zur Beurteilung der Qualifikation eines Meisters ist, ist jeder Meister bestrebt, durch entsprechende Planung und Kontrolle *Nichtleistungs-Zeiten* zu vermeiden. Damit wird das Akkordlohnsystem auch zu einem Mittel der Leistungsbeurteilung der unteren Führungsebene, also der Meister und der Vorarbeiter.

4. Prämienentlohnung

a) Wesen der Prämienentlohnung

Unter *Prämienlohn* wird eine Entlohnungsform verstanden, bei der die Lohnhöhe sowohl von der Anforderung der Tätigkeit als auch von der erbrachten Leistung abhängig ist, bei der aber neben der vom Arbeiter beeinflußbaren Mengenleistung auch noch andere Leistungskennzahlen einzeln oder in Kombinationen zugrunde gelegt werden.

Jedes Prämienlohnsystem baut auf einem *Grundlohn* auf, der sich in der Regel am jeweils gültigen Tariflohn orientiert. Der Grundlohn wird ergänzt durch einen von der jeweiligen Leistung *abhängigen Zuschlag*. Nach der Bezugsgröße für die Leistungsermittlung unterscheidet *REFA* (Methodenlehre, Band 5) drei Hauptgruppen:

(1) Mengenprämien,
(2) Güte-/Ersparnisprämien,
(3) Nutzungsprämien.

Die Prämienhöhe wird innerhalb der Ober- und Untergrenze durch den Verlauf der Prämienkurve bestimmt. Die *Prämienuntergrenze* stellt den Leistungswert dar, der mindestens erreicht werden muß, damit die Mindestprämie bezahlt wird. Sie sollte so gelegt werden, daß sie bei normalen Arbeitsbedingungen von der Mehrzahl der Mitarbeiter erreicht und überschritten werden kann. Die *Obergrenze* ist bei der Leistung gegeben, ab der eine weitere Steigerung nicht mehr wünschenswert ist, entweder, weil sie nur von wenigen Spitzenkönnern überschritten werden könnte oder, weil die Gefahr der Überbeanspruchung von Maschinen und Anlagen bzw. der Produktion von Minderqualitäten eintreten würde.

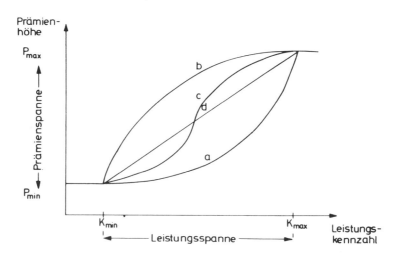

Schaubild 74: Übersicht über die möglichen Steigerungsverläufe einer Prämie

Der *progressive* Verlauf der Prämienkurve (a) wird dann gewählt, wenn es Ziel der Prämienentlohnung ist, die Mitarbeiter, vor allem die Spitzenkönner, zu maximalen Leistungen anzuregen. Mit jeder zusätzlichen Leistungseinheit steigt der Prämienzuwachs überproportional bis zur Prämienobergrenze. Im Gegensatz hierzu wird bei einem *degressiven* Verlauf der Prämienkurve (b) angestrebt, daß möglichst viele Mitarbeiter und nicht nur die Spitzenkönner in einen Bereich hoher Prämien gelangen, wobei dann ab einer bestimmten Leistungshöhe der weitere Leistungsanreiz abnehmen soll.

Beide Überlegungen versucht der *zusammengesetzte Prämienkurvenverlauf* (c) zu vereinen. Die Prämienuntergrenze wird hier meist so niedrig angelegt, daß jeder Mitarbeiter in den Bereich der Prämienspanne kommt. Dabei wird angestrebt, daß die Masse der Mitarbeiter in den Leistungsbereich um den Wendepunkt der Prämienkurve gelangt. Darüber und darunter liegende Leistungen sind aus organisatorischen, wirtschaftlichen, aber auch aus Gründen der Erhaltung der Arbeitskraft, unerwünscht.

Beim *linearen Verlauf* (d) soll lediglich die Mehrleistung abgegolten werden, ohne daß mit der Prämie irgendwelche Steuerungsabsichten verbunden sind.

b) Formen der Prämienentlohnung

aa) Mengenprämie

Die *Mengenprämie* unterscheidet sich vom Akkordlohn lediglich dadurch, daß die strenge Bindung zwischen Lohnhöhe und Mengenleistung aufgegeben ist.

Häufigstes Anwendungsgebiet sind Tätigkeiten, die nicht akkordfähig sind, z. B. der Arbeitsablauf enthält zu hohe Anteile an unbeeinflußbaren Zeiten, der Arbeitsablauf ist nicht eindeutig bestimmt und unterliegt noch starken Schwankungen und Störungen von außen, die sich nicht auf die Lohnhöhe auswirken sollen und/oder dürfen usw. Häufig handelt es sich hier um Arbeitsabläufe, bei denen die Bedingungen für eine Akkordentlohnung vorliegen würden, aber die notwendigen organisatorischen Voraussetzungen einer klaren Arbeitsplanung durch die Arbeitsvorbereitung noch nicht geschaffen wurden oder nicht geschaffen werden können, weil sie, wie z. B. bei Einzelfertigung, zu arbeitsaufwendig wären. Sehr häufig wird hier deshalb eine Mengenprämie in Form einer Zeiteinsparungsprämie nach dem sogenannten *Halsey-Prämienlohn* gewährt. Hier wird eine Vorgabezeit in Form eines „*Meisterakkordes*" geschätzt. Diese „über den Daumen gepeilten" Zeitrichtwerte sind meist großzügig bemessen. Dem Arbeiter obliegt es nun, durch Einsatz seiner Erfahrung und seines know-how die Arbeit entsprechend einzurichten und diesen Richtwert zu unterschreiten. Die eingesparte Zeit wird dann entsprechend der Prämienvereinbarung zwischen Unternehmer und Arbeitnehmer in einem bestimmten festgelegten Verhältnis aufgeteilt. Eine ähnliche Form ist im Bergbau beim *Gedinge-Akkord* heute teilweise noch üblich, weil es hier häufig unmöglich ist, die geologischen Verhältnisse, die den Leistungsspielraum begrenzen, einigermaßen genau vorherzubestimmen.

bb) Güte-/Ersparnisprämien

Bei diesen Prämienarten werden unterschiedliche Mengenverhältnisse als Leistungskennzahl verwendet. Bei der *Güteprämie* werden in der Regel die Mengen mit Minderqualitäten bzw. unterschiedlichen Qualitätsstufen mit der Gesamtmenge bzw. der Menge einer Stichprobe in Beziehung gesetzt. Während Mengenprämie oder Akkordlohn in erster Linie darauf abzielen, die Mengenleistung zu erhöhen, haben Güteprämien das Ziel, Nacharbeit, Ware zweiter Wahl, Ausschuß oder Minderqualität zu vermeiden oder zu verringern. Güteprämien werden sehr häufig mit Mengenprämien kombiniert.

Bei den *Ersparnisprämien* wird der Verbrauch von Einsatzstoffen (Energie, Material oder ähnliches) zur produzierten Menge ins Verhältnis gesetzt. Um zu vermeiden,

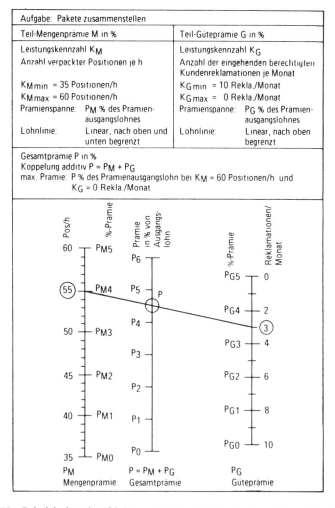

Schaubild 75: Beispiel einer kombinierten Prämie (REFA, Methodenlehre, Bd. 5, S. 52)

daß Ersparnisprämien zu einer Minderung der Qualität führen, wird sehr häufig ein degressiver Prämienkurvenverlauf zugrunde gelegt und mit Güteprämien kombiniert.

cc) Nutzungsprämien

Leistungskennzahl ist hier in der Regel das Verhältnis von tatsächlicher Hauptnutzungszeit einer Anlage, eines Gerätes, einer Maschine o. ä. zu der möglichen Nutzungszeit mit dem Ziel, Unterbrechungs-, Brach-, Umstell- oder andere Nebennutzungszeiten möglichst gering zu halten. Besondere Bedeutung gewinnt diese Prämienart bei teuren Maschinen, die den Fertigungsengpaß bestimmen. Bei Arbeitsabläufen mit hohem Anteil von Arbeitsablaufabschnitten, während denen die Leistung vom Mitarbeiter nicht beeinflußt werden kann, treten sie sehr häufig anstelle des Akkordlohnes. Je nach dem erstrebten Zweck werden unterschiedliche *Prämienkurvenverläufe* zugrunde gelegt. *Progressiv*, wenn die Anlagen maximal genutzt werden sollen, *degressiv*, wenn eine Überlastung der Anlage zu vermeiden ist oder auch ein *S-förmiger* Verlauf mit dem Ziel, einen Anreiz zu schaffen, die Maschinen und Anlagen im optimalen Bereich zu fahren.

dd) Kombinierte Prämien

Sie berücksichtigen mehrere Leistungskennzahlen und sollen verhindern, daß ein Bereich zu Lasten des anderen bevorzugt wird und dazu anregen, daß sich die Mitarbeiter für eine gute Gesamtleistung einsetzen.
Zur Erleichterung der Rechenarbeit werden bei *kombinierten Prämien Nomogramme* verwendet. (Vgl. Schaubild 75)

c) Grenzen der Prämienentlohnung

Grundsätzlich kann man davon ausgehen, daß der Prämienlohn überall dort angewandt werden kann, wo ein Mitarbeiter in irgend einer Form erfaßbaren Einfluß auf das qualitative oder quantitative Leistungsergebnis auszuüben vermag. Der Prämienlohn ist dann nicht einsetzbar, wenn der Arbeiter keinerlei erfaßbaren Einfluß auf das Arbeitsergebnis hat oder wenn, wie bei einem Pförtner, der wesentliche Leistungsbeitrag durch Anwesenheit erbracht wird bzw. wenn bei Übernahme einer Aufgabe weder das Arbeitsergebnis noch der erforderliche Zeitaufwand und die Kosten absehbar sind, wie z. B. bei Forschungsarbeiten.

5. Wahl der zweckmäßigen Lohnform

Diejenige Lohnform ist am zweckmäßigsten, die von der Mehrzahl der Beteiligten als gerecht empfunden wird, oder bei der der negative Einfluß auf Zufriedenheit und Betriebsklima am geringsten ist und die damit die Voraussetzungen für eine gesunde Leistungsentwicklung schafft.
Vielfach wird die Auffassung vertreten, daß finanzielle Anreize durch Akkord- und

Prämienlöhne dort verstärkt Verwendung finden, wo wirtschaftliche Ziele, insbesondere die Steigerung der menschlichen Arbeitsleistung, höher gewichtet werden als die Zufriedenheit der Mitarbeiter. Hierbei wird übersehen, daß entscheidend für Zufriedenheit das Abschneiden im sozialen Vergleich und das Gefühl der gerechten Behandlung ist. Bestandteil der allgemeinen Lohngerechtigkeit ist auch die *Leistungsgerechtigkeit*.

Leistungsbereitschaft und Zufriedenheit eines Mitarbeiters werden zwangsläufig dann sinken, wenn er erkennt, daß sein Kollege bei geringerer Leistung den gleichen Lohn erhält. Deshalb ist ein Zeitlohn ohne gleichzeitige Leistungskontrolle und Leistungsbeurteilung in der Mehrzahl der Betriebe eine Quelle der Unzufriedenheit.

Ungeachtet der Schwierigkeiten der Durchführung sollte grundsätzlich für *vergleichbare Arbeiten* auch die *gleiche Lohnform* gewählt werden. Werden vergleichbare Arbeiten teils im Zeitlohn und teils im Akkordlohn vergeben, so fühlen sich die Zeitlöhner wegen der in der Regel geringeren Verdienstchancen gegenüber ihren im Akkord arbeitenden Kollegen ungerecht behandelt. Auf der anderen Seite kann aber auch der *Leistungslohn*, insbesondere der Akkordlohn, eine potentielle Konfliktursache darstellen, wenn die Basis gegenseitigen Vertrauens fehlt. Dies trifft auch für den Prämienlohn zu, wenn die Prämiengrundlage für die Beteiligten nicht einsichtig und die Erfassung der Daten für den Mitarbeiter nicht nachvollziehbar ist. Beim Akkordlohn liegt die potentielle Konfliktquelle in der Entscheidung über unregelmäßig anfallende Nebenarbeit je nachdem, ob sie noch mit der Vorgabezeit abgegolten oder ob sie durch Zusatzlohnscheine zu erfassen und gesondert zu entlohnen ist.

Einen weiteren Konfliktpunkt stellt die Notwendigkeit der *Akkordanpassung* dar. Die Vorgabezeit beruht auf einem ganz bestimmten Arbeitsverfahren mit bestimmter Fertigungstechnik und bestimmten Hilfsmitteln. Änderungen dieser Bedingungen müßten auch zu einer Anpassung der Vorgabezeiten führen. Häufig führen technische Änderungen (bessere Werkzeuge, leistungsfähigere Drehstähle, Schleifscheiben mit höherer Abtragleistung, Preßluftschraubwerkzeuge anstelle mechanischer Werkzeuge, bessere Einspannungsvorrichtungen usw.) zu kleineren Verbesserungen, deren Zeiteinsparung im Einzelfall gering ist, so daß meist eine Anpassung der Vorgabezeiten an die geänderten Arbeitsbedingungen wegen des mit der Änderung der Arbeitsunterlagen verbundenen Arbeitsaufwandes entfällt (*schleichende Rationalisierung*). In der Summe aber fallen diese Verbesserungen im Zeitablauf häufig erheblich ins Gewicht. Eine Anpassung solcher „davongelaufener Akkorde" führt meist zu Unzufriedenheit und Klagen, so daß nicht selten darauf verzichtet wird. Die Folge ist, daß bei einer großen Anzahl von Betrieben Zeitgrade von 30–50 % durchaus die Regel sind, obwohl nach arbeitswissenschaftlichen Erkenntnissen der durchschnittliche Zeitgrad allenfalls bei ca. 15–20 % liegen dürfte.

Eine Leistungsentlohnung, die zur Zufriedenheit der Mitarbeiter führen soll, setzt Fairneß und Vertrauen auf beiden Seiten voraus. Die Akkordkommissionen, die durch die meisten Tarifverträge vorgesehen sind, und die paritätisch besetzt über Akkordstreitigkeiten entscheiden, dürften die Voraussetzungen dafür bringen.

Bei der Entlohnung ist zwischen Einzelentlohnung und Gruppenentlohnung zu unterscheiden. Bei der *Einzelentlohnung* dient die Leistung eines einzelnen Mitarbeiters als Grundlage zur Festsetzung seines persönlichen Lohnes. Bei der *Gruppenentlohnung* hingegen dient die Gruppengesamtleistung als Lohnbemessungsgrundlage. Der so ermittelte Gruppenlohn wird nach vorher bestimmten Schlüsseln auf die einzelnen Gruppenmitglieder aufgeteilt.

Welcher Form der Vorzug zu geben ist, hängt von den Bedingungen und der Struktur des Arbeitsablaufes ab. Wenn die Leistungen der einzelnen Mitarbeiter unabhängig voneinander erbracht werden können und wenn zwischen den einzelnen Arbeitsplätzen keine gegenseitigen Abhängigkeiten bestehen, ist die Einzelentlohnung angebracht. Bestehen aber zwischen einzelnen Arbeitsplätzen Beziehungen und Abhängigkeiten und kann einer ohne Zusammenarbeit mit anderen Kollegen innerhalb einer Gruppe seine Leistung nicht erbringen, so ist zur Erreichung einer besseren Zusammenarbeit die Gruppenentlohnung vorzuziehen. Bei der Gruppenentlohnung ist in der Regel eine Nivellierung der Einzelleistungen auf das Gruppenmittel hin zu beobachten. Die Auffassung, daß Gruppenentlohnung zu einer *negativen Personalauslese* führt oder sie begünstigt, weil gute Arbeitskräfte sich gegenüber den schwächeren benachteiligt fühlen und deshalb zur Kündigung veranlaßt werden, ist empirisch nicht bewiesen. Hier läßt sich in der Praxis eher das Gegenteil feststellen. In jeder Gruppe, die zur Erreichung eines gemeinsamen Zieles gebildet wird, laufen gruppendynamische Prozesse ab, bei denen sich informale Führerrollen und Gruppennormen herausbilden. Mitglieder, die sich nicht in die entsprechende Gruppenstruktur einfügen, werden zu Außenseitern, die häufig zum Ausscheiden aus der Gruppe veranlaßt werden. Die Voraussetzung ist aber, daß es sich um Gruppengrößen handelt, die eine Selbststrukturierung zulassen. In der Regel wird dies bei 5–13 Mitarbeitern der Fall sein. Bei größeren Gruppen bilden sich aufgrund der geringeren Interaktionshäufigkeit und der Erschwerung der individuellen Kommunikation zwischen den einzelnen Mitgliedern in der Regel Untergruppen, zwischen denen der Zusammenhang sehr lose ist. Der Zusammenhang zwischen der eigenen Anstrengung und der Gesamtleistung der Gruppe ist dann nicht mehr erkennbar. Welche Gruppennorm sich entwickelt, hängt nicht davon ab, ob die qualifizierten und ehrgeizigen Mitarbeiter oder die leistungsschwächeren Mitglieder einer Gruppe das stellenmäßige oder einflußmäßige Übergewicht haben, sondern vielmehr vom Gruppenklima und der Leistungsmotivation. Wenn in der Gruppe ein Teamgeist und eine positive Einstellung zum Unternehmen vorherrscht, getragen von einem Gefühl des Vertrauens, kommen die Leistungsvorteile einer Gruppe zum tragen. Fühlen sich allerdings Mitglieder einer Gruppe ungerecht behandelt oder fühlt sich die Gruppe in ihrem Bestand gefährdet, dann kapselt sie sich nach außen hin ab und versucht, ihre Existenz u. U. mit restriktiven informellen Leistungsnormen aufrecht zu erhalten. Formen der Gruppenentlohnung setzen damit, wenn sie erfolgreich sein sollen, eine positive Leistungseinstellung und ein gutes Betriebsklima voraus.

C. Zeitwirtschaft und Zeitermittlung

1. Gliederung der Gesamtzeit

a) Arbeitszeit

Die *Gesamtarbeitszeit* gliedert sich nach dem *REFA-Grundschema* in
(1) Arbeitszeit *im Einsatz*: d. h. die Zeit, in der ein Mensch die festgelegten Arbeitsaufgaben ausführt;
(2) Arbeitszeit *außer Einsatz*: d. h. die Zeit, in der er während der festgelegten Arbeitszeit langfristig nicht zur Verfügung steht (z. B. Urlaub, Krankheit, Teilnahme an Weiterbildungsmaßnahmen usw.);
(3) Betriebsruhe: hierher gehören alle gesetzlich, tariflich oder betrieblich geregelten Arbeitspausen.

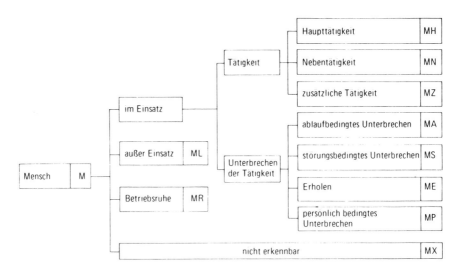

Schaubild 76: **Aufteilung der Arbeitszeit (REFA, Bd. 2, S. 25).**

Unter *Haupttätigkeit* ist die unmittelbar und unter *Nebentätigkeit* die mittelbar der Erfüllung der Arbeitsaufgabe dienende Tätigkeit zu verstehen. Bei der *zusätzlichen Tätigkeit* handelt es sich um die Erfüllung von Aufgaben, deren Vorkommen oder Ablauf nicht vorhersehbar ist.

Bei den Unterbrechungen ist zu unterscheiden zwischen *ablaufbedingten Unterbrechungen*, d. h. dem planmäßigen Warten auf das Ende von Arbeitsabschnitten, während denen Arbeitsprozesse selbständig ablaufen und *störungsbedingten Unterbrechungen*, wie z. B. zusätzliches Warten wegen fehlender Informationen und Werkstoffen oder Schäden an den Betriebsmitteln usw.

b) Auftragszeit

Die Auftragszeit umfaßt die Rüstzeit und die Ausführungszeit. Die *Rüstzeit* fällt an bei Vorbereitung des Arbeitsplatzes, der Maschinen und der Einrichtungen für die Arbeitsaufgabe sowie der Wiederherstellung des ursprünglichen Zustandes. Die *Ausführungszeit* umfaßt die Zeit zur Erledigung der eigentlichen Arbeitsaufgabe.

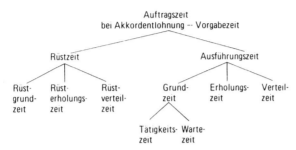

Schaubild 77: Aufteilung der Auftragszeit.

Beide, Rüst- und Ausführungszeit, unterteilen sich jeweils in Grund-, Erholungs- und Verteilzeit.

Unter *Grundzeit* ist die Zeit zu verstehen, die zur planmäßigen Ausführung der Arbeitsaufgabe erforderlich ist. Sie unterteilt sich in Tätigkeitszeit und in Wartezeit. *Wartezeit* ist die Zeit, während der der Mensch arbeitsablaufbedingt seine Tätigkeit unterbrechen muß. Die *Verteilzeiten* umfassen alle Arbeitsverzögerungen und Arbeitsunterbrechungen persönlicher und/oder sachlicher Art, die im normalen Arbeitsablauf nicht vorgesehen sind, sich aber trotzdem nicht vermeiden lassen. Beide, *Erholungs-* und *Verteilzeiten*, werden in der Regel als *Prozentzuschläge* zu den Grundzeiten abgegolten.

2. *Methoden der Zeitermittlung*

a) Übersicht über die Methoden der Zeitermittlung

Bei der Zeitermittlung ist zwischen der Erfassung der „*Ist-Zeit*" und der Vorausbestimmung von „*Soll-Zeiten*" zu unterscheiden. (Vgl. Schaubild 77)

b) Verfahren vorbestimmter Zeiten

Diese Verfahren bauen auf der Annahme auf, daß die gesamte menschliche Tätigkeit aus einem Zusammenspiel von wenigen *Elementarbewegungen* des menschlichen Körpers besteht, genauso wie die gesamte materielle Welt aus den verhältnismäßig wenigen Elementen des Periodischen Systems in einer unendlichen Vielzahl von chemischen Verbindungen zusammengesetzt ist.

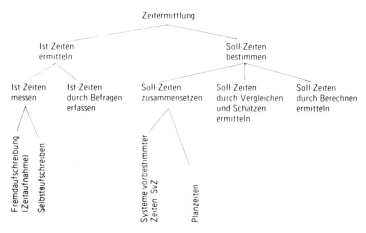

Schaubild 78: Übersicht über die Methoden der Zeitermittlung (REFA-Methodenlehre Bd. 2).

In diese wenigen Grund-(Elementar-)Bewegungen lassen sich nun sämtliche Arbeitsvorgänge zerlegen, für die jeweils eine bestimmte allgemeingültige *Zeitnorm* mit Hilfe von *Zeitstudien* ermittelt wird.

Sind die einzelnen Bewegungselemente und die erforderlichen Grundzeiten bekannt, dann läßt sich daraus der Zeitbedarf für alle Arbeiten nach folgendem Schema ermitteln:

Erster Arbeitsschritt
Ablaufanalyse: Gliedern des Arbeitsablaufes in seine Bewegungselemente
Zweiter Arbeitsschritt
Zeitzuordnung:

    (1) Erfassung der Zahlenwerte der quantitativen Einflußgrößen bzw. der Klassen der qualitativen Einflußgrößen des Bewegungselementes
    (2) Ablesen und ggf. Berechnen der Solleinzelzeit aus der Bewegungszeittabelle für das Bewegungselement
    (3) Addieren der Soll-Einzelzeiten für alle Bewegungselemente des Ablaufes.

In Deutschland sowie in anderen Industrieländern haben zwei *Verfahren vorbestimmter Zeiten* an Bedeutung gewonnen:
(1) *Work-Factor* (WF), erstmals 1945 veröffentlicht.
(2) *Methods-Time-Measurement* (MTM), erstmals 1948 veröffentlicht.

Die Unterschiede zwischen den beiden Verfahren liegen vor allem in der Art wie die verschiedenen Einflußgrößen auf den Zeitbedarf berücksichtigt werden und wie die Zeitzuordnung erfolgt.

Da durch den EDV-Einsatz der manuelle Aufwand bei der Zeitzusammenstellung verringert werden kann, können die *Verfahren der vorbestimmten Zeiten* auch in der Kleinserien- und Einzelfertigung wirtschaftlich eingesetzt werden. Es ist zu erwarten, daß diese Verfahren im Rahmen der Zeitwirtschaft noch erheblich an Bedeutung gewinnen werden.

c) Zeitaufnahme

aa) Technik der Zeitaufnahme

Unter *Zeitaufnahme* versteht man die Zeitmessung mittels Stoppuhr oder anderen Zeitmeßgeräten unmittelbar am Arbeitsplatz durch besonders geschulte Zeitnehmer und die Zusammenfassung der gemessenen Ist-Zeiten auf besonderen Zeitaufnahmeformularen mit nachfolgender Auswertung.
Voraussetzung für die Durchführung dieser Zeitaufnahmen ist, daß der Arbeitsablauf und die Arbeitsmethoden planmäßig so gestaltet werden, daß sie immer in gleicher Form wiederholbar sind.

bb) Leistungsgrad-Beurteilung

Die menschliche Leistung, z. B. bei Sport und Spiel, unterliegt bei normalen Umständen aufgrund des unterschiedlichen individuellen Leistungsangebotes einer starken Streuung. Am Arbeitsplatz ist wegen der besonderen Bedingungen der Leistungserbringung die Streuung nicht so groß. Untersuchungen haben gezeigt, daß sie aber immer noch im Bereich von 1 : 1,5 bis 1 : 2 (REFA, Band 2) liegt.
Aufgrund dieser Streuung können durchschnittliche Ist-Zeiten bzw. Ist-Leistungen einer Person nicht als allgemein gültige Solleistungen angesehen werden, auch dann nicht, wenn man Durchschnittswerte mehrerer Personen zusammenfaßt. *Bezugsbasis* für eine *Sollzeit* kann immer nur eine fiktive, von der Einzelperson losgelöste Bezugsleistung sein. Als Bezugsleistung dient heute fast ausschließlich die *REFA-Normalleistung*.
„Unter *REFA-Normalleistung* wird eine Bewegungsausführung verstanden, die dem Beobachter hinsichtlich der Einzelbewegungen, der Bewegungsfolge und ihrer Koordinierung besonders harmonisch, natürlich und ausgeglichen erscheint. Sie kann erfahrungsgemäß von jedem in erforderlichem Maße geeigneten, geübten und voll eingearbeiteten Arbeiter auf die Dauer und im Mittel der Schichtzeit erbracht werden, sofern er die für persönliche Bedürfnisse und ggf. auch für Erholung vorgegebenen Zeiten einhält, und die freie Entfaltung seiner Fähigkeit nicht behindert wird" (REFA-Methodenlehre Band 2, Seite 136).
Bei der Zeitaufnahme hat deshalb der Zeitnehmer auch den Arbeitsablauf nach Intensität und Wirksamkeit zu beurteilen. Unter Intensität versteht man die *Bewegungsgeschwindigkeit* und Kraftanspannung bei der Bewegungsausführung. Die Wirksamkeit ist daran zu erkennen, wie zügig, beherrscht, harmonisch, sicher, unbewußt, zielsicher, rhythmisch und locker gearbeitet wird.
Das Ergebnis der Beurteilung ist als *Leistungsgrad* festzuhalten. Unter Leistungsgrad versteht man das Verhältnis von:

$$\frac{\text{beobachteter beeinflußbarer Ist-Leistung}}{\text{vorgestellter Bezugsleistung (Normalleistung)}} \times 100.$$

Mit Hilfe dieses Leistungsgrades werden die ermittelten Ist-Zeiten in Soll-Zeiten umgerechnet. Das Schätzen des Leistungsgrades setzt gute Schulung und vor allem ein systematisches Training voraus.

d) Multimoment-Verfahren

Mit Hilfe der Zeitaufnahme ist es möglich, über die einzelnen Arbeitsgänge genaue und zuverlässige Zeitwerte zu erfassen. Um aber einen Überblick über die Struktur und die Häufigkeit der anfallenden Tätigkeiten an einem Arbeitsplatz zu gewinnen, wäre das Zeitaufnahmeverfahren zu aufwendig. Man wendet hier meist das sogenannte „Multimoment-Verfahren" — auch *Häufigkeitsstudien* genannt —, an. Im Gegensatz zur vollständigen Zeitmessung werden bei dieser Methode kurze Beobachtungen nach Art der *Stichprobenerhebung* durchgeführt. Die Vorgehensweise ist einfach. Bei wiederholt und in unregelmäßigen Zeitabständen durchgeführten Betriebsrundgängen werden bei den einzelnen Arbeitsplätzen die Tätigkeiten beobachtet und die Einzelvorgänge merkmalsbezogen notiert und zusammengefaßt. Wie bei jeder Stichprobenerhebung liegt hierbei die Annahme zugrunde, daß der Anteil der beobachteten Einzelmerkmale an der Gesamtheit der Einzelbeobachtungen der tatsächlichen Gesamtzusammensetzung entspricht. Die Höhe der Fehlertoleranz kann nach der Methode der statistischen Stichprobentheorie ermittelt werden.
Häufige Untersuchungsziele der Multimoment-Aufnahme sind z. B. Ermittlung des Anteils von Verteilzeiten an der Gesamtarbeitszeit, Erfassung der Tätigkeitsstruktur von Angestellten, Auslastung von Anlagen und Maschinen durch Ermittlung ihrer durchschnittlichen Nutzungs- und Stillstandszeit usw. Zur Durchführung der Multimoment-Aufnahmen sind folgende Schritte notwendig:

(1) Festlegung des Untersuchungszieles, daraus abgeleitet Festlegung und Beschreibung der zu beobachtenden Merkmale;
(2) Festlegung des Rundgangplanes und eines statistisch zufälligen Zeitplanes;
(3) Ermittlung des erforderlichen Beobachtungsumfanges aufgrund der geforderten statistischen Sicherheit und der angenommenen Häufigkeit der untersuchten Merkmale. Gegebenenfalls Berichtigung des Umfanges, falls die angenommene Häufigkeit durch die Untersuchung nicht bestätigt wird.
(4) Durchführung und Auswertung der Untersuchung.

Die Vorteile des Verfahrens liegen darin, daß bei einer Untersuchung eine Vielzahl von Arbeitsplätzen erfaßt wird und trotz kürzerer Untersuchungsdauer bei geringerem Untersuchungsaufwand das Ergebnis von Strukturuntersuchungen wesentlich repräsentativer ist. Nachteilig dagegen ist, daß die Ursache für das Auftreten bestimmter Zeitarten nicht oder nur nach Befragen der Mitarbeiter ermittelt und der Leistungsgrad nicht festgestellt werden kann. Damit sind die Möglichkeiten und Grenzen dieses Verfahrens aufgezeigt.

e) Vergleichen und Schätzen

Nicht immer lassen sich z. B. Vorgabezeiten durch Zeituntersuchungsmethoden feststellen, einmal weil entweder der Arbeitsablauf noch nicht in allen Einzelheiten festgelegt ist oder zum anderen, weil exakte Methoden der Zeitbestimmung zu arbeitsaufwendig wären, wie z. B. bei Kleinstserien- oder Einzelfertigung. Hier hilft man sich sehr häufig mit sogenannten *Schätzwerten*, die in der Akkordentlohnung auch als *Meister-*, *Schätz- oder Faustakkorde* bezeichnet werden.
Schätzen ist das ungefähre Bestimmen von quantitativen Daten. Wichtig ist dabei, daß der Vorgang des Schätzens jederzeit nachvollzogen werden kann. Schätzen baut deshalb in der Regel auf einem *Vergleichen* auf. Hierunter versteht man Nebeneinanderstellen von Sachverhalten, um Übereinstimmungen oder Unterschiede festzustellen und zu bewerten.
Ein methodisch nach dem REFA-Standardprogramm angelegtes Schätzen läßt vor allem, wenn nicht umfangreiche Arbeitsaufgaben global, sondern einzelne übersehbare Abschnitte getrennt geschätzt und die Einzelergebnisse zusammengefaßt werden, in vielen Fällen hinreichend genaue Ergebnisse erwarten.
Das *REFA-Standardprogramm* Vergleichen und Schätzen sieht folgende Einzelschritte vor:
(1) Arbeitsaufgabe beschreiben, Verwendungszweck der Zeiten festlegen;
(2) In Vergleichsunterlagen ähnliche Arbeitsgegenstände suchen;
(3) Arbeitsbedingungen vergleichen und Abweichungen feststellen;
(4) Abweichungen der Arbeitsgegenstände untersuchen;
(5) Zeiten für hinzukommende und entfallende Ablaufabschnitte ermitteln;
(6) Zu- und Abschläge bestimmen und die Einzelwerte addieren.

III. Beurteilungs- und Vorschlagswesen

A. Personalbeurteilung

1. Zweck der Beurteilung

Kleinbetriebe sind in der Regel durch eine starke informelle Struktur gekennzeichnet. Der Leiter des Betriebes, der über eine Beförderung oder Lohnerhöhung eines Mitarbeiters entscheidet, kennt diesen in aller Regel aus eigener Erfahrung. Sein Urteil, das sein Verhalten prägt, bildet sich beiläufig im Laufe der täglichen Arbeit. Er bedarf hierzu keines Beurteilungssystems und keiner Vorschrift, wer, von wem, wann und auf welche Weise zu beurteilen ist. Anders ist es dagegen im Mittel- und Großbetrieb, wo informale Strukturen jeweils nur Teilbereiche des Ganzen umfassen. Hier kann eine Einheitlichkeit nur dann erreicht werden, wenn in allen Abteilungen des Unternehmens aufgrund einheitlich gewonnener Informationen nach den gleichen Regeln vorgegangen wird.

Ein größeres Unternehmen, das auf ein planmäßiges, durch genaue Verfahrensvorschriften geregeltes und überwachtes *Beurteilungssystem* verzichtet, kann Personalentscheidungen in der Regel nur aufgrund unvollkommener, sporadisch erhobener Informationen treffen und setzt damit Improvisation anstelle systematischer Planung und Organisation.

Keine größere Organisation, die im Interesse der Erhaltung und Steigerung ihrer Leistungsfähigkeit nach dem Prinzip der Arbeitsteilung aufgebaut ist und die zur Sicherung der Koordination der Teilleistungen zu einer Gesamtleistung eine hierarchisch gegliederte Struktur hat, kann deshalb auf einen Auslesemechanismus zur Besetzung ihrer Führungspositionen und damit auf eine Personalbeurteilung verzichten.

In seiner Kritik übersieht *Grunow*, der in der Personalbeurteilung ein Instrument zur Sicherung bestehender Machtstrukturen sieht, diese sachliche Notwendigkeit.

Die Ansicht von *Neuberger* (1980), der in einer Untersuchung festgestellt hat, daß Urteilsbildung und -fixierung irrational gehandhabt werden und sich nicht an vorgegebenen Zielen orientiert haben, mag für den Einzelfall gerechtfertigt sein. Zweifellos spielen im Beurteilungsprozeß auch subjektive Einflüsse eine Rolle, die nicht immer ganz auszuschalten sein werden. Trotzdem wird man die Personalbeurteilung nicht grundsätzlich in Frage stellen können, sondern nur die Notwendigkeit herleiten müssen, bessere Methoden und Hilfsmittel zu entwickeln.

a) Ziele der Personalbeurteilung

Die Personalbeurteilung soll in der Regel mehreren Zielen dienen und zwar als:
(1) Basis individueller Lohnbestimmung, vor allem bei Zeitlöhnen.
(2) Grundlage personeller Auswahlentscheidungen für Entlassung, Beförderung und Versetzung. Besondere Bedeutung kommt hier der Personalbeurteilung auch durch die Schaffung von Unterlagen für die Personaleinsatzplanung sowie der Analyse der Schwachstellen zum Zwecke der Personalentwicklung zu.
(3) Motivation der Mitarbeiter und Beratung durch den nächsten Vorgesetzten, um den Einzelnen über seine Position und seine Leistung zu informieren und ihm im persönlichen Gespräch Möglichkeiten und Wege einer individuellen beruflichen Entwicklung und Förderung aufzuzeigen.
(4) Kontrolle der Wirksamkeit personalorganisatorischer Maßnahmen, z. B. Erfolgskontrolle von Ausbildungsveranstaltungen und -methoden usw.

Diese Zielpluralität führt häufig dazu, daß mit einem einheitlichen und geschlossenen Beurteilungssystem keines dieser Ziele voll erreicht wird. Es empfiehlt sich deshalb je nach dem vorrangig angestrebten Ziel, die Schwerpunkte unterschiedlich zu setzen, die Bewertungskriterien anders zu wählen und das Vorgehen zu differenzieren.

Die Bedeutung, die im Rahmen einer Untersuchung ein ausgewählter Kreis von Personalleitern den einzelnen Zielen beimißt, und der Grad, in dem das Beurteilungsverfahren die hier gesetzten Erwartungen erfüllt, zeigt nachstehendes Schaubild (vgl. Schaubild 79).

Zielsetzung an das Beurteilungswesen
(Angaben in % der Antworten)

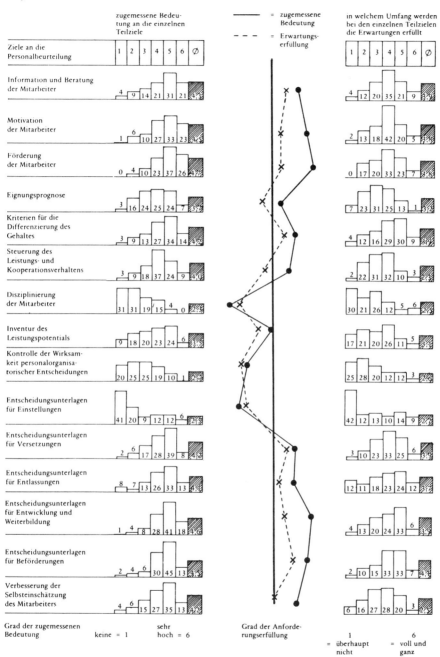

Schaubild 79: Zielsetzungen an die Personalbeurteilung (zugemessene Bedeutung und Erfüllung der Erwartung)

b) Häufigkeit der Personalbeurteilung

Die Beurteilung kann *sporadisch* jeweils aus gegebenem Anlaß durchgeführt werden, z. B. vor der Gewährung einer Gehaltserhöhung, vor einer Versetzung usw. Sporadische Beurteilungen haben den Nachteil, daß in der Regel der jeweilige Beurteilungszweck einseitig im Vordergrund steht. Deshalb gehen immer mehr Firmen dazu über, Beurteilungen *regelmäßig* durchzuführen, um die Ergebnisse jeweils mehrfach zu nutzen. Abgesehen von Auszubildenden, bei denen die Beurteilungszeiträume meist 3 Monate betragen, werden die Beurteilungen in der Regel einmal jährlich durchgeführt. Kürzere Perioden haben sich als unzweckmäßig erwiesen, weil in dieser Zeit meist keine bemerkenswerten Änderungen auftreten und zum anderen der damit verbundene Arbeitsaufwand stark ansteigen würde. Damit besteht die Gefahr, daß die Beurteilung zur Routine wird, die sich in der Regel an vorangegangenen Beurteilungen orientiert. Längere Abstände zwischen den einzelnen Beurteilungen sind unzweckmäßig, weil sie dann für laufende personalpolitische Maßnahmen, wie regelmäßige Gehaltsüberprüfung, Maßnahmen der Personalentwicklung usw., nicht mehr aktuell genug und damit unbrauchbar sind.

2. *Forderungen an die Personalbeurteilung*

Die Forderungen an die Personalbeurteilung sind differenziert und richten sich nach dem angestrebten Beurteilungsziel.

a) Vergleichbarkeit der Beurteilungen

Die Hauptforderung, die immer wieder an die Beurteilung gestellt wird, ist die der *objektiven Vergleichbarkeit*. Diese ist besonders wichtig, wenn die Ergebnisse der Personalbeurteilung als Grundlage für die Lohndifferenzierung verwendet werden. Vergleichbarkeit setzt voraus, daß Gleiches gleich beurteilt wird, und bedeutet, daß bei einer Person und ihren Leistungen auch mehrere verschiedene Beurteiler jeweils zum gleichen Ergebnis kommen. Das bedingt gleiche *Beurteilungsmaßstäbe* und Reduzierung des persönlichen Einflusses der Beurteiler auf das Beurteilungsergebnis.

b) Einsichtigkeit der Beurteilung

Bei einer Beurteilung zum Zwecke der Motivation und Beratung verlagert sich der Akzent weg von der Bewertung und hin auf das *Verstehen des Verhaltens*. Hier steht deshalb nicht die Forderung im Vordergrund, die Ergebnisse der Beurteilung durch strenge Verfahrensregeln vergleichbar zu machen, vielmehr muß eine Verständigung zwischem dem Vorgesetzten und dem Mitarbeiter herbeigeführt werden. In diesem Zusammenhang kommt vor allem der Anleitung des Mitarbeiters zur *Selbstbeurteilung* große Bedeutung zu.
Personalbeurteilungsergebnisse pflegten bisher mit einem Schleier des Geheimnisses umgeben zu sein. Geheimgehaltene Beurteilungsergebnisse tragen weder dazu bei,

den Mitarbeiter zu motivieren und anzuregen, noch geben sie ihm das Gefühl der Sicherheit seiner Stellung in der Betriebshierarchie. Eine auf der Leistungsbewertung aufbauende Lohnpolitik wird von dem Betroffenen nur dann als gerecht empfunden (mit allen Auswirkungen auf das Betriebsklima), wenn auch das Ergebnis der Bewertung und sein Zustandekommen einsichtig und bekannt ist.

Die *Offenlegung des Beurteilungsergebnisses* sollte in einem Beurteilungsgespräch erfolgen. § 82 Abs. 2 BetrVG räumt jedem Mitarbeiter ein Recht darauf ein, seine Beurteilung zu erfahren und dazu Stellung zu nehmen. Das bedeutet nun zwar nicht, jede Einzelheit zu publizieren, die zur Beurteilung geführt hat, wohl aber ist das Ergebnis mit seinen Konsequenzen für Einkommen und Laufbahn darzulegen. Der häufig gebrachte Einwand, daß positive Beurteilungen den Mitarbeiter zu laufenden, unrealistischen Forderungen an das Unternehmen veranlassen, erfordert es, ihn mit System und Methodik der Urteilsbildung vertraut zu machen und ihm einen Überblick über die anderen Bereiche der Personalpolitik als Grundlage für eine realistische Einschätzung der gegebenen Möglichkeiten zu verschaffen.

Bei aller Offenheit der Beurteilung ist eine totale Transparenz, bei der alle Mitarbeiter Kenntnis über die Beurteilung ihrer Kollegen erhalten würden, abzulehnen.

3. Träger der Beurteilung

Wenn die Forderungen an die Personalbeurteilung erfüllt werden sollen, muß die Beurteilung von einer Person wahrgenommen werden, die sowohl die Aufgaben als auch die Person sowie die Arbeitsergebnisse aus eigener Anschauung kennt. Diese Voraussetzungen werden in der Regel durch den jeweiligen Vorgesetzten erfüllt. In der Praxis versteht man deshalb im allgemeinen unter Personalbeurteilung einen einseitigen Akt der Beurteilung von Untergebenen durch ihre unmittelbaren Vorgesetzten. Das Verhalten eines Mitarbeiters wird in der Regel durch das Verhalten des jeweiligen unmittelbaren Vorgesetzten mitbestimmt. Damit beeinflußt das Beurteilungsergebnis häufig auch den Interessenbereich des Beurteilenden. Er ist deshalb nicht selten im Beurteilungsprozeß Partei. Um eine persönliche Färbung des Beurteilungsergebnisses zu vermeiden, steht dem Beurteilten nicht nur ein Recht auf Erörterung des Ergebnisses zu, sondern es werden in der Praxis in der Regel auch die Vorgesetzten der jeweiligen unmittelbaren Vorgesetzten mit in den Beurteilungsprozeß einbezogen. Der Weg, daneben noch weitere, eventuell auch betriebsfremde Beurteiler heranzuziehen und damit ein *Beurteilungskolloquium* zu bilden, wird zwar häufig in der Literatur erörtert, ist aber in der Praxis kaum anzutreffen.

Die an den Beurteiler gestellte Anforderung wird aber nicht nur vom unmittelbaren Vorgesetzten erfüllt, sondern auch von den Kollegen und Untergebenen des zu Beurteilenden. Daß bisher nur wenige Versuche bekannt wurden, Kollegen in den Beurteilungsprozeß einzubeziehen, hat seine Ursache weniger darin, daß ein wesentliches Prinzip des hierarchischen Organisationsaufbaues in Frage gestellt, und damit ein potentielles Machtinstrument aus der Hand gegeben wird, — was bei zunehmender Mobilität der Arbeitnehmer sowieso immer fragwürdiger wird — sondern vielmehr in der Tatsache, daß die primär zwischen Gleichrangigen bestehenden personellen Beziehungen, Rivalität oder Kameradschaft und Freundschaft, das Urteil zu stark bestimmen.

Die direkte *Beurteilung der Vorgesetzten* durch ihre Mitarbeiter durch Wahl oder Bestätigung in einigen Modellen, z. B. bei Körber (Hauni-Werke) oder Photo-Porst usw., werden für die nächste Zukunft wahrscheinlich noch eine Ausnahmeerscheinung bleiben. Dagegen wird die indirekte anonyme Beurteilung im Rahmen der Personalforschung an Bedeutung gewinnen. Je mehr Arbeitskräfte im Engpaßbereich aufgrund der Arbeitsmarktlage und der größeren Mobilität in der Lage sind, zwischen mehreren Arbeitsstätten wählen zu können, um so mehr ist das Unternehmen von einem guten Personalklima abhängig. Darüber hinaus hängt die Leistungswilligkeit des Arbeitnehmers und seine Bereitschaft, im Unternehmen zu verbleiben, entscheidend davon ab, wie er das Unternehmen und seine Vorgesetzten beurteilt.

4. Formen der Leistungsbeurteilung

a) Summarische oder analytische Beurteilung

Wie bei der Ermittlung des Arbeitswertes kann man auch bei der Beurteilung der Leistung zwischen summarischem und analytischem Vorgehen unterscheiden. Bei der *summarischen Beurteilung* werden nicht einzelne Leistungsmerkmale betrachtet, sondern es wird versucht, ein ganzheitliches Ergebnis zu finden. So kann man versuchen, eine Rangreihe aller Mitarbeiter nach ihrer Leistung aufzustellen oder sie nach Leistungsstufen einzuordnen. Die summarische Leistungsbewertung, die sich in der Regel auf einen unmittelbaren Gesamteindruck stützt, mag bei Kleinbetrieben, mit einer vom Beurteiler überschaubaren Belegschaft, bei der er jeden einzelnen noch persönlich kennt genügen. Im größeren Betrieb, wo sichergestellt werden muß, daß in verschiedenen Gruppen und Abteilungen auch nach den gleichen Maßstäben beurteilt wird, ist diese Beurteilungsart nicht mehr ausreichend. Mit der *analytischen Leistungsbeurteilung* versucht man diesen Mangel auszugleichen. Hier wird nicht mehr die Leistung als ein Ganzes, sondern es werden die einzelnen Leistungsmerkmale zur Urteilsfindung herangezogen. Das Gesamturteil ergibt sich aus der Zusammenfassung der Urteile über die einzelnen Leistungsbestandteile.

In der Praxis bedient sich die summarische Leistungsbewertung in der Regel der verbalen Beschreibung, bei der allenfalls im Text auf die einzelnen zur Urteilsfindung herangezogenen Umstände hingewiesen wird. Die analytische Leistungsbewertung hingegen bedarf eines methodischen Vorgehens und einer klaren Begriffsabgrenzung der einzelnen Leistungsmerkmale und der Bewertung der unterschiedlichen Ausprägungen.

In den verschiedenen, seit 1970 abgeschlossenen Tarifverträgen, die auch das Verfahren der Leistungsbeurteilung und den Einfluß auf die Entlohnung regeln, werden die beiden Begriffe in einem anderen Sinn gebraucht. In der Regel gehen diese Tarifverträge von vier Beurteilungsmerkmalen aus. Als summarisch werden die Verfahren bezeichnet, bei denen die einzelnen Merkmale nur mit Stichworten, z. B. sehr gut, befriedigend usw., gekennzeichnet sind. Bei den als analytisch bezeichneten

Verfahren hingegen werden die verschiedenen Ausprägungen eines Merkmals detaillierter beschrieben.

b) Wahl der Beurteilungskriterien

Das Ergebnis der Leistungsbeurteilung hängt im wesentlichen davon ab, welche Kriterien zur Beurteilung herangezogen werden. Eine Reihe von Unternehmen hat gute Erfahrungen damit gemacht, die Merkmale der analytischen Arbeitsbewertung der persönlichen Leistungsbewertung zugrunde zulegen. Sie gehen von der Annahme aus, daß die Leistung eines Mitarbeiters davon abhängt, in welchem Umfang er während des Beurteilungszeitraumes diesen Anforderungen entsprochen hat. Diese Handhabung reicht aus, so lange die Leistungsbeurteilung nur zur möglichst objektiven Ermittlung einer Leistungslohnzulage dient. Sobald sie aber auch anderen Zwecken dienen soll, z. B. Lieferung von Unterlagen zur Schwachstellenanalyse, zur Planung von Personalentwicklungsmaßnahmen, der Beurteilung von Führungseigenschaften oder der Führungsfähigkeit, ist dieses Verfahren ungenügend.

Raschke (S. 22–25) hat eine sehr umfassende Übersicht, gegliedert nach den vier Beobachtungsbereichen Arbeit, Körper, Geist und Charakter, erstellt. Da sich aber die einzelnen Merkmale mehrfach wiederholen und wesentliche Überschneidungen vorliegen, ist sie nur teilweise zur Beurteilung brauchbar.

Im Rahmen einer durchgeführten Untersuchung wurden von einer ausgewählten Gruppe von Personalleitern folgende zur Beurteilung herangezogene Merkmale nach ihrer Häufigkeit genannt.

Rangfolge der Beurteilungskriterien

Beurteilungskriterium	% der Antworten
Fachkenntnisse	80
Fleiß/Arbeitseinsatz	78
Arbeitstempo/-menge	75
Qualität der Arbeit	73
Fähigkeit zur Zusammenarbeit	56
Belastbarkeit/Leistungsfähigkeit	51
Führungsverhalten	46
Selbständigkeit	39
Genauigkeit/Sorgfalt	39
geistige Beweglichkeit	36
Verhalten gegenüber Vorgesetzten und MA	34
Organisation-/Planungsvermögen, Dispositionsgeschick	29
Zuverlässigkeit	29

Umsatz-, Gewinn-, Kosten-, Rentabilitätsdenken	26
Auffassungsgabe	26
Vielseitigkeit im Arbeitseinsatz	24
Delegationsfähigkeit	21
Verantwortungsbereitschaft	19
Umgangsformen	17
Verhandlungsgeschick	14
Gedächtnisleistung	14
Ausdrucksfähigkeit	12
Vorbild, Motivation von Mitarbeitern	12

Quelle: Bisani/Eismann/Hinrichs

Versucht man diese Beurteilungskriterien zu systematisieren, so ergibt sich (vgl. hierzu auch *Grunow* (1976) und *Gaugler* u. a. (1978)) folgende Einteilung:
- Leistungsverhalten
  Leistungsfähigkeit (Fachwissen, Fachkönnen)
  Leistungswilligkeit (Einsatzbereitschaft, Motivation)
  besondere stellen- und aufgabenspezifische Kenntnisse und Fähigkeiten
- persönliches Sozialverhalten
  Informationsverhalten
  Bereitschaft und Fähigkeit, in der Gruppe mitzuwirken
  Verantwortungsbereitschaft
- Grad der Zielerreichung
  Quantität und Qualität der Arbeitsergebnisse
  Arbeitsmethode.

Diese drei Kategorien wirken in unterschiedlicher Kombination zusammen.
Welche Bedeutung die einzelnen Kategorien haben, zeigen folgende Untersuchungsergebnisse (vgl. Schaubild 80).

Diese Tabelle zeigt deutlich, daß bei AT-Angestellten z. B. der Grad der Zielerreichung eine große Rolle spielt, während bei den Facharbeitern das Leistungsverhalten und bei Führungsnachwuchskräften das persönliche Verhalten in Verbindung mit dem Leistungsverhalten stärker betont wird.

	AT-Ange-stellte	Tarif-ange-stellte	Fach-arbei-ter	Führungs-nachwuchs-kräfte	Auszubil-dende	Gesamt-durch-schnitt
Leistungsverhalten	8	21	37	14	14	19
persönliches Verhalten	1	1	–	2	2	1
Zielerreichung	5	2	–	5	4	3
Leistungsverhalten und persönliches Verhalten	19	31	31	28	39	30
Leistungsverhalten und Zielerreichung	20	14	12	11	6	12
persönliches Verhalten und Zielerreichung	1	–	–	–	4	1
Leistungsverhalten, persönliches Verhalten und Zielerreichung	46	31	20	40	31	34
	100	100	100	100	100	100

Bisani; Eismann; Hinrichs S. 18

Schaubild 80: Bedeutung der einzelnen Merkmalsgruppen für die Beurteilung der verschiedenen Mitarbeitergruppen

Die zwischenzeitlich abgeschlossenen Tarifverträge oder Betriebsvereinbarungen über Leistungszuschläge sehen in der Regel vier bzw. fünf Hauptgruppen mit einigen Unterteilungen vor.

Hauptgruppe	Unterteilungen nach
Arbeitsquantität	Arbeitsmenge, Arbeitsweise, Intensität der Arbeit
Arbeitsqualität	Einhalten der Arbeitsvorschriften, Umfang und Häufigkeit der Beanstandungen
Arbeitssorgfalt	Umgang mit Betriebsmitteln und Materialien, Nutzung von Roh-, Hilfs- und Betriebsstoffen und Energie
Arbeitseinsatz	Einsatz außerhalb der üblichen Arbeitsaufgabe
Arbeitssicherheit	Beachten der Vorschriften und Sicherheitsanordnung

Schaubild 81: Merkmale zur Leistungsbeurteilung im Rahmen-Tarifvertrag der IG Metall Süd-Württemberg-Hohenzollern.

Wie bei der analytischen Arbeitsbewertung ergibt sich auch hier, wenn die Beurteilungsergebnisse zur objektiven Ermittlung eines Leistungswertes und damit zur Festlegung einer Leistungszulage dienen sollen, das Problem der *Gewichtung*. Die Gewichtung wird in der Regel in einer Betriebsvereinbarung festgelegt, wobei meist dem Stufenverfahren mit gebundener Gewichtung der Vorzug gegeben wird.

c) Methoden der Urteilsfindung

Die Leistungsbeurteilung kann sich in der Regel nicht nur auf meßbare Größen, wie

mengenmäßiges Arbeitsergebnis stützen, vielmehr sind es auch Eindrücke, Vorstellungen und Erscheinungen, die das Bild prägen.
Für die Festlegung der Bezugsgrößen für die Beurteilung bieten sich folgende Unterlagen an:
— Stellenbeschreibungen
— vereinbarte Leistungsstandards
— im Rahmen eines Führungsmodells gemeinsam erarbeitete Zielvorstellungen
— Führungsgrundsätze, die den allgemeinen Verhaltenscodex und damit Rechte und Pflichten von Vorgesetzten und Mitarbeitern festlegen.

Da diese organisatorischen Hilfsmittel nicht in allen Unternehmen vorhanden sind und auch nicht immer den notwendigen Detaillierungsgrad aufweisen, wird man auf die persönliche Kenntnis des Beurteilers von der „*fairen Leistung*" nicht ganz verzichten können, auch dann nicht, wenn es hier dem Beurteiler selbst obliegt zu definieren, welche Anforderungen an den zu Beurteilenden gestellt werden und inwieweit er diese erfüllt.

Welche Grundlagen bei der Ermittlung der Beurteilungsbezugsgrößen bei den einzelnen Mitarbeitergruppen herangezogen werden, zeigt Schaubild 82.

	AT-Ange-stellte	Tarif-ange-stellte	Fach-arbei-ter	Führungs-nachwuchs-kräfte	Auszubil-dende	Gesamt-durch-schnitt
Stellen-, Arbeitsplatz-beschreibung	57	51	31	42	11	39
Führungsgrundsätze	23	11	3	11	—	10
vorgegebene Leistungsstandards	15	28	30	13	35	25
gemeinsam erarbeitete Ziele	44	22	5	31	—	20
persönliche Kenntnis der Beurteiler von der „fairen" Leistung	40	40	42	35	54	42
	179	152	121	132	100	136

mehr als 100 % wegen Mehrfachnennungen (Bisani; Eismann; Hinrichs 1980 S. 25)

Schaubild 82: Grundlagen für die Festlegung der Beurteilungsmaßstäbe in % der Antworten.

Diese Untersuchungsergebnisse zeigen, welche erhebliche Bedeutung die persönliche Kenntnis des Beurteilers von der fairen Leistung noch hat.
Bei einer nicht systematisch vorgenommenen laufenden Beobachtung sind es immer nur besondere, über das gewohnte Alltägliche hinausgehende Eindrücke, die in der Erinnerung bleiben, und dann das Bild und das Urteil bestimmen. Bei der Leistungsbeurteilung sind es aber nicht nur die Besonderheiten, die das Urteil bilden sollen, sondern vielmehr auch das laufende Verhalten im Alltag. Eine gerechte Beurteilung ist nur bei einem methodischen Vorgehen möglich. Das methodische Vorgehen verlangt:

(1) periodisches Beobachten nach einem festgelegten Zeitplan;
(2) konzentriertes Beobachten, auch des Alltäglichen;

(3) das Beobachtete nicht zu deuten, sondern erst einmal möglichst wertfrei in einem Beobachtungsprotokoll aufzuzeichnen;
(4) darauf zu achten, daß das natürliche Verhalten erfaßt wird;
(5) die Erfordernisse der Beurteilung zu berücksichtigen und zu prüfen, zu welchen Merkmalen Angaben notwendig sind;
(6) regelmäßiges und fortlaufendes Beobachten;
(7) auswerten des Gesamtrohmaterials der Beobachtung durch Quervergleich mit anderen Mitarbeitern.

5. Fehlermöglichkeiten bei der Beurteilung und ihre Vermeidung

a) Beurteilungsfehler

Eine annähernd objektive Leistungsbeurteilung ist nur möglich, wenn man die hauptsächlich auftretenden Fehlermöglichkeiten kennt und richtig einzuschätzen versteht. Nicht zu den *Beurteilungsfehlern* gehören beabsichtigte Fehlurteile aus Egoismus und charakterlichen Fehleinstellungen, die sich in Begünstigungsabsicht (Protektion) oder Schädigungsabsicht (Rache, Geltungssucht, Wegloben unbequemer oder gefährlicher Mitarbeiter – evtl. auch Ausbooten einer möglichen Konkurrenz usw.) äußern. Einen Grenzfall bildet die Unsicherheit des Beurteilers in persönlicher und sachlicher Hinsicht – häufig Folge des Bewußtseins der eigenen Schwäche – die sich im Urteil niederschlägt.

Zu den Beurteilungsfehlern gehören ferner *Vorurteile,* die in der Denkträgheit des Beurteilers begründet sind. Vorurteile können bestehen gegenüber bestimmten Gruppen, im Betrieb auch gegenüber bestimmten Abteilungen. Zum Teil bilden aber auch vorliegende, in der Vergangenheit erstellte Beurteilungen die Ursache für Vorurteile, wenn Unsicherheit, Verantwortungsscheu oder eine gewisse Gleichgültigkeit dazu führen, daß frühere Urteile mitgeschleppt werden, obwohl sie nicht oder nicht mehr zutreffen.

Weiterhin spielen *Sympathie* und *Antipathie* bei der Beurteilung eines gewisse Rolle, vor allem dann, wenn sich der Beurteiler seiner Einstellung gegenüber dem zu Beurteilenden nicht bewußt wird, oder wenn diese zusätzlich durch Umstände, wie z. B. Verbitterung, Ärger, zufällige Freude usw. beeinflußt wird. Sympathien und Antipathien wird man nie ausschalten können, nur ein Roboter könnte sich seelisch steril verhalten. Eine der wesentlichsten Quellen für Vorurteile sowie Sympathie und Antipathie ist der *erste Eindruck*. Zwar gehört er zu den unzuverlässigsten Eindrücken, bleibt aber besonders lange im Gedächtnis haften. Die Beeinflussung späterer Urteile durch den ersten Eindruck gehört mit in die Gruppe der sogenannten *Überstrahlungs-* oder auch *Halo-Effekte*. Es ist ein empirisch nachgewiesenes psychologisches Phänomen, daß viele Menschen ein gutes, aber auch ein schlechtes Urteil auf einem Teilgebiet auf andere Teilgebiete bzw. auch auf die Gesamtleistung des Beurteilten übertragen. So haben empirische Untersuchungen nachgewiesen, daß Lehrer bei den „guten Schülern" wesentlich mehr Fehler übersehen als bei den schlechten, und daß ein besonders gutes Urteil in einem Fach sich auch auf die Beurteilung in den anderen Fächern, in denen der Schüler schlechter ist, positiv auswirkt.

Eine andere nachgewiesene Tendenz zeigt sich darin, Mitarbeiter der oberen Leitungsgruppen immer besser zu beurteilen, als Mitarbeiter niedrigerer Hierarchieebene. Eine Erscheinung, die als *Hierarchieeffekt* bekannt ist.

Neben diesen Einflußfaktoren spielen vor allem auch unbewußte Fehldeutungen eine bestimmte Rolle. Das Ergebnis einer Beurteilung ist immer ein Vergleich des vorgefundenen Ist-Wertes mit einem Soll-Wert. Der Soll-Wert wird aber, auch wenn er noch so gut definiert ist, mehr oder weniger durch die Persönlichkeit des Beurteilenden beeinflußt, indem er in den Soll-Wert ein persönliches Idealbild projiziert. So kann z. B. der gleiche Mitarbeiter von einem bürokratisch-pedantischen Vorgesetzten als flüchtig, nachlässig, wenig gründlich und sprunghaft bezeichnet werden, während ihn ein anderer Vorgesetzter als aktiv, dynamisch, aufgeschlossen und ideenreich bezeichnen würde.

Bei einer größeren Anzahl von objektiven Beurteilungen müßte sich eine *Normal-Verteilung* ergeben. Liegen bei normaler Streuung der Leistungen die Einzelurteile durchweg über dem Mittel, dann ist dies kennzeichnend für einen nachsichtigen Beurteiler, der es mit niemandem verderben will. Er bringt es meist nicht übers Herz, jemandem etwas Unangenehmes zu sagen, oder er hofft, durch hohe Einstufungen Unannehmlichkeiten mit den Mitarbeitern aus dem Wege zu gehen. Liegen die Urteile überwiegend im Mittel, dann handelt es sich meist um einen vorsichtigen Vorgesetzten, der sich nicht festlegen will. Liegt das Leistungsurteil im Durchschnitt hingegen zu niedrig, so legt der Vorgesetzte einen zu strengen Maßstab an. Eine gute Leistung hält er für selbstverständlich und „Mittel" ist dann fast das äußerste, das er zu geben bereit ist (vgl. hierzu auch Bisani/Eismann/Hinrichs 1980).

b) Vermeidung von Beurteilungsfehlern

Fehlerhafte Beurteilungen können für den zu schlecht beurteilten Mitarbeiter nicht nur finanzielle Einbußen, sondern auch Beschränkungen der Chancen seiner beruflichen Weiterentwicklung mit sich bringen. Im Interesse einer gerechten Behandlung müssen deshalb Wege gefunden werden, Beurteilungsfehler und -schwächen wenn schon nicht vollständig zu vermeiden, so doch weitgehend einzuschränken. Grundvoraussetzung ist die Schulung der Beurteiler. Die lange gehegte Meinung, daß jemand, der als Vorgesetzter tätig ist, auch automatisch die Fähigkeit zur richtigen Beurteilung hat, läßt sich nicht mehr im vollen Umfang aufrecht erhalten. Bei Aufbau und Weiterentwicklung eines Beurteilungssystems bildet die Schulung der beurteilenden Vorgesetzten einen wesentlichen Faktor, zumindest müssen ihnen die Fehlermöglichkeiten bewußt gemacht werden. Die *freie*, an kein System gebundene *Beurteilung* ermöglicht dem Beurteilenden zwar eine unendlich feine Abstufung seines Urteils und die Darstellung aller feinen Verästelungen der persönlichen Eigenart. Diese Vorteile werden aber durch die Schwierigkeiten der sprachlichen Formulierungen und die Mehrdeutigkeit von Begriffen wesentlich eingeschränkt. Aus diesem Grunde wird heute weitgehend der *gebundenen Beurteilung* durch Beurteilungsbögen mit Angabe der zu beurteilenden Merkmale, der Bewertungskriterien und der Bewertungsgrade der Vorzug gegeben.

Zur Verbesserung der Beurteilung gibt es einige Methoden, die man grundsätzlich anwenden sollte.

(1) Aufstellung von Leistungs-Rangreihen: Vor der Erstellung der Beurteilung wird anhand des Beobachtungsprotokolls eine Rangreihe für jedes Merkmal erstellt. Das hat den Vorteil, daß die Leistungen des Einzelnen im Gesamtrahmen aller Leistungen gesehen werden und der Halo-Effekt eingeschränkt wird.

(2) Paar-Vergleich: Die Leistungsrangreihenbildung läßt sich auch noch durch den Paar-Vergleich überprüfen. Hierbei werden die Mitarbeiter für jedes zu beurteilende Merkmal und für die Summe aller Beurteilungen paarweise gegenüber gestellt. Dabei wird ermittelt, welcher von beiden Mitarbeitern jeweils die bessere Beurteilung hat. Bei 10 Mitarbeitern ergibt dies für jedes Merkmal 45 Vergleiche.

Wesentlich zur Objektivierung des Beurteilungsverfahrens trägt auch der Zwang bei, das Beurteilungsergebnis mit dem Betroffenen zu besprechen und es ihm zu erläutern.

6. Prognose künftiger Leistungen mit Hilfe von „assessment centers"

Die bisher besprochenen Verfahren der Leistungsbeurteilung sind ausreichend, soweit es darum geht, vergangene oder gegenwärtige Leistungen und das gezeigte Leistungsverhalten zu beurteilen. Sie werden aber häufig zu einer Glückssache, wenn aus dem beobachtbaren Verhalten auf künftige Leistung geschlossen werden muß, wie dies z. B. bei Beförderungen (aber auch bei Einstellungen und bei der Auswahl für Schulungsmaßnahmen) der Fall ist. Aus den gegenwärtigen Leistungen auf zukünftiges Leistungsverhalten bei anderen Anforderungen und vielleicht anderen Aufgaben zu schließen, ist objektiv nicht möglich, sondern immer das Ergebnis einer subjektiven Wertung. Nicht zu unrecht wird deshalb häufig das Zutreffen einer *Beförderungsbeurteilung* als eine reine Glückssache bezeichnet. In ihrer Satire haben *Peter* und *Hull* diese Erscheinung als *„Peter-Prinzip"* charakterisiert. Danach dient die Bewährung in einer Hierarchiestufe auch gleichzeitig als Grundlage zur Beförderung auf die nächste Ebene. Jeder wird solange befördert, bis er die Stufe seiner Inkompetenz, d. h. bis er eine Hierarchiestufe erreicht hat, deren Aufgaben er nicht mehr gewachsen ist.

Um das Risiko bei der Auswahl zur Beförderung zu verringern, den Auswahlvorgang zu objektivieren und das subjektive Urteil von Vorgesetzten über die künftige Bewährung in einer anderen Aufgabenstellung zu relativieren, werden in zunehmendem Maße sog. *„assessment-centers"* eingesetzt. Aufgrund der Verbote in den USA, bestimmte Eignungstests durchzuführen, haben sie in den letzten Jahren einen großen Aufschwung erlebt. Da sie relativ zuverlässig und billig sind, beginnen sie sich auch in Europa stärker durchzusetzen.

Sie bauen auf *Interviews*, *Fragebogen* und vor allem *Gruppenübungen* auf. Bei den Gruppenübungen werden Wissen, Können und Verhalten von Spezialisten beobachtet und ausgewertet. Diese Übungen stellen gewissermaßen ein „*training on the job*" dar, bei denen die Kandidaten mit Problemfällen konfrontiert werden, die denen der künftigen Aufgabe in etwa entsprechen. Die Aufgaben der einzelnen „assessment centers" werden je nach dem besonderen Zweck zusammengestellt. Sie sind geeicht und in einer Vielzahl von Fällen erprobt. Es ist jeweils genau definiert, wer, was, wie, wo, wann, wozu und warum beurteilt wird.

Ein typisches „assessment center", das vom *Management Center Europe — MCE —* in Europa vertrieben wird, besteht aus drei individuellen Übungen (vormittags) und drei Gruppenübungen (nachmittags), bei denen die Ausprägung von zwölf genau definierten Manager-Fähigkeiten gemessen wird, wie funktionelles Verhalten, Planung, Organisation, Kontrolle, Kommunikationsfähigkeit, Firmenorientierung, Führungsverhalten usw.

Um vor allem die Effizienz betrieblicher Weiterbildung und die Auswahl von Führungskräften objektiver zu gestalten und methodisch abzusichern, wurde durch *Ryterband* und *Smolinsky* vom HAY-Institut das „assessment center" zu einem sog. „*MLZ = Management-Leistungszentrum*" weiterentwickelt. Das MLZ ist mit den Sportleistungszentren vergleichbar. Anwärter zum Leistungssport bzw. für Führungsaufgaben werden von Fachleuten, u. a. Medizinern und Psychologen, auf Fähigkeiten, Können, Veranlagung und Begabung untersucht und ein entsprechendes Trainingsprogramm ausgearbeitet.

Ziel der MLZ ist es, vorhandene Managementtalente festzustellen und durch Motivation und Schulung zu aktivieren, um damit die Managementleistung für die Zukunft zu sichern.

Die Durchführung der einzelnen Übungen nimmt etwa vier Tage in Anspruch. Bewertet werden: Fach- und Sachwissen, Managementwissen, Kenntnisse und Erfahrungen im Umgang mit Menschen, analytische Fähigkeiten und Problemlösung sowie Verantwortungsbewußtsein und ihr Einfluß auf das Endergebnis.

„Assessment centers" sind dann wertvoll, wenn Stärken und Schwächen jeweils mit dem Kandidaten besprochen und zur Grundlage eines Personalentwicklungsplans gemacht werden. Nicht selten tragen die Ergebnisse dazu bei, eine evtl. vorhandene Selbstüberschätzung abzubauen und vorher nicht bekannte Schwächen offenzulegen.

Die Grenzen der assessment centers liegen, wie bei allen Tests, in einer gewissen *Testresistenz*. Bei einer mehrfachen Teilnahme merken die Kandidaten meist sehr schnell, worauf es ankommt. Sie können sich dann meist leicht auf das erwartete Verhalten einstellen.

7. Stellung der Gewerkschaften zur Leistungsbeurteilung

Bis vor wenigen Jahren waren die Gewerkschaften der Meinung, daß die angestrebte Lohngerechtigkeit durch eine Beurteilung der persönlichen Leistung eher verschlechtert als verbessert werden würde. In der Leistungsbeurteilung sahen sie ein *Instrument der Machtausübung* im Betrieb und befürchteten, daß die Meisterwirtschaft einer frühindustriellen Epoche in abgewandelter Form wieder eingeführt wer-

den würde. Konsequent lehnten sie deshalb auch die Verfahren der persönlichen Leistungsbeurteilung ab und wandten sich gegen alle Methoden einer individuellen Leistungsermittlung. Man verwies auf andere sogenannte „echte" Leistungslohnsysteme, wie Akkordlohn und Mengen-, Qualitäts- und Nutzungsprämien, die auf der Basis weitgehend objektiv erfaßbarer Leistungskriterien aufbauen.
Diese Haltung hat sich zwischenzeitlich gewandelt. Erstmals 1968 äußerten sich *Scholz* und *Steiner* positiv über eine planmäßige Leistungsbeurteilung zur Ermittlung von Leistungszulagen für Angestellte. Seit 1970 wurden insbesondere in der Metallindustrie eine Reihe von Tarifverträgen abgeschlossen, die Regelungen über die Leistungsbeurteilung von Zeitlöhnern enthalten.
Bei der Einführung von Beurteilungssystemen ist zu beachten, daß der Betriebsrat nach dem Betriebsverfassungsgesetz ein sehr weitgehendes *Mitbestimmungsrecht* hat. (Vgl. *Bisani*, Personalwesen, Bd. 106, Moderne Wirtschaftsbücher)

B. Betriebliches Vorschlagswesen

1. Wesen und Ziele

a) Begriff des betrieblichen Vorschlagswesens

Das Arbeitsverhältnis wird immer noch als ein *Leistungsaustauschverhältnis* angesehen, bei dem der Arbeitnehmer gegen ein festgelegtes Entgelt eine bestimmte Leistung erbringt. Häufig führt ihn diese Tätigkeit am Arbeitsplatz zu konkreten Vorstellungen oder Überlegungen, wie man einen bestimmten Arbeitsvorgang einfacher, sparsamer oder schneller durchführen könnte oder wie die Arbeitsbedingungen zu verbessern wären, ohne daß dies ausdrücklich zu seinem Aufgabenbereich gehört. Diese Erkenntnisse für den Betrieb und auch für die Beurteilung des Mitarbeiters nutzbar zu machen, ist Ziel des *betrieblichen Vorschlagswesens (BVW)*. In Deutschland wurde das BVW in den Jahren vor dem zweiten Weltkrieg sehr stark propagiert und schien nach Kriegsende in den deutschen Betrieben zunächst tot zu sein. Um 1950 begannen einzelne Großbetriebe ein neues verbessertes Vorschlagswesen einzuführen. Trotz einer verstärkten Werbung, der sich besonders das *Deutsche Institut für Betriebswirtschaft* (DIB) annahm und in Erfahrungsgruppen verbreitete, vermochte es sich in Deutschland nicht stark durchzusetzen. So schreibt *Schüler* noch 1972, daß auf 1000 Beschäftigte in den USA 400, in der UdSSR 370, in Großbritannien 200, in den Niederlanden 100 und in der Bundesrepublik 45 Verbesserungsvorschläge entfallen.
In den letzten Jahren scheint das BVW jedoch auch in der Bundesrepublik Deutschland an Bedeutung gewonnen zu haben. 1968 sind in den Firmen, die an den Arbeitskreisen des DIB für das BVW mitwirken, 95.258 Verbesserungsvorschläge eingereicht worden, von denen rund 39.000 realisiert wurden. Dieser Wert stieg für 1973 auf 178.940 Vorschläge, von denen 64.119 verwirklicht wurden.
Ein Verbesserungsvorschlag liegt vor, wenn
(1) eine Verbesserung gegenüber dem bisherigen Zustand erreicht wird,

(2) die Einführung der vorgeschlagenen Verbesserung wirtschaftlich ist,
(3) die Verbesserung ohne Anregung des Mitarbeiters nicht durchgeführt worden wäre.

Anstelle der Wirtschaftlichkeit kann auch eine Erhöhung der Sicherheit, ein Schutz vor Gesundheitsschädigung oder eine Steigerung des Firmenansehens treten. Nicht erforderlich ist, daß die vorgeschlagene Maßnahme bekannt oder auch anderweitig gebräuchlich ist. Sie muß nur für den vorhergesehenen Verwendungsbereich oder Zweck neu sein (Höckel).

b) Ziele des betrieblichen Vorschlagswesens

Je nach der persönlichen Grundeinstellung werden von verschiedenen Autoren unterschiedliche Zielvorstellungen in den Vordergrund geschoben.

aa) Betriebswirtschaftlicher Ansatzpunkt

Das BVW soll dazu dienen, auch das nicht unmittelbar durch die Arbeitsaufgabe angesprochene geistige Potential der Mitarbeiter zu fördern und für die weitere Existenz des Unternehmens und seiner Leistungsfähigkeit nutzbar zu machen. Das BVW soll deshalb gewinnbringend, rentabel und nützlich für die betriebliche Personalführung sein, und es soll die Kommunikation zwischen den einzelnen Stufen der Hierarchie fördern.

bb) Motivations-psychologischer Ansatzpunkt

Das BVW soll im Rahmen der Personalführung der Motivation dienen. Durch die strenge Arbeitsteilung haben viele Mitarbeiter den Überblick über das Betriebsganze verloren. Die Trennung zwischen Planung und Disposition einerseits und Ausführung andererseits läßt bei vielen Mitarbeitern das Gefühl eines „unbedeutenden Rädchens im Getriebe" mit der Folge von Desinteresse und Gleichgültigkeit gegenüber Belangen des Unternehmens aufkommen. In diesem Sinne soll das BVW dazu beitragen, die Mitarbeiter zu einem echten Interesse am Betriebsgeschehen zu gewinnen und ihnen das Gefühl zu vermitteln, anerkannt zu werden und mit ihren betrieblichen Erfahrungen und fachlichen Kenntnissen am Geschehen des Unternehmens selbständig und aus eigener Initiative mitwirken zu können.

cc) Sozial-psychologischer Ansatzpunkt

Er geht davon aus, daß der Betrieb sowohl eine technisch-organisatorische Zweckeinheit ist, die zu ihrer Existenzsicherung eine ausreichende, möglichst optimale Leistung zu erbringen hat, als auch ein soziales Gebilde, in dem Menschen zur Erreichung eines Betriebszweckes zusammen arbeiten und zusammen leben. Unter diesem Gesichtspunkt ist das BVW eine Gruppenaufgabe und ein Gruppenproblem, das die soziale Zusammenarbeit fördert (Krafft).

c) Stellung der Gewerkschaften zum betrieblichen Vorschlagswesen

Die Gewerkschaften sehen im BVW vor allem ein Mittel zur Rationalisierung und zur Leistungssteigerung. Hierzu hat die *IG-Metall* (Fuhrmann/Scholz) erklärt, jede sinnvolle Rationalisierungsmaßnahme zu unterstützen, wenn dabei auch die berechtigten Interessen der Arbeitnehmer im vollen Umfang gewahrt werden. In einer Reihe von Leitsätzen wird die grundsätzliche Feststellung gemacht, daß Verbesserungsvorschläge Sonderleistungen des Arbeitnehmers sind, die über die üblichen arbeitsvertraglichen Verpflichtungen hinausgehen und daß der Arbeitnehmer für diese Sonderleistungen einen Anspruch auf eine angemessene Vergütung hat. Ferner, daß kein Arbeitnehmer gesetzlich verpflichtet ist, dem Arbeitgeber Verbesserungsvorschläge anzubieten. Die Grundsätze des Verfahrens und der Vergütung für das Vorschlagswesen sind in Tarifverträgen oder Betriebsvereinbarungen festzulegen.

2. Organisation des betrieblichen Vorschlagswesens

Die Organisation eines erfolgreichen Vorschlagswesens weist in der Regel drei Hauptmerkmale auf:

(1) *Besondere Vorschlagswege*, auf denen die Vorschläge neben dem üblichen Dienstweg unmittelbar und unter Umgehung des jeweiligen unmittelbaren Vorgesetzten direkt an die Führungsspitze des Betriebes gelangen. Mögliche Annahmestellen von Vorschlägen sind: Vorschlagssachbearbeiter, -berater oder eigene Vorschlagsbriefkästen.

(2) Besondere *Vorschlagsbewertung*, bei der die Vorschläge zentral registriert, objektiv geprüft und — sofern brauchbar — durchgeführt und bei der Durchführung überwacht werden. Im Rahmen einer Betriebsvereinbarung sollte hierbei geregelt werden: Festlegung der Grundsatzfragen über Mitwirkung des Betriebsrates, Anonymitätswahrung, Formeln zur Errechnung der Prämie, ferner Verfahrensvorschriften über die Auftragsbearbeitung und den -durchlauf, Kontrolle der Einführung und Behandlung vor dem Ausschuß. Wichtig sind vor allem von den Beteiligten als fair anerkannte Regelungen der Bewertung der Vorschläge, bei denen die Kriterien zur Ermittlung der Belohnung für alle Beteiligten offen liegen. Hierbei kommt vor allem der Gewährung von ideellen Prämien für Verbesserungsvorschläge, deren Rentabilität nicht ohne weiteres meßbar ist, wie z. B. Unfallverhütung, Steigerung des Sicherheitsbewußtseins, Verbesserung des Firmenbildes usw., besondere Bedeutung zu.

(3) Besondere *Vorschlagswerbung* durch innerbetriebliche Veröffentlichungen über Werkszeitschriften, Handzettel und Broschüren, insbesondere über Wesen, Aufbau und Ergebnisse des betrieblichen Vorschlagswesens.

Zu beachten sind hierbei die jeweiligen gesetzlichen Bestimmungen zur Förderung des Vorschlagswesens, so die Steuerfreiheit für gewährte Prämien sowie die Bestimmungen des Gesetzes über Arbeitnehmererfindungen.

3. Voraussetzungen für ein erfolgreiches betriebliches Vorschlagswesen

Ein erfolgreiches BVW setzt nicht nur eine zweckgerichtete Organisation, sondern auch eine bestimmte geistige Einstellung voraus. Vorgesetzte, die einen Verbesserungsvorschlag als Kritik an ihrer eigenen Tätigkeit ansehen oder glauben, daß sie aufgrund ihrer Erfahrung, ihres Überblickes oder ihrer Ausbildung alles besser wissen, bringen noch so gut gemeinte Ansätze ebenso zum Scheitern, wie vielleicht die Ansicht der Mitarbeiter, durch das Vorschlagswesen die eigentliche Führungshierarchie umgehen zu können, um durch die Verbesserungsvorschläge Kritik an den unteren Vorgesetzten zu üben und sie auf diesem Umweg der Betriebsleitung zur Kenntnis zu bringen. Als Mittel zur Vorgesetztenkontrolle ist das Vorschlagswesen nicht geeignet. Ebenso ist es der Tod jedes Vorschlagswesens, wenn die Geschäfts-

Gründe zur Teilnahme		zur Nichtteilnahme	
Art der Begründung	Häufigkeit in %	Art der Begründung	Häufigkeit in %
Anregungen durch dritte Personen: davon Arbeitskollegen 20,6 Vorgesetzte 6,3	26,6	Befürchtung eines Prestigeverlustes	19,0
Sachliche Verbesserungen	20,3	Vorgesetzte sind dagegen	14,6
Einsender wollte beweisen, daß er recht hat	17,7	Arbeitskollegen sind dagegen	13,4
Firmenleitung ist für BVW	10,1	Abwertung einer materialistischen Einstellung	12,4
Erhöhung der Arbeitssicherheit	8,9	Rücksicht auf Arbeitskollegen	8,8
Nachweis der eigenen Fähigkeiten	6,3	Ungerechte Beurteilung	8,1
Erhoffte Prämie	2,5	Bearbeitung dauert zu lange	7,8
Sonstige	7,6	Verbesserungen werden doch nicht durchgeführt	7,7
		Firmenleitung ist dagegen	3,6
		Sonstige	4,6

Schaubild 83: Gründe für die Teilnahme bzw. Nichtteilnahme am BVW (Dreyer)

leitung Verbesserungsvorschläge zum Anlaß nimmt, Maßnahmen gegen den unmittelbaren Vorgesetzten wegen mangelnder Aufgabenerfüllung zu ergreifen.
Eine empirische Untersuchung von *Dreyer* zeigt die Motive zur Teilnahme und Nichtteilnahme am BVW auf. (Vgl. Schaubild 83.)

IV. Erfolgsbeteiligung

A. Abgrenzung der Erfolgsbeteiligung vom Leistungsentgelt

Die *Erfolgsbeteiligung* ist neben der Festlegung von Lohnform und Lohnart ein wesentliches Instrument der betrieblichen Entlohnungspolitik. Unter Erfolgsbeteiligung versteht man ein System, bei dem nach einem vorher festgelegten Plan und Verteilungsschlüssel und nach einer meßbaren betrieblichen Erfolgsgröße zusätzlich finanzielle Zuwendungen über das vertraglich vereinbarte Entgelt hinaus gewährt werden.

In Literatur und Praxis sind für diesen Tatbestand auch eine Reihe anderer Begriffe gebräuchlich, wie *Ergebnisbeteiligung, Ertragslohn* oder auch häufig in den ersten Jahren nach dem zweiten Weltkrieg *„profit-sharing"*.

Der Unterschied zwischen dem individuellen Leistungslohn und der Erfolgsbeteiligung liegt darin, daß bei Leistungslohn sofort die Auswirkungen eines bestimmten Verhaltens auf die Einkommenshöhe feststellbar sind, während sich die Erfolgsbeteiligung nach gesamtbetrieblichen Maßgrößen errechnet, auf die der einzelne nur indirekt Einfluß nehmen kann.

Im Unterschied zu den in vielen Firmen üblichen Jahresabschlußzahlungen usw., die auf freiwilliger Basis erfolgen, beruht die Erfolgsbeteiligung auf einer *festen vertraglichen Vereinbarung* und gewährt dem einzelnen auch einen Rechtsanspruch. Soweit die Erfolgsbeteiligung an die betrieblichen Leistungsgrößen von Gewinn oder Ertrag gebunden ist, hat sie weniger Kostencharakter, sondern ist vielmehr ein Mittel der Gewinn- und Erfolgsverwendung.

B. Ziele der Erfolgsbeteiligung

Die von verschiedenen Autoren genannten Ziele sind vielfältig. Sie reichen von rein betriebswirtschaftlichen Kosten-/Nutzenerwägungen bis hin zur Neugestaltung unserer Gesellschaftsordnung.

(1) *Rein betriebswirtschaftliche Kosten-/Nutzenerwägungen* gehen davon aus, daß ein Mitarbeiter nicht nur ein Produktionsfaktor ist, der passiv darauf wartet, daß er mit anderen Produktionsfaktoren im Sinne der „Produktions- und Kostentheorie" kombiniert wird, sondern daß er in der Lage ist, von sich aus auch die Initiative zu ergreifen und dabei Verlust- und Verschleißquellen zu erkennen, auch wenn er nicht die Kompetenzen hat, sie zu beseitigen. Mit der Erfolgsbeteiligung wird hierbei nicht eine Erhöhung der individuellen Mengenleistung angestrebt, sondern vielmehr eine Verbesserung der Zusammenarbeit, wobei gleichzeitig der Antrieb von oben durch Anweisung und Kontrolle durch Mitdenken aus eigenem Antrieb und Interesse ersetzt wird.

(2) *Betriebssoziologische Begründungen* stellen die Schaffung einer positiven Einstellung der Mitarbeiter zum Unternehmen in den Vordergrund. Durch eine Koordi-

nation der Ziele des Unternehmens und der Mitarbeiter — beide sind an einem hohen Ertrag des Betriebes interessiert — werden die traditionellen Spannungen zwischen Unternehmer und Arbeitnehmer weitgehend aufgehoben und der Zielkonflikt entschärft. Durch den Wegfall von Spannungen entsteht ein qualifizierter Mitarbeiterstamm, der einerseits das Betriebsklima verbessert und andererseits die Leistungsfähigkeit erhöht.

(3) Die *lohnpolitischen Begründungen* sehen in der Erfolgsbeteiligung ein Mittel, den Machtkampf um höhere Löhne durch eine automatische Beteiligung an höheren Erträgen zu entschärfen und betrachten sie als einen möglichen Weg zu einem leistungsgerechteren Entgelt.

Die drei genannten Ziele gehen von einer Erhöhung des verfügbaren Einkommens der Mitarbeiter aus. Mit der Veröffentlichung des Gutachtens, das *Krelle* im Auftrag des Bundesarbeitsministeriums erstellt hat, rückte die *sozialpolitische Begründung* für eine Erfolgsbeteiligung stärker in den Vordergrund. *Krelle* ermittelte, daß 1960 rund 1,7 % der Haushalte rund 70 % des Eigentums an gewerblichen Unternehmen besaßen. Es wurde eine große Anzahl von Modellen diskutiert mit dem Ziel, eine Form der Ertragsbeteiligung zu schaffen, die es dem einzelnen Arbeitnehmer ermöglicht, langfristiges persönliches Eigentum bzw. Vermögen zu bilden. Wesentlich ist, daß die aus der Ertragsbeteiligung zufließenden Mittel nicht für Konsumzwecke verwendet, sondern vielmehr für Investitionszwecke gebunden werden sollen. Die verschiedenen in der politischen Diskussion erörterten Modelle für eine überbetriebliche Erfolgsbeteiligung sind bisher noch nicht zur Gesetzesreife gediehen. Statt dessen haben eine Reihe von Firmen aus eigenem Antrieb Modelle entwickelt, um ihre Mitarbeiter am Ertrag des Unternehmens zu beteiligen und ihnen ein Mitspracherecht an der betrieblichen Willensbildung einzuräumen. Hier sind Ansätze sichtbar, die Partnerschaft im Betrieb von einem reinen Lohnarbeitsverhältnis zu einer genossenschaftsähnlichen Zusammenarbeit mit Beteiligung am Unternehmenserfolg weiter zu entwickeln (vgl. hierzu Jungblut, Steinbrenner und die Schriften der AGP, Arbeitsgemeinschaft zur Förderung der Partnerschaft in der Wirtschaft e. V.).

Inwieweit diese Zielvorstellungen realistisch sind, läßt sich noch nicht mit endgültiger Sicherheit absehen. Wo Erfolgsbeteiligungsmodelle ohne gleichzeitige Mitbestimmungs- und Mitwirkungsrechte der Belegschaft eingeführt wurden, scheinen die *Erfahrungen eher negativ* zu sein.

Die Erfolgsbeteiligung wird von der Belegschaft eher als ein nachträglich bezahlter, aber ursprünglich vorenthaltener Bestandteil des Entgeltes angesehen. Die erhoffte Verbesserung der Zusammenarbeit ist, soweit zu überblicken und zu erfahren ist, nicht eingetreten. Ebenso wurden auch leistungssteigernde Kräfte nicht sichtbar. Der Zusammenhang zwischen Ertrag und eigenem Einsatz ist für die Mitarbeiter nicht erkennbar. Kommt es bei einer günstigen wirtschaftlichen Entwicklung nicht zu den erhofften positiven Auswirkungen, so führen konjunkturelle oder strukturelle Rückschläge meist zu Unzufriedenheit und vor allem auch Mißtrauen gegenüber der Geschäftsleitung, der man bei Verlustmeldungen nicht selten Manipulationen usw. unterstellt. Damit wird die Erfolgsbeteiligung häufig zur Ursache gerade der Spannung, die sie eigentlich abbauen sollte.

Über die Modelle, die die Gewinnbeteiligung mit Mitbestimmung verknüpfen, läßt sich kein einheitliches Urteil abgeben. Die einzelnen rechtlichen und organisatorischen Strukturformen sind zu unterschiedlich. Vor allem haben die meisten Modelle ihre Bewährungsprobe während einer längeren wirtschaftlichen Durst-(Verlust-)strecke noch nicht abgelegt.

C. Formen der Erfolgsbeteiligung

Grundsätzlich sind zwei Hauptformen zu unterscheiden:
(1) Betriebliche Erfolgsbeteiligung, bei der ein Unternehmen aufgrund von verbindlichen Zusagen an seine Mitarbeiter nach Maßgabe einer betrieblichen Leistungskennzahl einen Ertragsanteil zusätzlich zum normal vorgesehenen und vereinbarten Entgelt bezahlt.
(2) Überbetriebliche Erfolgsbeteiligung, bei der durch gesetzliche oder überbetriebliche Vereinbarung Unternehmen die Beiträge in einen *gemeinsamen Fond* einbringen, der dann an die einzelnen Bezugsberechtigten verteilt wird.

Diese beiden Hauptformen sind noch nach dem möglichen Verwendungszweck zu unterscheiden:
(1) Freie Erfolgsbeteiligung, die dem Arbeitnehmer in bar zur freien Verfügung steht, d. h. die er jederzeit ohne Beschränkung für Konsumzwecke verwenden darf;
(2) gebundene Erfolgsbeteiligung, bei der der Anteil nicht in bar, sondern in Anteilscheinen unterschiedlichster Form gewährt wird. Diese Beträge dienen nur Investitionszwecken. Sie unterliegen einer Bindefrist, während der über die Beträge nicht verfügt werden darf.

1. Arten der betrieblichen Erfolgsbeteiligung

Im Prinzip gibt es drei Hauptformen, die sich in insgesamt 10 Unterformen aufgliedern lassen (Goossens).

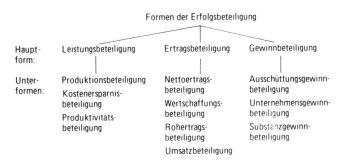

Schaubild 84: Übersicht über die verschiedenen Formen der Erfolgsbeteiligung

a) Leistungsbeteiligung

Bei der einfachsten Art der Leistungsbeteiligung bildet die Quantität, d. h. die in einer bestimmten Zeiteinheit erbrachte betriebliche Leistung, die Grundlage. Der Vorteil ist die leichte Errechenbarkeit. Nachteilig ist jedoch, daß das Verfahren unübersichtlich wird, wenn auch andere Einflußgrößen, wie überproportionale Kostensteigerungen, Verringerung der Qualität, Veränderungen des Fertigungsablaufes usw. mitberücksichtigt werden müssen.

Bei der *Kostenersparnisbeteiligung* bilden die Veränderungen des Verhältnisses von Kosten zur Menge der erstellten Leistungseinheit die Berechnungsgrundlage. Der Vorteil ist, daß diese Beteiligungsart evtl. das Kostenbewußtsein anregt, andererseits ist es aber sehr schwierig, die indirekten Kosten und vor allem auch Preisänderungen für die verschiedenen Kostenfaktoren mitzuberücksichtigen. Die *Produktivitätsbeteiligung* geht vom Verhältnis zwischen dem Leistungsumfang und den eingesetzten Kostenfaktoren aus, z. B. Menge der Leistungseinheit im Verhältnis zu den eingesetzten Maschinenstunden. Das Verfahren ist einfach und leicht zu durchschauen. Nachteilig ist jedoch, daß nur einzelne Kostenfaktoren eingesetzt werden können, wie z. B. Anzahl der Maschinenlaufstunden, während die anderen unberücksichtigt bleiben.

Gemeinsam ist allen Formen der Leistungsbeteiligung, daß ihre Kennziffern nichts über den tatsächlich erzielten Gewinn aussagen. Man kann sie deshalb auch nur mit Vorbehalt zu den Erfolgsbeteiligungen rechnen. Sie haben eher den Charakter von zusätzlichem Entgelt.

b) Ertragsbeteiligung

Bei der *Nettoertragsbeteiligung* wird das Verhältnis von Rohertrag/Aufwand als Leistungskennziffer zugrunde gelegt. Da im allgemeinen nur der Ertrag angesetzt werden soll, der aus der betrieblichen Leistung stammt, sind außerordentliche Erträge, z. B. aus Spekulationsgewinnen, Erlöse aus dem Verkauf von Anlagegegenständen usw., außer acht zu lassen. Bestandsveränderungen sind durch Verrechnungspreise zu berücksichtigen. Ebenso sind beim Aufwand außerordentliche Aufwendungen außer acht zu lassen. Die kalkulatorischen Kosten für Eigenkapitalzinsen, Unternehmerlohn und evtl. Risikoprämie werden dagegen in der Regel angesetzt.

Von Vorteil ist bei diesem Verfahren, daß die Mitarbeiter erkennen, daß nicht nur eine wirtschaftliche Produktion einen Nettoertrag entstehen läßt, sondern daß dieser auch vom Absatzmarkt und dessen Gegebenheiten abhängt. Die *Wertschöpfungsbeteiligung* hat viele Gemeinsamkeiten mit der Nettoertragsberechnung. Vom Rohertrag werden nicht alle Aufwendungen abgesetzt, sondern die Wertschöpfung errechnet sich aus den betrieblichen Leistungen (einschl. Lagerbestandsveränderungen) abzüglich der Vorleistung anderer Unternehmen. Der Vorteil ist hier, daß die häufig umstrittenen kalkulatorischen Posten nicht angesetzt werden.

Bei der *Umsatzbeteiligung* bildet die Höhe des Verkaufsumsatzes die betriebliche Bemessungsgrundlage. Steigt der Verkaufsumsatz, dann ist am Mehrumsatz die Belegschaft zu beteiligen. Das Verfahren ist außerordentlich einfach, da die Größen jeweils exakt festliegen. Nachteilig ist aber, daß höherer Umsatz nicht unbedingt gleich sein muß mit höherem Ertrag. Diesen Nachteil versucht die Rohertragsbeteiligung zu vermeiden, die mit einer sogenannten *Lohnkonstanten* arbeitet. Nach dem *Proportional-Lohnsystem* des französischen Unternehmers *Schueller* wird aus den Vergangenheitswerten der durchschnittliche Lohnanteil am Gesamtrohertrag ermittelt. Steigt der Rohertrag, dann soll auch der Personalaufwand entsprechend steigen. Steigt der Rohertrag stärker als die Lohnsumme, so wird der Differenzbetrag nachbezahlt.

Beispiel:

Rohertrag im Durchschnitt mehrerer Jahre	20 Mio. DM/jährlich
Personalkosten im gleichen Zeitraum im Durchschnitt	10 Mio. DM/jährlich
Lohnkonstante	50 %
Rohertrag im Abrechnungszeitraum	25 Mio. DM
bereits bezahlte Personalkosten	11 Mio. DM
Personalkosten bei 50 % Lohnkonstanten vom Rohertrag	12,5 Mio. DM
Bemessungsgrundlage für die Erfolgsbeteiligung ist die Differenz von	1,5 Mio. DM

Der Nachteil dieses Verfahrens ist, daß Veränderungen der Produktionstechnik durch neue Maschinen oder verstärkte zwischenbetriebliche Arbeitsteilung durch Zukauf statt Eigenfertigung zu einer laufenden Neuanpassung der Werte der Lohnkonstanten zwingen. Auf ähnlicher Basis arbeitet das als *Cost-Saving-Plan* bezeichnete Verfahren des Amerikaners *Scanlon*. Grundlage seines Verfahrens ist ebenfalls die Lohnkonstante. Die Differenz zwischen der Lohnkonstante und dem tatsächlichen Lohn wird aber nicht voll, sondern nur zu einem festgelegten Anteil an die Mitarbeiter weitergegeben.

Ein ähnliches Verfahren hat der Amerikaner *Rucker* mit dem nach ihm benannten Rucker-Plan entwickelt. Er arbeitet auch mit dem *Verfahren der Lohnkonstanten*, jedoch wird diese nicht auf den Rohertrag, sondern auf die betriebliche Wertschöpfung bezogen.

Die Nachteile des Schueller-, Scanlon- und Rucker-Planes liegen in der Lohnkonstanten. Um häufige Differenzen wegen der Anpassung an veränderte technische Bedingungen zu vermeiden, kann man dieses Verfahren sinnvoll nur dort anwenden, wo in absehbarer Zeit nicht mit technischen Rationalisierungen zu rechnen ist, wie z. B. in Dienstleistungs- und ähnlichen Betrieben, die einer technischen Rationalisierung nur im geringen Umfange zugänglich sind oder wo das Unternehmen bereits vollautomatisiert ist.

Kennzeichen dieser drei Formen der Ertragsbeteiligung ist, daß ihre Leistungskennziffer auf einer Größe aufbaut, die vom Verkauf her bestimmt wird.

c) Gewinnbeteiligung

Bei der *Ausschüttungs-Gewinnbeteiligung* bildet der an die Kapitaleigner ausgeschüttete Gewinn die Bemessungsgrundlage. Die Berechnungsform läßt sich vielfach variieren. In der Vergangenheit war es eine gebräuchliche Variante, daß eine relativ niedrige Vordividende vorgesehen war, und für jedes Prozent, mit dem die tatsächlich ausgeschüttete Dividende diese Vordividende überstieg, wurde auch 1 % der Lohn- und Gehaltssumme an die Mitarbeiter ausgeschüttet. Dieses Verfahren ist zwar einfach, läßt aber den engen Zusammenhang zwischen der eigenen Leistung und der Beteiligung nicht mehr erkennen und hat außerdem den Nachteil, daß eine Anpassung an veränderte Verhältnisse sehr schwierig ist. Vor 20 Jahren, als diese Verfahren eingeführt wurden, waren noch 4–6 % Dividende an der Tagesordnung. Wegen der stillen Reserven sind derzeit Dividenden in vielen Branchen unter 14–20 % nicht mehr marktgerecht.

Bei der *Unternehmungsgewinnbeteiligung* bildet der in der Bilanz ausgewiesene Gewinn vor Steuern die Bemessungsgrundlage. Man kann hier sowohl den Handels- als auch den Steuerbilanzgewinn als Grundlage nehmen. Eine Sonderform stellt der 1948 von der *Duisburger Kupferhütte* eingeführte „Ergebnislohn" dar. Grundlage ist hier ein sogenanntes „Werksergebnis", das in etwa mit einem kalkulatorischen Jahresgewinn vor Abzug der Zinsen, Körperschaftssteuern usw. identisch ist.

Bei der *Substanzgewinnbeteiligung* ist nicht der Bilanzgewinn, sondern die Substanzveränderung des Eigenkapitals Bemessungsgrundlage. Sie stellt hier die Arbeitnehmer gewissermaßen mit den Kapitaleignern gleich. Konsequent eingeführt wurde dieses Modell 1951 bei der Firma *Spindler KG*, bei der die Gesamtheit der Arbeitnehmer einen Mitunternehmervertrag unterschrieben hat. Hiernach sind die Arbeitnehmer im Verhältnis der durchschnittlichen Jahreslohnsumme zum betriebsnotwendigen Kapital am Gewinn und an den Veränderungen der Substanz des Unternehmens beteiligt.

d) Zusammenfassung

Die kurze Darstellung hat gezeigt, daß jede Form Vor- und Nachteile hat. Je einfacher und übersichtlicher die Bestimmungen der Leistungsbemessung sind, um so weniger Berücksichtigung findet die individuelle Einzelleistung. Je mehr man aber nach einem Ausgleich von Einzelleistung und Beteiligung strebt, umso komplizierter und unübersehbarer werden die Verfahren. Das gilt vor allem für die Modelle, bei denen der tatsächlich erwirtschaftete Gewinn als Bemessungsgrundlage genommen wird. Die verschiedenen Möglichkeiten der Bewertung und die Form der Bilanzpolitik können Ertragsverschiebungen zwischen mehreren Jahren bewirken und setzen nicht selten die Geschäftsleitung dem Vorwurf der Manipulation aus. Dies gilt vor allem in Verlustjahren. Hier ist es den betroffenen Arbeitnehmern nicht immer einsichtig, daß zwischen Gewinn und Verlust des Unternehmens und der individuellen Leistung nicht immer ein Zusammenhang besteht.

2. Arten überbetrieblicher Erfolgsbeteiligungen

Mit einer betrieblichen Erfolgsbeteiligung auf freiwilliger Grundlage ist das Problem der Vermögensbildung in Arbeitnehmerhand nicht lösbar. Besonders seit Vorlage

des *Krelle-Gutachtens* über die Vermögensverteilung wurde eine ganze Reihe von Plänen für eine *überbetriebliche Erfolgsbeteiligung* vorgelegt, die sich im wesentlichen in folgenden Punkten unterscheiden:
(1) Kreis der abgabepflichtigen Unternehmen;
(2) Höhe der Abgabepflicht;
(3) Verwaltung der Fonds (Eingliederung in das bestehende Bankensystem oder Schaffung besonderer Verwaltungseinheiten);
(4) Länge der Sperrfrist, während der über das Vermögen nicht verfügt werden kann.

Im Mittelpunkt der Diskussion standen folgende Vorschläge:

a) Staatssekretäre-Plan

Der Plan wurde von den vier Parlamentarischen Staatssekretären (Dorn, Reischel, Rohde und Rosenthal) am 12.10.1970 vorgelegt. Betroffen sind alle Unternehmen mit einem steuerpflichtigen Jahresgewinn über DM 100.000,—. Abgabepflicht mindestens 2 %, steigend auf 10 % bei einem Jahresgewinn von mehr als 1 Million DM. Damit dürften über 5 % aller Unternehmen erfaßt werden. Das Aufkommen wird auf über 4 Milliarden geschätzt. Für jeden der rund 20 Millionen Beschäftigten würde damit ein Betrag von jährlich DM 200,— anfallen. Die Gewinnabgabe soll steuerlich nicht abzugsfähig sein. Die Weitergabe der Mittel soll über eine *zentrale Clearingstelle* an zentrale Verwaltungsfonds erfolgen. Diese Verwaltungsfonds sollen in das bestehende Bankensystem eingegliedert werden. Als Sperrfrist sind vier Jahre vorgesehen. Bezugsberechtigt sollen sein: ledige Arbeitnehmer bis zu einem Jahreseinkommen von 24.000 DM und Verheiratete bis 48.000 DM. Andere Personen können Anteilscheine nur zum Marktwert erwerben.

b) Gleitze-Plan

Abgabepflichtig sind Unternehmen, bei denen der Ertrag nach Abzug einer „angemessenen Dividende" für die Alteigentümer noch über DM 1 Mio. liegt. Der Abgabesatz soll 10 % betragen. Die Leistungen sollen grundsätzlich in Form von Aktien oder Obligationen erbracht werden. Die Vermögenswerte sollen mehreren von einander unabhängigen Sozialfonds zugeführt und von diesen verwaltet werden. Freigabe der Mittel bei Invalidität oder Erreichung der Altersgrenze, evtl. auch Einführung einer mehrjährigen Sperrfrist.

c) Krelle-Plan

Erfaßt werden sollen Unternehmen mit mehr als 100 Beschäftigten. Der Abgabesatz soll zwischen 10 bis 20 % des Bruttogewinnes betragen, der an Fonds abzuführen ist. Diese Fonds stellen Unternehmen die Mittel für Investitionszwecke zur Verfügung. Die Fonds sollen in Form der Körperschaft des öffentlichen Rechtes gebildet und von einer unabhängigen Geschäftsführung und einem Verwaltungsrat geleitet werden. Die Sperrfrist soll sich auf 5 bis 10 Jahre belaufen.

d) Deist-Plan

Dieser Plan basiert im wesentlichen auf den Überlegungen des Gleitze-Planes. Großunternehmen sind verpflichtet, einen Teil des Betriebsvermögens-Zuwachses in Form von Beteiligungen an ihrem Unternehmen oder in bar in einen *Sozialfond*, genannt „*Deutsche Nationalstiftung"*, einzubringen. Von diesem Fond kann Jeder Anteilscheine erwerben. Der Kaufpreis wird gestaffelt nach Einkommenshöhe.

Die Diskussion über mögliche Formen der überbetrieblichen Erfolgsbeteiligung wurde sehr intensiv geführt. Von den Unternehmen, die Belastungen auf sich zukommen sehen, von Banken, denen es darum geht, ob die aufzubringenden Mittel über das Bankensystem laufen, oder ob sich außerhalb der Strukturen des herkömmlichen Kapitalmarktes neue Institutionen etablieren. Das Interesse der beteiligten Arbeitnehmer jedoch blieb gering. Der zu erwartende Anteil von 200 DM jährlich pro Arbeitnehmer, verbunden mit einer meist mehrjährigen Sperrfrist, hat keinen großen Anreiz.

Entgegen manch anderen Ansichten muß man feststellen, daß keiner der vorgeschlagenen Pläne geeignet ist, das Ziel einer möglichst breiten Eigentumsstreuung zu verwirklichen, geschweige denn eine Vermögensumverteilung innerhalb übersehbarer Zeitspannen zu erreichen.

Literatur zum Zweiten Kapitel

Deist, H.: Probleme der Vermögensbildung, München 1961.
Götte, M.: Betriebsklima, Göttingen 1962.
Kosiol, E.: Leistungsgerechte Entlohnung, Wiesbaden 1962.
Fürstenberg, F.: Grundlagen der Betriebssoziologie, Köln–Opladen 1964.
Hilf, H. H.: Einführung in die Arbeitswissenschaft, Berlin 1964.
Höckel, G.: Keiner ist so klug wie alle. Chancen und Praxis des betrieblichen Vorschlagwesens, Düsseldorf–Wien 1964.
Hundt, D.: Die Arbeitsplatz- und persönliche Bewertung als Kriterien zur Bestimmung des Leistungslohnes, Bern und Stuttgart 1965.
Krafft, W.: Das betriebliche Vorschlagswesen als Gruppenaufgabe und Gruppenproblem, in: Nürnberger Abhandlungen zu den Wirtschafts- und Sozialwissenschaften, Heft 23, Berlin 1966.
Pornschlegel / Birkwald / Wiesner: Menschliche Leistung und Arbeitsergebnis, Köln 1966.
Wagner, H.: Die Bestimmungsfaktoren der menschlichen Arbeitsleistung im Betrieb, Wiesbaden 1966.
Wibbe, J.: Arbeitsbewertung, Entwicklung, Verfahren und Probleme, München 1966.
Scholz, K. / Fuhrmann, J.: Das betriebliche Vorschlagswesen aus gewerkschaftlicher Sicht, Frankfurt 1967.
Franke, J. / Frech, H.: Die Mitarbeiterbeurteilung, Wiesbaden 1968.
Krelle, W. u. a.: Überbetriebliche Ertragsbeteiligung der Arbeitnehmer, Bd. I+II, Tübingen 1968.
Scholz, K. / Steiner, W.: Leistungsbewertung und Leistungsentlohnung für Angestellte – Arbeitsmaterial für Angestelltenarbeit Heft 3 der Schriftenreihe Methoden und Probleme der Bürorationalisierung, hrsg. vom Vorstand der IG Metall, Frankfurt 1968.
Cohen, R.: Systematische Tendenzen bei Persönlichkeitsbeurteilungen. Eine empirische Untersuchung, Stuttgart, Wien 1969.
Gleitze, B.: Sozialkapital und Sozialfonds als Mittel der Vermögenspolitik, 2. Aufl., Köln 1969.
Maier, K.: Interdependenzen zwischen Mitbestimmung und betrieblicher Partnerschaft, Berlin 1969.
Altmann, N.: Vorschläge zum betrieblichen Vorschlagswesen, Frankfurt 1970.
Heß, K. u. a.: Leistungslohn-Systeme, Zürich 1970.
Peter, L. J. / Hull, R.: Das Peter-Prinzip oder die Hierarchie der Unfähigen, Reinbek 1970.
Scholz, K. / Altmann, H.: Vorschläge zum betrieblichen Vorschlagswesen, Berlin 1970.
Bieding, F. / Wendler, F.: Analytische Arbeitsbewertung von Angestelltentätigkeiten, Köln 1971.
Birkwald / Müller / Schiffer: Strittige Fragen beim Akkord, Köln 1971.
Justen, R.: Mitarbeiterbeurteilung, Stuttgart 1971.
Kaminsky, G.: Praktikum der Arbeitswissenschaft, München 1971.
Willgerodt, H. / Bartel K. / Schillert, U.: Vermögen für alle, Düsseldorf–Wien 1971.
Bach, O.: Leistungsbewertung, Zürich 1972.
Höckel, G.: Das BVW hat Zukunft. Neue Aufgaben und Chancen des betrieblichen Vorschlagwesens, Gauting 1972.
Schüler, R.: Das betriebliche Vorschlagswesen, München 1972.
Verband der Arbeitsstudien – REFA e. V. (Hrsg.): Methodenlehre des Arbeitsstudiums, 6 Teile, München 1972–1975.
Dreyer, H.: Beitrag zur Motivationsanalyse für das Betriebliche Vorschlagswesen, in: Arbeit und Leistung, Heft 7, Jg. 1973, S. 187.
Jungblut, M.: Nicht vom Lohn allein, Hamburg 1973.
Lupton, D. E.: Assessing the Assessment Center, in: Personnel, Jg. 1973, Nr. 6, S. 15–22.
Oberhoff, E.: Taschenbuch moderner Lohnformen, Heidelberg 1973.
Tenckhoff, P.: Analytische Stellenbewertung, Anforderungsprofile, Leistungsbeurteilung bei einer Führung mit Delegation von Verantwortung, Bad Harzburg 1973.

Baierl, F.: Lohnanreizsysteme, München 1974.
Bender, J. M.: What is „typical" of assessment centers? in: Personnel, Heft July–August 1974, S. 50–57.
Dittmar, R.: Lohn und Vermögensverteilung, Göttingen 1974.
Raschke, H.: Taschenbuch für Personalbeurteilung, Heidelberg 1974.
Riviere, C.: Klarheit nach Personal-TÜV, in: Vision, Heft Juli–August 1974, S. 87–90.
Schnyder v. Wartensee, R.: Punktfreie Arbeitsbewertung von Angestellten-Tätigkeiten in Industrie und Verwaltung, Bern 1974.
Teichmann, U.: Lohnpolitik, Stuttgart 1974.
Wibbe, J.: Leistungsbeurteilung und Lohnfindung, München 1974.
Bessoth: Leistungsfähigkeit des betrieblichen Vorschlagswesens, Göttingen 1975.
Bieding, F. / Döring: Analytische Arbeitsbewertung von Angestelltentätigkeiten, Köln 1975.
Brandstätter, H.: Die Beurteilung von Mitarbeitern, in: Handbuch der Psychologie, Bd. 9. Betriebspsychologie, Göttingen 1975.
Dirks, H.: Personalwirtschaft, Köln 1975.
Feix, W. E.: Checklists zur Mitarbeiterbeurteilung, München 1975.
Körschgen, W.: Die Spreu vom Weizen trennen! in: Personalführung, Heft 1, Jg. 1975, S. 12–14.
Kristin, A.: An Assessment Center at Work, in: Personnel, März/April 1970, S. 29–36.
Lattmann, Ch.: Leistungsbeurteilung als Führungsmittel, Bern–Stuttgart 1975.
Lorenz, K.: Arbeits- und Leistungsbewertung für Angestellte, Bonn 1975.
Lutz, B.: Krise des Lohnanreizes, Köln 1975.
Steinbrenner, H. P.: Arbeitsorientierte Unternehmensverfassung, Frankfurt–New York 1975.
Grunow, D.: Personalbeurteilung. Empirische Untersuchung von Personalbeurteilungssystemen in Wirtschaft und Verwaltung, Stuttgart 1976.
Conrads, M.: Human Resource Accounting, Wiesbaden 1976.
Moses, J. L./Byham, W. C. (Hrsg.): Applying the Assessment Center Method, New York 1977.
Franke, J./Frech, H.: Die Mitarbeiterbeurteilung, Wiesbaden 1977.
Zander, E./Knebel, H.: Taschenbuch für Arbeitsbewertung, Heidelberg 1978.
Aschoff, Chr.: Betriebliches Humanvermögen, Wiesbaden 1978.
Gaugler, E./Kolvenbach, H. u. a.: Leistungsbeurteilung in der Wirtschaft, Baden-Baden 1978.
Grochla, E./Brinkmann, E./Thom, N.: Stand und Entwicklung des Vorschlagswesens in Wirtschaft und Verwaltung, Dortmund 1978.
Bisani, F./Eismann, P./Hinrichs, E.: Personalbeurteilung in Theorie und Praxis. Bericht Nr. 13, Deutsche Vereinigung zur Förderung der Weiterbildung von Führungskräften, Köln 1980.
Neuberger, O.: Rituelle (Selbst-) Täuschung. Kritik der irrationalen Praxis der Personalbeurteilung. In: Die Betriebswirtschaft, Heft 1, 1980, S. 27–43.
Zander, E.: Handbuch der Gehaltsfestsetzung. Heidelberg 1980.
Böhrs, H.: Leistungslohngestaltung. Wiesbaden 1980.

Drittes Kapitel
Personalforschung und die Herausforderung der Zukunft

I. Personalforschung als Zukunftsaufgabe

A. Ziele der Personalforschung

Die Führungskräfte aller Stufen werden sich von der Vorstellung frei machen müssen, daß Mitarbeiter Wesen sind, die nur durch Anpassung auf eine Entwicklung reagieren. Sie werden vielmehr auch in Betracht ziehen müssen, daß diese in immer stärkerem Maße bei der Gestaltung ihrer Arbeitsbedingungen agieren und mitwirken wollen. Für die Führungskräfte, die die Personalpolitik konzipieren, und für diejenigen, die sie gestaltend realisieren, wird es von entscheidender Bedeutung sein, Einstellungen, Erwartungen und Verhaltensweisen der Mitarbeiter zu kennen, damit sie daran ihre Maßnahmen orientieren können.

Ziel der Personalforschung ist es:
(1) für die Spezialisten, die im Rahmen der Personalabteilungen die Personalpolitik planen und konzipieren, die Zusammenhänge menschlichen Verhaltens im Unternehmen zu erforschen und *Erklärungsmodelle* für bestimmte Erscheinungen im Betrieb zu entwickeln,
(2) für die Führungskräfte der verschiedenen Ebenen, die die Personalpolitik durchführen und realisieren, die notwendigen optimalen *Handlungsanweisungen* zur Erreichung gesteckter Ziele bereitzustellen und
(3) für beide Gruppen zusammen durch Anwendung des geeigneten Instrumentariums eine bestehende Informationslücke über das Meinungsbild der Belegschaft zu schließen.

Von den leitenden Mitarbeitern wird zwar immer wieder betont, daß sie über die Erwartungen und Verhaltensweisen ihrer Mitarbeiter im Bilde sind. Deshalb werden Ansätze der Personalforschung gelegentlich als eine Modeerscheinung abgetan. Die Behauptung Erwartungen, Einstellungen und Verhaltensweisen der Mitarbeiter zu kennen, stützt sich meist auf eine Summe von unsystematischen Einzelbeobachtungen und Einzelerfahrungen, die sich bei der beurteilenden Führungskraft zu einem Gesamtbild verdichten, auf das dann auch Meinungen und Einstellungen der anderen Führungskräfte Einfluß haben.

Die Erwartungs- und Verhaltensstruktur des einzelnen Mitarbeiters unterliegt individuellen Einflüssen. Die Struktur der Belegschaft als ganzes ergibt sich jedoch nicht nur aus der Summe der Strukturen der einzelnen Mitarbeiter, sondern kristallisiert sich als gruppendynamischer Prozeß im Zusammenwirken und aus der speziellen Situation der Gruppeninteressen heraus. Ein Tatbestand, der sehr häufig mit dem

Satz umschrieben wird, daß das Ganze mehr als die Summe seiner Teile ist. Wie sehr das auf Einzelbeobachtungen gestützte Meinungsbild der Vorgesetzten über die Belegschaft von den tatsächlichen Verhältnissen abweichen kann, haben die „nichtorganisierten Streiks" der Jahre 1973/74 gezeigt, die sowohl die Unternehmungsleitungen als auch die Gewerkschaften völlig überraschten. Sie machten deutlich, wie wenig beide über die tatsächlichen Einstellungen, Erwartungen und Verhaltensweisen innerhalb der Belegschaft wußten, wie wenig sie die verschiedenen Anzeichen beginnender Unzufriedenheit zu deuten verstanden, und wie ungenügend das zur Verfügung stehende Instrumentarium war, um diese Konflikte zu lösen.

B. Formen der Personalforschung

Grundsätzlich kann man, wie bei jeder Form der Forschung, zwischen drei Arten unterscheiden:
(1) Grundlagenforschung,
(2) angewandte Forschung,
(3) Entwicklung.

Die *Grundlagenforschung* versucht, neue Erkenntnisse zu gewinnen, ohne unmittelbar auf ein bestimmtes Ziel oder einen Zweck hin ausgerichtet zu sein. Bei induktivem Vorgehen werden methodisch und systematisch durchgeführte Einzelbeobachtungen zu Aussagen verdichtet, oder es werden aus Axiomen und Hypothesen Aussagen über den Einzelfall abgeleitet, die dann zu ihrer Verifikation oder Falsifikation empirischer Untersuchungen bedürfen. Viele der veröffentlichten Ergebnisse der Grundlagenforschung erscheinen häufig sehr theoretisch und von wenig praktischem Anwendungsbezug. Aber gerade die allgemeinen Aussagen der Grundlagenforschung bieten Ansatzpunkte für die angewandte Forschung und beeinflussen Theorie und Praxis sehr stark. Sehr häufig gehen auch die Grenzen zwischen Grundlagen- und angewandter Forschung ineinander über.

Die *angewandte Forschung* — auch Zweckforschung — befaßt sich dagegen mit der Anwendung neuer Forschungsergebnisse auf den verschiedensten Gebieten.

Die *Entwicklung* umfaßt die zweckgerichtete Anwendung von Forschungsergebnissen zur Lösung von speziellen Problemen in der Praxis. Wie zwischen Grundlagenforschung und angewandter Forschung, so sind auch die Grenzen zwischen angewandter Forschung und Entwicklung fließend. Angewandte Forschung und Entwicklung können reichen von komplizierten, langdauernden und kostspieligen Studien, wie bei den Hawthorne-Experimenten, bis zu einer schnell durchgeführten Analyse, um z. B. die Ursachen für eine außergewöhnlich hohe Abwesenheitsrate zu ermitteln. Diese Form der Forschung basiert offensichtlich auf den Ergebnissen der Grundlagenforschung. Somit ist der Kreis derjenigen, die in der Personalforschung tätig sind, sehr weit gespannt: von Wissenschaftlern in einer Universität oder in einem Forschungsinstitut usw., die Zusammenhänge zwischen den verschiedenen Faktoren aufzeigen, über den Wissenschaftler, der diese Erkenntnisse auf einen Anwendungszweck hin überprüft und aufbereitet, bis zum Vorgesetzten und Mitarbeiter im Betrieb, der jeweils darüber entscheidet, ob und mit welchen Modifikationen er bestimmte Erkenntnisse in einer bestimmten Situation anwenden kann.

C. Stand der Personalforschung

In Deutschland ist die Personalforschung noch nicht weit verbreitet. Als Wissenschaftszweig an Universitäten und Hochschulen hat sie erst im Laufe der letzten Jahre etwas an Bedeutung gewonnen. Die wenigen personalwirtschaftlichen Forschungsarbeiten in Deutschland wurden überwiegend an den wenigen Lehrstühlen für Arbeitswissenschaften der Technischen Hochschulen durchgeführt. Im Gegensatz dazu in den USA, wo das Gebiet „*Personnel Research*" wesentlich weiter verbreitet ist. Es ist deshalb nicht verwunderlich, daß die Mehrzahl der Erkenntnisse personalwirtschaftlicher Grundlagenforschung aus US-amerikanischen Quellen stammt. *Flippo* weist auf eine 1967 veröffentlichte Untersuchung hin, nach der der Aufwand für Personalforschungsarbeiten auf rund 25–55 Mio Dollar geschätzt wird. Nach dieser Untersuchung wurden die Mittel wie folgt aufgebracht:

US-Bundesregierung	67 %
Stiftungen	16 %
Wirtschaft und Industrie	13 %
Staatsregierungen	4 %.

Die Forschungsaufgaben wurden durchgeführt von:

privaten Forschungsinstituten	39 %
Universitäten und Hochschulen	34 %
Bundesregierung (insbesondere den Departments of Labour and of Defense)	22 %
Wirtschaft und Industrie	5 %.

Diese Untersuchung zeigt, daß die Mitarbeiter der Personalabteilungen im Zuge der laufenden Tagesarbeiten wenig Zeit und Gelegenheit finden, auf dem Gebiet der Personalforschung aktiv tätig zu werden, so daß der Hauptteil der Forschungsarbeit in Universitäten und privaten Forschungsinstituten geleistet wird. Bei den privaten Forschungsinstituten haben Organisationen wie das Stanford Research Institute, die Rand Corporation oder das National Industrial Conference Board Weltgeltung erreicht.

Mit zu den privaten Forschungsinstituten gehören auch die Unternehmensberatungsfirmen, die vor allem auf dem Gebiet der angewandten Forschung zunehmend an Bedeutung gewinnen, indem sie Erkenntnisse der Grundlagenforschung auf die Anwendungsbereiche in einer konkreten Situation übertragen.

D. Methoden der Personalforschung

Im Prinzip bedient sich die Personalforschung der gleichen Methoden wie die empirische Sozialforschung.

1. Beobachtung

Sie ist zugleich das primitivste wie auch das modernste Mittel der empirischen Sozialforschung. Durch die *Beobachtung* kann das Verhalten der zu erforschenden Einzelpersonen und der sozialen Gruppe unmittelbar wahrgenommen werden. Trotz ihrer großen Bedeutung wird diese Methode aber im Vergleich zu Befragungen oder zum Experiment relativ selten verwendet. Die Gründe hierfür sind verschieden. Einmal ist das Verfahren nicht objektiv. Instrumente der Beobachtung sind die Forscher selbst, sie stehen mitten im sozialen Feld, das sie beobachten sollen. Dieses Beobachten geschieht nicht voraussetzungslos. Das Problem läßt sich, so *Atteslander*, in dem Satz zusammenfassen: „Wir glauben nur, war wir sehen, und leider sehen wir nur, was wir glauben wollen." Somit unterliegt jeder Mensch der Gefahr, anders und anderes zu beobachten. Wenn Beobachtungen nicht zu einer Fülle von Informationen führen sollen, die im Grunde unauswertbar bleiben, so muß vorher festgelegt werden, was zu beobachten ist bzw. welche Hypothesen der Überprüfung durch die Beobachtung bedürfen. Beobachtungen ohne theoretischen Bezugsrahmen, sog. *„naive Beobachtungen"*, sind allenfalls zur Hypothesenbildung zweckmäßig. Ein weiterer Grund für die verhältnismäßig geringe Verbreitung der Beobachtung im Bereich der Personalforschung ist der damit verbundene hohe Zeitaufwand.

Schaubild 85: Die wichtigsten Formen der Beobachtung (Atteslander, S. 131)

Bei der Beobachtung sind zu unterscheiden: strukturierte und unstrukturierte Formen. Bei der *strukturierten Beobachtung* werden die Beobachtungen nach einem relativ differenzierten, im voraus genau festgelegten Beobachtungskatalog aufgezeichnet, während bei der *unstrukturierten Beobachtung* lediglich allgemeine Richtlinien vorgegeben werden. In der Regel dient die unstrukturierte Beobachtung der Erfassung qualitativer Werte und die strukturierte Beobachtung der Quantifizierung. Die Beobachtungen können offen oder verdeckt durchgeführt werden. Außerdem kann der Beobachtende in unterschiedlicher Form an dem sozialen Geschehen, das er beobachtet, beteiligt sein. Bei einer nur *passiv-teilnehmenden Beobachtung* ist sein Partizipationsgrad gering; bei einer *aktiv-teilnehmenden Beobachtung*, d. h. wenn der Beobachter selbst der Gruppe angehört, ist er sehr hoch. (Vgl. Schaubild 85).

2. Befragung

Die *Befragung* in schriftlicher Form oder als *Interview* ist die mit am häufigsten angewandte Methode. Allerdings ist es durch die Befragung nicht möglich, soziales Verhalten unmittelbar zu erfassen. Sie gibt nur sprachliche Informationen über Vorgänge wieder, wie sie die Befragten sehen. Damit sind derart erhobene Informationen notwendigerweise subjektiv gefärbt. Dabei ergibt sich zwangsläufig die Gefahr, daß die gleiche Frage unterschiedlich beantwortet wird, je nach dem, wann, von wem und wie sie gestellt wird. Um die Befragung trotzdem unter wissenschaftliche Kontrolle zu bringen, werden in der Literatur zwei Kriterien angeführt:
- Bewegungsspielraum, der dem Interviewer und dem Befragten in der Gesprächssituation gelassen wird;
- Art der Beziehungen, die der Interviewer zum Befragten knüpft.

Der Umfang des *Bewegungsspielraums* ergibt sich aus der Interviewgestaltung. Man unterscheidet zwischen

(1) *standardisiertem Interview*, bei dem alle Frageformulierungen, die Abfolge der einzelnen Fragen und, soweit wie möglich, auch die Antwortalternativen im voraus festgelegt sind, und

(2) *nicht standardisiertem Interview*, bei dem der Interviewer sein Gespräch aus der jeweiligen Situation heraus so frei entwickeln kann, wie es ihm für die Erreichung des Befragungsziels am zweckmäßigsten erscheint.

Zwischen beiden Formen existiert als Mittelweg das *halbstandardisierte Interview*, bei dem kein absolut gültiger und ausschließlicher Fragebogen vorliegt, sondern vielmehr nur ein flexibel aufgebautes und anzuwendendes Fragengerippe; in einer noch freieren Form nur ein Gesprächsfaden, der den Gesprächsablauf und -inhalt vorzeichnet, aber bezüglich der Fragenformulierung weitgehend freie Hand läßt.

Welche Frageform man verwendet, hängt jeweils vom Ziel der Befragung ab. Bei unstrukturierten Formen geht es in der Regel darum, qualitative Informationen zu erhalten. Man versucht hier, neue Gesichtspunkte zu gewinnen und ein Gebiet zu umreißen und zu strukturieren. Aus den Informationen über Zusammenhänge und Wechselwirkungen lassen sich dann Hypothesen über den weiteren Prozeß ableiten.

Unstrukturierte Fragen gleichen hier in etwa den Formen der naiven Beobachtung. Bei den strukturierten Befragungsformen hingegen stehen *quantitative Ergebnisse* im Vordergrund. Hier kann es z. B. um die Überprüfung bestehender Hypothesen gehen.

Je nach Art der Beziehungen zwischen Interviewer und Befragten unterscheidet man das *weiche Interview*, bei dem der Interviewer eine passive Rolle spielt und den Befragten weitgehend den Gang des Gesprächs bestimmen läßt. Solange der Befragte spontan redet, hat der Interviewer den vorgetragenen Gedanken zu folgen, ohne selbst einzugreifen. Ein Eingreifen ist nur zulässig, wenn der Befragte zum Weiterreden veranlaßt werden soll. Diese Art fördert in der Regel am ehesten die Offenheit der Antworten und der Befragte fühlt sich hier völlig frei, seine Gefühle und Meinungen ohne Angst vor Vorwürfen zu äußern. Beim *harten Interview* geht es darum, die Fragen so schnell zu stellen, wie sie der Befragte beantworten kann. Das ermöglicht bei einem Interview ein Maximum an Informationen zu erhalten. Ein weiterer Vorteil ist, daß die Fragetechnik zu spontanen Antworten ohne viel Überlegung zwingt. Einen Mittelweg stellt das *neutrale Interview* dar.

Entscheidend für den Erfolg und den Aussagewert einer Befragung ist neben der richtigen Auswahl des zu befragenden Personenkreises auch die richtige Art der Fragestellung.

Bei dem zu befragenden Personenkreis kann man unterscheiden zwischen einer *Teil-* und einer *Vollbefragung*. Teilbefragungen führen auch zu einem hinreichend exaktem Ergebnis, wenn bei der Auswahl der Gruppe die Grundsätze der statistischen Stichprobentheorie berücksichtigt werden. Als Teilgruppen für die Meinungsbefragung können in Betracht kommen: Mitarbeiter bestimmter Abteilungen oder Bereiche, Führungskräfte verschiedener Ebenen, Betriebsräte, Arbeitskreise usw. Weiter unterscheidet man danach, ob die Angesprochenen die Teilnahme an der Befragung von sich aus ablehnen oder ob sie der Teilnahme, wie meist bei Betriebsumfragen, nicht ausweichen können. Je nach dem angewandten Verfahren wird man die Ergebnisse auch unterschiedlich interpretieren müssen.

Da eine Antwort immer eine Reaktion auf den Impuls einer Frage darstellt, können unterschiedliche Formulierungen der Frage über den gleichen Sachverhalt auch verschiedene Antworten ergeben. Es ist deshalb üblich, die Fragen vorher einem sog. Pre-Test zu unterziehen. Bei der Art der Fragestellung unterscheidet man offene und geschlossene Fragen. *Offene Fragen* lassen dem Befragten völlige Freiheit bei der Formulierung seiner Antwort, wobei der Interviewer die Aufgabe hat, die Äußerungen der Auskunftsperson möglichst genau zu notieren. Bei den *geschlossenen Fragen* hingegen werden mögliche Antworten bereits, ggfs. nach Kategorien geordnet, vorgegeben. Antworten auf geschlossene Fragen sind von größerer Einheitlichkeit, was die Vergleichbarkeit erleichtert. Eine weitere Unterscheidung der Fragenart ist die in direkte und indirekte Fragen. Die *indirekte Frageform* wird in der Regel gewählt, wenn angenommen wird, daß eine Person auf ein bestimmtes Problem keine Antwort geben will oder zu gewissen Fragen keine „wahre" Auskunft geben kann. Allerdings wurde die Erwartung, daß indirekte Fragen mehr „wahre" Daten erbringen als *direkte Fragen,* bisher noch nicht bestätigt.

Bei der *schriftlichen Befragung* fällt der persönliche Kontakt mit dem Interviewer weg. Deshalb ist besonderer Wert auf die exakte Formulierung der einzelnen Fragen zu legen und genaue Überlegungen über ihre Wirkungen anzustellen. Weiterhin ist darauf zu achten, daß die gesamte Fragenreihe aufeinander abgestimmt ist. Hierbei ist der Fragebogen nicht nur nach logischen, sondern auch nach psychologischen Gesichtspunkten aufzubauen. Einige Grundsätze müssen beachtet werden: Fragen, die das Interesse des Befragten besonders berühren, sind zu Beginn zu stellen. Ebenso sollten allgemeine Fragen vor den besonderen, vertraute Problemkreise vor den unvertrauten und einfache Probleme vor den komplizierten behandelt werden.

3. Experiment

Experimente sind im Bereich der Personalforschung verhältnismäßig selten. Eine Ausnahme bilden die bekannt gewordenen Hawthorne-Experimente bei der Firma Western Electric. Der Grund für die geringe Verbreitung ist der mit ihrer Durchführung verbundene hohe Aufwand. Experimente gehören an sich in der Bereich der Grundlagenforschung. Gegenüber der Beobachtung und der Befragung weist das Experiment zwei wesentliche Vorteile auf:
(1) Die *Situationsbedingungen* können weitgehend vollständig kontrolliert und gestaltet werden;
(2) Hypothesen können in Situationen mit der größten Tragweite geprüft werden. Diese Vorteile gelten jedoch nicht uneingeschränkt. Vor allem bei sehr komplexen Erscheinungen ist es nicht immer möglich, alle Einflußgrößen zu erfassen. Weiterhin läßt sich die soziale Wirklichkeit nicht ohne weiteres zum Zwecke des Experiments manipulieren.
Gegen die Durchführung von Experimenten werden, ungeachtet mancher Erfolge, eine Reihe von Einwänden erhoben:
(1) Effekt der *„selbsterfüllenden" Prophezeiung* (self-fulfilling or self-destroying prophecy). Dieser Effekt, der sich auch bei den Hawthorne-Experimenten auswirkte, beruht auf der Entscheidungsfreiheit des einzelnen Menschen, der sein Verhalten so einrichten kann, wie er es für richtig hält. Ist der erwartete Effekt des Experiments für ihn wünschenswert, so wird er versuchen, ihn herbeizuführen. Befürchtet er aber Nachteile, so wird er das Eintreten der Situation zu verhindern trachten.
(2) Ethische Vorbehalte gehen davon aus, daß Menschen nicht Gegenstand von Experimenten sein sollten, weil dadurch auch schutzwürdige Interessen des Einzelnen in Mitleidenschaft gezogen werden könnten. Ein Einwand, der sich aber meist als unbegründet erweist.
(3) Experimente sind meist *selektiv*. Sie schneiden aus der Vielfalt des menschlichen Sozialverhaltens nur einen bestimmten, eng begrenzten Bereich heraus und untersuchen ihn gesondert und nicht im Zusammenhang mit den anderen Einflußfaktoren. Dieser Einwand ist überzeugend. Man muß allerdings berücksichtigen, daß die *Selektivität des Experiments* aus der Hypothese folgt, die ihm zugrunde liegt.

Bei der Durchführung von Experimenten ist zu unterscheiden zwischen
(1) *Feldexperimenten*, bei denen die untersuchten Gegenstände, Arbeitsgruppen, Personen usw., nicht aus ihrer natürlichen Umgebung herausgelöst werden,
(2) *Laborexperimenten*, bei denen die Vorgänge unter planmäßig vereinfachten Bedingungen untersucht werden.

Feldexperimente haben den Nachteil, daß es nicht immer gelingt, alle Einflußfaktoren in den Griff zu bekommen. Bei *Laborexperimenten* hingegen ist es meist nicht möglich, alle Einflußgrößen darzustellen, so daß die Übertragung der Ergebnisse auf die Realität nicht immer ohne Vorbehalte möglich ist. Da das Experiment in der Regel der Überprüfung von vorliegenden Hypothesen dient, ist es ohne Kontrolle häufig wertlos, denn erst die Kontrolle gibt Hinweise auf das tatsächliche Bestehen von Kausalzusammenhängen.

Simulation und *Planspiel* hingegen spielen im Bereich der Personalforschung noch eine sehr untergeordnete Rolle.

4. Aufbau und Auswertung der Personalstatistik

Nicht immer müssen Daten zur Personalforschung neu erhoben werden. In den Unterlagen der Firmen liegt meist eine Fülle von wertvollen Informationen, die statistisch erfaßt und aufbereitet werden können. Im wesentlichen handelt es sich hier um Daten über
(1) Art, Umfang und Struktur der Fluktuation;
(2) Durchführung und Auswertung von Ausscheidungsinterviews;
(3) Art, Umfang und Struktur von Fehlzeiten;
(4) Einkommensstruktur unter Berücksichtigung der Einkommensbestandteile;
(5) Zusammensetzung der Belegschaft;
(6) durchschnittliche Entwicklung der Beschäftigten;
(7) Leistungs-, Produktions- und Qualitätsstatistiken usw.

Bei der Auswertung dieser Statistiken kommt es nicht nur darauf an, im *Zeitvergleich* die Entwicklung global zu beurteilen, sondern auch Vergleiche zwischen den einzelnen Unternehmensbereichen oder Mitgliedergruppen anzustellen. Der *innerbetriebliche Vergleich* ist zwar wertvoll, birgt aber häufig in sich die Gefahr, daß eine schlechte Ausgangslage fortgeschrieben wird. Deshalb kommt dem *zwischenbetrieblichen Vergleich* mit ähnlich gelagerten Unternehmen große Bedeutung zu. Voraussetzung für den zwischenbetrieblichen Vergleich ist, daß man sich an einem Erfahrungsaustausch beteiligt, sofern man sich nicht mit einer Reihe gleichgelagerter Unternehmen zu einem eigenen Erfahrungsaustausch mit Betriebsvergleich entschließt. Überbetriebliche Erfahrungsaustauschkreise werden von der *Deutschen Gesellschaft für Personalführung (DGFP)* und den *RKW-Landesgruppen*, sowie von Wirtschaftsfachverbänden organisiert. Die häufig vorgebrachte Befürchtung, damit interne Daten Außenstehenden bekanntzugeben, ist meist nicht überzeugend. Häufig läßt sich ein Vergleich anonym durchführen. Wo dies nicht möglich ist, sind die Vorteile meist größer als die Nachteile, die evtl. entstehen können, wenn ein anderer, vielleicht auch eine Konkurrenzfirma, von diesen Daten Kenntnis erhält.

E. Quellen der Information

Soweit für den Betriebsvergleich die Zusammenarbeit weder mit einer Erfahrungsaustauschgruppe noch mit einem frei zusammengeschlossenenen Kreis möglich ist, bieten die statistischen Veröffentlichungen der verschiedenen Institutionen, wie Wirtschaftsverbände, Industrie- und Handelskammern usw., eine Möglichkeit, den eigenen Leistungsstand mit dem anderer Firmen zu vergleichen. Es gehört zum Grundwissen eines jeden Personalverantwortlichen, daß er weiß, wo für ihn brauchbare Vergleichsstatistiken veröffentlicht werden. *Flippo* bezeichnet es als eine Gefahr, daß Personalverantwortliche glauben, alle Informationen müßten unmittelbar aus dem Unternehmen kommen. Diese Haltung einzunehmen bedeutet, die Augen vor der Arbeit zu verschließen, die andere bereits getan haben. Deshalb muß er lernen zu lesen und muß das Lesen zu einem Bestandteil seiner täglichen Arbeit machen. Hierbei sollte er sich nicht darauf beschränken, nur die firmeninternen Statistiken auszuwerten, oder bei Großfirmen nur firmeninterne Erlasse und Richtlinien zu studieren, sondern auch versuchen, den Überblick über die wesentlichste wissenschaftliche Literatur zu erhalten. Wenn es auch unmöglich ist, alle für die Entwicklung des Personalwesens relevanten Veröffentlichungen hier aufzuzählen, ist es noch weniger möglich, sie alle zu lesen. Trotzdem sollten die wesentlichsten Beiträge bekannt sein. Leider gibt es in Deutschland noch keinen *Literaturdienst* wie in der *AMA – American Management Association*, der seit Jahrzehnten in kurzen Zusammenfassungen über die wesentlichsten Neuerscheinungen informiert. Der Literaturdienst „*Für Sie gelesen*" vom Verlag *Taylorix*, der Literaturdienst der *AWV – Ausschuß für wirtschaftliche Verwaltung* – oder der *ibz (Internationaler betriebswirtschaftlicher Zeitschriftenreport)* decken nur Teilgebiete ab und die Buchbesprechungen in den verschiedenen Zeitschriften sind nur ein unvollkommener Ersatz. Der seit Frühjahr 1976 erscheinende *Literaturberater Wirtschaft* könnte hier eine Lücke schließen.

Neben Büchern stellen periodisch erscheinende *Fachzeitschriften* eine weitere Informationsquelle dar. Es ist unmöglich, sie alle zu lesen. Über den Inhalt der wesentlichsten Fachzeitschriften auf diesem Gebiet sollte man jedoch einen Überblick behalten. Als wichtigste deutschsprachige Zeitschriften zur Personalführung sind zu nennen:

(1) Personalführung, Herausgegeben von der Deutschen Gesellschaft für Personalführung e. V., Düsseldorf
(2) PERSONAL – Mensch und Arbeit im Betrieb. Verlag Mensch und Arbeit, München
(3) betrieb und personal – Zeitschrift für das Lohn- und Personalbüro. Stollfuss Verlag, Bonn
(4) personalwirtschaft – praxis der personalarbeit. Verlag für Personalwirtschaft, München
(5) Der Betrieb. Handelsblatt Verlag Düsseldorf
(6) Der Betriebs-Berater. Verlagsgesellschaft Recht und Wirtschaft, Heidelberg
(7) Fortschrittliche Betriebsführung und Industrial Engineering, Herausgegeben vom Verband für Arbeitsstudien, REFA e. V., Darmstadt

(8) REFA-Nachrichten — Zeitschrift des Verbandes für Arbeitsstudien REFA e. V., Darmstadt
(9) Zeitschrift für Arbeitswissenschaft, Herausgegeben von der Gesellschaft für Arbeitswissenschaft (GfA) e. V. in Verbindung mit dem Verband für Arbeitsstudium REFA e. V., Darmstadt, Verlag Dr. Otto Schmit KG., Köln
(10) Die Arbeitsvorbereitung — Zeitschrift für Fertigungs- und Arbeitsorganisation. Carl Hanser, Verlag, München
(11) Zeitschrift für Organisation — Neue Betriebswirtschaft. Herausgegeben von der Gesellschaft für Organisation e. V., Mainz—Kassel, Verlag Dr. Th. Gabler KG, Wiesbaden
(12) Industrielle Organisation, Herausgegeben vom Betriebswirtschaftlichen Institut der Eidgen. Technischen Hochschule, Zürich/Schweiz
(13) Personnel Management, herausgegeben vom Institut of Personnel Management, London
(14) Personnel — The Management of People at Work, Herausgegeben von AMACOM, a division of American Management Associations, New York
(15) Public Personnel Management Journal of the International Personnel Management Association, Chicago

Ferner als Loseblattausgaben:
(16) Soziale Betriebspraxis. Herausgegeben von J. Wistinghausen. Luchterhand-Verlag, Neuwied.
(17) Das Personalbüro. Verlag Rudolf Haufe, Freiburg.

II. Das Personalwesen, eine Herausforderung der Zukunft

Im Gegensatz zu der oft geäußerten Meinung, daß die verstärkte Behandlung personalwirtschaftlicher Probleme in der Gegenwart eine Modeerscheinung sei, wird das Personalwesen in den kommenden Jahren noch weiter an Bedeutung gewinnen. Technische und gesellschaftliche Veränderungen haben mit großem Nachdruck auf die große soziale und ökonomische Bedeutung menschlicher Probleme in der Arbeitswelt hingewiesen, die nach einer Lösung verlangen. Auf der Basis der gegenwärtigen Entwicklungsrichtungen auf dem Gebiet des Personalwesens lassen sich folgende Ansätze erkennen (vgl. hierzu auch Flippo):
(1) Die soziale Verantwortung der Unternehmung gegenüber Belegschaft und Umwelt wird in zunehmendem Maße erkannt.
(2) Die menschlichen Probleme im Unternehmen mit stärkerer Betonung der Produktivität und der Kreativität bei gleichzeitiger Beachtung der Faktoren der Zufriedenheit mit Arbeitsinhalt und Arbeitsumgebung werden an Bedeutung gewinnen.
(3) Die Effizienz der Personalführung wird zu einem, wenn nicht sogar zum wesentlichsten Faktor der Wirtschaftlichkeit eines Unternehmens.

(4) Alle Führungskräfte werden neben ihrer Fachverantwortung in zunehmendem Maße auch die Verantwortung für eine effektivere Personalführung übernehmen müssen.
(5) Starkes Wachstum der Betriebe wird ein zunehmendes Übergreifen der Personalfunktion auf die Bereiche der Organisationsplanung mit sich bringen.
(6) Die Notwendigkeit wird zunehmen, Personalprogramme auf künftige Entwicklungen der Automation und der wirtschaftlichen Strukturverschiebungen auszurichten.
(7) Die Mitarbeiter werden in immer stärkerem Maße aktiven Einfluß auf die Gestaltung ihrer Arbeitsbedingungen nehmen.

Im gleichen Umfang, wie sich die soziale Umwelt ändert, müssen sich auch die Institutionen der Gesellschaft diesem Wandel anpassen. Die ersten Ansätze, diese zunehmende soziale Verantwortung der Unternehmung gegenüber Belegschaft und Umwelt nach außen hin zu dokumentieren, zeigen sich in der freiwilligen Aufstellung der sog. *Sozialbilanzen*. Sie zeigen, daß sich die Unternehmensleitungen zunehmend bewußt werden, daß sie nicht nur eine wirtschaftliche Verantwortung gegenüber ihren Kapitaleignern tragen, sondern daß sie auch eine soziale Verantwortung gegenüber der Umwelt und gegenüber den Mitarbeitern haben.

In die gleiche Richtung zielen auch die Überlegungen, das „*human capital*" in einer besonderen Rechnungslegung auszuweisen. In diesem Zusammenhang werden dem Personalverantwortlichen auch die Aufgaben des „sozialen Gewissens" im Unternehmen zufallen. Im Zuge der Zunahme menschlicher Probleme im Unternehmen werden aber Kosten und Maßnahmen im Personalbereich nicht mehr nur mit dem Hinweis auf Betriebsklima und Mitarbeiterzufriedenheit gerechtfertigt werden können, sondern vielmehr werden Produktivität und Steigerung der Kreativität zur entscheidenden Beurteilungsgröße und selbst Vorrang vor Zufriedenheit und „Glück" am Arbeitsplatz haben.

Aufgabe der Personalforschung wird es sein, hier die notwendigen Grundlagen zu erarbeiten. Eine effektive Personalführung kann und wird einen wichtigeren Beitrag zur Produktivität und Sicherung des Überlebens einer Unternehmung liefern als die Technik, die Produktionskontrolle, die Kostenrechnung oder der Verkauf. Die bei Großbetrieben begonnene und immer mehr auf kleinere Betriebsgrößen übergreifende Zentralisierung von Aufgaben des Personalwesens in immer rascher wachsenden Personalabteilungen hat bei vielen Führungskräften zu der Annahme geführt, daß diese Abteilungen die Verantwortung für alle Personalführungsaufgaben übernehmen werden. Die Zukunft wird zeigen, daß immer mehr personalwirtschaftliche Aufgaben zu ihrer Erledigung Spezialwissen erfordern, so daß zu ihrer Lösung die Tätigkeit oder zumindest die Mitwirkung von Spezialisten der Personalabteilung erforderlich wird. Sie wird aber auch aufzeigen, daß die Erledigung personalwirtschaftlicher Aufgaben nicht nur eine Sache der Spezialisten ist, sondern daß sich Führungskräfte aller Ebenen stärker als bisher mit Problemen der Personalfunktion befassen müssen. Fachwissen ohne Kenntnisse und Erfahrungen im Bereich der Personalführung wird in Zukunft nicht mehr ausreichen.

Die zunehmende Technisierung und Automatisierung wird künftig zu einem Anwachsen der Betriebsgrößen führen. Diese Entwicklung führt zu einem Anwachsen des Bedarfs an Spezialisten in Fragen der Gestaltung von Organisationen und der Entwicklung von Organisationsstrukturen. Da die *Personalverantwortlichen* bereits Experten in der Durchführung von Aufgabenanalysen und Stellenbeschreibungen sind und Kenntnisse über vorhandene personelle Kapazitäten besitzen, werden sie immer häufiger auch in die Position eines *Experten für Organisationsplanung* hineinwachsen.

„The most dynamic element of our business economy is people.
The expert in people, the personnel manager, has both an opportunity and a callenge in the business management of the future."

(Flippo)

Literatur zum Dritten Kapitel

Reigrotzky, E.: Betriebsumfragen, in: Empirische Sozialforschung — Meinungs- und Marktforschung / Methoden und Probleme, Hrsg. Institut zur Förderung öffentlicher Angelegenheiten e.V., Frankfurt a.M. 1952.

Likert, R.: Personnel Research is Growing Up, in: Personnel Administration, Jg. 1956, Heft Sept–Oct., S. 19–21.

Adams, R. N. / Preis, J. J.: Human Organzation Research, Homewood Ill. 1960.

Heidbrink, P.-G.: Betriebsbefragungen als Methode zur Entwicklung personalpolitischer Grundsätze für den Industriebetrieb, Diss. TU Berlin 1963.

Haberkorn, K.: Der Sozialbericht, Aufgaben, Voraussetzungen und Gestaltungsmöglichkeiten, Essen 1964.

Berry, D. F.: The Politics of Personnel Research. Ann Arbor, Mich.: University of Michigan, Bureau of Industrial Relations, 1967.

Byham, W. C.: The Uses of Personnel Research, American Management Association, Research Study 91, New York 1968.

Flippo, E. B.: Principles of Personnel Management, New York, 1971.

Famularo, J. J.: Handbook of Modern Personnel Administration, New York, 1972.

Dierkes, M./Bauer, R. A.: Corporate Social Accounting, New York–Washington–London, 1973.

Atteslander, P.: Methoden der empirischen Sozialforschung, Berlin–New York 1974.

Dierkes, M.: Die Sozialbilanz, Frankfurt 1974.

Eichhorn, P.: Gesellschaftsbezogene Unternehmensrechnung, Göttingen 1974.

Gretschmann, H.: Über die Mitarbeiterbefragung zur Personalstrategie, in: Personal, Jg. 1974, S. 308 ff.

Nieschlag/Eckhardstein, v.: Methodische Aspekte der Mitarbeiterbefragung, in: Personal, Jg. 1974, S. 147 ff.

Schwenzner, J. M.: Die Betriebsumfrage als Führungsinstrument in der Organisationsdynamik, in: GFM Mitteilungen zur Markt- und Absatzforschung, Jg. 1974, S. 55–68 und 113–146.

Schmidt, H. (Hrsg.): Das Humanvermögen in der Sozialbilanz (in Vorbereitung).

Stichwortverzeichnis

Abwehrmechanismen 73 ff., 107
Abwendungsmotiv 71
Akkordlohn 194
Akkordschneiderei 184
Akzeptanz 58
Akzeptanzregel 154
Alternativprämisse 151
Analyse der Verhaltensergebnisse 75
Analyse potentieller Probleme 49 ff.
Anforderungsarten 185 ff.
angewandte Forschung 238
Anlagen, persönliche 180
Anspruchsniveau 43, 130
Antriebsermüdung 181
Anreiz- Beitragstheorie 57, 85 f.
Anreizgewährung 57
Anreiztheorien 91
Ansätze, führungstheoretische 60 ff.
Ansätze, persönlichkeitstheoretische 63
Antinomie 41
Antreibermethode 196
Arbeitsbeschreibung 187
Arbeitsbewertung 184 ff.
–, analytische 187
–, summarische 186 ff.
Arbeitsbeziehungen 82
Arbeitsermüdung 181
Arbeitshygiene 177
Arbeitsmarktzuschläge 194
Arbeitsmedizin 177 f.
Arbeitspädagogik 178
Arbeitspathologie 178
Arbeitsphysiologie 177 ff.
Arbeitspsychologie 178
Arbeitsschutz 178
Arbeitsstrukturierung 122, 130
Arbeitstechnologie 178
Arbeitsteilung 4 ff., 8
Arbeitswert 185, 190
Arbeitswertanteil 184
Arbeitswirtschaft 179
Arbeitswissenschaft 177
Arbeitszeit 204
Arbeitszerlegung 6
Arbeitszufriedenheit 86 ff.
Art der Willensbildung 27
assessment centers 221
Attributionstheorie 61, 64, 71
Aufbau, hierarchischer 10
Aufbauorganisation 18
Aufgabenerfüllung 18

Aufgabenorientierung 144
Aufgabenstruktur 102, 147
Aufgabensynthese 18
Auftragszeit 205
Ausbildungsberuf 6
Ausführungsgaben 22, 28, 161
Ausführungsinformationen 27
Ausführungszeit 205
Ausschüttungsgewinnbeteiligung 231
Autoritätsformen 58
Aversions-Aversions-Konflikt 72

Bedürfnishierarchie Maslows 76
bedürfnisorientierte Konzeptionen 86
Bedürfnispyramide 86
Befehlsautorität 134
Beförderungsbeurteilung 221
Befragung 241
Belohnungsmacht 23
Beobachtung 240
Beobachtungsphase 131
Berufsspezialisierung 6
Bestrafungsmacht 23
Betriebsatmosphäre 102
Betriebsklima 19, 70, 101 ff., 182
Betriebsverfassungsgesetz 64
Beurteilung der Vorgesetzten 214
Beurteilungsfehler 219
Beurteilungsformen 214 ff.
Beurteilungskolloquium 213
Beurteilungskriterien 215
Beurteilungsmaßstäbe 212
Bild vom Mitarbeiter 104
Brückenbeispiele 189
Budgetierungs- und Planungsprozeß 137
buttom-up-Prinzip 139

Consideration 118, 170
Cost-Saving-Plan 231

Defizit- (Mangel-) Bedürfnisse 76
Deist-Plan 234
delegationsfähige Mitarbeiter 129
delegationsfähige Vorgesetzte 129
Delegationsprinzip 128
Delegation von Aufgaben 145
Delegation von Verantwortung 128
Determinanten der Arbeitsteilung 179
Deutsche Nationalstiftung 234
DIB/MAM-Modell 142

Dienstanteil 184
Dienstaufsicht 134
Dienstbesprechung 134
Dienstgespräch 134
Dienstweg 133
3-D-Modell 142 ff., 165

Effektivität der Führung 149
Effizienzmaßstäbe 166
Eigendynamik 164
Eigenschaftsansätze 62
Eigenschaftstheorie 62 f.
Einheit der Willensbildung 17
Einstellungen 70
Einzelaufträge 132
Einzelentlohnung 203
Einzelverantwortung 161
Elementarbewegung 205
employee centered 118
Entlohnungsformen 193
Entlohnungspolitik 227
Entscheidung 31, 48 ff.
Entscheidungsanalyse 49 ff
Entscheidungsbefugnisse 31
Entscheidungskriterien 48
Entscheidungsmodelle Vroom/Yetton 153 ff.
Entscheidungsphase 131
Entschlußinstanz 45
Entwicklungsprognose 37
Entwicklung von Initiativen 46
Erfolgsbeteiligung 227
–, betriebliche 229
–, freie 229
–, gebundene 229
–, überbetriebliche 229 ff.
Erfolgskontrolle 134
ERG-Theorie 86
Ergebnisbeteiligung 227
Ergebniskontrolle 53, 134 f.
Ergebnislohn 232
Ergonomie 179
Erholung 181
Erholungszeit 205
Erkrankungen, psychomatische 73
Ermüdung, biologische 181
Ermüdungsgrad 125
Ertragsbeteiligung 230
Ertragslohn 227
Erwartungs-*Valenz*-Theorien 82, 91
Erwartungs-*Valenz*- und Gleichheitstheorien 87
Existenzberechtigung 38, 40, 118, 149
Existenzfähigkeit 4, 38 ff., 118, 149
Expertenmacht 23

„face-to-face"-Gruppen 96
Faustakkord 195, 209
Fehlzeiten 90
Feldexperiment 244

Filtereffekt 45
Fixierungen 43, 46
Fluktuation 90
Formalisierungsgrad 26
Formalziele 38
Fremdbeobachtung 74
Fremdinitiative 45
Fremdkontrolle 53
Frustration 73
Führer-Geführte-Beziehung 148
Führung, partizipative 166
Führung als soziale Verhaltensweise 63
Führungsanweisung 133
Führungsaufgaben 31, 61
Führungsberechtigung 2
Führungsbereiche 37
Führungsduale 19
Führungselemente 25 ff.
Führungserfolg 19, 23
Führungsformen, autokratische 28, 123
Führungsformen, kooperative 28, 123
Führungsforschung 60
Führungsgrundsätze 133
Führungskonzepte, autoritäre 27
Führungskräfte 28
Führungslehre, betriebwirtschaftliche 25
Führungsmittel 133
Führungsmodelle als Orientierungshilfen 163
Führungspositionen 28
Führungssituation 146
Führungsstil 25 ff., 145
–, autokratischer 112
–, autoritärer 26, 113
–, bürokratischer 113
–, charismatischer 112
–, idealer 104, 112
–, kooperativer (demokratischer) 26, 113
–, laissez faire 113
–, optimaler 142
–, patriarchalischer 112
Führungsverantwortung 129, 132, 161
Führungsverhalten 23 ff., 125 ff., 146, 166
Führungswissen 161
Füllarbeiten 197
Funktionsmeister 179
Funktionsspezialisierung 6, 12

Gedingentlohnung 195
Gefälligkeitsapostel 143
Geldakkord 194
Genetiker 107
Genfer Schema 188, 193
Gesamtverantwortung 161
Gesamtzeit 204
Gesprächsautorität 134
Gewichtung 189 ff., 217
Gewinnbeteiligung 231
Gewinnmaximierung 31
Gewinnmotiv 32

Gleichheitstheorie 84 f., 87, 183
Gleitze-Plan 223
Gossen'sche Grenznutzenlehre 77
Grenzen der Akkordentlohnung 196
GRID 165
Grundlagenforschung 238
Grundlohn 198
Grundstruktur, persönliche 66
Grundverhalten, persönliches 67
Grundzeit 205
Gruppen 96 ff.
Gruppenentlohnung 203
Gruppenentscheidung 27
Gruppenneutralitätsprämisse 151
Gruppennormen 95 ff.
Gruppenrollen 98
Gruppenziele 97 ff.
Güte-Ersparnisprämien 198 f.

Hackordnung 97
Häufigkeitsstudien 208
Halo-Effekte 219
Halsey-Prämienlohn 199
Handlungsbeschränkung 56
Häufigkeitsstudien 208
Handlungsverantwortung 129 ff.
Harzburger Modell 45, 129, 131
Haupttätigkeit 204
Hawthorne Experimente 99, 104, 196
Headship 61
Herrschaft 59
Herrschaftsausübung 58
Hierarchieeffekt 220
homo-oeconomicus 52, 104
human-capital 247
humanistische Ansätze 86
humanistisch-psychologische Schule 109
Human-Relations-Bewegung 79, 106, 163
Human-Resource-Konzept 106
Hygienefaktoren 79, 87, 183

Identifikation 73
Individualentscheidung 31
Individualtheoretiker 106
Informationsarten 16
Informationsfluß 27
Informationsgeber 13
Informationsgestaltung 56
Informationskatalog 133
Informationskontrolle 56
Informationsnehmer 13
Informationspflicht 133
Informationsplan 133
Informationsregel 154
Informationssystem 139
Informationstheorie 14
Informationsübertragung 13
Interaktionsprozeß 2
Interaktionsprozeß, sozialer 2
Initiating Structure 118, 170

Initiativpflicht 45, 133
Initiativrecht 45
innerbetrieblicher Vergleich 188
Innovationssystem 116
Input 67
Input-Outcome-Verhältnis 68
Intensivierungsstrategien 30, 33
Interview 221, 241
–, halbstandardisiertes 241
–, hartes 242
–, neutrales 186
–, nichtstandardisiertes 241
–, weiches 242
Interviewgestaltung 185
Introspektion 74

Kausalattribution 65
Kepner/Tregoe-Methode 49
Kohäsion 118, 127
Kohäsionsfunktion 22
Kollegialgespräch 134
Kommunikationsarten 13 ff.
Kommunikationsbeziehungen 13
Kommunikationskanal 13
Kommunikationsprozeß 14
Kommunikationssystem 13
Kommunikationsweg 16
Kompensation 73
Kompetenz, soziale 11
Komplexität des Führungsprozesses 158
Konflikthandhabung 13
Konfliktlösung 102
Konfliktregel 154
Konfliktsituation 21 f.
Konfliktspannung 60
Konjunkturzuschläge 194
Konkurrenzlöhne 182
Kontingenzmodell 149
Kontinuum des Führungsverhaltens 153
Kontrollakte 135
Kontrolle 56, 134, 160
Kontrollfunktion des Akkord-Systems 197
Kontrollpflicht 134
Kontrollphase 12
Kontrollplan 135
Kontrollsystem 138
Konversion 73
Koordination 4
Koordinationsaufgabe 161
Koordinationsbedarf 8, 11
Koordinationsbedarfreduzierende Maßnahmen 10 f., 64
Koordinationsfunktion 2 f., 22
Koordinationsinstrumente 10
Koordinationsorgane 10
Kostenersparnisbeteiligung 230
Kreativität 160
Kreislauf, monetärer 36
Krelle Plan 233
Kriterienauswahl 131

Kriterienbewertung 131
Kritik und Anerkennung 134
Kündigungsrate 104
kybernetische Regelkreismodelle 140 f.

Laborergebnisse 167
Laborexperiment 244
leadership 61
Lehrsysteme der Betriebswirtschafts-
 lehre 23
Legitimationsmacht 23
Leistung 163
Leistung, faire 218
Leistungsabfall 181
Leistungsangebot 180
Leistungsanteil 184
Leistungsaufgaben, sachbezogene 28
Leistungsbereitschaft 15, 182
Leistungsbeteiligung 230
Leistungsbewertung 184, 214
Leistungsbewertungsmaßstäbe 139
Leistungsdisposition 180
Leistungsdruck 93
Leistungseffizienz 5, 71
Leistungsfaktor 162
Leistungsfähigkeit 15, 180
Leistungsgerechtigkeit 202
Leistungsgrad 196, 207
Leistungsgrad-Beurteilung 207
Leistungsgrößen
−, mengenmäßige 125
−, wirtschaftliche 125
Leistungslohngerechtigkeit 196
Leistungsmaßstäbe 140
Leistungsmotivierung 22
Leistungsprogramm 2, 8
Leistungsrangreihen 221
Leistungsrestriktion 184
Leistungsverhalten 216
Leistungsvermögen 71
Leistungszulagen 194
Legitimationsmacht 23
Leitbild 142
Leiten 23, 25
Leitungsaufgaben 29
Leitungsbereiche 36
Lehrsysteme der Betriebswirtschaftslehre 23
Lerntheorie 61, 64, 65
Lernprozeß 46
Logotherapie 110
Lohndifferenzierung 185
Lohnformen 193
Lohngerechtigkeit 184, 192
Lohngrundniveau 182
Lohngruppenverfahren 186
Lohnhöhe
−, absolute 182
−, relative 182 f.
Lohnkonstante 231 f.

Lohnrahmen-Abkommen 186
Lohnzahlungen, übertarifliche 182
Lohnzulagen 194
Lokomotion 119
Lokomotionsfunktion 22
LPC-Wert 146
Lücke, strategische 38

Macht 20, 60
Management-by-Techniken 128, 130, 137,
 140, 164
Management Leistungszentrum (MLZ)
 222
Managementprozesse 31
managerial grid 119
Manipulation 57
Maslow Pyramide 76
Mc Gregor's X-Y-Theorie 107
Mehrstellenarbeit 197
Meinungsgrößen 125
Meisterakkord 195, 199, 209
Mengenprämien 198 ff.
Merkmale
−, systembedingte 3
−, systemindifferente 3
Meß- und Projektionsphase 131
Meta-Information 16
Methoden, naive 46
Methode des kritischen Falles 81
Methodengebundenheit 81
Methods-Time-Measurement (MTM) 206
Milieutheoretiker 107
Mitarbeiterbesprechung 133
Mitarbeitergespräch 133
Mitarbeiterorientierung 117 ff., 144
Mitbestimmung auf Unternehmens-
 ebene 127
Mitbestimmung am Arbeitsplatz 127
Mitbestimmungsrecht 64
Modelle 141
Motive 42, 70 ff.
Motivanalyse 74
Motivationslehre 68
Motivationsprozeß 68
Motivationsstruktur 2, 184
Motivationstheorie 67
Motivatoren 79, 87
Motivations-Maintenance-Theorie 79, 87
Motivbündel 72 ff.
Motivstärke 71
Multimoment-Verfahren 208

Negativziele 63
Nichtleistungszeiten 197
Nomogramme 145
Normalleistung 185, 194, 207
Normen, gesellschaftliche 11
Normen, soziale 84
Normung 162
Nutzungsprämien 198 ff.

Ohio-Schule 170
Ordnung, soziotele 97
Ordnung, psychotele 98
Organisation 17 ff.
Organisationsforschung 102
Organisationsgrad 26
Organisationsgrundsätze 18 f.
Organisationsinseln 130
Organisationsklima 10, 19, 101
Organisationskultur 9 ff., 20, 64, 103
Organisationsstruktur 20
Outcome 84

Partizipation 121
Pausenregelung 181
Persönlichkeit 162
Persönlichkeitsbild von Mitarbeitern 104
Persönlichkeitsprämisse 151
Personalbeurteilung 209
Personalentwicklungsplan 222
Personalforschung 237 ff.
Personalführungsaufgaben 28 ff.
Personalplanung, strukturbestimmende 8, 99, 128
Personalstatistik 244
Personnel Research 239
Peter-Prinzip 221
Pittsburgh-Studie 79, 183
„Placebo"-Effekt 164
Planabweichungen 139
Polaritätenprofil 27, 123, 170
Positionsmacht 146
Prämien, kombinierte 201
Prämienkurve 198 ff.
Prämienlohnsystem 197 ff.
Primärgruppen 96
Prinzip des statischen Fehlerausgleichs 100
Problemanalyse 49 f.
Problemerkennung 44
Problemlösung 43
Problemlösungsalternative 46
Problemlösungsgruppen 96
Problemtypen 153
production centered 118
Produktion 36
Produktivitätsbeteiligung 230
Produktlebenszyklus 166
profit-sharing 227

Quer-Informationen 133

Rangordnung 97
Rangreihenverfahren 186 ff.
Rationalisierung 73 ff.
–, schleichende 202
Rationalitätsprämisse 151 f.
Realisationsphase 52
Redundanz 13
REFA-Verband 189
Referenzmacht 23

Regelkreisprinzip 129
Regression 73
Reifegrad der Mitarbeiter 144
Relevanzgrad 46
Resignation 74
Richtbeispiele 191
Rolle 97
Rollenerwartungen 124
Rollenverteilung 97
Rucker-Plan 231
Rückdelegation 130 ff.
Rücknahme von Delegation 130
Rückkoppelung 141
Rüstzeit 205
Rundgespräch 134

Sachaufgaben-Leistungsorientierung 118 ff.
Sachziele 38
Sanktionssystem 2
Schätzakkord 195, 209
Schätzen 209 f.
Schlüsselergebnisse 138
Scientific Management 104
Sekundärgruppen 96
Selbstbeurteilung 212
Selbstentfaltung 76
selbsterfüllende Prophezeiungen 107, 164, 243
Selbstkontrolle 53, 109
Selbstregulierung 10 ff.
selbststeuernde Gruppen 141
Selbsttäuschung 74
Selbstverwirklichung 106
self-fulfilling-prophecy 243
self-destroying-prophecy 243
Sicherheitsbedürfnisse 77
singulare Leitungsinstanzen 138
Situationsanalyse 49
Soll-Zeiten 205 ff.
Sozialbilanzen 247
sozialer Vergleich 84
Sozialforschung, empirische 240
Sozialisation, betriebliche 8, 11 f.
Sozialmedizin 177
Sozialpsychologie 179
Sozialräume 178
Sozialverfassung 10
Sozialverhalten, persönliches 216
soziometrische Tests 148
Staatssekretäre-Plan 233
Standardisierung 11
Stellenbeschreibungen 18 ff., 133, 138
Steuern 25
Stichprobenerhebung 208
Stilflexibilität 144
Stiltreue 144
Streßschwelle 73
Strukturprobleme der Aufbauorganisation 31

Strukturierungsgrad 67
Stückakkord 194
Stufen-(Gruppen-)Verfahren 189 f., 217
Substanzgewinnbeteiligung 232
Synergie-Effekt 4, 100
Systemgestaltung 10
Systemsteuerung 7
Systemtheorien 67

Tagesrhythmik 181
Tarifverträge 182
Teamarbeit 161
Teamgeist 140
Teamgespräch 134
Teilbefragung 242
Testresistenz 222
Theorien, humanistische 76
Theorie des Anspruchsniveaus 42
Theorie des operanden Lernens 65
Theorie des sozialen Vergleichs 86, 183
top-down-Prinzip 139
Träger der Beurteilung 213
Träger der Kontrolle 53
training-on-the-job 229

Überstrahlungseffekt 219
Übertragungssicherheit 13
Überzeugung 57
Übungserfolg 181
Übungsübertrag 181
ULA (Union der Leitenden Angstellten) 29
Umsatzbeteiligung 230
Umweltanalyse 34
Ungewißheitsabsorption 15
Unternehmensanalyse 36
Unternehmensgewinnbeteiligung 232
Unternehmenskultur 103
Unternehmensleitbild 34, 37
Unternehmenspolitik 37
Unternehmensprofil 37
Unternehmensstrategien 39
Unternehmenszweck 38 ff.
Unternehmungsphilosophie 137 ff.
Unternehmungsziele 137 f.

Verantwortungsdelegation 132
Verantwortungsbereiche 138
Verdrängung 74
Verfahrenskontrolle 53
Verfahren vorbestimmter Zeiten 205 ff.
Vergleichen 209 f.
Vergleichsmaßstab 183
Vergleichsphase 131
Verhaltensgitter 119
Verhaltensgrößen 125
Verhaltenssicherheit 9

Verhaltensweisen, generelle 37, 38
vermaschte Regelkreise 141
Verschiebung 73
Versuch-Irrtum-Methode 46
Verteilzeit 205
Vollbefragung 242
Voraussetzungen für die Akkordent-
  lohnung 195
Vorbildwirkung 30
Vorgabezeit 195, 202
Vorschlagsbewertung 225
Vorschlagswege 225
Vorschlagswerbung 225
Vorschlagswesen, betriebliches 223
Vorurteile 219

Wertschöpfungsbeteiligung 230
Wertsystem 8
Willensbildung 25, 27, 31, 43 ff.
Willensbildungsprozeß 48
Willensdurchführung 25
Willensdurchsetzung 27, 51
Wirtschaftlichkeitsprinzip 3
wissenschaftliche Betriebsführung 109,
  179
Work-Factor (WF) 206

X-Y Theorie (Mc Gregor) 107, 145

Zeit
–, beeinflußbare 196
–, unbeeinflußbare 196
Zeitakkord 195
Zeitaufnahme 207
Zeitermittlung 204
Zeitgrad 195
Zeitlohn 193
Zeitmessung 151
Zeitnorm 206
Zeitstudien 206
Zeitvergleich 244
Zeitwirtschaft 204
Ziel-Autonomie 121
Zielbildungsprozesse 34 ff.
Zielformen 38 ff.
Zielharmonie 41, 120
Zielhierarchie 38, 48 ff.
Zielklarheit 148
Zielneutralität 120
Zielsetzung 8, 31
Zielsetzung-Prinzip 128
Zielsystem 138 f.
Zielvorgaben 136
Zufriedenheit 79, 87, 163
Zufriedenheitswerte 166
Zuwendungsmotiv 71
Zwang 56
Zweifaktoren-Theorie 71, 81, 91

GABLER-Fachliteratur zur Einführung in die Betriebswirtschaftslehre

Horst Albach / Renate Albach
Das Unternehmen als Institution
Eine Einführung
1989, XVI, 279 Seiten,
Broschur, 48,– DM
ISBN 3-409-13920-6

Erich Gutenberg
Einführung in die Betriebswirtschaftslehre
1958, Nachdruck 1990, 212 Seiten,
gebunden, 48,– DM
ISBN 3-409-88011-9

Edmund Heinen
Einführung in die Betriebswirtschaftslehre
9. Auflage 1985, 285 Seiten,
gebunden, 64,80 DM
ISBN 3-409-32750-9

Edmund Heinen
Schriftleitung: Arnold Picot
Industriebetriebslehre
Entscheidungen im Industriebetrieb
9., vollst. überarb. und erw. Auflage
1991, XII, 1604 Seiten,
gebunden, 128,– DM
ISBN 3-409-33152-2

Herbert Jacob
Allgemeine Betriebswirtschaftslehre
5., überarbeitete Auflage 1988,
VI, 1277 Seiten,
gebunden, 128,– DM
ISBN 3-409-32734-7

Herbert Jacob
Industriebetriebslehre
Handbuch für Studium und Prüfung
4., überarbeitete und erweiterte
Auflage 1990, 956 Seiten,
gebunden, 92,– DM
ISBN 3-409-33036-4

Peter Mertens / Hans D. Plötzeneder / Freimut Bodendorf
Programmierte Einführung in die Betriebswirtschaftslehre
Institutionenlehre
6., überarbeitete Auflage 1990,
358 Seiten, Broschur, 34,80 DM
ISBN 3-409-32080-6

Jean-Paul Thommen
Allgemeine Betriebswirtschaftslehre
Umfassende Einführung
aus managementorientierter Sicht
1991, 837 Seiten,
gebunden, 89,– DM
ISBN 3-409-13016-0

Wolfgang Weber
Einführung in die Betriebswirtschaftslehre
1991, XVI, 258 Seiten,
Broschur, 32,– DM
ISBN 3-409-13011-X

Zu beziehen über den Buchhandel
oder den Verlag.
Stand der Angaben und Preise:
1.1.1992
Änderungen vorbehalten.

GABLER
BETRIEBSWIRTSCHAFTLICHER VERLAG DR. TH. GABLER, TAUNUSSTRASSE 54, 6200 WIESBADEN